東洋古典譯註叢書 94

譯註 揚子法言 1

著 揚雄 譯註 朴勝珠

전통문화연구회

國譯委員

譯註 朴勝珠
潤文 南賢熙
校訂 南賢熙 李孝宰
出版 金主賢
管理 咸明淑
普及 徐源英

東洋古典譯註叢書를 발간하면서

우리의 古典國譯事業은 민족문화 진흥의 기초사업으로 1960년대부터 政府 支援으로 古文獻 現代化 작업을 추진하여 많은 成果를 거두었다. 당시 이 사업 추진의 先行課題로 東洋古典이라 일컬어지는 중국의 基本古典을 먼저 飜譯하여야 한다는 學界의 주장이 있었음에도 불구하고 우리 고전이 아니라는 일부의 偏狹한 視角과 財政 事情 등으로 인하여 배제되어 왔다.

전통적으로 중국의 기본고전은 우리 歷史와 함께 숨쉬며 각종 교육기관의 教科書로 활용됨은 물론이고 지식인들의 必讀書가 되어 왔으며, 우리 文化의 基底에 자리잡고 거의 모든 방면의 體系와 根幹을 형성하여 왔다. 그래서 학문연구의 기본서 역할을 해 왔을 뿐만 아니라 오늘날에도 우리의 國學徒 및 東洋學 硏究者들에게 같은 역할을 하고 있음은 주지의 사실이다. 그럼에도 불구하고 中國古典은 우리 것이 아니라 하여 專門機關의 飜譯對象에 포함하지 않음으로써, 대부분 原典에서의 직접 번역이 아닌 重譯이나 拔萃譯의 방식이 주를 이루면서 教養水準으로 出版되어 왔다.

오늘날 東洋 三國 중에서 우리의 東洋學 연구가 가장 부진한 이유는, 東洋基本古典에 대한 폭넓은 이해의 부족과 漢文古典 讀解力의 저하에 기인함을 우리는 솔직히 인정하여야 한다. 따라서 이들 중국고전에 대한 신뢰할 만한 國譯이 이루어지는 것이 한국학 연구를 촉진시키는 시급한 先行課題라 할 수 있다.

이에 韓國學 및 東洋學의 연구와 古典現代化의 基盤構築을 위해서는, 전문기관으로 하여금 동양고전을 단기간에 각 분야의 專門 硏究者와 漢學者가 상호 협동하여 연구번역하여 飜譯의 傳統性과 效率性, 硏究의 專門性을 높일 수 있도록 政策的 配慮가 있어야 한다.

이에 本會에서는 元老 및 中堅 漢學者와 斯界의 專攻者로 하여금 協同硏究飜譯하여 공부하는 사람들이 믿고 引用하거나 깊이 있는 註釋 등을 활용할 수 있게 하고, 知識人들의 教養을 증진시켜 줄 수 있는 東洋古典의 國譯書 간행을 지속적으로 추진해 왔다. 근래에 다행히 이 사업에 대하여 각계 지도층의 폭넓은 이해와 지원에 힘입어 2001년도부터 國庫補助를 받아 東洋古典譯註叢書를 간행하게 되었다. 이를 계기로 우리 先學의 註釋과 見解를 반영하는 등 국역사업의 內實을 기하게 되었음을 이 자리를 빌려 衷心으로 감사드리며, 아울러 國譯에 參與하신 관계자 여러분의 勞苦에 깊은 謝意를 표한다.

끝으로 우리의 이러한 작업은 오랜 역사 위에 축적된 先賢들의 業績과 現代學問을 이어주는 튼튼한 架橋와 礎石이 되어 진정한 韓國學과 東洋學 발전에 기여할 것을 굳게 믿으며, 21세기를 우리 文化의 世紀로 열어 가는 밑거름이 되도록 우리의 力量을 本 事業에 경주하고자 한다. 江湖諸賢의 부단한 관심과 지원을 기대해 마지않는다.

社團法人 傳統文化硏究會 會長 李啓晃

解 題

朴勝珠[1)]

≪揚子法言≫은 前漢 말기 대유학자 揚雄이 孔子의 ≪論語≫를 모방해 지은 語錄體 철학서이다. 양웅은 "옛것을 좋아하고 도를 즐기어 문장으로 후세에 명성을 이루고자 하였다. 經으로는 ≪周易≫보다 위대한 것이 없으므로 〈모방하여〉 ≪太玄經≫을 지었고, 傳으로는 ≪論語≫가 가장 훌륭하므로 〈모방하여〉 ≪法言≫을 지었다."고 스스로 저작 의도를 밝혔다. ≪漢書≫ 〈揚雄傳〉에서 ≪법언≫의 편명을 모두 열거했을 정도로 당대에 크게 유행하고 중시되었으며, 韓愈가 양웅을 孟子나 荀子와 나란히 평가할 정도로 그는 전국시대 유가사상을 계승해 漢代에 새로이 발전시킨 학자로 인식되었다.

〔그림1〕 揚雄(≪古先君臣圖鑒≫)

양웅의 대표작 ≪법언≫은 예로부터 "艱深簡奧(어렵고 깊으며 간결하면서도 심오)"하다는 평가를 받아 한대부터 대대로 주석을 달고 연구한 학자들이 많았는데, 宋나라 때 程子와 朱子의 부정적인 비판을 받으면서부터 학자들의 주목을 받지 못하였다. 이는 程朱學을 숭상한 朝鮮에도 결정적인 영향을 끼쳐 조선시대 학자들은 ≪법언≫을 읽으면서도 비판적인 시각을 가졌고 그의 행실이 지조가 없고, 또 사상에도 老莊思想이 뒤섞였다는 이유로 유학자의 탈을 쓰고 세상을 속였다는 비하를 하곤 하였다.

1) 傳統文化硏究會 硏究委員.

이후 중국에서는 淸나라 때부터 漢學(漢代의 학문)에 대한 새로운 조명이 시작되어 다시 ≪법언≫을 중시하였지만, 우리나라에서는 여전히 주목받지 못하였다. 심지어 최근까지 국내에서 번역된 ≪법언≫은 제대로 된 원전을 구하지 못했다는 이유로 일본판을 저본으로 삼기까지 하였다. 이제 주석을 포함한 ≪법언≫의 완역으로 그동안 주자학이나 일본의 영향을 벗어나 중요한 동양고전의 하나로 그 참모습에 대한 새로운 평가가 이루어지기를 기대한다.

1. 揚雄의 生涯와 學問

揚雄은 字가 子雲으로 蜀郡 成都(지금의 사천 성도) 사람이다. 前漢 말기의 탁월한 문장가이자 학자로, 漢 宣帝 甘露 원년(B.C. 53)에 태어나 王莽 天鳳 5년(A.D. 18)에 72세의 나이로 卒하였다.

그의 집안은 蜀으로 옮겨와 대대로 농업을 일삼은 평범한 집안이었다. 어려서부터 학문을 좋아하여 經學을 공부하였는데 今文學보다는 古文學에 더 심취한 듯하다. 양웅의 청년 시절에 대해 ≪漢書≫ 〈揚雄傳〉에서는 다음과 같이 평하고 있다.

> 양웅은 어려서부터 배우기를 좋아하였다. 章句學을 하지 않고 訓詁로 내용만 통할 뿐이었는데, 많은 책을 보아서 보지 않은 책이 없었다. 사람됨이 소탈하고 질탕하였으나 농담을 하지 않았고 묵묵하게 깊이 생각하는 것을 좋아하였다. 淸淨無爲하여 욕심이 적었으며 부귀에 급급해하거나 빈천을 근심하지도 않았고 청렴한 지조를 닦아 당세에 명예를 구하려고 하지 않았다.[2)]

여기에서 보면 특별히 부귀와 출세를 구하지도 않고 절조를 닦아서 명예를 구하려는 생각도 없으며 단지 학문만을 좋아한 학자로서 양웅의 모습이 잘 드러난다.

---

2) 雄少而好學 不爲章句 訓詁通而已 博覽無所不見 爲人簡易佚蕩 口吃不能劇談 默而好深湛之思 淸靜亡爲 少耆欲 不汲汲於富貴 不戚戚於貧賤 不修廉隅以徼名當世(≪漢書≫ 〈揚雄傳〉)

이처럼 학문에 매진한 양웅은, 蜀 출신으로 前漢時期 가장 유명한 문장가 司馬相如의 영향을 받아 자신도 문장을 통해 뜻을 펼치고자 하였다. 결국 〈反離騷〉, 〈蜀都賦〉, 〈廣騷〉 등의 작품으로 이름이 알려지게 되자, 42세에 成帝의 부름을 받아 長安에 오게 된다. 王莽, 劉歆 등과 함께 黃門給事郎에 제수된 뒤 당시의 정사를 諷諫하기 위해 〈長楊賦〉, 〈甘泉賦〉 등을 지어 올려 成帝의 칭찬을 받고 文名도 떨쳤지만, 哀帝・平帝를 거치도록 벼슬이 오르지는 못하였다. 결국 문장을 통해 時政을 비판해 바로잡고자 한 뜻은 이루지 못하고 이후 문장보다는 經學에 힘써 일대의 儒宗으로 인정받게 되었다.

哀帝 때 심혈을 기울여 지은 ≪太玄經≫은 ≪周易≫을 모방한 저술이다. ≪태현경≫은 내용 자체가 신비주의적 색채를 가지고 있는데다 잘 알려지지 않은 어휘와 이상한 글자를 많이 사용하여 당시 사람들조차 내용을 이해하기 어려운 것으로 유명하였다. 이런 세인들의 비웃음에 대해 양웅은 다시 〈解嘲〉를 지어서 老子의 설을 인용하며 당세에 알아주는 이가 없는 것은 당연하고 후세의 知音을 기다린다며 자신의 저작에 대한 자신감을 표현하였다.

이후 다시 ≪論語≫를 모방한 ≪法言≫ 13편을 지었는데, ≪법언≫은 ≪태현경≫에 비해 이해하기 쉬운 저작으로 자신의 정치철학과 학문에 대한 관점, 사회관 등을 어록체의 형식으로 서술한 것이다. ≪법언≫의 마지막에 "周公 이후로 漢公처럼 훌륭한 인물은 없다. 부지런히 힘쓴 공로는 伊尹보다도 뛰어나다."[3]와 "한나라가 세워진 지 210년이 되어 中天에 달하였으니 거의 태평시대에 가깝다."[4]라는 구절이 있는데, 여기서 한공은 王莽을 지적한 것이고, 한 고조가 건국한 210년 째 되는 해는 바로 平帝 元始 4년(4)에 해당하는 해이다. 따라서 ≪법언≫은 평제 때 저술한 것임을 알 수 있다.

이 밖에 文字學과 관련한 양웅의 저술로 ≪訓纂≫과 ≪方言≫이 있다. 평제가 당시 천하에서 小學(문자학)에 통달한 학자 수 백인을 불러서 궁궐에서 각자 글자를 쓰게 하였는데, 양웅은 그중 유용한 것들을 취하여 34章의 ≪훈찬≫을 편찬하였다. ≪方言≫은 ≪爾雅≫의 체제를 모방해 저술한 訓詁學 저술로, 13권으로 구성되어 있다. 내용은 古今 각 지역의 同

---

3) 周公以來 未有漢公之懿也 勤勞則過於阿衡(≪法言≫ 〈孝至〉)

4) 漢興二百一十載而中天 其庶幾乎(同上)

義語와 통용 범위를 밝힌 것으로 여러 전적을 참고해 취재했을 뿐 아니라 직접 그 지역에 가서 조사를 행한 것도 있으므로, 漢代 언어의 분포상황을 알 수 있는 귀중한 자료로 평가받고 있다.

이처럼 양웅이 학문과 저술에 집중하고 있던 무렵, 전한 왕실의 외척 王莽은 일종의 무혈혁명으로 한나라를 끝내고 新 왕조를 건립하였다. 왕망은 같은 관직에 근무한 지인인데, 양웅이 오랫동안 낮은 관직에 머물러 있었던 것을 고려하여 太中大夫로 天祿閣校書에 제수하였다. 이에 양웅은 〈劇秦美新〉이란 왕망의 정사를 찬양하는 글을 남겼는데, 이로 인해 후대에 지조도 없이 부귀를 탐하여 왕망에게 아첨했다는 비난을 듣게 된다. 하지만 실제 그는 왕망 정권을 특별히 옹호하거나 반대하지 않고 학문에만 빠져 있었던 듯하다. 그러다가 왕망이 건국한 지 2년 되는 63세에 符命을 위조했다는 죄명을 쓴 劉棻에 연루되어 投閣의 화를 당하였다. 유분은 대학자인 劉歆의 아들로 일찍이 양웅에게 글자를 배웠는데, 조정에서 유분을 체포하고 관련된 이들을 체포하러 오자 양웅은 지레 겁을 먹고 누각에서 투신하였다. 양웅이 이때 생명을 잃지는 않았고 이 보고를 받은 왕망이 불문에 부치도록 하였지만, 당시 경사에서는 "적막을 자처하더니 누각에서 투신하고 청정을 좋아한다더니 부명을 지었네."[5]라며 조롱하는 노래가 떠돌 정도로 세인의 비난을 받았다. 이후 병으로 사직했지만 다시 大夫로 부름을 받았다.

양웅은 말년에도 집안이 가난하고, 인사들과의 교류도 드물었다. 한번은 유흠이 ≪태현경≫을 보고 양웅에게 "쓸데없이 스스로 고생하는구려. 요즘 학자들은 녹봉을 받는 이들조차 오히려 ≪易≫을 잘 모르는데 ≪태현경≫ 같은 책이야 어떠하겠는가? 후인들이 장독 덮개로 쓸까 걱정일세."라고 하니, 양웅은 웃기만 하고 아무 말도 하지 않았다고 한다. 그 후 72세가 되던 해인 天鳳 5년(18)에 卒하였다.

≪漢書≫에서는 양웅에 대한 평가를 桓譚의 입을 빌어 전하고 있다. 大司空 王邑이 양웅의 책이 후세에 전해지겠냐고 묻자, 환담은 "지금 양웅의 책은 문의가 너무 깊지만 논의가 성인의 뜻과 어긋나지 않습니다. 만일 알아주는 당세의 주군을 만났다면 다시 훌륭함을 알아서 칭찬을 받았을 것이니 반드시 제자백가보다 탁월하였을 것입니다."[6]라고 하였다. 양

---

5) 惟寂寞 自投閣 愛淸靜 作符命(≪漢書≫ 〈揚雄傳〉)

6) 今揚子之書文義至深 而論不詭於聖人 若使遭遇時君 更閱賢知 爲所稱善 則必度越諸子矣(同上)

웅이 죽은 지 40년이 되었을 때 ≪법언≫은 당대에 크게 유행하였으나 ≪태현경≫은 끝내 드러나지 못했다고 한다.

2. ≪揚子法言≫의 板本과 傳來

≪漢書≫ 〈藝文志〉에는 양웅의 저작 목록으로 ≪訓纂≫ 1편, ≪太玄≫ 19편, ≪法言≫ 13편, 賦 12편이 실려 있다. 또 ≪隋書≫ 〈經籍志〉에는 李軌의 注가 실린 ≪揚子法言≫ 15권이 있으며, 梁나라에는 侯苞가 注한 6권본이 있었는데 망실되었고, 宋衷이 注한 13권본이 있다고 하였다. 이후 四庫全書를 보면 宋나라에서는 10권본으로 宋咸의 ≪重廣注揚子法言≫과 司馬光의 ≪揚子法言集注≫가 소개되어 있다. 이후 ≪舊唐書≫ 〈經籍志〉, ≪新唐書≫ 〈藝文志〉, ≪宋史≫ 〈藝文志〉와 晁公武의 ≪郡齋讀書志≫, 陳振孫의 ≪直齋書錄解題≫, 馬端臨의 ≪文獻通考≫ 〈經籍考〉 등에 모두 기록이 있다.

대체로 ≪법언≫은 크게 13권본과 10권본 두 가지 계통으로 전해졌다. 가장 초기의 형태와 편명은 ≪한서≫ 〈양웅전〉에 양웅의 自序와 함께 자세히 실려 있는데, 〈學行〉, 〈吾子〉, 〈修身〉, 〈問道〉, 〈問神〉, 〈問明〉, 〈寡見〉, 〈五百〉, 〈先知〉, 〈重黎〉, 〈淵騫〉, 〈君子〉, 〈孝至〉 13편으로 각 편이 1권으로 구성된 13권이다. 漢人의 저술을 열거한 것 중에 이처럼 자세하게 소개한 것이 없다는 점에서 당시 양웅의 이 책을 매우 중하게 여겼음을 알 수 있다.[7)]

13권본과 10권본의 차이는 내용상의 가감은 없고 권을 합치거나 서문의 위치를 바꾼 것뿐이다. 〈吾子〉와 〈修身〉, 〈問明〉과 〈寡見〉, 〈五百〉과 〈先知〉를 각각 합하여 1권으로 만들었는데 이는 北宋 宋咸이 편차한 것이다. 이뿐 아니라 그는 매 편의 서문을 편머리로 옮겨 놓았다. 그러나 고대 저서의 습관에 근거할 때 서문은 뒤에 있어야 한다. 한대의 저작인 ≪史記≫, ≪漢書≫, ≪潛夫論≫ 같은 책은 모두 自序가 뒤에 있기 때문이다. ≪四庫全書總目≫에서는 "舊本은 13편의 서문이 책 뒤에 있었다. 〈書序〉, 〈詩序〉 이후로 체제가 이와

---

7) 漢人의……있다 : ≪四庫全書總目≫ 法言集注十卷

같았는데, 宋咸은 〈書序〉가 〈僞孔傳〉에 의해 옮겨졌고 〈詩序〉가 毛氏에 의해 옮겨졌다는 것을 모르고, 양웅이 직접 책의 끝에 끼워넣은 것은 성현의 법도가 아니라고 여기고서 편머리에 올려놓아서 經義에 부합하기를 취한다고 하였다. 그의 설은 매우 잘못된 것이다."[8] 라고 하였다. ≪법언≫ 13권본에서 보이듯이 서문이 제일 뒤에 있는 것이 이 책의 원래 모습이다. 송함이 처음 합쳐서 10권으로 만들고 서문을 편머리로 옮겨놓으면서 마침내 13권본과 10권본이 세상에 행해지고 역사상 두 개의 판본 계통이 형성되었다.

이 13권본과 10권본으로 현재 확인할 수 있는 판본을 정리하면 다음과 같다.[9]

13권본	·北宋 治平 2年 國子監刻李軌注≪揚子法言≫本(最早刻本) ·淸 嘉慶 24年 秦氏石硏齋影宋刻本
10권본	·宋 景祐 3年刊 宋咸≪揚子法言注≫本 ·宋 元豐 4年刊 司馬光集注≪揚子法言≫本 ·南宋刊 建寧四注本(逸失) ·宋 紹興間劉通判宅仰高堂刻本 ≪纂圖分門類題五臣注揚子法言≫ ·宋 崇川余氏刻本 ≪新纂門目五臣音注揚子法言≫ ·南宋 景定 元年 建陽書坊刊本 ≪纂圖互注揚子法言≫

먼저 13권본부터 살펴보자면, 13권본 계통은 李軌가 注를 낸 13권본 ≪양자법언≫을 대표로 삼는다. 송대 이전의 주석서로 상고할 수 있는 것은, 侯芭의 ≪法言注≫ 6권, 漢末 宋衷의 ≪揚子法言注≫ 13권, 晉나라 李軌의 ≪揚子法言注≫ 13권, 隋나라 辛德源의 ≪法言注≫ 23권, 唐나라 柳宗元의 ≪揚子法言注≫ 13권이다. 이상 각 주석본 중 이궤의 ≪양자법언주≫만 현재까지 전해지며, 유종원의 주석본은 司馬光의 集注 중에 산견되고 그 외에 주석본은 모두 이미 망실되었다.

李軌本 ≪양자법언≫의 특징은, 먼저 13개의 서문이 책 뒤에 있고, 서문 뒤에 〈法言音

---

8) 舊本은……것이다 : ≪四庫全書總目≫ 法言集注十卷

9) 이 표는 張賓, 〈兩雄 ≪法言≫的版本與流傳〉 ≪古籍整理硏究學刊≫ 4(2004. 7)의 내용을 정리한 것이다.

義〉 1권이 붙어 있다는 것이다. 다만 汪榮寶의 ≪法言義疏≫에 의하면, ≪법언≫의 구본은 12개의 序로 〈淵騫〉과 〈重黎〉가 서문을 공유하고 있었다. 그런데 후세인이 함부로 ≪한서≫를 고쳐 〈연건〉의 서문[10)]을 덧붙였고, 후세에 〈법언〉을 교열한 자가 또 ≪한서≫에 준하여 이 서문을 보태서 마침내 ≪법언≫ 통행본이 13개의 서문으로 변하였고 12개의 서문이 있는 舊本은 보이지 않게 되었다는 것이다.

北宋 治平 2년(1065) 國子監에서 李軌의 注가 붙어 있는 ≪양자법언≫을 印刻하였는데 이것이 ≪법언≫의 가장 빠른 刻本이다. 自序가 책 뒤에 있고, 편자미상의 〈音義〉 1권이 부록되어 있는데 비교적 〈법언〉의 원모습에 근접해 있다고 판단된다. 이 판본은 여러 차례 교감을 거친 후에 간행되었다. 司馬光이 〈揚子法言集注序〉에서 "景祐 4년(1037)에 國子監에 명하여 ≪揚子法言≫을 교정하게 해서 嘉祐 2년(1057) 7월에 비로소 교정을 마쳐 올렸고, 또 直祕閣 呂夏卿에게 명하여 교정하게 해서 治平 元年(1064)에 올렸으며, 內制와 外制에게 명하여 자세히 살펴보게 하여 治平 2년(1065)에 올렸으니, 그런 뒤에 國子監에 명하여 판각해서 인쇄하게 하였다."라고 하였다. 13권본은 대체로 北宋 治平本을 祖本으로 한다고 볼 수 있다.

두 번째 10권본의 특징은 앞에서 말했듯이 13권을 10권으로 편차하고 13개의 서문을 각 편의 머리에 두었다는 것이다. 대표적인 판본은 宋咸의 ≪揚子法言注≫와 司馬光의 ≪揚子法言集注≫이다. 宋咸注本은 宋 景祐 3년(1036) 刊本이다. 雙行夾注로 글을 따라 주해를 달았으며 다른 설을 인용하지 않고 간간이 音切을 붙였다. 편마다 서문을 편머리에 두었고 "漢 成都 揚雄 著 宋 宋咸 注"라고 쓰여 있다. 앞에는 직접 쓴 〈重廣注揚子法言序〉가 있고 또 〈進重廣注揚子法言表〉가 실려 있다. 이 본이 朝鮮으로도 전해져서 목활자본과 괘선초본이 있는데, 현재 국립중앙도서관에는 訓鍊都監字로 인쇄한 간본 1질이 소장되어 있고, '한국고전적종합목록'을 통해 확인해보면 필사본이 몇 군데 소장된 것으로 확인된다.

같은 10권본인 司馬光의 集注本은 宋 元豊 4년(1081) 刊本이다. 사마광이 국자감에서 간

10) 汪榮寶가 후인이 위찬하여 증보하였다고 여기는 서문은 제10편 〈연건〉의 서문이다. "孔子 이후로 역대의 임금, 장수와 재상, 卿士와 名臣들의 자질과 行事가 들쑥날쑥하여 똑같지 않다. 그러므로 한결같이 聖人의 도를 기준으로 삼아 품평하여 〈重黎〉를 지었다.〔仲尼之後 迄于漢道 德行顔閔 股肱蕭曹 爰及名將尊卑之條 稱述品藻 譔淵騫〕"

행한 李軌注本과 柳宗元補闕을 저본으로 삼고 아울러 宋咸, 吳祕 두 사람의 장점을 채택하고 자신의 뜻을 덧붙여 '集注'라고 이름지었다. 사마광의 서문에서 "音義는 대부분 天復本[11]을 인용하였는데 天復이 무엇을 말한 것인지는 알 수 없으나 諸公 중에 ≪法言≫을 교정하는 자들이 모두 이것에 근거하여 바로잡았다. 宋著作(宋咸)과 吳司封(吳祕)도 李本을 근거하였으나 그 글에 異同이 많고 音과 義가 모두 잘못되어 俗本이라 하였다. 國子監에서 간행한 것을 李本으로 삼고, 宋著作과 吳司封의 本을 각각 그 姓으로 구별하였으며, 혹 ≪漢書≫를 참고하여 통하는 것을 따라 定本을 만들되 먼저 그 음을 살피고 비로소 그 뜻을 해석하였다."라고 하였다. 사마광의 이 집주본은 마침내 ≪법언≫의 대표적인 통행본이 되어 四庫全書에 수록되었다.

이후 청대 王念孫, 王引之, 孫星衍, 兪正燮 등 저명한 학자가 ≪법언≫을 考訂하였으며 근대 汪榮寶의 ≪法言義疏≫ 20권이 가장 상세한 주석을 담고 있다.

3. ≪揚子法言≫의 構成과 內容

≪法言≫의 구성은 앞에서 말한 대로 13권본과 10권본이 있는데, 본 번역서는 10권본인 司馬光集注本을 저본으로 삼았으나 번역서에서는 ≪법언≫의 원모습인 13편 체제를 따랐다.

먼저 권두에는 宋咸의 〈重廣注揚子法言序〉와 〈進重廣注揚子法言表〉가 실려 있으며 이어서 司馬光의 〈注揚子法言序〉가 실려 있다. 송함은, 서문과 표를 통해 자신이 重廣注를 편찬한 취지를 설명하였다. 특히 양웅이 공자의 紀綱을 계승한 亞聖이라고까지 칭하며 ≪법언≫의 기존 주석이 너무 소략하여 본래의 의미가 드러나지 않으므로 ≪毛詩≫의 예를 따라 보충하고 바로잡았다고 하였다. 무엇보다 그는 ≪법언≫의 체제를 손질하여 서문을 각

11) 天復本 : 천복본은 송나라 이전에 망실되었으므로 사마광은 이 본을 칭하는 말만 들었지 실제 보지는 못했을 것이다. 天復은 唐나라 昭宗의 연호였고 이후 蜀에서도 쓰였으므로 현재 天復本은 唐末本이나 蜀本일 것으로 추정하고 있다. 李軌注本에 부록한 〈音義〉에서 인용한 서목 중에 "天復本揚子法言"이란 서명이 있어 이후 〈音義〉를 인용하는 경우 재인용된 天復本을 거론하기도 한다.

편의 앞에 배치하고, ≪周易≫ 〈繫辭傳〉의 양식대로 편을 차례한 이유를 밝히고, 어려운 글자의 音切 내력을 기술하였다. 사마광은 李軌注本과 音義를 바탕으로 柳宗元, 宋咸, 吳祕의 주석에다 자신의 주석을 추가하였는데, 기본적으로 송함이 편찬한 주본을 따랐기 때문에 체제는 같다.

본문 첫머리에는 ≪漢書≫ 〈揚雄傳〉에 실려 있는 양웅의 自序를 轉載하였다. 각편의 제목은 ≪論語≫와 같이 첫 장의 구절을 따서 지은 것이지 해당 권의 주제를 표시하는 것은 아니다. 이하에서는 각 편의 주요 내용에 대해 서문을 위주로 살펴보겠다.

제1편은 〈學行〉이다. "하늘이 生民(백성)을 내셨으니, 〈하늘이 낸 백성이〉 무지하고 어리석기 때문에 性情을 〈단속하지 않고〉 제멋대로 풀어놓으면 총명함이 개발되지 않는다. 〈그러므로〉 이들을 올바른 도리로 가르치기 위하여 〈學行〉을 지었다.〔天降生民 倥侗顓蒙 恣于情性 聰明不開 訓諸理 譔學行〕"는 서문이 있고, 학문과 관련된 24장이 실려 있다. 공자의 제자가 공자를 닮는 것은 뽕나무벌레가 나나니벌을 닮는 것과 같다는 유명한 일화를 비롯하여 학문이란 결국 본성을 닦는 것[12]이라는 주제로 학문을 수행하는 방법, 여러 사례 등을 다양한 예를 들어 설명하였다.

제2편은 〈吾子〉이다. "周公으로부터 孔子에 이르러 王道가 이루어졌다. 그런데 孔子 死後에 허탄한 말이 나와 聖人의 도에 위배되었고, 諸子百家가 각각 자신들이 善하다고 여기는 것을 내세워 一家를 이루었다. 〈그러므로 聖人의 道와 異端의 학설이 뒤섞이지 않게 하기 위하여〉 〈吾子〉를 지었다.〔降周迄孔 成于王道 然後 誕章乖離 諸子圖徽 譔吾子〕" 즉 1편에서 학문에 대해 말하고 그 귀결로 유가의 정통성에 대해 설명하는 편이다. 모두 22장인데 1~2장에서 자신이 젊었을 때 자부했던 賦를 더 이상 짓지 않는 이유와 文章의 유용성에 대해 문답을 통해 설명하고 있다.

제3편은 〈修身〉이다. "사물에는 本眞(준칙)이 있으니, 이것이 억만 가지 일에 베풀어져 있다. 그러나 사람이 모든 행동을 다 잘할 수는 없으니, 먼저 자기 몸에 근본을 두어야 한다. 〈그러므로 사람들로 하여금 수만 가지 일에 베풀어져 있는 本眞을 알게 하기 위하여〉 〈修身〉을 지었다.〔事有本眞 陳施於億 動不克咸 本諸身 譔修身〕" 이 편에서 가장 유명한 구절은

12) 學者所以修性也(≪法言≫ 〈學行〉)

"사람의 본성에는 善과 惡이 섞여 있어서, 선을 닦으면 선한 사람이 되고 악을 닦으면 악한 사람이 된다."[13]는 양웅의 善惡混說이다. 사마광은 양웅이 맹자의 性善說과 순자의 性惡說을 아우른 것으로 높이 평가하였지만 후대에는 韓愈의 性三品說과 함께 비판의 대상이 되었다.

제4편은 〈問道〉이다. "아득한 큰 도를 옛날에 聖人이 상고하여 만들었다. 이를 지나치면 中道를 잃고 이에 미치지 못하면 도달하지 못하니, 이를 속여서는 안 된다. 〈그러므로 사람들로 하여금 中道를 잃지 않게 하기 위하여〉 〈問道〉를 지었다.〔芒芒天道 昔在聖考 過則失中 不及則不至 不可姦罔 譔問道〕" 양웅은 오직 堯・舜, 孔子의 도만이 바로 聖人의 도이며 道德仁義禮가 합쳐져야 완전한 도가 된다고 보았다. 또 노장사상을 추구하였다고 비판받는 양웅이지만 "노자가 도덕을 논한 것은 내가 인정하지만 인의를 내던지고 예와 학문을 없앤 것은 내가 인정하지 않는다."[14]라고 하여 유가의 도에 충실한 면을 보여주고 있다.

제5편은 〈問神〉이다. "사람의 정신과 생각은 자취가 없지만 萬方의 모든 일을 두루 살피고, 사람의 일(행동)은 道・德・仁・義・禮와 관계되지 않는 것이 없다. 〈그러므로 정신과 생각, 道・德・仁・義・禮의 관계를 설명하기 위하여〉 〈問神〉을 지었다.〔神心忽怳 經緯萬方 事繫諸道德仁誼禮 譔問神〕" 神 = 心으로 보는 양웅은 '操存捨亡(잡으면 보존되고 놓으면 없어진다.)'이 곧 성인의 도라고 여겼다. 그 외 ≪周易≫과 ≪書經≫이 후대에 가감되어온 것에 대한 논의, ≪태현경≫을 짓게 된 배경 등에 대해 서술하였다.

제6편은 〈問明〉이다. "명철한 사람은 기미에 밝아 끝없이 두루 살피고, 생각지 못한 일이 발생했을 때에 겸손함을 실천하여 천명을 보전한다. 〈그러므로 사람들로 하여금 천명을 보전하는 도리를 알게 하기 위하여〉 〈問明〉을 지었다.〔明哲煌煌 旁燭亡疆 遜于不虞 以保天命 譔問明〕" 이 편에는 양웅의 性에 대한 인식을 살필 수 있는 구절이 나온다. 모든 새가 다 봉황이 될 수 있냐는 질문에 대해 양웅은 "새들 중에 봉황이 있고, 짐승들 중에 기린이 있는 것은 형체가 다르고 천성이 다르니, 어찌 衆人들 중에 聖人이 있는 것과 같겠는가."[15]라고 하였다. 즉 일반 새와 봉황은 형체와 性이 다르지만 중인과 성인의 性은 그처럼 다르지 않

---

13) 人之性也 善惡混 修其善則爲善人 修其惡則爲惡人

14) 老子之言道德 吾有取焉耳 及搥提仁義 絶滅禮學 吾無取焉耳

15) 或問 鳥有鳳 獸有麟 鳥獸皆可鳳麟乎 曰群鳥之於鳳也 群獸之於麟也 形性 豈群人之於聖乎

다는 뜻이다. 그렇다면 衆人과 聖人의 차별은 앞에서 언급했던 대로 학문과 수신을 통해서라고 볼 수 있을 것이다.

제7편은 〈寡見〉이다. "聖人의 심오하고 원대한 말은 天地에 두루 미쳐 神明한 경지에 도달하니, 심오하고 원대하여 종횡으로 헤아려서 비근한 말과 거리가 매우 멀다. 〈그러므로 사람들로 하여금 넓고 크며 정밀하고 심오한 말을 이해하게 하기 위하여〉 〈寡見〉을 지었다.〔假言周于天地 贊于神明 幽弘橫廣 絶于邇言 譔寡見〕" 그중 "天道에 대해 辨說한 것은 ≪周易≫만 한 것이 없고, 政事에 대해 변설한 것은 ≪書經≫만 한 것이 없고, 體統에 대해 변설한 것은 ≪禮記≫만 한 것이 없고, 마음속의 생각에 대해 변설한 것은 ≪詩經≫만 한 것이 없고, 事理에 대해 변설한 것은 ≪春秋≫만 한 것이 없다."[16)]는 五經의 특징을 잘 표현한 것이고, 이 뒤로는 漢代 經學의 폐단인 번거로운 注疏에 대한 비판이 나오니, 이는 양웅의 경학관을 드러내 준 것이라 하겠다.

제8편은 〈五百〉이다. "성인은 총명하며 깊고 아름다운 덕으로 하늘을 이어받아 신묘한 이치를 헤아리며, 만물의 으뜸이 되어 〈만세에 모범이 될〉 법칙을 세운다. 그러므로 〈사람들로 하여금 성인의 위대함을 알게 하기 위하여〉 〈五百〉을 지었다.〔聖人聰明淵懿 繼天測靈 冠于群倫 經諸範 譔五百〕" 이 편은 성인과 성인의 도에 대한 것인데 주로 공자의 出處와 道를 논한 글이 많다. 28장에는 莊周, 楊朱, 墨翟, 晏嬰, 申不害, 韓非子 등에 대한 평가가 실려 있다.

제9편은 〈先知〉이다. "정치하는 道를 세워 백성들을 고무하고 천하사람들을 감화시키는 것은 中和보다 더 좋은 것이 없다. 中和의 정치를 시행하는 것은 백성들의 실정을 밝게 아는 데에 달려 있다. 그러므로 〈위정자로 하여금 백성들의 실정을 알게 하기 위하여〉 〈先知〉를 지었다.〔立政鼓衆 動化天下 莫尙於中和 中和之發 在於哲民情 譔先知〕" 이 편은 어떻게 나라를 다스려야 하는지, 정치의 요점이 무엇인지, 日新의 의미, 백성들에게 괴로운 정치, 형법의 운용 등 政事에 대한 내용이 많다.

제10편은 〈重黎〉이다. "孔子 이후로 역대의 임금, 장수와 재상, 卿士와 名臣들의 자질과 行事가 들쑥날쑥하여 똑같지 않다. 그러므로 한결같이 聖人의 도를 기준으로 삼아 품평하여 〈重黎〉를 지었다.〔仲尼以來 國君將相卿士名臣 參差不齊 一槩諸聖 譔重黎〕" 국가와 천명이 옮

---

16) 說天者 莫辯乎易 說事者 莫辯乎書 說體者 莫辯乎禮 說志者 莫辯乎詩 說理者 莫辯乎春秋

겨가는 시대, 인물에 대한 평론이 주 내용이다. 伍子胥, 大夫種, 范蠡, 陳勝과 吳廣, 項羽, 韓信, 酈食其(역이기), 李斯, 季布 등이 거론되었다.

제11편은 〈淵騫〉이다. 서문에 "孔子 이후로 漢나라에 이르기까지 德行이 가장 훌륭한 자는 顔淵과 閔子騫이고, 군주를 가장 잘 보필한 자는 蕭何와 曹參이다. 그밖에 이름난 장수의 優劣을 조목별로 진술하였으며 아울러 칭술하고 품평하였다. 그러므로 〈淵騫〉을 지었다.〔仲尼之後 迄于漢道 德行顔閔 股肱蕭曹 爰及名將 尊卑之條 稱述品藻 譔淵騫〕" 〈연건〉은 〈중려〉와 함께 춘추 이후의 인물을 품평한 것인데, 분량 때문에 分卷한 것이어서 서문을 같이한다. 따라서 李軌注本에는 〈연건〉의 서문이 없는데, 이 서문은 후인이 위작하여 삽입한 것이라고 보는 설이 유력하다.

제12편은 〈君子〉이다. "군자는 끝을 잘 마무리하여 아름다운 명성을 얻고, 행동은 법도에 모두 맞으며, 聖人의 法에 널리 통한다. 그러므로 〈君子〉를 지었다.〔君子純終領聞 蠢迪檢押 旁開聖則 譔君子〕" 군자는 어떠해야 하는가에 대한 다양한 논의가 나오는데 '君子不械'라는 표현은 '君子不器'를 연상시킨다. 또 뒷부분에서는 不老長壽에 대한 견해가 몇 장 실려 있다.

제13편은 〈孝至〉이다. "효는 어버이를 편안하게 하는 것보다 더 큰 것이 없고, 어버이를 편안하게 하는 것은 先祖의 英靈을 편안하게 하는 것보다 더 큰 것이 없으며, 선조의 영령을 편안하게 하는 것은 천하 사람들의 기뻐하는 마음을 얻는 것보다 더 큰 것이 없다. 그러므로 〈孝至〉를 지었다.〔孝莫大於寧親 寧親莫大於寧神 寧神莫大於四表之驩心 譔孝至〕" 漢나라는 가장 큰 덕목으로 孝가 특히나 강조되던 시대였으므로 양웅도 진정한 효란 무엇인가에 대한 의견을 피력하고 있다. 다만 뒤에서는 한나라의 정사에 대한 칭송이 이어지다가 왕망을 이윤보다 훌륭하다고 예찬하여 후대에 물의를 일으킨 구절이 있다.[17)]

4. ≪揚子法言≫에 대한 평가

≪法言≫은 漢나라 때 이미 세상에 크게 유행하였을 뿐 아니라 이후 晉나라 李軌, 唐나라

17) 왕망을……있다 : 周公以來 未有漢公之懿也 勤勞則過於阿衡(≪法言≫ 〈孝至〉)

柳宗元, 宋나라 司馬光 등 역대로 주석가가 끊이지 않았으니, 후대에도 매우 중시되어 왔음을 알 수 있다.

≪법언≫에 대한 평가는 양웅에 대한 평가와 분리될 수 없다. 韓愈는 揚雄을 孟子, 荀子와 나란히 놓고 평하여 "荀子와 揚子는 선택은 잘하였으나 정밀하지 못하고 도에 대해 말하였으나 상세하지 못하였다." "순자와 양자는 크게는 순수하나 작게는 하자가 있다."라고 하였고, 또 양웅이 맹자에 대해 평한 말을 통해 맹자의 공을 논하기도 하였다.[18)]

사마광은 한걸음 더 나아가 서문에서 "揚子가 가장 늦게 태어나 〈맹자와 순자〉 두 분을 보았고, 聖人에게 절충하여 마음을 가라앉히고서 道의 극치를 찾아 백발에 이른 뒤에 책을 저술하였다. 그러므로 터득한 것이 많으니, 후세에 글을 쓴 자 중에 이보다 더 훌륭한 자가 없다. 비록 작은 하자가 없지는 못하나 몰두하여 연구한 것이 가장 깊으니, 韓文公이 말한 것은 또한 定論이 될 수 없을 듯하다.……孟子의 문장은 직설적이면서 드러나고, 荀子의 문장은 풍부하면서도 화려하고, 揚子의 문장은 간결하면서도 심오하니, 간결하면서도 심오하기 때문에 〈揚子의 글은〉 알기가 어렵다."라고 하여, 오히려 한유가 양웅에 대한 평가를 너무 낮게 한 것이라고 하면서 양웅의 문장이 그중 가장 뛰어나고 내용도 심오하다고 극찬하였다.

이와 같이 맹자, 순자에 버금가는 大儒로 평가받던 양웅은 程子와 朱子에 와서 평가가 急轉直下하게 되었다. ≪四庫全書總目≫에서는 양웅에 대한 송대의 평가를 다음과 같이 기술하였다.

> 程子는 처음으로 그가 만연하여 결단성이 없고 우유부단하여 혼란스럽다는 점을 말하였고, 蘇軾은 그가 어렵고 심오한 표현으로 천근하고 쉬운 이야기를 썼다고 하였다. 주자는 ≪資治通鑑綱目≫을 지으면서 처음 "莽大夫 揚雄이 죽었다."라고 써서 양웅의 인품과 저작이 마침내 모두 유학자들의 경시를 받게 되었다.[19)]

특히 주자는, 戰國時代 이후 漢唐까지의 문장가로 屈原, 荀子, 孟子, 司馬遷, 司馬相如,

---

18) 한유는……하였다 : ≪孟子集注≫ 〈序說〉

19) 程子는……되었다 : ≪四庫全書總目≫ 法言集注十卷

揚雄을 거론하던 당시의 평론에 대해 비평하면서 양웅을 비난하였다.

> 양웅은 완전히 黃老家이다. 내가 일찍이 말했듯이 양웅은 가장 쓸모없는 한낱 썩은 유생〔腐儒〕이다.……≪법언≫ 같은 책은 의론이 명쾌하지 못하고 결론도 없는 것이 그 사람의 됨됨이와 같다. 그는 식견도 완전히 저급하고 문장도.매우 형편없으니 웃음거리일 뿐이다. 荀子, 揚雄 두 사람은 王通, 韓愈 두 사람과 수준이 완전히 다르다.[20)]

주자가 양웅에 대해 '腐儒'라거나 黃老 사상가로 치부하여 유학자로 인정해주지도 않고 문장마저 형편없다고 평가하는 시각은 주자를 숭모하던 조선 학자들에게 큰 영향을 끼쳤다.

金昌協은 "내가 揚雄이 지은 ≪법언≫을 읽어 보니, 이 글은 대체로 堯舜, 孔孟을 거론하기를 좋아하여 도를 밝히려는 것처럼 보였다. 그러나 이상하게도 그 글은 매우 난삽하여 이해하기가 어려워서 성인의 말과 달랐는데 어째서인가? 양웅의 글은 언뜻 보면 궁구하기가 쉽지 않을 것 같으나 음미해 보면 의미가 얕디얕아 얻을 것이 없다. 그러면서도 일부러 난삽하여 이해하기 어렵게 하여 마치 간고하고 심오한 것처럼 보이게 하였으니, 비루하게도 그는 문장 기법에 마음을 쓴 것이다."[21)]라고 하여, 그의 문장이 난삽하고 아무 내용도 없으면서 일부러 어렵게 쓴 것이라 제자백가만 못하다고 평하였다.

또 韓泰東은 "나는 韓愈가 양웅을 지나치게 높인 것을 문제라고 생각하니, 그의 글을 읽고 개연히 애석하게 여기지 않은 적이 없었다. ≪사기≫에서 老子와 韓非子를 같은 列傳에 엮어놓은 것을 두고 옛사람들은 오히려 부끄럽게 여기기도 하였는데, 맹자가 어떤 사람이며 양웅이 어떤 사람인데, 한유는 이에 같이 열거해놓고 똑같이 취급한단 말인가?……≪법언≫이란 책을 읽어보니 여러 군자들이 주를 달고 풀이하여 양씨를 추존하지 않는 이가 없었는데 司馬光이 실로 그들을 편들었다. 심지어 한유가 말한 '크게는 순수하나 작게는 하

---

20) 양웅은……다르다 : 揚雄則全是黃老 某嘗說 揚雄最無用 眞是一腐儒……如法言一卷 議論不明快 不了決 如其爲人 他見識全低 語言極獃 甚好笑 荀揚二人自不可與王韓二人同日語(≪朱子語類 137≫)

21) 及余讀揚雄所爲法言 其書類喜稱堯舜孔孟 似欲以明道者 而竊怪其文頗艱深詰曲 與聖人言異者 何也……今雄書 驟若未易窮 而徐而繹之 直淺淺不見其有得焉 而故自爲艱深詰曲 令若簡奧陋矣其有意於文也(≪農巖集≫ 권25 〈讀法言〉)

자가 있다.'는 설이 정론이 아니라고 하고 〈孝至〉에서 '부지런히 힘쓴 공로는 伊尹보다도 뛰어나다.'라고 한 말이 아첨이 아니라고 하였으니 그 높이고 애석히 여긴 것이 또 한유보다도 더 지나치다. 내가 여기에서 양웅의 간사함이 왕망보다도 더 심하다는 것을 알 수 있었다."[22]라고 하였다. 한태동은 한유의 양웅에 대한 평가를 오히려 잘못된 것이라 비판하고, 양웅의 ≪법언≫에 주를 낸 후대 학자들은 모두 당세를 속이고 후대를 속인 양웅의 간교함에 속은 것이라고 하고 있다.

조선 학자들의 문집에 종종 ≪법언≫을 읽었다거나 베껴 썼다는 기록이 나오기는 하지만 대부분 위와 같이 그의 됨됨이를 비판하고 그의 문장조차 무시하는 내용으로 사실상 주자의 시각을 그대로 수용한 것이라고 볼 수 있다.

한나라와 당나라 때까지 대문장가이자 儒宗으로 존경받던 양웅은 程子, 朱子 등의 비판으로 曲學阿世하는 형편없는 腐儒로 완전히 전락하였고 이런 시각은 조선의 학자에게도 거의 그대로 전해졌다.

5. ≪揚子法言≫ 번역의 의의

揚雄은 董仲舒와 함께 漢代를 대표할만 한 大儒이고, ≪양자법언≫은 漢・唐・宋 역대로 많은 학자들이 주석을 내고 연구할 정도로 중시된 중국의 고전이다. 다만 朱子의 비판 이후 조선의 유학자들은 揚雄을 지조가 없는 학자로 경시하여 그의 대표저서인 ≪법언≫에 대해서도 별다른 연구를 하지 않았다.

근대에 들어 수많은 동양 고전이 한글로 번역되어 출간되는 상황에서도 ≪법언≫은 크게 환영받지 못했으며 연구자들의 연구도 소홀했다. 이는 ≪법언≫ 자체가 어록체의 체제여서 양웅의 사상을 논리적으로 충분히 설명하지 못한 점도 있겠지만 그 내용이 어려워 이해하

---

22) 余竊病昌黎公之過尊揚雄也 讀其文未嘗不慨然惜之 夫以老子與韓非同傳 古之人尙或恥之 孟何人也 雄何人也 而公乃列數而等夷之歟……及見其所謂法言者 則諸君子註之釋之 莫不推尊揚氏 而涑水先生實左袒焉 至以昌黎公大醇小疵之說 爲非定論 以孝至篇勤勞阿衡之語 爲非諂諛 則其尊之惜之者 又過於昌黎矣 吾於此有以知雄之姦尤於王莽也(≪是窩遺稿≫ 권4 〈書法言抄後〉)

기 힘들다는 점과 양웅에 대한 시각도 작용했을 듯하다. 국내에서는 자유문고에서 1996년과 2015년에 ≪법언≫ 번역서가 출판되었지만 둘 다 日本의 明德出版社 발행본을 저본으로 삼고 있다. 풀이와 번역, 주석, 원문 등이 있지만 ≪법언≫의 심오한 내용을 설명하기에는 부족한 면이 많다고 할 수 있고, 또 둘 다 13권본의 체제를 따르고 서문을 뒤로 빼두었다.

이번에 전통문화연구회에서 간행하는 ≪역주 양자법언≫은 李軌(晉)·柳宗元(唐)의 註와 宋咸(宋)·吳祕(宋)·司馬光(宋)의 添註를 합각한 ≪新纂門目五臣音註揚子法言≫(국립중앙도서관 소장본(일산貴1262-2))을 번역 저본으로 하였다. 이 본은 역대 주석가들의 축적된 연구 성과가 그대로 담겨있어 ≪법언≫을 이해하는 데 매우 큰 도움이 될 것이다. 이렇게 자세한 주석을 담은 ≪법언≫ 전체가 완역되는 것은 최초이며 이 번역서의 발간을 통해 이후 양웅의 사상에 대한 연구가 더 활발해지길 기대한다.

참고문헌

葉幼明 譯註, ≪新譯 揚子雲集≫, 三民書局, 1997.
張賓, 〈揚雄法言的板本與流傳〉, ≪古籍整理硏究學刊≫ 4, 2004.7.
吳二煥, 〈揚雄의 性善惡混說〉, ≪東洋哲學≫ 제3집, 1992.12.
汪榮寶, ≪法言義疏≫ 新編諸子集成, 中華書局, 1997.
李守奎, 洪玉琴, ≪揚子法言≫, 黑龍江人民出版社, 2002.
≪四庫全書總目≫

參考書目

◇ 底本

• ≪新纂門目五臣音註揚子法言≫, 揚雄(漢) 著, 李軌(晉)・柳宗元(唐) 註, 宋咸(宋)・吳祕(宋)・司馬光(宋) 添註, 국립중앙도서관 소장본(일산貴1262-2).

◇ 底本 관련자료

• ≪揚子法言≫, 揚雄(漢) 著, 李軌(晉)・柳宗元(唐) 註, 宋咸(宋)・吳祕(宋)・司馬光(宋) 增註, 규장각 소장본(奎中3440).

• ≪揚子法言≫, 揚雄(漢) 著, 李軌(晉)・柳宗元(唐) 註, 宋咸(宋)・吳祕(宋)・司馬光(宋) 增註, 규장각 소장본(奎中2335).

• ≪揚子法言≫, 揚雄(漢) 著, 李軌(晉)・柳宗元(唐) 註, 宋咸(宋)・吳祕(宋)・司馬光(宋) 增註, 성균관대학교 존경각 소장본(C02-0160a 省軒文庫).

• ≪揚子法言≫, 揚雄(漢) 著, 宋咸(宋) 註, 국립중앙도서관 소장본(古1262-4).

• ≪揚子法言 : 音義≫, 揚雄(漢) 著, 李軌(晉) 註, 국립중앙도서관 소장본(古1262-3).

• ≪揚子法言≫, 揚雄(漢) 著, 宋咸(宋) 註, 국립중앙도서관 소장본(한古朝16-31).

• ≪揚子法言≫, 揚雄(漢) 著, 宋咸(宋) 註, 文淵閣四庫全書, 臺灣商務印書館, 1986.

• ≪揚子法言≫, 揚雄(漢) 著, 宋咸(宋) 註, 四部叢刊, 商務印書館, 1929.

• ≪揚子法言增註≫, 揚雄(漢) 著, 桃源臧增(日) 註, 東都 : 松山堂書店, 1796.

• ≪揚子法言校補≫, 劉師培(中), 寧武南氏校印.

• ≪法言補釋≫, 劉師培(中), 江蘇古籍出版社, 劉申叔遺書本, 1997.

• ≪法言義疏≫, 汪榮寶(中) 撰, 中華書局, 1987.

• ≪域外漢籍珍本文庫 第3輯 : 新纂門目五臣音注揚子法言≫, 域外漢籍珍本文庫編纂出版委員會 編, 西南師範大學出版社, 2012.

◇ 經部

- ≪論語集註大全≫, 朱熹(宋) 集註, 胡廣(明) 等 編, 朝鮮 內閣本, 影印本, 學民文化社.
- ≪大學章句大全≫, 朱熹(宋) 集註, 胡廣(明) 等 編, 朝鮮 內閣本, 影印本, 學民文化社.
- ≪孟子集註大全≫, 朱熹(宋) 集註, 胡廣(明) 等 編, 朝鮮 內閣本, 影印本, 學民文化社.
- ≪中庸章句大全≫, 朱熹(宋) 集註, 胡廣(明) 等 編, 朝鮮 內閣本, 影印本, 學民文化社.
- ≪書傳大全≫, 蔡沈(宋) 集傳, 胡廣(明) 等 編, 朝鮮 內閣本, 影印本, 學民文化社.
- ≪詩傳大全≫, 朱熹(宋) 集傳, 胡廣(明) 等 編, 朝鮮 內閣本, 影印本, 學民文化社.
- ≪周易傳義大全≫, 程頤(宋) 傳, 朱熹(宋) 本義, 胡廣(明) 等 編, 朝鮮 內閣本, 影印本, 學民文化社.
- ≪禮記集說大全≫, 陳澔(元) 集說, 胡廣(明) 等 編, 朝鮮 內閣本, 影印本, 學民文化社.
- ≪大戴禮記詳解≫, 王聘珍(淸) 撰, 中華書局, 1989.
- ≪周禮註疏≫, 阮元(淸) 校刻, 十三經注疏, 中華書局, 2009.
- ≪春秋穀梁傳注疏≫, 范寧(晉) 註, 楊士勛(唐) 疏, 標點校勘整理本, 北京大學出版社, 2000.
- ≪春秋公羊傳注疏≫, 何休(漢) 註, 徐彦(唐) 疏, 標點校勘整理本, 北京大學出版社, 2000.
- ≪春秋左氏傳注疏≫, 杜預(晉) 註, 孔穎達(唐) 疏, 標點校勘整理本, 北京大學出版社, 2000.

◇ 史部

- ≪史記≫, 司馬遷(漢) 撰, 標點校勘本, 中華書局, 2006.
- ≪漢書≫, 班固(漢) 撰, 中華書局, 1962.
- ≪後漢書≫, 范曄(南朝 宋) 撰, 中華書局, 1965.
- ≪晏子春秋≫, 晏嬰(齊) 撰, 文淵閣四庫全書, 臺灣商務印書館, 1986.

◇ 子部

- ≪孔子家語≫, 王肅(漢) 註, 文淵閣四庫全書, 臺灣商務印書館, 1986.
- ≪老子≫, 王弼(魏) 註, 文淵閣四庫全書, 臺灣商務印書館, 1986.
- ≪論衡≫, 王充(漢) 撰, 文淵閣四庫全書, 臺灣商務印書館, 1986.

- ≪荀子≫, 王先謙(淸) 集解, 中華書局, 1988.
- ≪新序≫, 劉向(漢) 撰, 文淵閣四庫全書, 臺灣商務印書館, 1986.
- ≪新書≫, 賈誼(漢) 撰, 文淵閣四庫全書, 臺灣商務印書館, 1986.
- ≪顔氏家訓集解≫, 王利器(中) 撰, 中華書局, 1993.
- ≪呂氏春秋≫, 呂不韋(秦) 編, 高誘(漢) 註, 文淵閣四庫全書, 臺灣商務印書館, 1986.
- ≪列子≫, 張湛(晉) 註, 文淵閣四庫全書, 臺灣商務印書館, 1986.
- ≪爾雅注疏≫, 郭璞(晉) 註, 邢昺(宋) 疏, 北京大學出版社, 1999.
- ≪莊子集釋≫, 莊周(戰國 宋) 撰, 郭象(晉) 註, 陸德明(唐) 釋文, 成玄英(唐) 疏, 郭慶藩(淸) 輯, 王孝魚(中) 點校, 中華書局, 1961.
- ≪太玄經≫, 揚雄(漢) 撰, 文淵閣四庫全書, 臺灣商務印書館, 1986.
- ≪韓非子≫, 韓非(戰國 韓) 撰, 文淵閣四庫全書, 臺灣商務印書館, 1986.
- ≪淮南子≫, 劉安(漢) 撰, 高誘(漢) 註, 文淵閣四庫全書, 臺灣商務印書館, 1986.

◇ 集部

- ≪諸子平議≫, 兪樾(淸) 著, 中華書局, 1954.
- ≪讀書雜志≫, 王念孫(淸) 著, 江蘇古籍出版社, 2000.

◇ 研究論著 및 飜譯書

〔韓國〕

- 이연승 역, ≪법언 : 큰글씨책≫, 지식을만드는지식, 2014.
- 이준영 역, ≪법언 : 한나라의 논어를 꿈꾸다≫, 자유문고, 2015.
- 최형주 역, ≪法言≫, 자유문고, 1996.

〔中國〕

- 郭君銘 著, ≪揚雄法言思想研究≫, 巴蜀書社, 2006.
- 紀國泰 著, ≪揚子法言今讀≫, 巴蜀書社, 2010.
- 蘭秀隆 著, ≪揚子法言研究≫, 文津出版社, 1989.
- 路廣 著, ≪法言・揚雄集 詞類研究≫, 高等教育出版社, 2011.

- 李守奎・洪玉琴 譯, ≪二十二子詳注全譯 : 揚子法言譯註≫, 黑龍江人民出版社, 2003.

◇ 論文

〔韓國〕

- 남상호, 〈揚雄의 應時變經의 方法〉, ≪유교사상문화연구≫ 제23집, 2005.
- 이장휘, 〈揚雄 문론 역주 : ≪法言≫과 ≪太玄經≫ 및 몇 가지 逸文을 중심으로〉, ≪中國語文論譯叢刊≫ 제26집, 2010.
- 조원일, 〈揚雄의 教育思想에 관한 研究〉, ≪退溪學論叢≫ 제24집, 2014.

〔中國〕

- 譚繼和, 〈讀懂揚雄與≪揚子法言≫的現代闡釋〉, ≪西華大學學報≫, 2012.
- 呂高峰, 〈≪揚子法言≫ 問句研究〉, 新疆師范大學, 2012.
- 林曉雁, 〈一個漢代儒者的執著與徘徊〉, 北京大學, 2004.
- 馬輝芬, 〈≪法言≫著錄及版本考略〉, ≪圖書館理論與實踐≫, 2006.
- 問永寧, 〈從≪太玄≫看揚雄的人性論思想〉, ≪周易研究≫, 2002.
- 孫少華, 〈揚雄的文學追求與文學觀念之遷變〉, ≪清華大學學報≫, 2012.
- 施丁, 〈揚雄評司馬遷之意義〉, ≪求是學刊≫, 2007.
- 王博, 〈揚雄≪法言≫研究〉, 廣西師范大學, 2004.
- 熊莉, 〈揚雄韻文考辨〉, 華中師范大學, 2014.
- 衛仲璠, 〈≪揚子法言≫ 論屈原章析義〉, ≪安徽師范大學學報≫, 1985.
- 張慶偉, 〈揚雄≪法言≫思想研究〉, 山東大學, 2008.
- 張立文, 〈揚雄的太玄哲學〉, ≪孔子研究≫, 2013.
- 張兵, 〈揚雄≪法言≫的版本與流傳〉, ≪古籍整理研究學刊≫, 2004.
- 陳朝輝, 〈揚雄≪自序≫考論〉, ≪四川師范大學學報≫, 2006.

◇ 그림 자료

- ≪古先君臣圖鑑 附小傳古贊≫, 未詳撰人, 明刻本, 미 하버드대학교 도서관 소장.
- ≪三才圖會≫, 王圻(明) 外, 上海古籍出版社, 2005.

- ≪六經圖≫, 四庫全書本.
- ≪五經圖彙≫, 松本幼憲(日) 編, 林師彪(日) 較, 日本木版本, 寬政3(1791), 국립중앙도서관 소장(古古1-21-7).
- ≪詩經名物圖解≫, 細井徇(日), 未詳.
- ≪易學啓蒙要解≫, 世祖(朝鮮) 命編, 국립중앙도서관 소장(한古朝03-4).
- ≪朝鮮의 弓術≫, 李重華(朝鮮) 編, 朝鮮弓術硏究會, 1929.

◇ 데이터베이스(DB) 자료

- 한국고전종합DB(http://db.itkc.or.kr)
- 동양고전종합DB(http://db.cyberseodang.or.kr)
- 電子版 文淵閣四庫全書, 上海古籍出版社.
- 상우천고(http://www.s-sangwoo.kr)

凡 例

1. 본서는 李軌・柳宗元의 註와 宋咸・吳祕・司馬光의 添註를 合刊한 ≪新纂門目五臣音註揚子法言≫(국립중앙도서관 소장본 : 일산貴1262-2)을 底本으로 하였다.
2. 본서는 원전의 傳統性과 現代性을 구현하기 위해 노력하였다.
3. 原文에는 우리나라 전통방식으로 현토하였다.
4. 저본에는 原文의 章節이 없으나, 일본 桃源藏〔桃井白鹿〕의 增註本과 중국 紀國泰의 ≪揚子法言今讀≫(巴蜀書社, 2010)을 참고하여 章節을 나누고, 아라비아숫자로 표기하였다.
5. 讀音이 특수하거나 僻字인 경우는 원문의 해당 글자 뒤의 ( ) 속에 한글로 音을 달아주었다.
6. 飜譯은 原義에 충실하게 하되 이해가 어려운 부분은 意譯 또는 補充譯을 하였다.
7. 飜譯文은 한글과 漢字를 混用하였으며, 맞춤법과 띄어쓰기는 한글 맞춤법과 표준어 규정을 따르는 것을 원칙으로 하였다.
8. 譯註는 校勘, 異說, 인용문의 出典, 故事, 전문용어, 難解語 등에 관한 사항을 밝혔다.
9. 校勘은 원문의 誤字, 脫字, 衍文, 倒文 등을 대상으로 하였다.
10. 本書에서 校勘에 참고한 主要 書目의 略稱은 다음과 같으며, 譯註에도 이 약칭으로 표기하였다. 그 외의 저술은 譯註에서 書目을 밝혀두었다.
    - 底本 : ≪新纂門目五臣音註揚子法言≫, 국립중앙도서관 소장본.
    - 四庫全書本 : 文淵閣四庫全書 第696冊, 影印古籍.
    - 四部叢刊本 : 四部叢刊初編 第333冊, 上海涵芬樓藏影宋刊本.
11. 본서에 사용된 주요 符號와 略號는 다음과 같다.

    “ ” : 對話, 각종 인용

‘　’: “　” 안에서 再引用, 强調

〈　〉: ‘　’ 안에서 再引用

(　): 원문에서는 讀音이 특수한 글자나 僻字의 音, 번역문에서는 간단한 譯註

≪ ≫: 書名, 出典

〈　〉: 篇章名, 作品名, 補充譯

〔　〕: 번역문과 뜻은 같으나 音이 다른 漢字 및 字句

譯註에서 인용하여 번역한 原文

저본의 脫字 補充

(　)〔　〕: (저본의 誤字)〔교감한 正字〕

(　): 저본의 衍字

目 次

圖版 目錄

重廣註揚子法言序

≪重廣註揚子法言≫의 序文(宋咸)

太儀之體는 渾淪無窮者也니 非夫周服諸家之論이면 則度舍之紀가 茲或罔焉하여 欲明緯象[1)]이나 不可得也요 群經之文은 支離寡要者也니 非夫孔傳衆氏之解면 則章趣之會가 無乃[2)]隱焉하여 欲辨綱常이나 不可得也라 故로 先儒於聖人之書에 所以亹亹而爲己任者는 蓋此爾라 惟西京博士毛萇傳詩에 頗號太略하니 鄭康成이 大懼夫泯之弗行하여 思覺於後라 故增之箋言하여 而三百廓如也라 自鳳德云衰[3)]로 諸子繼作이로되 亞聖之謨은 獨揚孟而已니 七篇은 有趙臺卿爲之題頗詳하고 眞經은 有范叔明[4)]爲之解甚悉이라

太儀(太極)의 本體는 渾淪하여 無窮하니, 諸家의 의논을 두루 익힌 자가 아니면 해와 달과 별이 머무는 度數가 혹 없어져 緯象을 밝히고자 하더라도 할 수 없을 것이요, 여러 經書의 글은 지리하여 요점이 적으니, 諸家의 해설을 깊이 전수받은

---

1) 緯象 : 天文을 지칭하는 말로 日月과 五星을 가리킨다. 五星은 木星・火星・金星・水星・土星이다.

2) 無乃 : '無乃'는 '乃'의 뜻이다. ≪論語≫ 〈季氏〉 "無乃爾是過與"에 대한 邢昺의 疏에 "無乃, 乃也."라고 하였다.

3) 鳳德云衰 : 세상이 무도한 것을 비유한 말이다. ≪論語≫ 〈微子〉에 춘추시대 楚나라의 隱者인 接輿가 孔子의 수레 앞을 지나면서 노래하기를 "봉새여, 봉새여, 어찌 그리 덕이 쇠하였는가.〔鳳兮鳳兮 何德之衰〕"라고 한 데서 온 말이다. 봉새란 세상에 도가 있을 때에만 나타나고 무도한 때에는 숨어버리는 靈物이므로 접여가 이 봉새를 공자에 비유하여 공자가 무도한 세상에 은거하지 않는 것을 기롱한 것이다.

4) 范叔明 : ≪太玄經疏≫ 18권을 저술하였다.

자가 아니면 章句의 뜻이 곧 자취를 감춰 三綱과 五常을 분별하고자 하더라도 할 수 없을 것이다. 그러므로 先儒가 聖人의 책에 대해서 부지런히 연구하여 자신의 책임으로 삼은 것은 이 때문이다.

오직 前漢 때의 博士인 毛萇이 ≪詩經≫에 注를 낸 것은 자못 너무 소략하다고 이름이 났는데, 鄭康成(鄭玄)은 〈이 때문에 ≪詩經≫이〉 泯滅되어 세상에 행해지지 않을까 크게 두려워하여 〈≪詩經≫을〉 후학들에게 깨우쳐줄 것을 생각하였다. 그러므로 箋注를 보태어 ≪詩經≫ 300편의 뜻을 환하게 열어놓았다.

세상에 도가 없어진 뒤로 諸子들이 이어서 나왔으나 亞聖이 撰述한 것은 ≪揚子≫와 ≪孟子≫뿐이니, ≪孟子≫ 7편은 趙臺卿(趙岐)이 자못 상세히 주석하였고, ≪眞經(太玄經)≫은 范叔明이 매우 자세히 해석하였다.

惟法言者는 **蓋時有請問子雲**한대 **用聖人之法**하여 **以應答之也**라 **凡有十三篇**하니 **東晉李軌雖爲之註**나 **然愈略於毛公之爲**하고 **唐柳宗元删定**하여 **雖釋二三**이나 **而不能盡補其亡誤**라 **故**로 **中有義易**(이)**決者反疏之**①하고 **理尙祕者則虛焉**②하며 **闕文者**를 **弗能正**③하고 **譌字者**를 **乃無辯**④이라 **至於言不詁**⑤**而事不屬**⑥하고 **議失旨**⑦**而擧失類**⑧하여는 **已什其手**하니 **是使揚氏之意**로 **尙有所晦**하여 **學子不能無尤**(유)**豫也**라 **故**로 **康成之志**를 **咸敢竊而取焉**하여 **凡裨其闕**하고 **糾其失**이 **五百餘條**요 **且署咸曰**하여 **以別舊貫**이라

① 義易(이)決者反疏之 : 如五聲十二律, 面友戰悸之類, 甚顯而反釋之.

뜻이 쉽게 해결되는 것에 도리어 疏를 단 것은 五聲과 十二律, 面友와 戰悸 같은 따위이니, 매우 분명한데 도리어 해석하였다.

② 理尙祕者則虛焉 : 如猗頓之孝, 書與經同, 雉噫[5], 秦縊, 狐蟦, 不膢臘, 褐博, 沒齒之類, 甚祕而反闕之.

이치를 오히려 알기 어려운 것에 注를 빼놓은 것은 猗頓之孝, 書與經同, 雉噫, 秦縊, 狐蟦, 不膢臘, 褐博, 沒齒 같은 따위이니, 매우 알기 어려운데 도리어 빼놓았다.

---

5) 雉噫 : 노래하며 한탄하는 소리이다. 일설에는 古歌의 명칭이라고 한다.

③ 闕文者 弗能正：如衆人所不能踰脫不字之類.

빠진 글자를 채워넣지 않은 것은 '衆人所不能踰'의 '不'자가 빠진 것과 같은 따위이다.

④ 譌字者 乃無辯：如聖人不干作不手之類.

잘못된 글자를 구별하지 않은 것은 '聖人不干'이 '不手'로 되어 있는 것과 같은 따위이다.

⑤ 言不詁：如殪傷剮之類.

글자를 훈고하지 않은 것은 殪, 傷, 剮과 같은 따위이다.

⑥ 事不屬：如遷善隔斷參辰之類.

일이 연속되지 않는다는 것은 '遷善'이 '參辰'과 동떨어진 것과 같은 따위이다.

⑦ 議失旨：如風不再實錄多愛周人行秦人病行有病曼之類.

의논이 본지를 잃은 것은 風不再, 實錄, 多愛, 周人行, 秦人病, 行有, 病曼과 같은 따위이다.

⑧ 擧失類：如擊劍北賊 莽篡擬秦之類.

거조가 사리를 잃은 것은 擊劍, 北賊과 莽篡, 擬秦과 같은 따위이다.

다만 ≪法言≫은 아마도 당시에 揚子雲에게 물은 자가 있어서 揚子雲이 聖人의 法으로써 응답한 것인 듯하다. 모두 13편이니, 東晉의 李軌가 주를 달았으나 毛公이 ≪詩經≫에 주를 단 것보다 더 소략하고, 唐나라 柳宗元이 刪定하여 두세 가지를 해석하였으나 망실되거나 잘못된 것을 다 보충하지는 못하였다.

그러므로 그 중에 뜻이 쉽게 해결되는 것에는 도리어 疏를 달고 이치를 오히려 알기 어려운 것에는 주를 빼놓은 것도 있으며, 빠진 글자를 채워넣지 않고 잘못된 글자를 구별하지 않은 것도 있다. 글자를 훈고하지 않고 일이 이어지지 않으며, 의논이 본지를 잃고 거조가 사리를 잃은 것에 이르러서는 이미 손을 놓았으니, 이는 揚氏(揚雄)의 뜻에 오히려 은폐되는 바가 있어서 배우는 자들이 주저함이 없을 수 없었다. 그러므로 鄭康成이 ≪詩經≫에 注를 낸 뜻을 내(宋咸)가 감히 竊取하여 빠진 것을 보충하고 잘못된 것을 바로잡은 것이 500여 조항이요, 또 '咸曰'이라고 써서 옛주와 구별하였다.

觀夫詩書컨대 小序竝冠諸篇之前하니 蓋所以見(현)作者之意也라 法言每篇之序는 皆子雲親旨어늘 反列於卷末하니 甚非聖賢之法일새 今升之於章首하여 取合經義하고

第次之由를 隨篇具析하며 其有艱字면 音切來理를 盡譜于後하고 仍條其舊하여 以爲十卷하니 雖不能廣翼賢業이나 庶充巾笥하여 爲詒謀之具云이라 景祐三年二月日에 著作佐郎 知尤溪縣事 宋咸은 序하노라

≪詩經≫과 ≪書經≫을 살펴보건대 小序를 모두 모든 篇의 앞에 두었으니, 이는 作者의 뜻을 나타내기 위한 것이다. ≪法言≫의 篇마다 붙어 있는 序는 모두 揚子雲이 직접 자신의 뜻을 나타낸 것인데 도리어 책의 끝에 나열하였으니, 이는 전혀 聖賢의 法이 아니기 때문에 이제 이것을 章의 첫머리로 올려서 經義에 부합하게 하고, 篇을 차례한 이유를 편마다 낱낱이 밝혔으며, 어려운 글자가 있으면 音切의 내력을 모두 뒤에 기술한 다음 옛것을 조목별로 기록하여 10卷으로 만들었다. 비록 賢者의 사업을 널리 도울 수는 없으나 책상자에 넣어 후손에게 물려줄 도구로 삼기를 바란다.

景祐 3년(1036) 2월 일에 著作佐郎 知尤溪縣事 宋咸은 서문을 쓰다.

進重廣註揚子法言表

≪重廣註揚子法言≫을 올리는 表文(宋咸)

臣咸言하노이다 **臣聞魯堂**[1]**諸子皆宗聖以宣猷**하고 **漢室群儒多註書而顯氏**라하니 **矧遘會昌之旦**하여 **敢忘釋詁之勤**이릿고 **願塵典學**[2]**之明**하여 **庶補傳疑**[3]**之闕**하오니 **臣誠惶誠恐**하여 **頓首頓首**하노이다

臣 宋咸은 아뢰니다. 신이 들으니 魯나라 孔子 門下의 여러 弟子들은 모두 聖人을 宗主로 삼아 道를 폈고, 漢나라의 여러 儒者들은 대부분 책에 註를 내어 집안〔氏〕을 현달하게 했다고 하였는데, 하물며 國運이 번창할 때를 당하여 감히 訓詁하는 수고로움을 잊겠습니까. 시종 학문에 전념하는 밝으신 성상을 번거롭게 하여 의심스러워 빼놓은 것을 보충하기를 원하니, 신은 진실로 황공하여 머리를 조아립니다.

臣竊以前聖既沒에 **微言卽淪**하여 **竝行者**는 **非先王之流**요 **橫議者**는 **皆處士之輩**라 **儒綱盡弛**하여 **民極都棼**이러니 **惟鄒國孟軻**와 **蘭陵荀況**과 **下及劉世**하여 **復生揚雄**하여

---

1) 魯堂 : 孔子의 殿堂을 가리킨다. 후에는 儒家의 講學 장소를 일컫는 말로 쓰인다.

2) 典學 : ≪書經≫ 〈說命〉에 “시종 학문에 종사하다.〔終始典于學〕”라고 하였는데, 이는 傅說이 高宗에게 배움을 면려하기 위해 한 말이다. 후에 세자 혹은 제왕이 학문에 힘을 다하는 것을 일러 ‘전학’이라 한다.

3) 傳疑 : 역사를 기록하면서 임의대로 취사하지 않고 분명한 사실은 분명한 대로 전하고 의심스러운 일은 의심스러운 대로 전하는 것을 말한다. ≪春秋穀梁傳≫ 桓公 5년 조에 “춘추의 의리는 분명한 것은 분명한 대로 전하고 의심스러운 것은 의심스러운 대로 전하는 것이다.〔春秋之義 信以傳信 疑以傳疑〕”라고 하였다.

咸能著書하여 更相樹道하여 闢王基於絶代하고 振天爵[4]於群倫하니이다 若趙岐之釋孟篇과 如楊倞之箋荀旨는 大決宧奧[5]하여 靡留洞疑어니와 惟彼法言은 準夫論語하여 文高而絶하고 義祕而淵하니 雖李郁亭[6]解之於前하고 柳宗元裁之於後나 然多疏略하고 猶或誤遺라 凡坦然易別之條는 則五行俱下而詮釋하고 洎卓爾難明之意하여는 則一辭不措而闕亡하여 遂使十三篇之旨趣未融하고 數百年之駕說猶昧하니이다 唐陸德明云 註旣釋經하여 經由註顯하니 若讀註不曉면 則經義難明[7]이라하니 誠此之謂也니이다 臣爰自效官[8]으로 未嘗廢學하고 因念子雲之業은 蓋紹仲尼之綱이라하여 比緣從政之餘에 輒恣討論之하고 究增加剖理하여 庶所詳明하니이다 然聖人之門에 誠難言而是戒어든 況愚夫之慮 或有得而可收릿고

신이 외람되이 생각건대 옛 성인이 별세한 뒤에 은미한 말씀이 곧 매몰되어, 세상에 아울러 유행하는 것은 先王을 비난하는 부류이고, 멋대로 의논하는 것은 모두 處士의 무리입니다. 儒學의 紀綱이 모두 해이해져서 백성들의 표준〔民極〕이 모두 어지러웠는데, 오직 鄒나라의 孟軻와 蘭陵의 荀況, 아래로 劉氏의 漢代에 이르러 다시 揚雄이 태어나서 모두 책을 저술하여 번갈아 서로 道를 세워서 王者의 터전을 끊어진 대에 열고 天爵을 뭇 백성들에게 떨쳤습니다.

趙岐가 ≪孟子≫ 7편을 해석한 것과 楊倞이 ≪荀子≫의 뜻을 箋注한 것으로 말하면 심오하여 분명치 않은 뜻을 크게 해결하여 의심스러운 것을 남겨두지 않았습니다. 다만 저 ≪法言≫은 ≪論語≫를 표준으로 삼았기 때문에 문장이 높고 빼어나며 뜻이 비밀스럽고 깊으니, 비록 李郁亭(李軌)이 먼저 해석하고 柳宗元이 나중

---

4) 天爵 : 사람이 주는 작위라는 뜻의 人爵과 상대되는 말로, 仁義·忠信과 善을 행하여 사람들로부터 존경을 받음을 이른다. ≪孟子≫ 〈告子 上〉에 “天爵이 있으며 人爵이 있으니, 仁義와 忠信을 행하고 善을 즐거워하며 게을리하지 않음이 이 天爵이요, 公卿과 大夫는 이 人爵이다.〔有天爵者 有人爵者 仁義忠信樂善不倦 此天爵也 公卿大夫 此人爵也〕”라고 하였다.

5) 宧奧 : 深奧하여 분명치 않은 것을 이른다.

6) 李郁亭 : 李軌를 가리키는 듯하다.

7) 唐陸德明云……則經義難明 : 陸德明(唐)의 ≪經典釋文≫ 권1 〈序錄 條例〉에 나온다.

8) 效官 : 관직을 제수받아 관원이 되는 것을 이른다.

에 풀이하였으나, 소략한 것이 많고 여전히 중간에 잘못된 것과 누락된 것이 있었습니다.

무릇 평탄하여 분별하기 쉬운 조항은 단번에 읽어나갈 수 있는데도 주를 내어 해석하고, 뜻이 높아서 밝히기 어려운 부분에 이르러서는 한마디도 언급하지 않고 빼놓아서, 마침내 13편의 旨趣가 통하지 않고 수백 년간 전해온 가르침이 오히려 어두워지게 하였습니다. 唐나라 陸德明이 "註를 내어 經을 해석한 뒤에는 經의 뜻이 註를 통해 드러나야 하니, 만약 註를 읽어도 이해되지 않으면 經의 뜻을 밝히기 어렵다."라고 하였으니, 참으로 이런 경우를 두고 한 말입니다.

신은 이에 벼슬한 뒤로 학문을 폐한 적이 없고, 揚子雲의 사업은 仲尼의 紀綱을 계승하는 것이라고 생각하였기 때문에 근래 政事에 종사하는 여가에 곧 마음껏 토론하고 마침내 더욱더 분석하여 거의 자세히 밝혔습니다. 그러나 聖人의 門下에서는 말하는 것을 참으로 어렵게 여겨 이를 경계하였는데, 하물며 우둔한 신의 생각에 혹시 터득한 것이 있다 하더라도 거두어 쓸 수 있겠습니까.

恭惟景祐體天法道欽文聰武聖神孝德皇帝陛下[9]는 **道冠先天**하고 **業恢長世**하여 **若唐虞之稽古**하고 **監商周而右文**이라 **雖祕藏之多**나 **俾加於采正**하고 **在小說之異**도 **罔忽於棄遺**하시니이다 **臣是敢前冒邦刑**하고 **仰干天聽**하오니 **終篇稱善**하사 **儻垂衡石之觀**하시고 **以文化成**하여 **願廣鴻都之教**[10]하노이다 **臣所重廣註揚子法言一十卷**을 **謹繕寫**하여 **成三策**을 **隨表昧死**하고 **詣東上閤門**하여 **投進以聞**하니이다 **臣黷犯宸嚴**하오니 **無任屛營激切之至**니이다 **臣誠惶誠恐**하여 **頓首頓首謹言**하노이다 **景祐四年十月十六日**에 **給事郎 守祕書著作佐郎 宋咸**은 **表**하노이다

9) 體天法道欽文聰武聖神孝德皇帝陛下：體天法道欽文聰武聖神孝德은 北宋 仁宗의 존호이다. 仁宗은 天聖 2년(1024)에 聖文睿武仁明孝德皇帝라는 호를 받았고, 明道 2년(1033)에 존호를 가상하여 睿聖文武體天法道仁明孝德皇帝라는 호를 받았고, 景祐 2년(1035)에 존호를 개정하여 體天法道欽文聰武聖神孝德皇帝라는 호를 받았다. 사후 시호는 神文聖武明孝皇帝이다.

10) 鴻都之教：鴻都는 東漢 때 궁궐문의 이름인데 靈帝 光和 원년(178)에 학생을 모집하여 그 안에서 가르치는 제도를 처음으로 설치하였다 한다.

공손히 생각건대 景祐年間에 體天法道欽文聰武聖神孝德 皇帝陛下(仁宗)께서는 道가 先天에 으뜸이시고 事業을 장구한 후세에 넓혀서, 唐虞時代에 옛날을 상고한 것처럼 하시고 商나라와 周나라를 본받아 文을 숭상하셨습니다. 비록 祕藏한 것이 많지만 바른 것을 채택하게 하시고, 小說 같은 異端에 대해서도 함부로 버리지 못하게 하셨습니다. 신은 이에 감히 국법을 무릅쓰고 우러러 성상께 아뢰니 책을 끝까지 보고 좋다고 칭찬하시어 衡石 같은 준칙을 드리워주시고, 文으로 교화를 이루어 鴻都의 가르침을 넓히시기 바랍니다.

신이 ≪重廣註揚子法言≫ 11권을 삼가 정서해서 3책으로 만든 것을 表文과 함께 죽을죄를 무릅쓰고 東上閤門에 나아가 올리고 아룁니다. 신이 번거롭게 성상의 위엄을 범하니 지극히 황송한 마음을 금할 수 없습니다. 신은 진실로 황공하여 머리를 조아리고 삼가 아뢥니다.

景祐 4년(1037) 10월 16일 給事郎 守祕書著作佐郎 宋咸은 表文을 씁니다.

司馬溫公註揚子序

≪司馬溫公註揚子≫의 序文 (司馬光)

韓文公稱荀子하여 以爲在軻雄之間이라하고 又曰 孟子는 醇乎醇者也요 荀與揚은 大醇而小疵라하시니 三子는 皆大賢이라 祖六藝而師孔子하니 孟子好詩書하고 荀子好禮하고 揚子好易하여 古今之人이 共所宗仰이라 如光之愚는 固不敢議其等差나 然揚子之生最後하여 監於二子而折衷於聖人하여 潛心以求道之極致하여 至于白首然後著書라 故其所得爲多하니 後之立言者莫能加也라 雖未能無小疵나 然其所潛最深矣니 恐文公所云이 亦未可以爲定論也라 孟子之文은 直而顯하고 荀子之文은 富而麗하고 揚子之文은 簡而奧하니 唯其簡而奧也라 故難知라 學者多以爲諸子而忽之러니 晉祠部郎中李軌始爲之註하고 唐柳州刺史柳宗元이 頗補其闕이라

韓文公(韓愈)이 荀子를 칭찬하여 "孟軻와 揚雄의 중간에 있다."라고 하였고, 또 "孟子는 순수하고 순수한 자이고, 荀子와 揚子는 크게는 순수하나 작게는 하자가 있다."라고 하였으니, 세 사람은 모두 大賢이다. 六藝(六經)를 근본으로 삼고 孔子를 스승으로 삼았는데, 孟子는 ≪詩≫·≪書≫를 좋아하고, 荀子는 ≪禮≫를 좋아하고, 揚子는 ≪易≫을 좋아하였으니, 옛사람과 지금 사람들이 모두 종주로 삼아 우러러보는 분들이다.

나처럼 어리석은 사람은 진실로 감히 그 등급을 논할 수 없으나 揚子가 가장 늦게 태어나 〈맹자와 순자〉 두 분을 보았고, 聖人(孔子)에게 折衷하여 마음을 가라앉히고서 道의 극치를 찾아 백발에 이른 뒤에 책을 저술하였다. 그러므로 터득한 것이 많으니, 후세에 글을 쓴 자 중에 이보다 더한 자가 없다. 비록 작은 하자가 없지는 못하나 몰두하여 연구한 것이 가장 깊으니, 韓文公이 말한 것은 또한 定論

이 될 수 없을 듯하다.

孟子의 문장은 직설적이면서 드러나고, 荀子의 문장은 풍부하면서도 화려하고, 揚子의 문장은 간결하면서도 심오하니, 간결하면서도 심오하기 때문에 〈揚子의 글은〉 알기가 어렵다. 배우는 자들이 대부분 諸子라 하여 소홀히 여겼는데, 晉나라 祠部郎中 李軌가 처음 註를 내고 唐나라 柳州刺史 柳宗元이 그 부족한 부분을 상당히 보충하였다.

景祐四年에 詔國子監하여 校揚子法言하여 嘉祐二年七月에 始校畢上之하고 又詔直祕閣呂夏卿校定하여 治平元年上之하며 又詔內外制看詳하여 二年上之하니 然後에 命國子監하여 鏤版印行이라 故著作佐郎宋咸과 司封員外郎吳祕 皆嘗註法言이라 光少好此書하여 研精竭慮하여 歷年已多러니 今老矣라 計智識所及컨대 無以復進이로되 竊不自揆하고 輒采諸家所長하여 附以己意하고 名曰集註라하니 凡觀書者는 當先正其文하고 辨其音이니 然後可以求其義라 故相宋公家에 有李祠部註本及音義하니 最爲精詳이라 音義는 多引天復本하니 未知天復何謂也나 諸公校法言者 皆據以爲正이라 宋著作과 吳司封이 亦據李本이나 而其文多異同하고 音義皆非之하여 以爲俗本이라 今獨以國子監所行者로 爲李本하고 宋著作, 吳司封本을 各以其姓別之하며 或參以漢書하여 從其通者하여 以爲定本호되 先審其音하고 乃解其義라 然此特愚心所安이요 未必皆是니 冀來者擇焉하노라 元豐四年十一月己丑에 涑水司馬光序하노라

景祐 4년(1037)에 國子監에 명하여 ≪揚子法言≫을 교정하게 해서 嘉祐 2년(1057) 7월에 비로소 교정을 마쳐 올렸고, 또 直祕閣 呂夏卿에게 명하여 교정하게 해서 治平 元年(1064)에 올렸으며, 內制와 外制에게 명하여 자세히 살펴보게 하여 治平 2년(1065)에 올렸으니, 그런 뒤에 國子監에 명하여 판각해서 인쇄하게 하였다.

옛 著作佐郎 宋咸과 司封員外郎 吳祕가 모두 일찍이 ≪法言≫에 주를 내었다. 나는 젊어서부터 이 책을 좋아하여 專心으로 연구하고 힘을 다해 생각하면서 보낸

햇수가 이미 많은데, 지금은 늙어서 지혜와 식견이 미치는 바를 헤아려보면 더 이상 진전된 것이 없다. 그러나 외람되이 스스로 분수를 헤아리지 않고 번번이 諸家들의 장점을 채택하여 나의 뜻을 붙이고 '集註'라고 이름하였다.

무릇 책을 보는 자는 마땅히 먼저 그 글자를 바로잡고 그 음을 분별해야 하니, 그런 뒤에야 그 뜻을 찾을 수 있다. 옛 정승인 宋庠 公의 집안에 李祠部(李軌)의 註本과 音義가 있으니, 가장 정밀하고 상세하다. 音義는 대부분 天復本을 인용하였는데 天復이 무엇을 말한 것인지는 알 수 없으나 諸公 중에 ≪法言≫을 교정하는 자들이 모두 이것에 근거하여 바로잡았다. 宋著作(宋咸)과 吳司封(吳祕)도 李本에 근거하였으나 그 글에 異同이 많고 音과 義가 모두 잘못되어 俗本이라 하였다. 이제 다만 國子監에서 간행한 것을 李本으로 삼고, 宋著作과 吳司封의 本을 각각 그 姓으로 구별하였으며, 혹 ≪漢書≫를 참고하여 통하는 것을 따라 定本을 만들되 먼저 그 음을 살피고 비로소 그 뜻을 해석하였다. 그러나 이것은 다만 어리석은 나의 마음에 타당하다고 여기는 것이고 반드시 다 옳지는 않으니, 후생들이 잘 선택하기를 바란다.

元豐 4년(1081) 11월 己丑에 涑水 司馬光은 서문을 쓰다.

自序[1)]

雄見諸子호니 各以其知로 舛馳①하여 大氏詆訾聖人하여 卽爲怪迂라 析辯詭辭하여 以撓世事②하니 雖小辯이나 終破大道而惑衆하여 使溺於所聞而不自知其非也라 及太史公이 記六國하고 歷楚漢하여 訖麟止[2)]에 不與聖人同是非하여 頗謬於經이라 故로 人時有問雄者하면 常用法應之하고 譔以爲十三卷③호되 象論語하고 號曰法言[3)]이라호라

① 舛馳 : 顔師古曰 "舛, 相背."
  안사고가 말하였다. "舛은 서로 背馳되는 것이다."
② 大氏詆訾聖人……以撓世事 : 顔曰 "大氏, 大歸[4)]也. 詆訾, 毁也. 迂, 遠也. 析, 分也. 詭, 異也. 言諸子之書, 大歸皆非毁周·孔之教, 爲巧辯異辭, 以攪亂時政也. 訾, 音紫. 迂, 音于. 撓, 火高反[5)], 其字從(乎)〔手〕[6)]." ○ 光曰 "光謂氐下脫不字."

---

1) 自序 : 저본에는 '自序'란 말이 없으나, ≪法言義疏≫의 疏에 "子雲自序"라 하고 아래의 본문이 실려 있는 것에 의거하여 추가하였다. 이 내용은 ≪漢書≫ 〈揚雄傳〉에도 실려 있다.
2) 訖麟止 : 麒麟이 잡혔다는 기사까지 쓰고 붓을 멈추었다는 뜻이다. 漢 武帝가 사냥을 나갔다가 기린을 잡았는데, 司馬遷이 ≪史記≫를 저술할 때 기린이 잡혔다는 사실까지 쓰고는 붓을 멈춘 것을 말한다. 사마천이 ≪사기≫를 저술할 때 黃帝를 상한선으로 잡고, 漢 武帝 元狩 元年(B.C. 122) 10월에 무제가 雍州에 行幸하여 흰 기린을 잡은 것을 하한선으로 잡았으니, 공자가 ≪춘추≫를 쓰면서 獲麟에서 絶筆한 것과 같은 의미이다.(≪史記 卷130 太史公自序≫)
3) 法言 : ≪論語≫ 〈子罕〉에 "바르게 타이르는 말을 따르지 않을 수 있겠는가.〔法語之言 能無從乎〕" 하였다.
4) 大歸 : 必然的으로 趨向하는 곳을 이른다.
5) 撓 火高反 : 反은 反切의 약칭으로, 漢字의 음을 나타낼 때 漢字 두 자에서 첫 자의 초성과 다음 자의 중성, 종성을 따서 합치는 방법이다. '撓'의 음은 '火(화)'의 초성인 'ㅎ'과 '高(고)'

안사고가 말하였다. "大氐는 大歸이다. 詆訾는 헐뜯는 것이다. 迂는 먼 것이다. 析은 나누는 것이다. 詭는 이상한 것이다. 諸子書가 대체로 모두 周公과 孔子의 가르침을 비난하고 교묘한 언변과 이상한 말을 하여 당시의 정사를 교란시킨 것을 말한다. 訾는 음이 紫이고, 迂는 음이 于이다. 撓는 火와 高의 反切이고, 글자는 手가 形符이다."

○ 司馬光이 말하였다. "내 생각에는 '氐' 아래에 '不'자가 빠졌다."

③ 譔以爲十三卷 : 顔曰 "譔, 與撰同."

안사고가 말하였다. "譔은 撰과 같다."

내(揚雄)가 諸子書를 보니, 각각 자신이 아는 것을 가지고 서로 道를 달리하여 어긋나서 대체로 聖人을 헐뜯어 곧 괴이하고 우활한 짓을 하였다. 詭辯을 분석하고 변론하여 세상의 일을 혼란스럽게 만드니, 비록 하찮은 의논이지만 끝내 大道를 파괴하고 뭇사람들을 미혹시켜서 듣는 말에 빠지면서도 스스로 잘못인 줄을 알지 못하게 하였다.

太史公이 ≪史記≫를 저술할 때 六國으로부터 楚와 漢을 지나 漢武帝가 麒麟을 잡은 데까지 기록하였는데, 聖人과 옳고 그름이 같지 않아서 자못 經道와 어긋났다. 그러므로 사람들이 때로 나에게 묻는 것이 있으면 항상 올바른 법으로 대답해주었고, ≪論語≫를 본떠서 이것을 13권으로 撰述하고는 '法言'이라고 이름하였다.

〔그림2〕 麒麟(≪三才圖會≫)

의 중성인 'ㅗ'를 합친 '호'가 된다.

6) (乎)〔手〕: 저본에는 '乎'로 되어 있으나, 四庫全書本에 근거하여 '手'로 바로잡았다.

學行*[1] 第一

* 咸曰 "自誠而明[2], 聖人而已, 明誠以降, 何嘗不由乎學. 故此所以首衆篇." ○ 光曰 "行, 讀如字[3]. 凡書中好惡, 長少, 難易, 將相, 使令, 說樂, 焉邪之類, 兩音易辯者, 惟於始見音之, 後可以意求. 不復再出, 或可疑, 則更音之."

宋咸이 말하였다. "誠을 바탕으로 하여 밝음의 德이 있는 것은 聖人뿐이니, 밝음의 德을 바탕으로 하여 지극히 성실해짐이 있는 자 이하는 어찌 학문을 통하지 않은 적이 있겠는가. 그러므로 이 〈學行〉을 여러 편의 첫머리에 둔 것이다."

○ 司馬光이 말하였다. "行은 본음대로 읽는다. 책 속에서 好惡, 長少, 難易, 將相, 使令, 說樂, 焉邪 따위의 두 가지 음을 분별하기 쉬운 것은 글자가 처음 나올 때만 음을 달아 주었으니, 뒤에 나오는 것은 뜻으로 찾을 수 있을 것이다. 그러나 다시 거듭 나오지 않거나 의심스러운 것은 다시 음을 달아 주었다."

天降生民하시니 倥侗顓蒙①일새 恣于情性②이면 聰明不開③이라 訓諸理④하여 譔(찬)學

---

1) ≪法言≫의 각 편명은 ≪論語≫와 마찬가지로 각 편의 첫 章에 나오는 첫 두 글자를 따서 지었다. 이하의 모든 편명이 이와 같다.

2) 自誠而明 : ≪중용≫ 21장에 "성실함을 바탕으로 하여 밝음의 德이 있음을 '性대로 했다.' 고 이르고, 밝음의 德을 바탕으로 하여 성실해짐을 '가르침대로 했다.'고 이른다. 성실하면 밝음의 德이 있게 될 것이요, 밝음의 德이 있으면 성실해질 것이다.〔自誠明 謂之性 自明誠 謂之敎 誠則明矣 明則誠矣〕"라고 하였는데, 鄭玄의 注에 "지극히 성실함을 바탕으로 하여 밝음의 德이 있게 되는 것은 聖人이 性대로 한 것이요, 밝음의 德을 바탕으로 하여 지극히 성실해짐이 있음은 賢人이 배워서 그것을 이룬 것이다. 지극히 성실함이 있으면 반드시 밝음의 德이 있고, 밝음의 德이 있으면 반드시 지극히 성실해짐이 있다."라고 하였다.(이광호 외 역주, ≪예기정의-중용·대학≫(전통문화연구회, 2014))

3) 行 讀如字 : 如字는 한 글자에 두 가지 이상의 음이 있을 경우 본음대로 읽는 것을 말한다. 行은 平聲일 때의 음은 '행'이고 뜻은 '다니다', '행하다'이며, 去聲일 때의 음은 '항'이고 뜻은 '항오'인데, 여기서는 行의 본음인 平聲, 곧 '행'으로 읽는다는 뜻이다. 如字는 통상 제시하는 것이 아니고 같은 문장에 두 자 이상 음이 다르게 쓰일 경우나 또는 뜻이 특이한 경우에 제시한다.

行⑤이라

① 倥侗顓蒙：倥侗，無知也．顓蒙，頑愚也．○ 祕曰 “倥侗，未有所成，顓固而蒙昧也.”
○ 光曰 “倥，音空．侗，音同，又音通．顓，與專同.”
倥侗은 무지함이다. 顓蒙은 어리석음이다.
○ 吳祕가 말하였다. “倥侗은 아직 성취한 것이 없어 고집스럽고 몽매한 것이다.
○ 司馬光이 말하였다. “倥은 음이 空이다. 侗은 음이 同이고, 또 다른 음은 通이다. 顓은 專과 같다.”

② 恣于情性：觸意用事.
마음에 저촉되면 제멋대로 하는 것이다.

③ 聰明不開：闇塞之謂. ○ 祕曰 “不能性其情，則聰明有所蔽.”
〈聰明不開는〉 어둡고 답답함을 이른다.
○ 吳祕가 말하였다. “情을 性대로 펴지 못하면 총명이 가리워지는 바가 있게 된다.”

④ 訓諸理：訓，導．○ 咸曰 “理，猶道也．言天民蠢闇，故敎諸道以開明之也.” ○ 祕曰 “於是，聖人貴學，乃訓以仁義禮智信之正理.”
訓은 인도하는 것이다.
○ 宋咸이 말하였다. “理는 道와 같다. 하늘이 낸 백성이 우매하기 때문에 올바른 도리로 가르쳐서 開明하게 하는 것을 말한다.”
○ 吳祕가 말하였다. “이에 聖人이 학문을 귀하게 여겨 마침내 仁·義·禮·智·信의 바른 도리를 가르치는 것이다.”

⑤ 譔學行：祕曰 “譔，撰，述也．古或通用．夫人自有聰明天命，非學則不能啓發．故謀道，常以學爲先.”
吳祕가 말하였다. “譔은 撰이니, 서술하는 것이다. 옛날에는 ‘譔’자와 ‘撰’자를 간혹 통용하였다. 사람이 본래 총명함을 타고났더라도 학문이 아니면 啓發할 수 없다. 그러므로 道를 도모할 적에 항상 학문을 우선으로 삼는 것이다.”

하늘이 生民(백성)을 내셨으니, 〈하늘이 낸 백성이〉 무지하고 어리석기 때문에 性情을 〈단속하지 않고〉 제멋대로 풀어놓으면 총명함이 개발되지 않는다. 〈그러므로〉 이들을 올바른 도리로 가르치기 위하여 〈學行〉을 지었다.

01. 學은 行之上也①요 言之次也②요 敎人又其次也③라 咸無焉이면 爲衆人④이라

① 學 行之上也：祕曰 “夫學者，所以爲道者也，率性行道，表則(칙)後世，學之上也.”

吳祕가 말하였다. "배움은 도를 행하기 위한 것이니, 하늘로부터 받은 本性을 따라 道를 행하여 후세에 표준과 법칙이 되는 것이 학문에 있어 상등이다."

② 言之次也 : 祕曰 "能辯醇疵, 發成謨訓[4), 學之次也." ○ 光曰 "言者, 徒能言而不行."

吳祕가 말하였다. "순수한 것과 흠이 있는 것을 잘 분별하여 謨訓을 드러내어 완성하는 것이 학문에 있어 그 다음이다."

○ 司馬光이 말하였다. "言은 단지 말만 잘하고 행하지는 않는 것이다."

③ 教人又其次也 : 咸曰 "行性而言諶[5), 可以爲師矣. 故又居其次." ○ 祕曰 "欲廣其業, 以覺後覺, 學之又其次也." ○ 光曰 "古之學者爲己, 今之學者爲人[6). 爲人, 故又爲其次."

宋咸이 말하였다. "행실이 本性을 따르고 말이 진실하면 스승이 될 수 있다. 그러므로 또 그 다음에 있는 것이다."

○ 吳祕가 말하였다. "자신의 德業을 넓혀서 後覺者를 깨우쳐 주고자 하는 것이니, 학문에 있어 또 그 다음이다."

○ 司馬光이 말하였다. "옛날에 배우는 자들은 자신을 위해 배웠는데, 지금에 배우는 자들은 남을 위해 배운다. 남을 위해 배우기 때문에 또 그 다음이 되는 것이다."

④ 咸無焉 爲衆人 : 此三者, 教之大倫也, 皆無此三者, 民斯爲下矣. ○ 祕曰 "三者無一, 斯衆人矣."

이 세 가지는 가르침의 큰 차례이니, 이 세 가지가 모두 없으면 이런 사람은 하등이 된다.

○ 吳祕가 말하였다. "세 가지 중에 하나라도 없으면 보통 사람이 된다."

학문은 행하는 것이 상등이고, 말로 하는 것이 그 다음이고, 남을 가르치는 것이 또 그 다음이다. 〈이 세 가지가〉 모두 없으면 보통 사람이 된다.

02. 或曰[7) 人羨久生하여 將以學也면 可謂好學已乎①아 曰 未之好也니 學不

---

4) 謨訓 : ≪書經≫의 〈大禹謨〉·〈皐陶謨〉의 謨와 〈伊訓〉의 訓을 합칭한 말로, 후세사람에게 주는 교훈을 이른다.

5) 諶 : 諄과 같다.

6) 古之學者爲己 今之學者爲人 : ≪論語≫ 〈憲問〉에 보인다. '爲己'는 오직 자신의 몸과 마음을 닦기 위해 배우는 '爲己之學'을 말하고, '爲人'은 남에게 인정받고 과시하기 위해서 배우는 '爲人之學'을 말한다.

羨②이니라

① 可謂好學已乎：光曰“好, 呼報切. 下可以意求者, 皆不音, 倣此.”

司馬光이 말하였다. “好는 呼와 報의 反切이다. 아래에 뜻으로 〈음을〉 분간할 수 있는 것은 모두 음을 달지 않았으니, 〈음을 달지 않은 것은〉 이와 같다.”

② 未之好也 學不羨：仲尼志道, 朝聞夕死[8]. 揚子好學, 不羨久生. ○ 祕曰“學如不及[9], 豈俟羨久生然後爲學哉.” ○ 光曰“死生有命, 富貴在天[10]. 好學者, 修己之道, 無羨於彼. 有羨者, 皆非好學者也.”

仲尼는 道에 뜻을 두었기 때문에 ‘아침에 세상에 道가 있다는 소리를 들으면 저녁에 죽어도 괜찮겠다.’라고 하였고, 揚子는 배우기를 좋아하였기 때문에 오래 사는 것을 부러워하지 않는 것이다.

○ 吳祕가 말하였다. “배움은 미치지 못할 듯이 해야 하니, 어찌 오래 사는 것을 부러워한 뒤에야 학문을 하겠는가.”

○ 司馬光이 말하였다. “死生은 〈각각 타고난〉 命이 있고, 富貴는 하늘에 달려 있다. 배우기를 좋아하는 것은 자기 몸을 닦는 도이니 저것(오래 사는 것)을 부러워할 것이 없다. 오래 사는 것을 부러워하는 마음이 있다면 모두 배우기를 좋아하는 자가 아니다.”

혹자가 물었다.

“사람이 만약 오래 사는 것을 부러워하여 장차 학문을 하고자 한다면 배우기를 좋아한다고 이를 수 있습니까?”

揚子가 말하였다.

“배우기를 좋아한다고 할 수 없다. 배우기를 좋아하는 사람은 〈오래 사는 것을〉 부러워하지 않는다.”

---

7) 或曰：≪法言≫은 대부분 問答體로 되어 있으나, ‘或曰’은 揚子가 혹자의 물음을 가탁한 것이고, 대답하는 말 역시 揚子의 말이다. 이하의 體例가 모두 이와 같다.

8) 朝聞夕死：≪論語≫ 〈里仁〉에 보인다. 공자가 말씀하기를 “아침에 세상에 도가 있다는 소리를 들으면 저녁에 죽어도 괜찮겠다.〔朝聞道 夕死可矣〕”라고 하였다.

9) 學如不及：≪論語≫ 〈泰伯〉에 보인다. 공자가 말씀하기를 “배움은 따라가지 못할 듯이 하고도 오히려 잃을까 두려워해야 한다.〔學如不及 猶恐失之〕”라고 하였다.

10) 死生有命 富貴在天：≪論語≫ 〈顔淵〉에 보인다.

03. 天之道 不在仲尼乎①아 仲尼駕說者也니 不在茲儒乎②아 如將復(부)駕其所說이면 則莫若使諸儒金口而木舌③[11]이니라

① 天之道 不在仲尼乎：不在, 在也, 〔言在仲尼也〕[12] ○ 祕曰 "天生五行, 其性仁義禮智信."

'있지 않느냐〔不在〕'는 것은 있는 것이니, 仲尼에게 있음을 말한다.

○ 吳祕가 말하였다. "하늘이 五行을 내었으니, 五行의 性은 仁·義·禮·智·信이다."

② 仲尼駕說者也 不在茲儒乎：駕, 傳也. ○ 祕曰 "仲尼, 乘行而贊述之, 駕說者也. 其道, 豈不在玆大儒也."

駕는 전하는 것이다.

○ 吳祕가 말하였다. "仲尼는 수레를 타고 다니면서 贊述하여 가르침을 전하신 분이니, 그 道가 어찌 이 大儒(仲尼)에게 있지 않겠는가."

③ 金口而木舌：金寶其口, 木質其舌. 傳言如此, 則是仲尼常在矣. ○ 宗元曰 "金口木舌, 鐸也. 使諸儒, 駕孔子之說, 如木鐸也." ○ 祕曰 "金口木舌, 鐸也[13]. 後世, 如將復駕仲尼之說, 則莫如使諸儒比木鐸而宣揚之也. 語曰 '天將以夫子爲木鐸[14].' 書曰 '每歲孟春, 遒人以木鐸, 徇于路.'[15] 孔安國曰 '木鐸, 金鈴木舌, 所以振文教.'" ○ 光曰

11) 金口而木舌：銅製 방울에 나무로 된 추를 단 것으로 木鐸을 가리킨다. 옛날에 정치와 교화를 베풀 때에 이것을 흔들어서 백성들을 경각시켰다.

12) 〔言在仲尼也〕：저본에는 없으나, 四部叢刊本에 근거하여 보충하였다.

13) 金口木舌 鐸也：禮에 金鐸과 木鐸이 있으니, 鐸은 방울이다. 방울의 몸통은 모두 금속으로 만들지만 추를 만드는 재료에는 쇠와 나무의 차이가 있어서, 방울의 추를 쇠로 만든 것은 金鐸이라 하고, 방울의 추를 나무로 만든 것은 木鐸이라 한다.

14) 語曰 天將以夫子爲木鐸：≪論語≫ 〈八佾〉에 보인다. 孔子가 衛나라에 있을 적에 儀 땅의 封人이 공자를 뵙기를 청하여 뵙고 나와서는 공자를 侍從한 제자들에게 "그대들은 공자가 지위를 잃은 것을 어찌 걱정하는가. 천하가 무도해진 지 오래이니, 하늘이 장차 夫子를 목탁으로 삼을 것이다.〔二三子何患於喪乎 天下之無道也久矣 天將以夫子爲木鐸〕"라고 하였다. 옛날에 政敎를 펼 때에 木鐸을 흔들었으므로, 목탁으로 삼는다는 말은 세상 사람을 가르쳐 인도하는 사람이 되는 것을 의미한다. 그러므로 ≪논어≫의 이 말은 곧 하늘이 장차 공자에게 명하여 법도를 제정하여 마치 목탁이 文敎(禮樂·法度)를 떨쳐 일으키듯이 천하를 호령하게 할 것이라는 말이다.

15) 書曰……徇于路：遒人은 임금의 명령을 백성들에게 선포하는 사람을 이른다. ≪書經≫ 〈夏書 胤征〉에 "매년 초봄에 遒人이 木鐸을 가지고 도로를 순행하며 '관원들은 서로 바로잡아주고 백공들은 기예의 일을 잡아서 간하라. 혹시라도 이렇게 공손히 하지 않으면 나라의

"復, 扶又切."

〈목탁이〉 주둥이는 金寶로 되어 있고 추〔舌〕는 나무로 되어 있다. 仲尼의 말을 전하기를 이 목탁처럼 한다면 仲尼가 항상 살아 있는 것이다.

○ 柳宗元이 말하였다. "銅製 방울에 나무 추를 단 것은 鐸이다. 여러 儒者로 하여금 孔子의 말씀을 전하게 하기를 木鐸을 사용하여 政教를 반포한 것처럼 하는 것이다."

○ 吳祕가 말하였다. "銅製 방울에 나무 추를 단 것은 鐸이다. 후세에 만약 다시 仲尼의 말씀을 전하려 한다면 여러 儒者에게 木鐸을 본떠 〈공자의 말씀을〉 선양하게 하는 것만 한 것이 없다. ≪論語≫에 '하늘이 장차 夫子를 목탁으로 삼으실 것이다.'라고 하였고, ≪書經≫에 '매년 孟春에 遒人이 木鐸을 가지고 도로를 순행한다.'라고 하였는데, 孔安國이 '木鐸은 銅으로 된 방울에 추는 나무로 만드니 〈木鐸을 흔들어〉 文教를 振作시키기 위한 것이다.'라고 하였다."

○ 司馬光이 말하였다. "復는 扶와 又의 反切이다."

〔그림3〕 木鐸(≪五經圖彙≫)

하늘의 道가 이 仲尼에게 있지 않은가. 중니는 가르침을 전하신 분이니, 그 道가 이 大儒(仲尼)에게 있지 않겠는가. 만약 중니의 가르침을 다시 전하고자 한다면 여러 儒者를 金口木舌(木鐸)이 되게 하는 것만 한 것이 없다.

04. 或曰 學無益也니 如質何①오 曰 未之思矣라 夫有刀者礱(롱)諸하고 有玉者錯諸니 不礱不錯이면 焉攸用②이리오 礱而錯諸하면 質在其中矣③요 否則輟④이니라

① 學無益也 如質何 : 咸曰 "質, 猶性也. 言性有能否, 不由於學, 故爲無益." ○ 祕曰 "孝經說曰 '性者, 生之質.' 或言 '學無益也. 其如人之質稟受已定何.'"

宋咸이 말하였다. "質은 性과 같다. 性에 능한 것과 능하지 못한 것이 있으니, 이는 배움에서 연유되는 것이 아니다. 그러므로 배움은 무익하다고 한 것이다."

떳떳한 법으로 다스릴 것이다.'라고 했다." 하였다.

○ 吳祕가 말하였다. "≪孝經說≫에 '性은 타고난 바탕이다.'라고 하였다. 혹자는 '배움은 무익하다. 사람의 자질이 품부받을 때 이미 정해져 있는 것을 어찌하겠는가.'라고 하였다."

② 不礱不錯 焉攸用：礱・錯, 石名也. 咸曰 "揚子善誘于人, 以爲'未之思爾. 苟思矣, 何無益焉. 猶夫刀玉, 非磨而琢之, 則安能成割圭璋[16]之用.'" ○ 光曰 "礱, 盧紅切. 焉, 於虔切. 雖有良金以爲刀, 不礱則不能斷割, 雖有美玉, 不錯則不能成器, 如是則何所用矣."

礱과 錯은 숫돌의 이름이다.

宋咸이 말하였다. "揚子는 사람을 잘 이끌어주었다. 그러므로 '생각하지 않고서 하는 말이다. 만일 생각을 하였다면 어찌 〈배움이〉 무익하다고 하겠는가. 저 칼이나 옥과 같은 것을 연마하고 彫琢하지 않는다면 어떻게 물건을 자르거나 圭璋으로 사용할 수 있겠는가.'라고 한 것이다."

○ 司馬光이 말하였다. "礱은 盧와 紅의 反切이고, 焉은 於와 虔의 反切이다. 아무리 좋은 쇠로 만든 칼이라도 숫돌에 갈지 않으면 물건을 자를 수 없고, 아무리 아름다운 玉이 있더라도 연마하지 않으면 훌륭한 기물이 될 수 없으니, 이와 같다면 어디에 쓰겠는가."

③ 礱而錯諸 質在其中矣：咸曰 "性雖否, 學則得之, 旣得之, 則誠性亦在其中矣. 故曰 '或生而知之, 或學而知之, 及其知之一也[17].' 此之謂矣." ○ 祕曰 "學而至道, 質性愈全." ○ 光曰 "金玉二物, 苟礱而錯之, 隨其質之美惡, 皆有所用. 譬之於人, 賢者學以成德, 愚者學以寡過, 豈得謂之無益也."

宋咸이 말하였다. "타고난 性이 비록 좋지 않더라도 배우면 좋게 될 수 있으니, 이미 좋게 되고 나면 性을 진실하게 함이 또한 그 가운데에 있을 것이다. 그러므로 '혹은 태어나면서 알고 혹은 배워서 아는데, 그 앎에 미쳐서는 똑같다.'는 것은 바로 이를 두고 한 말이다."

○ 吳祕가 말하였다. "배워서 道에 이르면 質性(本性)이 더욱 완전해진다."

○ 司馬光이 말하였다. "金과 玉 두 가지 물건은 진실로 숫돌에 갈고 연마하면 재질의 좋고 나쁨에 따라 모두 쓸 데가 있다. 이를 사람에게 비유하면 현명한 자는

---

16) 圭璋：禮式 때에 사용하는 玉으로 만든 귀한 禮器를 가리킨다.

17) 或生而知之……及其知之一也：≪中庸≫에 보인다. 魯 哀公이 정사에 대해서 묻자 공자가 "혹은 태어나면서 알고 혹은 배워서 알고 혹은 애를 써서 아는데, 그 앎에 미쳐서는 똑같다. 혹은 편안히 행하고 혹은 이롭게 여겨서 행하고 혹은 억지로 힘써서 행하는데, 그 成功함에 미쳐서는 똑같다.〔或生而知之 或學而知之 或困而知之 及其知之一也 或安而行之 或利而行之 或勉强而行之 及其成功一也〕"라고 하였다.

배움으로써 덕을 완성할 수 있고 어리석은 자는 배움으로써 허물을 적게 할 수 있는데, 어찌 이를 무익하다고 할 수 있는가."

④ 否則輟：否, 不也. 輟, 止也. 此章, 各盡其性分而已. ○ 咸曰 "揚子旣誘之矣, 如其不從, 則任其止焉, 不欲以能彊人也." ○ 祕曰 "止焉則止也." ○ 光曰 "不學則盡其天質而止矣, 不能復進益光大也. 家語 '子路曰「南山有竹, 不揉自直, 斬而用之, 達于犀革. 以此言之, 何學之有.」孔子曰「栝[18]而羽之, 鏃而礪之, 其入之不亦深乎[19].」'"

否는 하지 않는 것이다. 輟은 그치는 것이다. 이 章은 각각 자신의 타고난 性分(本性)을 다할 뿐임을 말하였다.

○ 宋咸이 말하였다. "揚子는 이미 인도해주었는데 만약 따르지 않으면 그대로 내버려두었고, 능하다고 하여 다른 사람에게 강요하려고 하지 않았다."

○ 吳祕가 말하였다. "그만두면 그것으로 끝이다."

○ 司馬光이 말하였다. "배우지 않으면 天質(天性)을 다하는 데 그칠 뿐이고, 더 이상 光大한 경지에 나아갈 수가 없다. ≪孔子家語≫에 '子路가「南山에 대나무가 있는데 바로잡아주지 않아도 저절로 곧게 자라고, 베어다 쓰면 무소의 가죽도 뚫을 수 있습니다. 이를 가지고 말한다면 어찌 꼭 배울 필요가 있겠습니까.」라고 하니, 孔子가 말씀하기를「화살을 도지개로 바로잡아 한쪽에는 깃을 붙이고, 다른 한쪽에는 화살촉을 박아 화살촉을 숫돌에 간다면 목표물에 박히는 것이 깊지 않겠는가.」라고 했다.' 하였다."

〔그림4〕 도지개(≪朝鮮의 弓術≫)

혹자가 물었다.

"배움은 무익하니, 타고난 本性〔質〕을 어찌할 수 있겠습니까?"

揚子가 말하였다.

---

18) 栝：檃栝을 가리킨다. 檃栝은 휘고 뒤틀린 것을 바로잡는 기구로, 휜 것을 곧게 하는 것을 檃이라 하고, 뒤틀린 것을 바로잡는 것을 栝이라 한다.

19) 家語……其入之不亦深乎：≪孔子家語≫〈子路初見〉에 보인다.

“이는 생각하지 않고서 하는 말이다. 〈만일 생각을 하였다면 어찌 배움이 무익하다고 하겠는가.〉 칼을 가지고 있는 자는 칼날을 갈아야 하고, 옥을 가지고 있는 자는 옥을 연마해야 하니, 칼을 갈지 않고 옥을 연마하지 않으면 어디에 쓰겠는가. 〈칼을 갈고 옥을 연마하듯이 배워서〉 갈고 연마하면 타고난 本性이 그 가운데에 있고, 갈고 연마하지 않으면 그것으로 끝이다.”

05. **螟蛉之子 殪而逢蜾**(蠃)〔**蠃**〕[20](라)하면 **祝**(주)**之曰 類我類我**라하여 **久則肖之矣**[21]라 **速哉**라 **七十子**[22]**之肖仲尼也**①여

① 螟蛉之子……七十子之肖仲尼也 : 肖, 類也. 蜾蠃遇螟蛉而受化, 久乃變成蜂爾. 七十子之類仲尼, 又速於是. ○ 咸曰 “螟蛉, 桑蟲也, 蜾蠃, 蒲蘆也. 桑蟲子始生, 而蒲蘆取之, 於木空中, 七日祝而化之, 以變爲己子. 殪者, 謂其始生, 未有形性, 殪然如死. 故始可以祝而變之.” ○ 祕曰 “詩草木疏云 ‘螟蛉, 桑上青蟲, 蜾蠃, 細腰蜂.’ 言螟蛉與蜾蠃異類, 殪而祝之, 以成其子, 矧仲尼之聖, 七十子之賢, 教而誨之, 豈不速哉.” ○ 光曰 “螟, 音冥. 蛉, 音零. 蜾, 音果. 蠃, 郎果切. 祝, 之又切[23].”

肖는 닮는 것이다. 나나니벌이 뽕나무벌레를 만나 감화를 받아, 오래되면 비로소 변하여 나나니벌이 된다. 仲尼의 70제자가 중니를 닮는 것은 이보다 더 신속하였다.

---

20) (羸)〔蠃〕: 저본에는 ‘羸’로 되어 있으나, 四庫全書本에 근거하여 ‘蠃’로 바로잡았다.

21) 螟蛉之子……久則肖之矣 : 螟蛉은 뽕나무벌레의 幼蟲인데, 나나니벌이 이것을 업어다가 자기 새끼로 만든다고 한다. ≪詩經≫ 〈小雅 小宛〉에 “언덕 가운데의 콩을 서민들이 거두어 가는 것처럼, 螟蛉의 새끼를 蜾蠃가 업어 데리고 가서 키우니, 그대도 아들을 잘 가르쳐서, 좋은 쪽으로 닮게 하라.〔中原有菽 庶民采之 螟蛉有子 蜾蠃負之 教誨爾子 式穀似之〕”라고 한 말에서 유래한 것이다. 나나니벌이 나무나 땅속에 구멍을 파고는 다른 곤충의 애벌레를 잡아다 넣어두고 애벌레의 몸속에 알을 낳으면, 부화한 나나니벌의 애벌레가 이를 먹고 자라 벌이 되어 구멍을 나온다. 옛사람들은 이러한 부화과정을 알지 못하고 나나니벌이 뽕나무벌레를 데려다가 자기 새끼로 삼아 길러서 나나니벌로 만든다고 믿었다.

22) 七十子 : 학덕과 재예가 출중한 孔子의 70여 명의 제자를 가리킨다. ≪史記≫ 〈孔子世家〉에 “공자가 ≪詩≫·≪書≫·≪禮≫·≪樂≫을 가르쳤는데 제자의 수가 대개 3천 명이었고, 그중에 몸소 육예에 통달한 자가 72명이었다.〔孔子以詩書禮樂教 弟子蓋三千焉 身通六藝者七十有二人〕”라고 하였다.

23) 祝 之又切 : ‘祝’를 ‘呪(바라는 대로 되어 달라고 빌다.)’와 같은 자로 본 것이다.

○ 宋咸이 말하였다. "螟蛉은 뽕나무벌레이고, 蜾蠃는 나나니벌이다. 뽕나무벌레의 幼蟲이 갓 태어났을 때 나나니벌이 가져다 나무 구멍 속에 넣어두고 7일 동안 〈자신을 닮으라고〉 기원하여 變化시켜서 자기 새끼로 삼는다. 殪는 갓 태어났을 때 아직 나나니벌의 형체와 성질이 있지 않아 죽은 것처럼 가만히 있는 것을 이른다. 그러므로 갓 태어났을 때에는 기원하여 변화시킬 수 있다."

○ 吳祕가 말하였다. "陸璣의 ≪毛詩草木疏≫에 '螟蛉은 뽕나무에 사는 푸른 벌레이고, 蜾蠃는 細腰蜂(나나니벌)이다.'라고 하였다. 명령은 과라와 종류가 다르지만 명령이 갓 태어났을 때 〈과라가 가져다가〉 기원하여 자기 새끼로 만들 수 있는데, 하물며 孔子와 같은 聖人이 70제자 같은 어진 자들을 가르침에 어찌 이보다 빠르지 않겠느냐는 말이다."

○ 司馬光이 말하였다. "螟은 音이 冥이고, 蛉은 音이 零이다. 蜾는 音이 果이고, 蠃는 郎과 果의 反切이다. 祝는 之와 又의 反切이다."

뽕나무벌레의 幼蟲이 갓 태어났을 때 〈나나니벌이〉 뽕나무벌레의 유충을 만나면 〈가져다 나무 구멍 속에 넣어두고〉 "날 닮아라. 날 닮아라."라고 기원하는데, 오래되면 뽕나무벌레가 나나니벌을 닮는다.

仲尼의 70제자가 중니를 닮는 것은 이보다 더 신속하였다.

〔그림5〕 뽕나무벌레(螟蛉)(≪詩經名物圖解≫)

〔그림6〕 나나니벌(蜾蠃)(≪詩經名物圖解≫)

06. 學以治之①[24]하고 思以精之②하고 朋友以磨之③하고 名譽以崇之④하고 不倦以終之⑤면 可謂好學也已矣⑥니라

24) 學而治之 : 汪榮寶의 ≪法言義疏≫에 "이것은 학문하는 本末을 논한 것이다. '學而治之'가 비록 뜻이 통하기는 하지만 마땅히 '學以始之'가 되어야 '不倦以終之'와 뜻이 더욱 相應할 듯하다."라고 하였다.

① 學以治之：祕曰“治其性.”
吳祕가 말하였다. “자신의 본성을 다스리는 것이다.”
② 思以精之：祕曰“精於道.”
吳祕가 말하였다. “道에 정밀한 것이다.”
③ 朋友以磨之：切磋琢磨. ○ 祕曰“過則勿憚改.”
切磋琢磨하는 것이다.
○ 吳祕가 말하였다. “잘못을 저지르면 고치기를 꺼리지 말아야 한다.”
④ 名譽以崇之：祕曰“立身揚名.”
吳祕가 말하였다. “立身揚名하는 것이다.”
⑤ 不倦以終之：祕曰“自彊不息.”
吳祕가 말하였다. “스스로 쉬지 않고 힘쓰는 것이다.”
⑥ 可謂好學也已矣：上士, 聞此五者, 勤而行之, 不可謂不好也.
上士(지혜가 높고 식견이 있는 선비)가 이 다섯 가지를 듣고 부지런히 행한다면 배우기를 좋아하지 않는다고 이를 수 없다.

배워서 본성을 다스리고, 생각하여 〈道를〉 정밀하게 가려내고, 벗을 사귀어 〈서로 도와가며〉 切磋琢磨하고, 명예를 얻어서 부모를 드러나게 하고, 게을리하지 않고서 끝까지 잘 마치면 배우기를 좋아한다고 이를 만하다.

07. 孔子는 習周公者也요 顔淵은 習孔子者也라 羿, 逄蒙이 分其弓하고 良이 捨其策하고 般이 投其斧而習諸면 孰曰非也①리오 或曰 此名也②요 彼名也③니 處一焉而已矣④라 曰 川有瀆하고 山有嶽하니 高而且大者는 衆人所不能踰也⑤니라

① 孔子……孰曰非也：咸曰“言孔不習周, 顔不習孔, 亦猶夫羿棄弓, 良去策, 般擲斧而習之也, 誰曰非乎. 言實非也.” ○ 祕曰“羿與逄蒙[25], 業射者也. 王良[26], 業御者也. 公輸般[27], 業巧者也. 聖人有敎無類[28], 使射御工巧, 各捨其業而時習之, 誰其非之.”

---

25) 羿與逄蒙：예와 봉몽은 모두 활의 명수이다. 예는 夏나라 때 有窮國의 군주이고, 봉몽은 하나라 사람으로 예에게 활 쏘는 법을 배웠는데, 천하에서 자기보다 나은 자는 오직 예밖에 없다 생각하고 스승인 예를 쏘아 죽였다.(≪孟子 離婁 下≫) 逄은 逢으로 쓰고 ‘방’으로 읽기도 하고, 逢으로 쓰고 ‘방’으로 읽기도 한다.

26) 王良：춘추시대 晉나라의 대부인 趙簡子 밑에서 말을 몰았던 사람으로 말을 잘 다루었다.(≪孟子 滕文公 下≫)

○ 光曰 "音義曰 '逢, 薄紅切. 般, 音班.' 按他書, 逢蒙或作蠭蒙, 宜讀如字. 三子, 皆以其術, 名於世, 則其才, 必有過人者. 鄉使捨其術而習聖人之道, 烏有不可也."

宋咸이 말하였다. "孔子가 周公을 배우지 않고 顔子가 孔子를 배우지 않는 것은 또한 羿가 활을 버리고, 王良이 채찍을 버리고, 公輸般이 도끼를 내던지고 이것(주공과 공자의 도)을 배우는 것과 같으니, '누가 그르다고 하겠느냐'는 것은 실제로는 그름을 말한 것이다."

○ 吳祕가 말하였다. "예와 봉몽은 활쏘기를 업으로 삼은 자이고, 왕량은 수레 모는 일을 업으로 삼은 자이고, 공수반은 기술을 업으로 삼은 자이다. 聖人(孔子)은 가르침에 種類(신분의 귀천)를 구분함이 없었으니, 가령 활 쏘는 자와 수레 모는 자와 기술이 정교한 자가 각각 자신의 業을 버리고 이것(聖人의 도)을 수시로 배운다면 누가 그르다고 하겠는가."

○ 司馬光이 말하였다. "≪音義≫에 '逢은 薄과 紅의 反切이고, 般은 音이 班이다.'라고 하였다. 살펴보건대 다른 책에는 '逢蒙'이 혹 '蠭蒙'으로 되어 있으니, 마땅히 본음대로 읽어야 한다. 세 사람은 모두 기술로써 세상에 이름이 났으니, 그 재주가 반드시 보통 사람보다 뛰어난 자이다. 가령 자신의 기예를 버리고 聖人의 道를 배운다면 어찌 불가할 것이 있겠는가."

② 此名也 : 咸曰 "周·孔·顔之名."

宋咸이 말하였다. "周公과 孔子와 顔子의 명예이다."

③ 彼名也 : 咸曰 "羿·逢蒙·良·般之名."

宋咸이 말하였다. "羿와 逢蒙과 王良과 公輸般의 명예이다."

④ 處一焉而已矣 : 咸曰 "或人見揚子幷論周·孔·良·般, 疑其名等如一. 故揚答以下文." ○ 祕曰 "或人謂有道之名, 有藝之名, 有名無二."

宋咸이 말하였다. "혹자는 揚子가 周公과 孔子, 王良과 公輸般을 나란히 논한 것을 보고 이들의 명예가 똑같다고 의심하였다. 그러므로 揚子가 아랫글로써 답한 것이다."

○ 吳祕가 말하였다. "혹자는 道로 명예가 있든 技藝로 명예가 있든 명예가 있음에는 다를 것이 없다고 여긴 것이다."

⑤ 川有瀆……衆人所不能踰也 : 言諸賢之有妙藝, 猶百川之有四瀆[29], 衆山之有五嶽[30],

---

27) 公輸般 : 춘추시대 魯나라 사람이다. 뛰어난 工匠으로 이름이 났다.

28) 有敎無類 : ≪論語≫ 〈衛靈公〉에 보인다.

29) 四瀆 : 네 개의 큰 강으로, 揚子江·黃河·淮水·濟水를 이른다.

30) 五嶽 : 다섯 개의 높은 산으로, 東嶽인 泰山, 西嶽인 華山, 南嶽인 衡山, 北嶽인 恒山, 中嶽인 嵩山이라고 하나 기록마다 약간의 차이가 있다.

而川可度，嶽可登，高而且大者，惟聖人之道，如天不可升也．○ 咸曰“觀正文之意，當云‘高而且大者，衆人所不能踰也．’脫其不字矣．何以(名)〔明〕[31]之．或人問‘般・羿・周・孔之名如一．’揚以‘川有瀆，山有嶽’而對之，是謂般・羿之徒，猶川山，周・孔之道，猶嶽瀆，自然小大不同，高低有異矣．故下篇亦云‘仲尼之道，猶四瀆也[32]．’由是詳之，揚之旨，皆以嶽瀆比聖人明矣．註不能辨，但依誤文以爲之解，反謂‘聖人之道，如天不可升．’且正文安有如天之說哉．儻謂揚此文，以嶽瀆爲易踰，不足方聖人，則下文，以仲尼比四瀆爲非矣．揚豈首尾自相反如是邪．”○ 祕曰“周・孔・顔子之道，如山川之有嶽瀆，豈曰處一而已．羿・逢蒙・良・般之藝，如山川高而且大者甚，衆人所能踰也．”○ 光曰“吳宋本作衆人所能踰．音義曰‘俗本脫不字，諸本皆有．’[33] 今從之．”

여러 현자가 교묘한 기예를 가지고 있는 것은 온갖 내 중에 四瀆이 있고 여러 山 중에 五嶽이 있는 것과 같지만 내는 건널 수가 있고 산은 올라갈 수가 있다. 그러나 높으면서도 큰 것은 오직 聖人의 道이니 하늘과 같아서 올라갈 수가 없다.

○ 宋咸이 말하였다. “正文의 뜻을 살펴보면 마땅히 ‘높으면서도 큰 것은 衆人이 넘을 수 없다.’라고 해야 하니, ‘不’자가 빠졌다. 어떻게 이것을 알 수 있는가. 혹자가 ‘공수반과 예, 주공과 공자의 명성이 똑같습니까?’라고 묻자, 揚子가 ‘川 가운데에 四瀆이 있고 山 가운데에 五嶽이 있는 것과 같다.’라고 대답하였으니, 이는 공수반과 예의 무리는 川과 山 같고 주공과 공자의 道는 五嶽과 四瀆 같아서, 자연히 大小가 같지 않고 高低에 차이가 있음을 이른 것이다. 그러므로 下篇에 또 ‘仲尼의 道는 四瀆과 같다.’라고 한 것이다.

이를 통해 자세히 살펴보건대, 揚子의 뜻은 모두 五嶽과 四瀆으로 聖人을 견주었음이 분명하다. 〈그런데 李軌의〉 註에서 이를 잘 분별하지 않고 다만 잘못된 글자를 따라 그대로 해석하여, 도리어 ‘성인의 道는 하늘과 같아서 올라갈 수 없다.’라고 하였으니, 正文의 어디에 하늘과 같다는 말이 있는가. 만일 揚子가 이 글에서 五嶽과 四瀆을 쉽게 넘을 수 있는 것이라고 하였다면 〈五嶽과 四瀆은〉 聖人을 견주기에 부족하니, 下文에서 仲尼를 四瀆에 견준 것은 잘못이다. 揚子의 말이 앞뒤가 스스로

---

31) (名)〔明〕: 저본에는 ‘名’으로 되어 있으나, 汪榮寶의 ≪法言義疏≫에 근거하여 ‘明’으로 바로잡았다.

32) 仲尼之道 猶四瀆也 : 본서 제12 〈君子〉에 보인다.

33) 吳宋本作衆人所能踰……諸本皆有 : 兪樾은 “‘也’는 ‘邪’와 통용되니, ‘衆人所能踰也’는 ‘衆人所能踰邪’라고 말하는 것과 같다. 비록 ‘不’자가 없더라도 그 뜻은 〈‘不’자가 있는 것과〉 똑같으니, ≪揚子法言≫ 원문에는 본래 ‘不’자가 없는데 諸本에 ‘不’자가 있는 것은 후인들이 옛말을 제대로 이해하지 못하고 억측하여 더한 것인 듯하다.”라고 하였다.(≪諸子平議 揚子法言 一≫)

相反됨이 어찌 이와 같겠는가."

○ 吳祕가 말하였다. "주공과 공자와 안자의 道는 산과 내 가운데 五嶽과 四瀆이 있는 것과 같으니, 어찌 명예가 있는 것은 똑같을 뿐이라고 말할 수 있겠는가. 예와 봉몽과 왕량과 공수반의 기예가 산과 내처럼 매우 높으면서도 크지만 이것은 衆人이 넘을 수 있는 것이다."

○ 司馬光이 말하였다. "吳祕本과 宋咸本에는 '衆人所能踰'로 되어 있다. ≪音義≫에 '俗本에는 「不」자가 빠졌으나 諸本에는 모두 있다.'라고 하였으니, 지금 이것을 따랐다."

孔子는 周公을 배운 자이고, 顔淵은 孔子를 배운 자이다. 〈활의 명수인〉 羿와 逢蒙이 활을 버리고, 〈훌륭한 마부인〉 王良이 채찍을 버리고, 〈솜씨 좋은 목수인〉 公輸般이 도끼를 내던지고, 〈周公과 孔子의 도를〉 배운다면 누가 그르다고 하겠는가.

혹자가 말하였다.

"이것(주공과 공자와 안연의 道에 정통한 것)도 명예이고 저것(예와 봉몽과 왕량과 공수반의 技藝에 정통한 것)도 명예이니, 이것이나 저것이나 명예가 있기는 똑같습니다."

揚子가 말하였다.

"내에는 〈내 중에 큰 내인〉 四瀆이 있고 산에는 〈산 중에 높은 산인〉 五嶽이 있으니, 높으면서도 큰 것(주공과 공자의 도)은 衆人이 뛰어넘을 수가 없다."

08. **或問 世言鑄金**이라하니 **金可鑄歟**①아 **曰 吾聞**호니 **覿君子者**는 **問鑄人**이요 **不問鑄金**②이라하니라 **或曰 人可鑄歟**아 **曰 孔子鑄顔淵矣**③라 **或人踧**(축)**爾曰 旨哉**라 **問鑄金**이라가 **得鑄人**④이로다

① 世言鑄金 金可鑄歟 : 方術之士言 "能銷五石, 化爲黃金." 故有此問. ○ 祕曰 "或人謂 '三品之金, 皆可鑄爲黃金歟.'"

신선의 술법을 닦는 方士가 "다섯 가지 돌을 녹여서 〈物性을〉 변화시켜 黃金을 만들 수 있다."고 하였기 때문에 이러한 질문을 한 것이다.

○ 吳祕가 말하였다. "혹자는 '〈金·銀·銅〉 세 가지 쇠는 모두 녹여서 黃金을 만들 수 있다.'라고 하였다."

② 吾聞……不問鑄金：祕曰 "揚子以或者非問之問, 故答以鑄人." ○ 光曰 "覿, 見也."

吳祕가 말하였다. "혹자가 물을 것이 아닌 것을 물었기 때문에 揚子가 인재를 기르는 것을 가지고 대답한 것이다."

○ 司馬光이 말하였다. "覿은 만나는 것이다."

③ 孔子鑄顔淵矣：鑄之, 令殆庶幾. ○ 光曰 "借問顔淵不學, 亦常人耳. 遇孔子而敎之, 乃庶幾於聖人. 化他物爲黃金, 何以異此."

인재를 길러 거의 〈聖人의 경지에〉 가깝게 하는 것이다.

○ 司馬光이 말하였다. "顔淵이 〈孔子께〉 배우지 않았을 경우를 가정하여 묻는다면 그 역시 보통 사람이 되었을 것이다. 안연이 공자를 만나 가르침을 받고서야 마침내 거의 성인의 경지에 이르렀으니, 다른 물건을 변화시켜 黃金을 만드는 것이 어찌 이것과 다르겠는가."

④ 或人踧(축)爾曰……得鑄人：踧爾, 驚貌. 旨, 美也. 喜於問鑄金而得鑄人, 富莫大焉, 利莫重焉. ○ 祕曰 "或人悟旨, 問妖妄之鑄金, 得具體之鑄人." ○ 光曰 "踧, 子六切."

踧爾는 놀라는 모양이다. 旨는 아름다운 것이다. 황금을 주조하는 방법에 대해 물었다가 인재를 기르는 방법을 알게 된 것을 기뻐하였으니, 富는 이보다 더 큰 것이 없고 利는 이보다 더 중한 것이 없다.

○ 吳祕가 말하였다. "혹자가 揚子의 말뜻을 깨달은 것이니, 요사하고 망령된 황금을 만드는 일에 대해 물었다가 체단을 갖추어 인재를 기르는 법을 터득하였다."

○ 司馬光이 말하였다. "踧은 子와 六의 反切이다."

혹자가 물었다.

"세간에서 煉丹하여 황금을 鑄造할 수 있다고 말하니, 황금을 주조할 수 있습니까?"

揚子가 말하였다.

"내가 들으니 군자를 만난 자는 사람을 교화시키는〔鑄人〕 법에 대해서 묻지, 황금을 주조하는 법에 대해서 묻지 않는다고 했다."

혹자가 물었다.

"사람을 교화시킬 수 있습니까?"

揚子가 말하였다.

"공자는 안연을 교화시켰다."

그러자 혹자가 깜짝 놀라며 말하였다.

"훌륭하도다. 황금을 주조하는 법을 물었다가 사람을 교화시키는 법을 알았다."

09. 學者는 所以修性也①라 視聽言貌思[34)]는 性所有也니 學則正하고 否則邪②라

① 學者 所以修性也：祕曰 "性, 仁義禮智信也."
吳祕가 말하였다. "性은 仁·義·禮·智·信이다."

② 視聽言貌思……否則邪：祕曰 "其性禮者, 其事視. 其性智者, 其事聽. 其性義者, 其事言. 其性仁者, 其事貌. 其性信者, 其事思. 學焉則本性正, 不學則逐物移而天理滅." ○ 光曰 "五事, 人皆有之, 不學則隨物而遷, 不得其正."
吳祕가 말하였다. "본성의 禮는 보는 일을 담당하고, 본성의 智는 듣는 일을 담당하고, 본성의 義는 말하는 일을 담당하고, 본성의 仁은 몸가짐을 담당하고, 본성의 信은 생각하는 일을 담당하니, 배우면 본성이 바르게 되고 배우지 않으면 본성이 외물을 따라 옮겨가서 天理가 없어지게 된다."
○ 司馬光이 말하였다. "다섯 가지 일은 사람들이 모두 〈본성에〉 있는 것이지만 배우지 않으면 〈본성이〉 외물을 따라 옮겨가서 그 바름을 얻지 못한다."

배우는 것은 본성을 닦기 위한 것이다. 보는 것, 듣는 것, 말하는 것, 몸가짐, 생각하는 것 이 다섯 가지는 본성에 있는 것이니, 배우면 〈본성이〉 바르게 되고 배우지 않으면 〈본성이〉 바르지 않게 된다.

10. 師哉師哉여 桐子之命也①니 務學이 不如務求師②라 師者는 人之模範也어늘 模不模하고 範不範이 爲不少矣③라

① 師哉師哉 桐子之命也：桐, 洞也. 桐子, 洞然未有所知之時, 制命於師也. 再言之者, 歎爲人師, 制人善惡之命, 不可不明愼也. ○ 咸曰 "桐當爲侗, 字之誤也. 雄自序學行云 '空侗顓蒙.' 此曰'侗子'者, 取是義也, 不當作桐木之桐. 註依誤文, 訓爲洞, 無所據焉." ○ 祕曰 "此章, 言學爲王者之事, 須師道之訓, 以正幼主之命也. 歎而言之, 重其事也. 桐子, 太甲也. 太甲, 太丁之子, 旣立, 不用伊尹之訓, 伊尹放之桐, 三年悔過, 處仁遷義, 以聽其訓己, 歸亳復政, 百姓以寧. 書曰 '旣往背師保之訓.' 是也. 伊尹指師哉, 太甲言桐子者, 蓋當王莽輔孺子嬰之世[35)]. 其辭文, 其旨遠也, 孝至篇曰 '勤勞

---

34) 視聽言貌思：≪書經≫ 〈洪範〉의 내용에 근거한 것이다. 홍범은 나라를 다스리는 큰 법이라는 뜻으로 아홉 가지 조목이 있는데, 그중 두 번째가 貌·言·視·聽·思의 五事이다.

35) 王莽輔孺子嬰之世：王莽은 漢나라 孝元皇后의 생질로, 처음에는 선정을 베풀어 宰衡이라고 일컬어지기까지 하였으나, 마침내는 平帝를 시해하고 孺子 嬰을 세워 섭정을 하면서 假皇帝라고 칭하다가, 뒤이어 찬탈하고는 국호를 新이라 하였는데, 재위 15년 만에 光武帝

則過於阿衡.' 皆其類歟." ○ 光曰 "桐當爲侗, 音同, 又音通. 侗, 未成器之人也."

桐은 洞(비다)이다. 桐子는 텅 비어 아는 것이 없을 때이니, 스승에게서 운명이 결정된다. '스승이여.'라고 두 번 말한 것은, 스승은 사람의 善惡의 운명을 결정하니 분명하고 신중히 하지 않아서는 안 됨을 탄식한 것이다.

○ 宋咸이 말하였다. "桐은 侗이 되어야 하니, 글자가 잘못된 것이다. 揚雄이 〈學行〉의 自序에 '空侗顓蒙(무지하고 어리석다.)'이라고 하였는데, 여기에서 '侗子'라고 한 것은 이 뜻을 취한 것이니, 桐木의 桐이 되어서는 안 된다. 李軌의 註는 잘못된 글자에 의거하여 桐을 洞이라고 訓하였으니, 근거할 것이 없다."

○ 吳祕가 말하였다. "이 章은 〈桐子가〉 王天下하는 자의 일을 배움을 말한 것이니, 모름지기 師道의 가르침으로써 어린 군주의 운명을 바로잡아야 한다. 탄식하고 말한 것은 그 일을 중시한 것이다. 桐子는 太甲이다. 태갑은 太丁의 아들이다. 즉위한 뒤에 伊尹의 가르침을 따르지 않자 伊尹이 그를 桐 땅에 유폐시키니, 太甲이 자신의 과오를 뉘우쳐 〈桐 땅에서〉 仁에 처하고 義로 옮겨가기를 3년 동안 하고 伊尹이 자기를 훈계한 것을 따랐다. 그리하여 亳邑으로 돌아와 정사를 하니 백성들이 편안하게 여겼다. ≪書經≫ 〈商書 太甲〉에 '기왕에 師保의 가르침을 저버렸다.'는 것이 이것이다. 이윤을 가리켜 '師哉'라 하고 태갑을 '桐子'라고 말한 것은 王莽이 孺子 嬰을 보필하던 때에 해당한다. 그 말이 문채가 나며 그 뜻이 원대하니, 〈孝至〉에 '근로함은 阿衡(伊尹)보다 더하였다.'라는 것이 모두 이러한 부류일 것이다."

○ 司馬光이 말하였다. "桐은 마땅히 侗이 되어야 하니, 音은 同이고, 또 다른 음은 通이다. 侗은 아직 器局이 이루어지지 않은 사람이다."

② 務學 不如務求師 : 求師者, 就有道而正焉. ○ 祕曰 "務學之先, 莫如得其人而師之."

스승을 찾는다는 것은 道 있는 사람에게 나아가 質正을 받는 것이다.

○ 吳祕가 말하였다. "학문에 힘씀에 제일 먼저 할 일은 적임자를 찾아서 스승으로 삼는 것만 한 것이 없다."

③ 師者……爲不少矣 : 傷夫欲爲而不得其道者, 多矣. ○ 祕曰 "有似是而非, 而學者不悟, 從而爲道者, 多矣." ○ 光曰 "師者, 先正己而後, 能正人."

배우고자 하나 그 방법을 얻지 못하는 자가 많음을 상심해한 것이다.

○ 吳祕가 말하였다. "〈스승 중에는〉 옳은 것 같지만 그른 자가 있는데, 배우는 자가 이를 깨닫지 못하고 따라서 의지하는 경우가 많다."

○ 司馬光이 말하였다. "스승은 먼저 자신을 바르게 한 뒤에야 남을 바르게 할 수

의 정벌을 받고 죽임을 당하였다. 孺子 嬰은 漢 宣帝의 玄孫이다. 王莽이 平帝를 시해하고 嬰을 세워 嗣位하였는데, 그때 나이가 2세였으므로 孺子라 한 것이다. 왕망이 攝政하다가 2년 만에 帝位를 찬탈하고, 유자 영을 폐하여 定安公으로 삼았다.(≪漢書 王莽傳≫)

있다."

스승이여, 스승이여. 桐子의 운명을 결정하니, 학문에 힘쓰는 것은 훌륭한 스승을 찾는 데 힘쓰는 것만 한 것이 없다. 스승은 인재를 鑄造하는 模範(틀)인데, 모범이 되어야 할 스승이 모범이 되지 못하는 경우가 적지 않다.

11. 一鬨(홍)之市에 不勝異意焉①하고 一卷之書에 不勝異說焉[36]하니 一鬨之市에도 必立之平하고 一卷之書에도 必立之師②라

① 一鬨(홍)之市 不勝異意焉 : 賣者欲貴, 買者欲賤, 非異如何. ○ 咸曰 "鬨, 鬭也. 孟子云 '鄒與魯鬨.' 言市聲如鬭而鬨然." ○ 光曰 "鬨, 下降切. 勝, 音升."

물건을 파는 자는 물건값이 비싸기를 바라고 물건을 사는 자는 물건값이 싸기를 바라니, 〈사람들의 생각이〉 다른 것이 아니고 무엇이겠는가.

○ 宋咸이 말하였다. "鬨은 싸우는 것이다. ≪孟子≫ 〈梁惠王 下〉에 '鄒與魯鬨(추나라와 노나라가 싸우다.)'이라고 하였으니, 시장의 소음이 싸우는 소리같이 시끄러움을 말한 것이다."

○ 司馬光이 말하였다. "鬨은 下와 降의 反切이고, 勝은 音이 升이다."

② 一卷之書……必立之師 : 市無平, 必失貴賤之正, 書無師, 必謬典謨之旨. ○ 祕曰 "一鬨, 猶言一巷也. 一巷, 市之小, 人意各殊, 必立質人[37]以平之, 一卷, 書之少, 人說各異, 必立師氏以正之. 周禮 '質人, 中士二人.' 鄭云 '質, 平也. 主平定物價者.' '師氏, 中大夫一人.' 鄭云 '師, 敎人以道者之稱也.'" ○ 光曰 "平, 皮命切."

시장에 平準法이 없으면 〈물건값이〉 반드시 貴賤의 바름을 잃게 될 것이고, 책을 읽을 때에 〈권위 있는〉 스승이 없으면 반드시 典謨의 뜻을 잘못 해석하게 될 것이다.

○ 吳祕가 말하였다. "一鬨은 一巷이라고 말하는 것과 같다. 一巷은 시장 중에 작은 것이지만 사람들의 생각이 각각 다르므로 반드시 質人을 세워 물가를 공평하게 해야 하고, 一卷은 책 중에 적은 것이지만 사람들의 말이 각각 다르므로 반드시 스

---

36) 一鬨(홍)之市……不勝異說焉 : ≪文選≫ 권36 〈宣德皇后令〉에 "博通群籍 而讓齒乎一卷之師(온갖 서적에 능통하였지만 한 권의 책에 뛰어난 사람에게도 長幼의 次序를 지켰다.)"라고 하였는데, 그 注에 "一巷之市 不勝異價 一卷之書 不勝異意"라고 하여 '異意'가 '異價'로 되어 있고, '異說'이 '異意'로 되어 있다.

37) 質人 : 市場의 貨賄·人民·牛馬·兵器·珍異의 값을 알맞게 하는 것을 관장하였다.

승을 세워 질정해야 한다.

≪周禮≫ 〈地官 司徒〉에 '質人은 中士 2인이다.'라고 하였는데, 鄭玄이 '質은 平이니, 물가를 공평하게 정하는 것을 주관하는 자이다.'라고 하였고, ≪周禮≫에 '師氏는 中大夫 1인이다.'라고 하였는데, 정현이 '師는 道로써 사람을 가르치는 자의 칭호이다.'라고 하였다."

○ 司馬光이 말하였다. "平은 皮와 命의 反切이다."

작은 동네의 시장에도 〈같은 물건을 놓고〉 헤아릴 수 없이 많은 異意(다른 생각)가 있고, 한 권의 책에도 〈같은 책에 대해서〉 헤아릴 수 없이 많은 異說(다른 학설)이 있다. 〈이 때문에〉 작은 동네의 시장에도 반드시 〈물건값을 공정하게 정해 줄 수 있는〉 관원을 세워야 하고, 한 권의 책에도 반드시 〈해석의 옳고 그름을 가려줄 수 있는 권위 있는〉 스승을 세워야 한다.

12. 習乎習①이여 以習非之勝是也②온 況習是之勝非乎③아 於戲(오호)④라 學者審其是而已矣⑤니라 或曰 焉知是而習之⑥아 曰 視日月而知衆星之蔑也⑦요 仰聖人而知衆說之小也⑧니라

① 習乎習 : 歎所玩習. ○ 光曰 "歎習貫之移人也."
 익히는 것에 익숙해짐을 한탄한 것이다.
 ○ 司馬光이 말하였다. "습관이 사람을 바꿈을 한탄한 것이다."

② 以習非之勝是也 : 咸曰 "非, 謂異端之術." ○ 光曰 "南方之俗, 以雕題爲美, 羌戎之俗, 以焚尸爲榮. 安於所習, 不知其非, 習小道者, 亦類於此."
 宋咸이 말하였다. "非는 異端의 학술을 이른다."
 ○ 司馬光이 말하였다. "南方의 풍속은 이마에 문신을 새기는 것을 아름답게 여기고, 서쪽 오랑캐의 풍속은 시신을 태우는 것을 영화롭게 여긴다. 그리하여 익숙한 것을 편안히 여겨 그것이 잘못인 줄 알지 못하니, 小道(작은 기예)를 익히는 것도 이와 비슷하다."

③ 況習是之勝非乎 : 咸曰 "是, 謂正經之術." ○ 光曰 "聖人之道明, 則異端自息矣."
 宋咸이 말하였다. "是는 正經(儒家經典)의 학술을 이른다."
 ○ 司馬光이 말하였다. "聖人의 道가 밝아지면 異端은 저절로 사라진다."

④ 於戲(오호) : 光曰 "宋吳本, 作嗚呼. 音義曰 '上音嗚, 下音呼. 又許宜切.'"
 司馬光이 말하였다. "宋咸本·吳祕本에는 '嗚呼'로 되어 있다. ≪音義≫에 '윗글

자(於)는 음이 嗚이고, 아랫 글자(戱)는 음이 呼이다. 〈戱의〉 또 다른 음은 許와 宜의 反切이다.'라고 하였다."

⑤ 學者審其是而已矣 : 祕曰 "習乎習, 誡愼其習也. 以習諸子之勝於五經也, 況習五經以勝於諸子乎. 學者詳審而已矣. 桓譚曰 '昔老聃著虛無之言兩篇[38], 薄仁義, 非禮學, 然後好之者, 尙以過於五經.'"

吳祕가 말하였다. "익히는 것에 익숙해진다는 것은 익히는 것을 경계하고 삼가는 것이다. 諸子書를 익숙하게 봐도 五經을 이길 수 있는데, 하물며 五經을 익숙하게 보면 諸子書를 이길 수 있음에 있어서랴. 배우는 자는 〈자신이 배운 것이 옳은지〉 자세히 살필 뿐이다. 桓譚이 '옛날에 老聃이 ≪道德經≫ 두 편을 지어 仁義를 하찮게 여기고 禮學을 비난하였는데, 그런 뒤에 노자의 학설을 좋아하는 자들은 오히려 ≪도덕경≫이 五經보다 낫다고 여겼다.'라고 하였다."

⑥ 焉知是而習之 : 祕曰 "道家亦非儒."

吳祕가 말하였다. "道家 역시 儒家를 비난하였다."

⑦ 視日月而知衆星之蔑也 : 光曰 "蔑, 微也."

司馬光이 말하였다. "蔑은 미미함이다."

⑧ 仰聖人而知衆說之小也 : 大小之相形, 高下之相傾[39]. ○ 祕曰 "衆說之小, 所見者小也." ○ 光曰 "人苟盡心於聖人之道, 則衆說之不足學, 易知矣."

크고 작은 것은 상대적으로 드러나고, 높고 낮은 것은 상대적으로 다툰다.

○ 吳祕가 말하였다. "여러 학설 가운데 소소한 것은 그들이 본 것이 작기 때문이다."

○ 司馬光이 말하였다. "사람이 만일 聖人의 道에 마음을 다한다면 여러 학설은 족히 배울 것이 못 된다는 것을 쉽게 알 수 있을 것이다."

익숙히 보는 것에 익숙해짐이여. 그른 것을 익숙하게 보면 오히려 옳은 것보다 더 낫다고 여기는데, 하물며 옳은 것을 익숙하게 보아 그른 것보다 더 낫다고 여김에 있어서랴. 아, 배우는 자는 〈자신이 익히는 것이〉 옳은지 자세히 살필 뿐이다.

혹자가 물었다.

"어떻게 옳은 것인 줄 알아서 익힙니까?"

揚子가 말하였다.

---

38) 虛無之言兩篇 : ≪道經≫과 ≪德經≫, 즉 ≪老子道德經≫을 가리킨 것으로 보인다.

39) 大小之相形 高下之相傾 : ≪老子≫ 3章에 "長短相形 高下相傾(길고 짧은 것은 상대적으로 드러나고, 높고 낮은 것은 상대적으로 다툰다.)"이라고 하였다.

"해와 달을 보면 뭇별들이 미미하다는 것을 알게 되고, 聖人의 도를 우러러보면 여러 학설들이 소소하다는 것을 알게 된다."

13. 學之爲王者事니 其已久矣라 堯舜禹湯文武는 汲汲하고 仲尼는 皇皇하니 其已久矣①라

① 學之爲王者事……其已久矣 : 祕曰 "儒學者, 本聖人之道, 聖人之道, 乃王者之事. 故二帝・三王・孔子, 汲汲皇皇焉, 其來久矣. 荀子曰 '堯學於君疇, 舜學於務成昭, 禹學於西王國[40].' 新序, 子夏對哀公曰 '堯學於君壽, 舜學於務成昭, 禹學於西王國, 湯學于成子伯, 文王學于時子思, 武王學于郭叔[41].' 曾子問曰 '吾聞諸老聃.' 學禮也. 昭公十七年傳曰 '仲尼聞之, 見於郯子而學之.' 學紀官也. 樂記曰 '唯丘之聞諸萇弘.' 學樂也. 君疇・君壽, 史或作尹壽, 一也." ○ 光曰 "仲尼雖不王, 乃所學則王道也."

吳祕가 말하였다. "儒學은 본래 聖人의 道이고, 성인의 도는 바로 왕천하하는 자의 일이다. 그러므로 二帝・三王과 孔子가 급급하고 황급하게 학문에 힘썼으니, 그 유래가 오래되었다. 荀子는 '堯임금은 君疇에게서 배웠고, 舜임금은 務成昭에게서 배웠고, 禹王은 西王國에게서 배웠다.'라고 하였으며, ≪新序≫에는 子夏가 哀公에게 대답하기를 '堯임금은 君壽에게서 배웠고, 舜임금은 務成昭에게서 배웠고, 禹王은 西王國에게서 배웠고, 湯王은 成子伯에게서 배웠고, 文王은 時子思에게서 배웠고, 武王은 郭叔에게서 배웠다.'라고 하였다. ≪禮記≫ 〈曾子問〉에 '내가 老聃에게 들었다.'라고 한 것은 禮를 배운 것이고, ≪春秋左氏傳≫ 昭公 17년의 傳에 '仲尼께서 이 말을 들으시고 郯子를 만나 그에게서 배웠다.'라고 한 것은 옛 官制를 기록하는 것을 배운 것이고, ≪禮記≫ 〈樂記〉에 '오직 丘가 萇弘에게 들었다.'라고 한 것은 음악을 배운 것이다. 君疇와 君壽는 역사책에 혹 尹壽로 되어 있으니, 똑같다."

○ 司馬光이 말하였다. "仲尼가 비록 천하에 왕 노릇 하지는 못하였으나 마침내 배운 것은 王道이다."

배움은 王者의 일을 배우는 것이니, 그 유래가 이미 오래되었다. 堯, 舜, 禹王, 湯王, 文王・武王은 급급히 배움에 힘썼고, 仲尼는 쉬지 않고 배움에 힘썼으니, 그 유래가 이미 오래되었다.

---

40) 荀子曰……禹學於西王國 : ≪荀子≫ 〈大略〉에 보인다.

41) 新序……武王學於郭叔 : ≪新序≫ 〈雜事 五〉에 보인다.

14. 或問進①한대 曰水라 或曰 爲其不捨晝夜[42]歟②아 曰 有是哉라 滿而後漸者는 其水乎③인저 或問鴻漸[43]한대 曰 非其往不往하고 非其居不居하니 漸猶水乎④인저 請問木漸⑤[44]한대 曰 止於下而漸於上者는 其木也哉인저 亦猶水而已矣⑥[45]니라

① 或問進：祕曰 "進於道."

吳祕가 말하였다. "道에 나아가는 것이다."

② 爲其不捨晝夜歟：光曰 "爲, 于僞切."

司馬光이 말하였다. "爲는 于와 僞의 反切이다."

③ 滿而後漸者 其水乎：水滿坎而後進, 人學博而後仕. ○ 祕曰 "盈科則漸進也." ○ 光曰 "子路有聞, 未之能行, 唯恐有聞. 君子之學, 不務博而務精, 不務知而務行."

물은 구덩이를 가득 채운 뒤에 흘러가고, 사람은 학문이 넓어진 뒤에 벼슬한다.

○ 吳祕가 말하였다. "구덩이를 채우고 나면 점점 흘러간다."

○ 司馬光이 말하였다. "子路는 좋은 말을 듣고 아직 그것을 실행하지 못했으면 행여 다른 말을 들을까 두려워하였다. 君子의 학문은 박학하기를 힘쓰지 않고 정밀하기를 힘쓰며, 알기를 힘쓰지 않고 행하기를 힘쓴다."

④ 非其往不往……漸猶水乎：鴻之不失寒暑, 亦猶水之因地制行. ○ 祕曰 "鴻漸于陵, 水流就下, 其漸一也." ○ 光曰 "鴻避寒而就溫, 學者去非而從是. 然鴻之飛也, 不決起直上, 必以漸而至高, 學者, 亦自近小而至遠大, 猶水之滿而後進也."

기러기가 추울 때와 더울 때를 놓치지 않고 〈계절을 따라 오고 가는 것은〉 또한 물이 地形을 따라 흘러가는 것과 같다.

○ 吳祕가 말하였다. "기러기가 점점 높은 구릉으로 나아가는 것과 물이 흘러서 아래로 나아가는 것이 점점 나아가는 것은 똑같다."

○ 司馬光이 말하였다. "기러기는 추위를 피하여 따뜻한 곳으로 나아가고, 배우는

---

42) 不捨晝夜：≪論語≫ 〈子罕〉에 보인다. 孔子께서 시냇가에 계시면서 말씀하기를 "가는 것이 이와 같구나. 밤낮으로 그치지 않는다."라고 하였다.

43) 鴻漸：≪周易≫ 漸卦의 6爻는 모두 鴻漸으로 시작하는데, 기러기가 점점 나아간다는 뜻이다. 여기에서 유래하여 학문이 점차 발전하거나 관직이 계속 오르는 것을 비유하는 말로 쓰인다. 漸은 漸進하는 것이니, ≪玉篇≫에 "漸은 進이다."라고 하였다.

44) 木漸：≪周易≫ 漸卦 〈象傳〉에 보이는 말로, 산의 나무가 점점 무성하게 자란다는 뜻이다. 漸卦는 상괘가 巽☴이고 하괘가 艮☶인데 巽은 나무를, 艮은 山을 나타내므로 山 위에 나무가 있는 象이다.

45) 亦猶水而已矣：나무가 뿌리를 깊이 내린 뒤에 가지와 잎이 무성해지는 것은 물이 구덩이를 채운 뒤에 점점 흘러가는 것과 같음을 말한다.

자는 그릇된 것을 버리고 옳은 것을 따른다. 그러나 기러기가 날 때 힘껏 날아올라 단번에 올라가지 않고 반드시 점점 날아올라 높은 데에 이르고, 배우는 자도 近小한 데로부터 遠大한 데에 이르니, 물이 구덩이를 가득 채운 뒤에 흘러가는 것과 같다."

⑤ 請問木漸：祕曰 "易曰 '山上有木, 漸.'"

吳祕가 말하였다. "≪周易≫에 '山 위에 나무가 있는 것이 漸이다.'라고 하였다."

⑥ 止於下而漸於上者……亦猶水而已矣：止於下者, 根本也. 漸於上者, 枝條也. 士人據道義爲根本, 業貴無虧, 進禮學如枝條, 德貴日新. ○ 祕曰 "巽木[46]上長. 木漸於上, 水流就下, 其漸亦一也." ○ 光曰 "本根不動, 而枝葉進長, 學者正心修身, 而家齊國治. 然十仞之木, 非朝夕而成, 聖人之德, 非造次而立, 亦猶水之滿而後進也."

아래에 멈춰 있는 것은 뿌리이고, 위로 점점 뻗어나가는 것은 가지이다. 士人은 道義에 근거하는 것을 뿌리로 삼으니 業은 흠결이 없는 것을 귀하게 여기고, 禮學에 나아가는 것은 가지와 같으니 德은 날로 새로워지는 것을 귀하게 여긴다.

○ 吳祕가 말하였다. "巽木은 위로 자란다. 나무는 위로 점점 뻗어나가고 물은 흘러서 아래로 나아가지만, 점점 나아가는 것은 또한 똑같다."

○ 司馬光이 말하였다. "뿌리는 움직이지 않지만 가지와 잎은 점점 자라나니, 배우는 자가 마음을 바르게 하고 몸을 닦으면 집안이 가지런해지고 나라가 다스려진다. 그러나 열 길 높이의 나무는 一朝一夕에 이루어진 것이 아니고, 聖人의 德은 잠깐 사이에 확립된 것이 아니니, 또한 물이 구덩이를 채운 뒤에 흘러가는 것과 같다."

혹자가 나아감〔進〕에 대해 물으니, 揚子가 말하였다.

"물과 같아야 할 것이다."

혹자가 물었다.

"밤낮으로 쉬지 않고 흘러가기 때문입니까?"

揚子가 말하였다.

"그렇다. 〈구덩이를 만나면〉 구덩이를 가득 채운 뒤에 점점 나아가는 것은 물일 것이다."

혹자가 鴻漸(기러기가 날아 점점 높은 데에 이르는 것)에 대해 물으니 揚子가 말하였다.

---

46) 巽木：巽은 8卦의 하나로 바람을 상징하기도 하고 나무를 상징하기도 한다.(≪周易 說卦傳≫)

“갈 곳이 아니면 가지 않고 머물 곳이 아니면 머물지 않으니, 기러기가 점점 나아가는 것은 물과 같을 것이다.”

혹자가 木漸(나무가 자라 점점 위로 뻗어나가는 것)에 대해서 물으니, 揚子가 말하였다.

“아래에 멈춰 있으면서 점점 위로 뻗어나가는 것은 나무일 것이다. 〈나무가 자라는 것〉 또한 물이 흘러가는 것과 같을 뿐이다.”

15. 吾未見好斧藻其德을 若斧藻其楶(절)者(歟)〔也〕①[47]라

① 若斧藻其楶(절)者(歟)〔也〕: 斧藻, 猶刻桷丹楹之飾. 楶, 櫨也. ○ 祕曰 “栭(이), 謂之楶.” ○ 光曰 “楶, 音節. 斧, 斲削也. 藻, 文飾也.”

斧藻는 서까래에 조각하고 기둥에 단청하는 장식과 같은 것이다. 楶은 동자기둥(들보 위에 세우는 짧은 기둥)이다.

○ 吳祕가 말하였다. “栭는 동자기둥을 이른다.”

○ 司馬光이 말하였다. “楶은 音이 節이다. 斧는 깎아내는 것이고, 藻는 문식하는 것이다.”

나는 자신의 德을 갈고 닦기를, 자기 집 들보 위의 동자기둥을 아름답게 꾸미는 것처럼 좋아하는 자를 보지 못했다.

16. 鳥獸는 觸其情者也①니 衆人則異乎②[48]아 賢人則異衆人矣③요 聖人則異賢人矣④라 禮義之作이 有以矣夫⑤인저 人而不學이면 雖無憂라도 如禽何⑥오

① 鳥獸 觸其情者也 : 祕曰 “無別也.”

吳祕가 말하였다. “禽獸는 분별이 없다.”

② 衆人則異乎 : 祕曰 “衆人有禮義之別, 所以異乎觸情.” ○ 光曰 “人爲萬物之靈.”

吳祕가 말하였다. “衆人은 禮義의 분별이 있으니, 이 때문에 감정을 느끼는 대로 움직이는 금수와는 다르다.”

---

47) (歟)〔也〕: 저본에는 ‘歟’로 되어 있으나, 四部叢刊本에 근거하여 ‘也’로 바로잡았다.

48) 衆人則異乎 : 四部叢刊本에는 ‘衆人則異乎’ 아래에 “人由禮義 閑其邪情 故異於鳥獸也(사람은 禮義를 따라 간사한 情을 막기 때문에 鳥獸와 다르다.)”라고 한 李軌의 주가 있다.

○ 司馬光이 말하였다. "사람은 만물의 靈長이다."

③ 賢人則異衆人矣：奉宣訓誨. ○ 咸曰"賢人, 豈特但能奉宣教誨而已. 蓋言其有明誠[49]之性, 而異衆人." ○ 祕曰"賢者述之, 異於衆人." ○ 光曰"能循禮義."

〈賢人이 衆人과 다른 것은〉 현인은 가르침을 받들어 펴기 때문이다.

○ 宋咸이 말하였다. "賢人이 어찌 가르침을 받들어 펴기만 할 뿐이겠는가. 현인은 明誠의 性이 있어서 衆人과는 다름을 말한 것이다."

○ 吳祕가 말하였다. "현자는 傳述하니 衆人과 다르다."

○ 司馬光이 말하였다. "현인은 능히 禮義를 따른다."

④ 聖人則異賢人矣：制立禮教. ○ 咸曰"聖人, 豈特但止制立禮教而已. 蓋言其生而知之, 又異賢人." ○ 祕曰"聖人作之, 異於賢人." ○ 光曰"極深研幾[50]."

〈聖人이 賢人과 다른 것은〉 聖人은 禮教를 제정하여 세우기 때문이다.

○ 宋咸이 말하였다. "聖人이 어찌 예교를 제정하기만 할 뿐이겠는가. 聖人은 나면서부터 알아서 또 賢人과는 다름을 말한 것이다."

○ 吳祕가 말하였다. "聖人은 창작하니 賢人과 다르다."

○ 司馬光이 말하였다. "聖人은 심오한 이치를 깊이 연구하고 기미를 살핀다."

⑤ 禮義之作 有以矣夫：言訓物者, 其豈徒哉. ○ 咸曰"聖賢以鳥獸雌雄無常, 觸情則動. 故作禮義, 使衆人自別, 誠有旨焉." ○ 祕曰"聖人制作禮義, 使人自別於鳥獸, 豈强爲之教哉."

〈聖人이 禮義를 제정하여〉 만물을 가르치는 것이 어찌 공연히 그렇게 한 것이겠느냐는 말이다.

○ 宋咸이 말하였다. "聖賢이, 금수는 암컷과 수컷 사이에 분별이 없어서 감정을 느끼면 충동이 일어나기 때문에 禮義를 만들어서 衆人들로 하여금 스스로 금수와 구별하게 한 것이니, 참으로 뜻이 깊다."

○ 吳祕가 말하였다. "聖人이 禮義를 제정하여 사람으로 하여금 스스로 鳥獸와 구별하게 한 것이니, 어찌 억지로 가르친 것이겠는가."

⑥ 人而不學……如禽何：是以, 聖人作經禮以教人, 使人以有禮, 知自別於禽. ○ 祕曰"人而不學禮義之經, 雖夷曠而無憂, 奈如禽何." ○ 光曰"不學則不知禮義."

이 때문에 聖人이 經禮를 만들어 사람을 가르쳐서 사람으로 하여금 禮가 있게 하

---

49) 明誠：≪중용≫의 '自明誠 謂之教(밝아짐으로 말미암아 誠해지는 것을 教라 한다.)'를 말한다. 자세한 내용은 앞의 44쪽 역주 2) '自誠而明' 참조.

50) 極深研幾：≪周易≫〈繫辭傳 上〉에 "대저 ≪易≫으로 말하면, 성인이 심오하고 은미한 부분을 깊이 연구하여 그 기미를 밝혀놓으신 책이다.〔夫易 聖人之所以極深而研幾也〕"라고 하였다.

여 금수와 스스로 구별할 줄을 알게 하였다.

○ 吳祕가 말하였다. "사람으로서 禮義의 常經을 배우지 않으면 비록 태평하여 아무 근심이 없더라도 금수와 다름이 없으니 어찌하겠는가."

○ 司馬光이 말하였다. "배우지 않으면 禮義를 알지 못한다."

禽獸는 감정을 느끼는 대로 움직이니, 衆人은 금수와는 다를 것이다. 賢人은 중인과 다르고, 聖人은 현인과 다르다. 禮義를 만든 것은 이유가 있어서일 것이다. 사람으로서 배우지 않으면 비록 아무 근심이 없더라도 금수와 다름이 없으니 어찌하겠는가.

17. 學者는 所以求爲君子也①니 求而不得者는 有矣夫어니와 未有不求而得之者也②니라

① 學者 所以求爲君子也 : 光曰 "言非獨習其文而已."

司馬光이 말하였다. "단지 글만 익힐 뿐이 아님을 말한 것이다."

② 求而不得者……未有不求而得之者也 : 有其志, 而猶或不能成其事, 無其志, 安能立其業[51]. ○ 祕曰 "求而不得, 蓋有所未至."

뜻이 있어도 오히려 일을 이루지 못하는 경우가 있는데, 뜻이 없다면 어떻게 業을 세울 수 있겠는가.

○ 吳祕가 말하였다. "구해도 얻지 못하는 것은 뜻이 지극하지 않기 때문이다."

배움은 君子가 되기를 구하는 것이니, 구해도 얻지 못하는 경우는 있지만 구하지 않고도 얻는 경우는 있지 않다.

18. 睎驥之馬는 亦驥之乘也요 睎顔之人은 亦顔之徒也①니라 或曰 顔徒易(이)乎아 〔曰〕[52] 睎之則是②니라 曰 昔顔은 常[53]睎夫子矣요 正考甫는 常睎尹吉甫矣③요 公子奚斯는 常睎正考甫矣④라 如不欲睎인댄 則已矣어니와 如欲睎인댄 孰禦焉이리오

51) 安能立其業 : 四部叢刊本에는 '安能立'이 '必不能'으로 되어 있다.

52) 〔曰〕 : 저본에는 없으나, 四部叢刊本에 근거하여 보충하였다.

53) 常 : 四部叢刊本에는 '嘗'으로 되어 있다. '常睎尹吉甫矣'의 '常'도 같다.

① 睎驥之馬……亦顔之徒也 : 祕曰 "睎, 睎慕也." 光曰 "乘, 繩證切."

吳祕가 말하였다. "睎는 바라보고 사모하는 것이다."

司馬光이 말하였다. "乘은 繩과 證의 反切이다."

② 顔徒易(이)乎 睎之則是 : 祕曰 "顔子庶幾[54], 疑其難至." ○ 光曰 "易, 以豉切."

吳祕가 말하였다. "顔子는 거의 聖人의 경지에 가까웠기 때문에 안자의 경지에 도달하기 어려울 것이라고 의심한 것이다."

○ 司馬光이 말하였다. "易는 以와 豉의 反切이다."

③ 昔顔常睎夫子矣 正考甫常睎尹吉甫矣 : 奚斯, 魯僖公之臣也, 慕正考甫, 作魯頌.[55] ○ 祕曰 "正考甫, 宋宣公之上卿. 尹吉甫, 周宣王之卿士. 尹吉甫, 深於詩教[56], 作大雅崧高烝民之詩, 以美宣王. 正考甫慕之, 亦能得商頌十二篇, 以頌湯之盛德[57]. 昭公七年傳曰 '及正考父, 佐戴武宣.'"

奚斯는 魯 僖公의 신하인데, 正考甫를 흠모하여 〈魯頌〉을 지었다.

○ 吳祕가 말하였다. "正考甫는 宋 宣公의 上卿이고, 尹吉甫는 周 宣王의 卿士이다. 尹吉甫는 詩教에 조예가 깊어 〈大雅〉의 〈崧高〉와 〈烝民〉 詩를 지어 宣王을 찬미하였는데, 正考甫 또한 尹吉甫를 흠모하여 〈商頌〉 12편을 얻어 湯王의 盛德을 기렸다. ≪春秋左氏傳≫ 昭公 7년의 傳에 '正考父에 이르러 宋나라의 戴公・武公・宣公을 輔佐하였다.'라고 하였다."

④ 公子奚斯 常睎正考甫矣 : 祕曰 "正考甫商頌, 蓋美禘祀[58]之事, 而魯大夫公子奚斯,

---

54) 顔子庶幾 : ≪周易≫ 〈繫辭傳 下〉에 보인다. 孔子가 말씀하기를 "顔氏의 아들은 거의 道에 가까울 것이다. 不善이 있으면 일찍이 모른 적이 없고, 알면 일찍이 다시 행하지 않았다.〔顔氏之子 其殆庶幾乎 有不善 未嘗不知 知之 未嘗復行也〕"라고 하였다.

55) 奚斯……作魯頌 : 내용으로 살펴보건대 '奚斯 魯僖公之臣也 慕正考甫 作魯頌' 14자는 '公子奚斯 常睎正考甫矣'에 대한 註인데, 여기에 잘못 끼어 들어간 듯하다.

56) 詩教 : 溫柔하고 敦厚한 ≪詩經≫의 가르침을 이른다. ≪禮記≫ 〈經解〉에 "공자가 말씀하기를 '어느 나라에 들어가든 〈그 나라에서 무엇으로〉 교화했는지를 알 수 있으니, 사람됨이 溫柔하고 敦厚함은 ≪詩經≫의 가르침이요, 疏通하여 먼 것을 아는 것은 ≪書經≫의 가르침이요, 廣博하고 평이하고 선량함은 ≪樂經≫의 가르침이요, 깨끗하고 고요하고 精微함은 ≪易經≫의 가르침이요, 恭儉하고 莊敬함은 ≪禮經≫의 가르침이요, 글을 잘 엮고 사건을 차례대로 잘 정리하는 것은 ≪春秋≫의 가르침이다.' 하였다.〔入其國 其教可知也 其爲人也 溫柔敦厚 詩教也 疏通知遠 書教也 廣博易(이)良 樂教也 潔靜精微 易教也 恭儉莊敬 禮教也 屬辭比事 春秋教也〕"라고 하여 六經의 교화적 성격을 특징적인 말로 요약하였다.

57) 正考甫慕之……以頌湯之盛德 : 正考甫는 商의 후예인 宋나라의 大夫로서 〈商頌〉 12편을 周나라 太師에게 얻어서 본국으로 돌아와 그 선왕을 제사하였는데, 孔子가 詩를 엮을 때에는 그중 7편이 망실되었다 한다.

能作閔公之廟, 亦睎詩之教也. 而魯頌美之曰 '松桷有舄, 路寢孔碩. 新廟奕奕, 奚斯所作.'" ○ 光曰 "揚子以謂正考甫作商頌, 奚斯作閟宮之詩. 故云然."

吳祕가 말하였다. "正考甫의 〈商頌〉은 禘제사를 지낸 일을 찬미한 것인데, 魯나라 大夫인 公子奚斯가 閔公의 사당을 짓고 또한 詩의 가르침을 사모하였다. ≪詩經≫ 〈魯頌〉에 찬미하기를 '소나무로 만든 서까래가 크기도 하니 路寢이 매우 크도다. 새 사당이 奕奕하니 奚斯가 지은 것이로다.'라고 하였다."

○ 司馬光이 말하였다. "揚子는 正考甫가 〈商頌〉을 지었고, 奚斯가 〈閟宮〉 詩를 지었다고 여겼다. 그러므로 이렇게 말한 것이다."

千里馬가 되기를 바라는 말은 그 역시 천리마의 무리이고, 顔淵이 되기를 바라는 사람은 그 역시 안연의 무리이다.

혹자가 물었다.

"안연의 무리가 되기 쉽습니까?"

揚子가 말하였다.

"그런 사람이 되기를 바라면 그와 같은 사람이 되는 것이다."

揚子가 또 말하였다.

"옛날에 안연은 일찍이 孔子 같은 사람이 되기를 바랐고, 正考甫는 일찍이 尹吉甫 같은 사람이 되기를 바랐고, 公子奚斯는 일찍이 正考甫 같은 사람이 되기를 바랐다. 만약 그런 사람이 되기를 바라지 않는다면 그만이지만, 만약 그런 사람이 되기를 바란다면 누가 막을 수 있겠는가."

19. 或曰 書與經同①而世不尙②[59)]하니 治之可乎아 曰可③하다 或人이 啞爾笑曰 須以發策決科④[60)]니라 曰 大人之學은 爲道也요 小人之學은 爲利也니 子爲道乎아

---

58) 禘祀 : 始祖의 사당에 자신의 선조를 배향하여 제사하는 것이다.

59) 書與經同而世不尙 : 書는 五經 이외의 一般 書籍인 ≪論語≫·≪孝經≫·≪爾雅≫·≪荀子≫·≪孟子≫ 등을 가리키고, 經은 漢나라 때에 學官에 나열한 ≪詩≫·≪書≫·≪易≫·≪禮≫·≪春秋≫의 五經을 가리킨다. 五經은 武帝 때 처음으로 五經博士를 두고, 平帝 때 또 經古文學博士를 두었으나, 五經 이외의 일반 서적은 모두 박사를 세우지 않고 다만 사사로이 서로 전수하였다. 五經을 읽지 않은 사람은 관원이 될 수 없었기 때문에 "〈오경 이외의 일반 서적은〉 세상에서 중시하지 않는다."고 한 것이다.

爲利乎⑤아

① 書與經同 : 咸曰 “書, 謂諸傳記之書, 猶論語・孝經・爾雅・荀・孟之類. 經, 謂五經也. 言此等書, 宗道與經所同也.”

宋咸이 말하였다. “書는 여러 傳記의 책을 이르니, ≪論語≫, ≪孝經≫, ≪爾雅≫, ≪荀子≫, ≪孟子≫ 같은 따위이다. 經은 五經을 이른다. 이러한 책들도 道를 높이는 것은 경서와 같음을 말한 것이다.”

② 而世不尙 : 咸曰 “漢文帝, 以論語・孝經・孟子・爾雅, 皆置博士. 後罷傳記博士, 獨立五經博士, 列學科而已. 論語・爾雅・荀・孟之類, 末也, 故云世不尙.”

宋咸이 말하였다. “漢 文帝 때에는 ≪論語≫, ≪孝經≫, ≪孟子≫, ≪爾雅≫ 등의 책도 모두 博士를 두었으나, 후에는 이 傳記博士를 없애고 단지 五經博士만을 세워 學科에 나열하였을 뿐이다. ≪論語≫, ≪爾雅≫, ≪荀子≫, ≪孟子≫ 따위의 傳記는 지엽으로 여겼기 때문에 ‘세상에서 중시하지 않는다.’고 한 것이다.”

③ 治之可乎 曰可 : 咸曰 “揚以爲皆本諸道, 雖世不尙, 亦可治而學之.” ○ 祕曰 “凡諸書與五經同, 而時世不尙, 未列于學官者, 治之可乎. 書, 謂若左氏傳・古文尙書・毛詩・樂記之類.”

宋咸이 말하였다. “揚子는 ‘〈五經 이외의 ≪論語≫, ≪孟子≫ 같은 책이든 五經이든〉 모두 道에 근본을 두었으니, 비록 세상에서 중시하지 않더라도 연구하여 배울 만하다.’고 여긴 것이다.”

○ 吳祕가 말하였다. “〈道를 높이는 것은〉 諸書가 五經과 똑같은데도 세상에서 중시하지 않아 學官에 나열하지 않는데, 이것을 연구해도 되느냐는 것이다. 書는 ≪春秋左氏傳≫, ≪古文尙書≫, ≪毛詩≫, ≪樂記≫ 같은 따위를 이른다.”

④ 或人啞爾笑曰 須以發策決科 : 射以決科, 經以策試. 今徒治同經之書, 而不見策用, 故笑之. ○ 祕曰 “漢之明經, 必爲難問疑義, 書之於策, 量其大小, 署爲甲乙之科, 列而置之, 不使彰顯. 有欲射者, 隨其所取得而釋之. 故曰‘須以發策決科.’ 而同經無所施焉, 是以笑之. 其當時, 五經列于學科者, 易則施・孟・梁丘・京氏, 書則歐陽・大小夏侯氏, 詩則齊・魯・韓, 禮則大小戴・慶氏, 春秋則公・穀. 王莽置周官博士, 餘不在焉.” ○ 光曰 “啞, 於革切.”

---

60) 發策決科 : 策은 옛날에 글자를 기록하던 竹簡을 이른다. 發策은 漢나라 때 과거시험의 한 가지 방법으로, 經書 또는 정치상의 문제를 竹札에 써놓고 응시자에게 그 죽찰을 활로 쏘아 뽑아서 해답을 논문으로 쓰게 하고, 그것으로 우열을 정하는 것을 이르는데, 射策이라 하기도 한다. 科는 등급을 이르는데, 決科는 策試할 때 문제에 따라 3등급으로 나누어 甲科・乙科・丙科라고 이름하였다.

射策(계책을 올림)으로써 과거급제를 결정하고 경서로써 策試(經義로 策問)한다. 지금 경서처럼 도에 근본을 둔 일반 傳記의 서적을 연구해도 등용을 받지 못하기 때문에 비웃은 것이다.

○ 吳祕가 말하였다. "漢나라의 明經科는 반드시 글 뜻 가운데 의심스러운 부분을 논란하고 물어서 이것을 策에 쓰고, 大科와 小科를 헤아려 甲乙의 등급을 나누어 줄지어 놓되 드러나지 않게 하고, 射策의 시험에 응시하고자 하는 자가 있으면 〈策을 활로 쏘아 뽑아서〉 그가 뽑은 바에 따라서 해석하게 하였다. 그러므로 '학문하는 것은 모름지기 策文을 지어 과거에 급제하여 관원이 되고자 하는 것입니다.'라고 한 것이다. 五經 이외의 일반 서적은 쓸 곳이 없으니, 이 때문에 비웃은 것이다.

그 당시에 五經으로서 學科에 나열된 것은 ≪周易≫으로는 施氏(施讐)·孟氏(孟喜)·梁丘氏(梁丘賀)·京氏(京房)이고, ≪尙書≫로는 歐陽氏(歐陽高)·大夏侯氏(夏侯勝)·小夏侯氏(夏侯建)이고, ≪詩經≫으로는 齊人(浮丘伯)·魯人(申培)·韓氏(韓嬰)이고, ≪禮經≫으로는 大戴(戴德)·小戴(戴聖)·慶氏(慶普)이고, ≪春秋≫로는 公羊氏(公羊高)·穀梁氏(穀梁赤)이다. 王莽이 周官(≪周禮≫)博士를 두었고, 이 외에는 〈박사관에〉 두지 않았다."

○ 司馬光이 말하였다. "啞는 於와 革의 反切이다."

⑤ 大人之學……爲利乎 : 咸曰 "或人謂可以決科之經則治之, 是爲利而非爲道也. 故揚以君子小人正之."

宋咸이 말하였다. "혹자가 과거에 급제할 수 있는 경서를 배워야 한다고 하였는데, 이는 이익을 위한 것이지 道를 위한 것이 아니다. 그러므로 揚子가 君子와 小人의 학문으로써 바로잡은 것이다."

혹자가 물었다.

"〈五經 이외에〉 ≪論語≫, ≪孟子≫ 같은 책도 五經과 똑같이 道에 근본을 두었는데 세상에서 이런 책을 중시하지 않으니, 이런 책을 연구해도 됩니까?"

揚子가 말하였다.

"된다."

혹자가 웃으며 말하였다.

"〈그런 책을 연구하는 것은〉 모름지기 〈과거에 응시하여〉 策問의 답안을 지어 올리고 과거에 급제하여 관원이 되고자 해서입니다."

揚子가 말하였다.

"大人의 배움은 道를 위한 것이고 小人의 배움은 이익을 위한 것이니, 그대는 도를 위해서 배우는가? 아니면 이익을 위해서 배우는가?"

或曰 耕不穫하고 **獵不饗**하니 **耕獵乎**⑥아 **曰 耕道而得道**하고 **獵德而得德**이 **是穫饗也**⑦니라 **吾不覿參辰之相比也**[61]라 **是以**로 **君子貴遷善**⑧하니 **遷善也者**는 **聖人之徒歟**⑨인저 **百川**은 **學海而至于海**⑩어늘 **丘陵**은 **學山而不至于山**이라 **是故**로 **惡**(오)**夫畫**(획)**也**⑪니라

⑥ 耕不穫……耕獵乎：祕曰 "或人以書不得祿利而治之, 譬猶耕獵不得穫饗, 亦耕獵乎."
　吳祕가 말하였다. "혹자는 서책을 통해서 祿과 이익을 얻지 못하면서 배우는 것은 비유하면 농사짓고 사냥하는데 수확이 없고 제물을 바치지 못하는 것과 같으니, 이런데도 또한 농사짓고 사냥하겠느냐는 말이다."

⑦ 耕道而得道……是穫饗也：耕獵如此, 利莫大焉. ○ 祕曰 "必須治者, 以道德資焉."
　농사짓고 사냥하는 것이 이와 같다면 이익이 이보다 더 큰 것이 없다.
　○ 吳祕가 말하였다. "모름지기 배우는 자는 道와 德을 바탕으로 삼아야 한다."

⑧ 吾不覿參辰之相比也……君子貴遷善：咸曰 "參辰, 二星名. 晉史董因曰 '公子重耳, 以辰出而參入.' 言重耳以驪姬之難出晉, 當辰, 於外十九年入晉, 當參也. 以參辰出沒, 不相比列, 而重耳象之, 終免其禍, 得出處之正. 故君子不器, 乃遷善之法也. 禮曰 '安安而能遷[62].' 鄭康成曰 '舅犯與姜氏, 醉重耳而行, 近之[63].' 是多其可遷則遷,

---

61) 吾不覿參辰之相比也：參辰은 參星과 辰星의 합칭인데, 삼성은 서쪽에 있고 진성은 동쪽에 있으며 이 별이 나오면 저 별이 져서 동시에 볼 수가 없다. 진성은 商星이라고도 한다. 여기서는 도를 추구하는 것과 이익을 추구하는 것은 參星과 辰星처럼 병립할 수 없음을 비유한 것이다.

62) 禮曰 安安而能遷：≪禮記≫ 〈曲禮 上〉에 보인다.

63) 舅犯與姜氏……近之：重耳가 狄에 머문 지 12년 만에 狄을 떠나 齊나라에 갔는데, 齊桓公이 딸을 아내로 주고 말 20乘까지 주니, 중이가 齊나라의 생활에 안주하였다. 그러자 그를 따르는 자들이 이래서는 안 된다고 여겨 장차 떠날 것을 뽕나무 아래에서 모의하였는데, 누에 치는 妾이 그 나무 위에 있다가 그 모의를 듣고 돌아와서 그 일을 姜氏에게 고하니, 姜氏가 그 첩을 죽여 입을 막고서 重耳에게 속히 떠나기를 권하였다. 중이가 그럴 뜻이 없다고 하니, 姜氏가 "떠나십시오. 아내를 사모하고 安逸을 탐하는 것은 실로 功名을 무너뜨리는 일입니다."라고 하였다. 중이가 듣지 않자, 姜氏는 舅犯과 상의하여 중이에게 술을 권해 취하게 한 뒤에 수레에 싣고 齊나라를 떠나보냈다. 重耳는 술이 깬 뒤에 크게 노하여 舅犯에게 창을 들이대며 "만약 일이 잘되면 모르거니와 잘되지 않는다면 내 어찌 그대의 고

爲遷善之義也."

宋咸이 말하였다. "參과 辰은 두 별의 이름이다. 晉나라 史官 董因이 '公子 重耳는 辰星이 떴을 때 국경을 나가 망명하였고, 參星이 떴을 때 晉나라로 들어왔다.'라고 하였으니, 重耳가 驪姬의 난리에 晉나라를 나간 것은 辰星에 해당하고, 국외에서 19년 동안 망명했다가 晉나라로 들어온 것은 參星에 해당함을 말한다. 參星이 뜨면 辰星이 져서 삼성과 진성이 서로 나란히 뜨지 않았는데, 重耳가 이를 본떠서 마침내 화를 면하였고 出處의 바름을 얻었다. 그러므로 君子는 한 가지에만 국한되지 않고 어디에나 적합하니, 이것이 바로 善으로 옮겨가는 법이다.

禮에 '편안함을 편안히 여기되 義로 옮겨갈 줄 안다.'라고 하였는데, 이에 대해 鄭康成(鄭玄)이 '舅犯이 姜氏와 함께 重耳에게 술을 먹여 취하게 만들어 떠나게 한 것이 이에 가깝다.'라고 하였으니, 이는 옮겨갈 만하면 옮겨가는 것을 훌륭하게 여긴 것이니, 善으로 옮겨가는 의리이다."

⑨ 遷善也者 聖人之徒歟：祕曰 "參辰二星不竝見, 猶善惡二途不同迹. 是以, 君子貴捨惡而遷善者, 聖人徒也. 書曰 '(推)〔惟〕[64]狂克念作聖[65].'" ○ 光曰 "比, 皮志切. 參辰所以不相近者, 以定居其所, 不能相就也. 君子則不然, 能去惡而遷善, 去惡遷善而不息, 則爲聖人之徒矣."

吳祕가 말하였다. "參星과 辰星 두 별이 동시에 함께 나타나지 않는 것은 善과 惡 두 가지 도가 행적을 달리하는 것과 같다. 이 때문에 君子는 악을 버리고 선으로 옮겨가는 것을 귀하게 여기니, 〈악을 버리고 선으로 옮겨가는 것은〉 聖人의 무리이다. ≪書經≫ 〈周書 多方〉에 '狂人이라도 능히 생각하면 聖人이 된다.'라고 하였다."

○ 司馬光이 말하였다. "比는 皮와 志의 反切이다. 參星과 辰星이 서로 가까이 가지 못하는 까닭은 각기 제자리만 지키고 있고 서로 나아가지 않기 때문이다. 君子는 이와 같지 않아서 惡을 버리고 善으로 옮겨가니, 악을 버리고 선으로 옮겨가되 그치지 않으면 聖人의 무리가 될 것이다."

⑩ 百川 學海而至于海：行之不息, 歸之不已.

〈모든 하천은〉 쉬지 않고 흘러가서 〈바다로〉 돌아가기를 그치지 않는다.

⑪ 百川……惡夫畫也：畫, 止. ○ 祕曰 "語曰 '今女畫[66].' 畫, 止也." ○ 光曰 "惡, 烏路

기를 씹어먹는 것을 마다하겠소."라고 하고, 마침내 길을 떠났다.(≪史記 卷39 晉世家≫)

64) (推)〔惟〕：저본에는 '推'로 되어 있으나, ≪書經≫에 근거하여 '惟'로 바로잡았다.

65) (推)〔惟〕狂克念作聖：≪書經≫ 〈周書 多方〉에 "聖人이라도 생각하지 않으면 狂人이 되고, 狂人이라도 능히 생각하면 聖人이 된다.〔惟聖罔念作狂 惟狂克念作聖〕"라고 하였다.

66) 今女畫：≪論語≫ 〈雍也〉에 공자의 제자 冉求가 "선생님의 도를 좋아하지 않는 것은 아닙

切. 百川亦海之類而小, 故曰學海. 百川動而不息, 故至於海, 丘陵止而不進. 故不至於山, 學者亦猶是矣.[67]"

畫은 멈추는 것이다.

○ 吳祕가 말하였다. "≪論語≫에 '지금 너는 스스로 멈춘 것이다.'라고 하였으니, 畫은 멈추는 것이다.

○ 司馬光이 말하였다. "惡는 烏와 路의 反切이다. 모든 하천 또한 바다와 같은 종류인데 작다. 그러므로 바다를 본받는다고 한 것이다. 모든 하천은 흘러가면서 쉬지 않기 때문에 바다에 이르는데, 丘陵은 멈추어 앞으로 나아가지 않기 때문에 山에 이르지 못하니, 배우는 것도 이와 같다."

혹자가 물었다.

"〈녹봉과 이익을 얻지 못하면서도 배우는 것은〉 농사를 지어도 수확이 없고 사냥을 해도 祭物을 바치지 못하는 것과 같으니, 〈이런데도〉 농사짓고 사냥합니까?"

揚子가 말하였다.

"道를 경작하여 道를 얻고 德을 사냥하여 德을 얻으면 이것이 바로 농사짓고 사냥한 것이다. 그러나 나는 參星과 辰星이 나란히 뜬 것을 보지 못하였다. 〈즉 參星과 辰星이 양립할 수 없듯이 도를 위해서 배우는 것과 이익을 위해서 배우는 것은 양립할 수 없다.〉 이 때문에 군자는 善으로 옮겨가는 것을 귀하게 여기니, 善으로 옮겨가는 것은 聖人의 무리일 것이다. 모든 하천은 큰 바다를 본받아 〈쉬지 않고 흘러가서〉 바다에 이르는데, 구릉은 높은 산을 본받지만 〈제자리에 머물러 있고 앞으로 나아가지 않아서〉 높은 산에 이르지 못한다. 이 때문에 〈힘을 다해보지도 않고〉 스스로 멈추는 것을 싫어한다."

20. 頻頻之黨은 甚於鸒(여)斯하니 亦賊夫糧食而已矣①라 朋[68]而不心이면 面朋

니다마는, 힘이 부족합니다." 하자, 공자가 "힘이 부족한 사람은 중도에 멈추지만, 지금 너는 〈힘을 다해보지도 않고 그리 말하니 이는〉 스스로 멈춘 것이다.〔力不足者 中道而廢 今女畫〕"라고 하였다.

67) 學者亦猶是矣 : 냇물은 쉴 새 없이 흘러가서 바다에 이르는데 반해, 구릉은 움직이지 않고 가만히 있기 때문에 산에 이르지 못하니, 배우는 자는 바다를 향하는 냇물처럼 날마다 꾸준히 공부해야 한다는 말이다.

也요 友而不心이면 面友也②니라

① 頻頻之黨……亦賊夫糧食而已矣：鸎斯，群行啄穀，喻人黨比游宴，賊害糧食，有損無益也．○ 祕曰 "鸎斯，鵯鶋，小而多群．言頻頻黨比之人，甚於鵯鶋之群徒好賊稻粱而已矣．" ○ 光曰 "鸎，羊茹切．人而不學，飽食終日，無所用心[69]，徒耗糧食，何以異於野鳥．"

갈까마귀는 떼를 지어 다니면서 곡식을 쪼아먹으니, 사람들이 편당 지어 이리저리 몰려다니면서 遊宴하여 양식을 축내어 손해만 있고 유익함이 없음을 비유한 것이다.

○ 吳祕가 말하였다. "갈까마귀는 鵯鶋이니 몸집이 작고 무리가 많다. 편당 지어 이리저리 몰려다니는 사람들이 떼를 지어 다니며 곡식을 해치기 좋아하는 갈까마귀 떼의 해보다 심함을 말한 것이다."

○ 司馬光이 말하였다. "鸎는 羊과 茹의 反切이다. 사람으로서 배우지 않고 배불리 먹으면서 종일토록 마음을 쓰는 곳이 없으면 한갓 양식만 축내는 것이 저 들새와 무엇이 다르겠는가."

② 朋而不心……面友也：匿怨，仲尼之所恥[70]，面朋，揚子之所譏．○ 光曰 "言朋友當以誠心，相與切磋琢磨，不可心知其非而不告，但外貌相媚悅，群居遊戲，相從飮食而已．"

원망을 숨기고 벗하는 것은 仲尼가 부끄러워한 것이고, 〈성심으로 대하지 않고〉 겉으로만 벗하는 것은 揚子가 비난한 것이다.

○ 司馬光이 말하였다. "朋友는 마땅히 誠心으로 대하여 서로 도와가며 切磋琢磨해야 하고, 마음속으로 그의 잘못을 알면서도 고해주지 않고 단지 겉으로 비위를 맞추며 무리 지어 거하고 놀며 서로 어울려 먹고 마시기만 해서는 안 됨을 말한 것이다."

〈자신의 이익을 위하여〉 편당지어 몰려 다니는 무리는 〈떼를 지어 몰려 다니며 곡식을 쪼아먹는〉 갈까마귀 떼의 해보다 심하니, 그들 또한 양식만 축낼 뿐이다.

---

68) 朋：≪周易≫ 兌卦의 孔穎達 疏에 "같은 스승 밑에서 함께 수학한 벗을 朋이라 하고, 뜻을 같이하는 벗을 友라 한다.〔同門曰朋 同志曰友〕"라고 하였다.

69) 飽食終日 無所用心：≪論語≫ 〈陽貨〉에 보인다.

70) 匿怨 仲尼之所恥：≪論語≫ 〈公冶長〉에 孔子가 말씀하기를 "원망을 숨기고 그 사람과 벗하는 것을 左丘明이 부끄러워하였는데, 나도 이것을 부끄러워한다.〔匿怨而友其人 左丘明恥之 丘亦恥之〕"라고 하였다.

붕우간에 誠心으로 대하지 않으면 겉으로만 친한 척하는 벗일 뿐이고, 붕우간에 성심으로 대하지 않으면 겉으로만 친한 척하는 벗일 뿐이다.

21. 或謂 子之治産이 不如丹圭之富①라하니 曰 吾聞호니 先生相與言則以仁與義②하고 市井相與言則以財與利라하니 如其富③리오

① 或謂……不如丹圭之富：祕曰 "白圭, 周人也. 名丹, 字圭." 亦曰 "丹圭趨時, 若猛獸鷙鳥之發. 天下言治生者, 祖白圭, 言揚子一廛一區[71], 不如丹圭之富."

吳祕가 말하였다. "白圭는 周나라 사람이니, 이름은 丹이고 字는 圭이다."

吳祕가 또 말하였다. "丹圭가 시세를 좇는 것은 마치 猛獸와 鷙鳥가 뛰쳐나오는 것처럼 신속하였다. 그러므로 천하의 생업을 다스리는 도에 대해 말하는 자들이 白圭를 원조로 삼았으니, 揚子가 소유한 1廛의 전지와 1區의 집터가 丹圭의 부유함만 못함을 말한 것이다."

② 先生相與言則以仁與義：咸曰 "先生有道之稱, 猶先覺先知之士."

宋咸이 말하였다. "先生은 道를 갖춘 사람을 이르는 칭호이니, 先覺者・先知者와 같다."

③ 市井相與言……如其富：祕曰 "彼利我義, 言當以義." ○ 光曰 "宋吳本, 作如其富如其義. 音義曰 '俗本, 下句作如其義非.' 今從之."

吳祕가 말하였다. "상대가 이익을 가지고 나를 대하면 나는 내 義를 가지고 대하는 것이니, 義로써 상대함을 말한 것이다."

○ 司馬光이 말하였다. "宋咸本・吳祕本에는 〈如其富가〉 '如其富如其義'로 되어 있는데, ≪音義≫에 '俗本에는 下句가 「如其義」로 되어 있으니 잘못이다.'라고 하였다. 지금 이것을 따랐다."

혹자가 말하였다.

"그대가 家産을 경영하는 것이 丹圭의 부유함만 못합니다."

揚子가 말하였다.

"내가 들으니 先生(有道之人)은 서로 더불어 말할 적에 仁과 義를 話題로 삼고,

---

71) 揚子一廛一區：一廛一區는 집 한 채 지을 만한 땅을 말한다. ≪漢書≫ 〈揚雄傳〉에 양웅은 岷山의 남쪽에 살았는데, "토지 1전이 있고, 집 1구가 있었다.〔有田一廛 有宅一區〕"라고 한 데서 나온 말이다.

市井의 상인은 서로 더불어 말할 적에 재물과 이익을 화제로 삼는다고 하였다. 그대는 어찌 부유함을 말하는가.”

或曰 先生이 **生無以養**하고 **死無以葬**인댄 **如之何**오 **曰 以其所以養**이 **養之至也**요 **以其所以葬**이 **葬之至也**④니라

④ 以其所以養……葬之至也：養不必豐，葬不必厚，各順其宜，惟義所在. ○ 祕曰 “生事之以禮，不必豐也. 死葬之以禮，不必厚也. 孔子曰 ‘啜菽飲水，盡其歡，斯之謂孝. 斂手[72]足形，還葬[73]而無椁，稱其財，斯之謂禮[74].’” ○ 光曰 “養，皆余亮切.”

봉양할 때 반드시 풍성하게 하지는 않고, 장사 지낼 때 반드시 후하게 하지는 않는다. 〈봉양하고 장사 지낼 때〉 각각 그 마땅함을 따르니 오직 義가 있는 바에 따른다.

○ 吳祕가 말하였다. “부모가 살아 계실 적에는 禮로써 섬기지 반드시 풍성하게 하지는 않고, 부모가 돌아가신 뒤에는 禮로써 장사 지내지 반드시 후하게 하지는 않는다. 孔子가 말씀하기를 ‘콩죽을 쑤어 먹고 맹물만 마시더라도 어버이의 마음을 기쁘게 해드리기만 하면 그것을 孝라 하고, 머리와 발의 형체만 염습하여 還葬(返葬)할 때에 槨이 없더라도 자기 형편에 맞게만 하면 그것을 禮라 한다.’라고 하였다.”

○ 司馬光이 말하였다. “養은 모두 余와 亮의 反切이다.”

혹자가 물었다.

“先生(有道之人)이라면 부모가 살아 계실 때에 〈가산이 없어서〉 봉양할 수 없고, 부모가 돌아가신 뒤에 〈가산이 없어서〉 장사 지낼 수 없을 경우 어떻게 하겠습니까?”

揚子가 말하였다.

“禮로써 부모를 봉양하는 것이 지극한 봉양이고, 禮로써 부모를 장사 지내는 것이 지극한 장례이다.”

---

72) 手：≪禮記≫ 〈檀弓 下〉에는 ‘首’자로 되어 있다. 여기서 手는 首와 통용된다.

73) 還葬：객지에서 죽은 사람을 그의 고향으로 옮겨서 장사 지내는 것을 말한다.

74) 孔子曰……斯之謂禮：≪禮記≫ 〈檀弓 下〉에 보인다. 빈한한 집에서 효성스럽게 어버이를 모시는 것을 말한다.

22. 或曰 猗頓之富以爲孝가 不亦至乎아 顔其餒矣①니라 曰 彼以其粗②하고 顔以其精③하며 彼以其回하고 顔以其貞④하니 顔其劣乎아 顔其劣乎⑤아

① 猗頓之富以爲孝……顔其餒矣 : 祕曰 "猗頓用(監)〔鹽〕[75]鹽起, 魯之富者. 言猗頓之富, 是謂能養, 顔子簞瓢[76], 是爲餒矣." ○ 光曰 "猗, 於離切. 或人以爲顔氏之親, 恐不免於餒也."

吳祕가 말하였다. "猗頓은 鹽池의 소금으로 發身하였으니, 魯나라의 富者이다. 猗頓의 부유함은 물질적으로 잘 봉양함을 이르고, 顔子는 한 도시락의 밥을 먹고 한 표주박의 물을 마셨으니 굶주림을 말한다."

○ 司馬光이 말하였다. "猗는 於와 離의 反切이다. 혹자는 顔氏(顔子)의 어버이가 아마도 굶주림을 면하지 못하였을 것이라고 여긴 것이다."

② 彼以其粗 : 祕曰 "施以飮饌."

吳祕가 말하였다. "〈저 猗頓은〉 음식으로 봉양한 것이다."

③ 顔以其精 : 祕曰 "奉以承順."

吳祕가 말하였다. "〈顔子는〉 뜻을 받들어 따르는 것으로 봉양한 것이다."

④ 彼以其回 顔以其貞 : 回, 邪也. 貞, 正也.

回는 바르지 못한 것이고, 貞은 바른 것이다.

⑤ 顔其劣乎 顔其劣乎 : 至足者, 外物不能累其內. ○ 祕曰 "彼以犬馬之養, 回而不正, 顔以承順顔色, 正而不回. 顔豈劣哉." ○ 光曰 "粗, 千胡切. 養體爲粗, 養志爲精. 驕亂爭疾爲邪, 屢空不改其樂爲正."

지극히 만족한 자는 外物이 그 마음을 더럽힐 수 없다.

○ 吳祕가 말하였다. "저 猗頓은 犬馬를 기르는 방법으로 어버이를 봉양하였으니 간사하고 바르지 않으며, 顔子는 어버이의 안색을 살펴 뜻을 받들어 따르는 것으로 어버이를 봉양하였으니 바르고 간사하지 않다. 안연의 효도가 어찌 의돈에게 뒤지겠는가."

○ 司馬光이 말하였다. "粗는 千과 胡의 反切이다. 어버이의 口體를 봉양하는 것

---

75) (監)〔鹽〕: 저본에는 '監'으로 되어 있으나, ≪史記≫ 〈貨殖列傳〉에 근거하여 '鹽'로 바로잡았다. '鹽'는 소금이 나는 연못인 鹽池를 가리킨다.

76) 顔子簞瓢 : 簞瓢는 '一簞食一瓢飮'의 줄임말로, 곤궁한 생활을 뜻하는 말이다. ≪論語≫ 〈雍也〉에 공자가 말씀하기를 "어질도다, 안회여. 한 도시락 밥과 한 표주박 물로 누추한 시골에 사는 것을, 다른 사람은 그 시름을 감당치 못하거늘, 안회는 그 즐거움을 고치지 않으니, 어질도다, 안회여.〔賢哉回也 一簞食一瓢飮 人不堪其憂 回也不改其樂 賢哉回也〕"라고 한 데서 온 말이다.

은 거칠고, 어버이의 뜻을 받드는 것은 정밀하며, 교만하여 난을 일으키며 다투고 미워하는 것은 邪道이고, 가난하여 끼니를 자주 굶으면서도 그 즐거움을 고치지 않는 것은 正道이다."

혹자가 말하였다.

"〈魯나라의 富者인〉 猗頓의 부유함으로 효도한다면 〈그 효가〉 지극하지 않겠습니까. 그런데 〈顔淵은 가난하게 살았으니〉 안연의 어버이는 굶주림을 면치 못하였을 것입니다."

揚子가 말하였다.

"저 의돈은 거친 것(의복과 음식)으로 어버이를 봉양하였고 안연은 精한 것(어버이의 안색을 살펴 뜻을 받드는 것)으로 봉양하였으며, 저 의돈은 邪曲한 道로 봉양하였고 안연은 正直한 道로 봉양하였으니, 안연이 어버이를 봉양한 것이 어찌 의돈에게 뒤지겠는가. 안연이 어버이를 봉양한 것이 어찌 의돈에게 뒤지겠는가."

23. **或曰 使我紆朱懷金**인댄 **其樂**을 **不可量也**①리라 **曰 紆朱懷金〔者〕**[77]**之樂**이 **不如顔氏子之樂**이라 **顔氏子之樂也**는 **內**②요 **紆朱懷金之樂也**는 **外**③니라 **或曰 請問屢空**[78]**之內**④하노이다 **曰 顔不孔**인댄 **雖得天下**라도 **不足以爲樂**⑤이라 **然亦有苦乎**⑥아 **曰 顔苦孔之卓也**⑦니라 **或人瞿然**⑧**曰 茲苦也**는 **祗其所以爲樂也歟**⑨인저

① 使我紆朱懷金 其樂不可量也 : 祕曰 "紆朱之美服・懷金之重寶以爲樂." ○ 光曰 "樂, 音洛. 下可以意求. 朱衣金印, 貴者之服. 下章言富不足慕, 此章言貴不足樂, 皆不如學也."

吳祕가 말하였다. "붉은색의 아름다운 官服에 귀중한 보배인 金印을 차는 것을 즐거움으로 삼는 것이다."

○ 司馬光이 말하였다. "樂은 音이 洛이니, 아래에 나오는 樂자는 뜻으로 구할 수 있다. 붉은색 관복에 金印을 차는 것은 귀한 자의 복색이다. 아랫장은 부유함이 흠모할 만한 것이 못 됨을 말하였고, 이 장은 귀함이 즐거워할 만한 것이 못 됨을 말하

---

77) 〔者〕 : 저본에는 없으나, 四部叢刊本에 근거하여 보충하였다.

78) 屢空 : 살림살이가 빈궁한 것을 말한다. ≪論語≫ 〈先進〉에 孔子가 "顔回는 도에 가깝고 뒤주가 자주 비었다.〔回其庶幾乎 屢空〕"라고 말한 데에서 유래한 것이다.

였으니, 부유함과 귀함은 모두 배우는 것만 못하다."

② 顔氏子之樂也內 : 至樂內足, 不待於外.

지극한 즐거움이 자기 안에 충만하면 자기 몸 밖에 있는 것을 기다리지 않는다.

③ 紆朱懷金之樂也外 : 內樂不足. 是故, 假於金(珠)〔朱〕[79]外物爾, 乃說(열)樂也. ○ 祕曰 "顔子樂道故曰內, 或人樂物故曰外."

자기 안에 즐거움이 충만하지 않기 때문에 金印과 붉은 관복 같은 자기 몸 밖의 물건을 빌려야 비로소 기쁘고 즐거운 것이다.

○ 吳祕가 말하였다. "顔子는 道를 즐거워하였기 때문에 內라고 하였고, 혹자는 외물을 좋아하였기 때문에 外라고 한 것이다.

④ 請問屢空之內 : 欲以此義, 嘲揚子也. ○ 咸曰 "或人以揚言顔子樂內, 而非紆朱懷金. 故以顔之屢空爲難, 非以嘲揚子之意也." ○ 祕曰 "顔子屢空, 何爲樂內." ○ 光曰 "言顔子貧賤, 家資屢空, 其內何樂之有."

이러한 것에 대해 議論하고자 한 것은 揚子를 조롱한 것이다.

○ 宋咸이 말하였다. "或人은 揚子가 顔子는 내면의 도를 즐거워한 것이지 붉은 관복을 입고 金印을 차는 것을 즐거워한 것이 아니라고 말했기 때문에, 안자가 가난하게 살면서 도를 즐거워한 것을 어려운 일이라고 여긴 것이지 양자를 조롱하려는 의도가 아니다."

○ 吳祕가 말하였다. "안자가 뒤주가 자주 빌 정도로 가난하게 산 것이 어찌하여 내면의 도를 즐거워한 것이냐는 말이다."

○ 司馬光이 말하였다. "안자는 가난하여 집안의 물자가 자주 비었는데, 그 가운데에 무슨 즐거움이 있느냐는 말이다."

⑤ 顔不孔雖得天下 不足以爲樂 : 祕曰 "顔得孔子, 而臻于道, 所以樂也. 非此, 雖得天下, 豈顔子之樂哉."

吳祕가 말하였다. "顔子가 孔子를 만나서 道에 이르렀으니, 이 때문에 즐거워한 것이다. 이것이 아니라면 비록 천하를 얻는다 한들 어찌 안자가 즐거워하였겠는가."

⑥ 然亦有苦乎 : 光曰 "顔雖樂孔子之道, 豈能不以貧賤爲苦乎."

司馬光이 말하였다. "안연이 비록 공자의 道를 즐거워하였으나 어찌 貧賤을 괴롭게 여기지 않을 수 있겠는가."

⑦ 顔苦孔之卓也 : 咸曰 "言顔之所苦, 無他焉, 惟苦孔子之道卓然耳. 故曰 '仰之彌高, 鑽之彌堅[80].'" ○ 祕曰 "顔子曰 '如有所立卓爾, 雖欲從之, 末由也已.'" ○ 光曰 "李本,

79) (珠)〔朱〕: 저본에는 '珠'로 되어 있으나, 四部叢刊本에 근거하여 '朱'로 바로잡았다.

作顔苦孔之卓之至也. 今從宋吳本."

宋咸이 말하였다. "안자가 괴롭게 여긴 것은 다름이 아니라 오직 공자의 道가 우뚝하여 따르고자 하나 따라갈 수가 없는 것을 괴롭게 여겼다는 말이다. 그러므로 '우러러볼수록 더욱 높고, 뚫을수록 더욱 견고하다.'고 한 것이다."

○ 吳祕가 말하였다. "안자가 '〈夫子의 道가〉 마치 내 눈앞에 우뚝 선 것이 있는 듯하여 비록 그것을 따르고자 하였으나 따라갈 수가 없었다.'라고 하였다."

○ 司馬光이 말하였다. "李軌本은 '顔苦孔之卓之至也'로 되어 있으나, 지금 宋咸本·吳祕本을 따랐다."

⑧ 或人瞿然 : 咸曰 "瞿然, 猶駭也."

宋咸이 말하였다. "瞿然은 駭(놀람)와 같다."

⑨ 玆苦也 祇其所以爲樂也歟 : 祕曰 "瞿, 疾視貌. 或本, 作懼. 祇, 當爲秖. 秖, 適也. 或人瞿然曰 '玆苦孔之卓也, 何適之所以爲樂哉.' 雜記曰 '見似目瞿, 聞名心瞿[81].'" ○ 光曰 "瞿, 音句. 祇, 音支. 孔子之道至高, 顔子悅而慕之. 所以爲樂也."

吳祕가 말하였다. "瞿는 疾視하는 모양이다. 혹 다른 本에는 '懼'로 되어 있다. 祇는 마땅히 秖가 되어야 하니, 秖는 다만이다. 혹인이 놀라서 '孔子의 도가 우뚝하여 따르고자 하나 따라갈 수가 없는 것을 괴롭게 여겼으니, 어찌 다만 즐거워하기만 하였겠는가.'라고 한 것이다. ≪禮記≫ 〈雜記〉에 '비슷한 자를 보면 눈이 놀라고, 이름을 들으면 마음이 두려워진다.'라고 하였다."

○ 司馬光이 말하였다. "瞿는 音이 句이고, 祇는 音이 支이다. 孔子의 道가 지극히 높아 顔子가 기뻐하고 흠모하였다. 그러므로 즐거워한 것이다."

혹자가 말하였다.

"가령 제가 〈높은 관직에 올라〉 붉은색 관복을 입고 金印을 찬다면 그 즐거움을 이루 헤아릴 수 없을 것입니다."

揚子가 말하였다.

---

80) 仰之彌高 鑽之彌堅 : ≪論語≫ 〈子罕〉에 顔淵이 孔子의 道가 무궁무진함을 깊이 깨닫고 감탄하여 "〈孔子의 道는〉 우러러볼수록 더욱 높고 뚫을수록 더욱 견고하며, 바라보면 눈앞에 있는 듯하다가 문득 뒤에 있도다.……마치 부자의 도가 내 눈앞에 우뚝 선 것이 있는 듯한지라, 비록 그것을 따르려고 하였으나 따를 수가 없도다.〔仰之彌高 鑽之彌堅 瞻之在前 忽焉在後……如有所立卓爾 雖欲從之 末由也已〕"라고 하였다.

81) 雜記曰……聞名心瞿 : ≪禮記≫ 〈雜記〉에 "喪服을 벗은 뒤에 길을 가다가 부모와 모습이 비슷한 자를 보면 눈이 휘둥그레지고, 부모의 이름과 같은 이름을 들으면 마음이 두려워진다.〔免喪之外 行於道路 見似目瞿 聞名心瞿〕"라고 하였다.

"붉은색 관복을 입고 金印을 찬 자의 즐거움은 顔氏 아들(顔淵)의 즐거움만 못하다. 顔氏 아들의 즐거움은 內心에 있는 것이고, 붉은 관복을 입고 金印을 차는 즐거움은 外面에 있는 것이다."

혹자가 말하였다.

"양식이 자주 떨어질 정도로 가난하게 산 顔淵의 즐거움에 대해서 묻습니다."

揚子가 말하였다.

"안연은 공자 같은 사람이 되지 못하면 비록 천하를 얻는다 해도 즐거워하지 않았을 것이다."

혹자가 물었다.

"그렇다면 안연도 괴로워한 것이 있었습니까?"

揚子가 말하였다.

"안연이 괴로워한 것은 공자의 도가 우뚝하여 따르고자 해도 따라갈 수 없는 것이다."

혹자가 놀라며 말하였다.

"이러한 괴로움이 바로 안연의 즐거움이 內心에 있는 이유일 것입니다."

24. 曰 有教立道無心은 仲尼요 有學術業[82]無心은 顔淵①이라

① 有教立道無心……顔淵：祕曰 "言有教立道, 此外無心者, 仲尼是也. 有學術業, 此外無心者, 顔淵是也." ○ 光曰 "音義曰 '天復本, 心作止[83].' 今從李宋吳本. 言教立道者, 當以仲尼爲心, 學術業者, 當以顔淵爲心."

吳祕가 말하였다. "聖人의 道를 세우는 것을 가르침으로 삼고 이 밖에는 전혀 관심이 없는 것은 仲尼가 바로 이러한 분이고, 聖人의 事業을 傳述하는 것을 배움으로 삼고 이 밖에는 전혀 관심이 없는 것은 顔淵이 바로 이러한 사람이다."

---

82) 術業：兪樾이 "術은 마땅히 述이 되어야 한다.……述業과 立道는 서로 對가 되니, '有教立道'는 創作한다는 측면에서 聖人이라 한다는 것이요, '有學述業'은 傳述한다는 측면에서 賢人이라 한다는 것이다."라고 하였다.(≪諸子平議 揚子法言 一≫)

83) 天復本 心作止：天復本에는 '無心'이 모두 '無止'로 되어 있다. 汪榮寶의 ≪法言義疏≫에는 "心과 止는 글자 모양이 서로 비슷하여 잘못된 것이다."라고 하였다. 無止는 그침이 없는 것이니 부단히 노력한다는 뜻이다.

○ 司馬光이 말하였다. "≪音義≫에 '天復本에는 心이 止로 되어 있다.'라고 하였는데, 지금 李軌本・宋咸本・吳祕本을 따랐다. 道를 세우는 것을 가르치는 것은 마땅히 仲尼로써 마음을 삼아야 하고, 성인의 사업을 전술하는 것을 배우는 것은 마땅히 顔淵으로써 마음을 삼아야 함을 말한 것이다."

揚子가 말하였다.

"道를 세우는 것을 가르침으로 삼고 이 밖에는 관심이 없는 것은 仲尼이고, 성인의 사업을 傳述하는 것을 배움으로 삼고 이 밖에는 관심이 없는 것은 顔淵이다."

或曰 立道仲尼는 不可爲思矣요 術業顔淵은 不可爲力矣②리라 曰 未之思也언정 孰禦焉③이리오

② 立道仲尼……不可爲力矣：咸曰 "或人疑孔顔之道, 不可以思力學之. 故對以下文, 爲可學也." ○ 祕曰 "據孔子所立卓爾, 顔淵聞一知十[84)]."

宋咸이 말하였다. "혹자는 공자와 안자의 道는 생각과 노력으로 배울 수 있는 것이 아니라고 의심하였다. 그러므로 揚子가 아랫글로써 대답하여 배울 수 있다고 한 것이다."

○ 吳祕가 말하였다. "孔子의 도가 마치 우뚝히 서 있는 듯하다는 것과 顔淵은 하나를 들으면 열을 알았다는 것에 근거한 것이다."

③ 未之思也 孰禦焉：孔子習周公, 顔回習孔子, 無止之者. ○ 祕曰 "習孔者, 孔之徒, 睎顔者, 顔之徒, 誰止焉."

孔子가 周公을 배우는 것과 顔回가 孔子를 배우는 것을 아무도 만류하는 자가 없다.

○ 吳祕가 말하였다. "공자를 배우는 자는 공자의 무리이고, 안연처럼 되기를 바라는 자는 안자의 무리이니, 누가 만류하겠는가."

혹자가 말하였다.

---

84) 顔淵聞一知十：≪論語≫ 〈公冶長〉에 孔子가 子貢에게 "너는 안회와 누가 낫다고 생각하느냐?"고 물으니, 자공은 "제가 어찌 안회를 따라갈 수 있겠습니까? 안회는 하나를 들으면 열을 알고, 저는 하나를 들으면 둘을 알 뿐입니다.〔賜也 何敢望回 回也 聞一以知十 賜也 聞一以知二〕"라고 하였다.

“仲尼처럼 도를 세우는 것은 생각으로 할 수 있는 것이 아니고, 顏淵처럼 聖人의 사업을 傳述하는 것은 노력으로 할 수 있는 것이 아닙니다.”

揚子가 말하였다.

“생각하지 않아서 그런 말을 하는 것이다. 〈만약 하려고만 한다면〉 누가 막겠는가.”

吾子* 第二

* 咸曰 "人旣裕乎學也, 則吾道有歸焉. 故次之學行."

宋咸이 말하였다. "사람이 이미 학문을 넉넉히 배우고 나면 吾道(儒學의 도)가 귀결되는 곳이 있다. 그러므로 이 편을 〈學行〉 다음에 놓은 것이다.

降周迄孔하여 成于王道①라 然後에 誕章②乖離③하고 諸子④圖徽⑤라 譔吾子⑥로라

① 降周迄孔 成于王道 : 禮樂備也. ○ 光曰 "宋本, 迄作訖, 今從李吳本. 迄, 許訖切. 顔曰 '周, 周公也. 迄, 至也.'"

禮樂이 갖추어졌다.

○ 司馬光이 말하였다. "宋本에는 '迄'이 '訖'로 되어 있으나, 지금 李軌本과 吳祕本을 따랐다. 迄은 許와 訖의 反切이다. 顔師古는 '周는 周公이다. 迄은 이르는 것이다.'라고 하였다."

② 然後 誕章 : 諸子應時而作詭世之言矣. ○ 祕曰 "迄, 至也. 一本作訖. 誕, 大也. 章, 明也. 周・孔之後, 禮樂大明." ○ 光曰 "漢書及李本, 然作終. 今從宋吳本."

諸子가 시대에 응하여 세상을 속이는 말을 만든 것이다.

○ 吳祕가 말하였다. "迄은 이르는 것이다. 一本에는 '訖'로 되어 있다. 誕은 큼이고 章은 밝음이니, 周公과 孔子 이후에 禮樂이 크게 밝아졌다."

○ 司馬光이 말하였다. "≪漢書≫와 李軌本에는 '然'이 '終'으로 되어 있다. 지금 宋咸本・吳祕本을 따랐다."

③ 乖離 : 咸曰 "然後誕章乖離, 當爲一句. 言自仲尼之後, 詭誕之章作, 而乖離於道. 今註, 於誕章文下釋之, 隔乖離二字於下句, 甚失其義."

宋咸이 말하였다. "'然後誕章乖離'가 마땅히 한 句가 되어야 하니, 仲尼 이후로부터 詭誕한 문장이 나와 道와 괴리됨을 말한 것이다. 지금 李軌의 註에는 '誕章' 아래에서 구두를 떼고 '乖離' 2자를 下句에 붙여 구두를 떼었으니, 본의를 잃은 것이다."

④ 諸子 : 祕曰 "異端起, 乃乖離於諸子矣."

吳祕가 말하였다. "異端의 학설이 나와서 마침내 諸子와 괴리된 것이다."

⑤ 圖徽 : 貴此聖人坦蕩之夷路, 賤彼百家雜穢之邪徑. ○ 咸曰 "徽, 善也. 諸子, 謂吾道之諸子也. 言詭誕之章, 乖離於道, 諸子當圖其善而學之, 戒夫習者也." ○ 祕曰 "圖,

謀也. 徽, 美也. 辨其異端, 而謀其徽美." ○ 光曰 "漢書, 作圖徽. 今從諸家."

이 聖人의 坦蕩한 大道를 귀하게 여기고, 저 諸子百家의 雜穢한 邪道를 천하게 여기는 것이다.

○ 宋咸이 말하였다. "徽는 善이다. 諸子는 吾道의 諸子(여기서는 공자의 제자들을 가리킴)를 이른다. 詭誕한 문장이 나와서 道와 괴리되었으니, 諸子들은 마땅히 그 善(아름다움)을 도모하여 배우고, 〈詭誕한 문장을〉 익히는 것을 경계해야 함을 말한 것이다."

○ 吳祕가 말하였다. "圖는 도모함이다. 徽는 아름다움이다. 異端을 분별하고 아름다운 것을 도모해야 한다."

○ 司馬光이 말하였다. "≪漢書≫에는 '圖微'로 되어 있다. 지금 諸家를 따랐다."

⑥ 譔吾子 : 祕曰 "綺靡荒唐, 雕刻詭誕, 俱謂之文人, 各矜尙而不知其正者, 正之." 光曰 "貴道德, 抑浮辭."

吳祕가 말하였다. "綺靡하고 荒唐하며 雕刻하고 詭誕한 문장을 짓는 자들을 모두 文人이라고 일러, 각각 숭상하고 正道를 알지 못하는 것을 바로잡은 것이다."

司馬光이 말하였다. "道德을 귀하게 여기고, 浮辭(근거 없는 말)를 억제한 것이다."

周公으로부터 孔子에 이르러 王道가 이루어졌다. 그런데 孔子 死後에 허탄한 말이 나와 聖人의 도에 위배되었고, 諸子百家가 각각 자신들이 善하다고 여기는 것을 내세워 一家를 이루었다. 〈그러므로 聖人의 道와 異端의 학설이 뒤섞이지 않게 하기 위하여〉 〈吾子〉를 지었다.

01. 或問 吾子少而好賦①아 曰然하다 童子彫蟲篆刻②[1]이라하고 俄而曰 壯夫不爲也③라호라

① 吾子少而好賦 : 咸曰 "初子雲好辭賦[2], 嘗擬相如以爲式." ○ 祕曰 "顧嘗好辭賦, 作四賦[3]." ○ 光曰 "少, 詩照切, 下可以意求."

---

1) 彫蟲篆刻 : 彫蟲은 벌레를 새기는 것이고 篆刻은 篆書를 새긴다는 뜻으로, 세밀한 세공이나 어린아이들의 장난을 이르는 말이다. 이것은 詩文과 辭賦 등의 文藝를 도덕이나 사업에 비하면 벌레 모양을 새기는 것 같은 보잘것없는 재주라는 말이다.

2) 辭賦 : 文體의 이름으로 詞賦로도 쓴다. 賦의 형식으로 된 글을 이르는데 漢나라 때 屈原 등이 지은 賦를 '楚辭'라 칭한 데서 연유하였다.

宋咸이 말하였다. "처음에 子雲(揚子)이 辭賦를 좋아하여 일찍이 司馬相如를 모방해서 법식으로 삼았다."

○ 吳祕가 말하였다. "돌아보건대 〈揚子는〉 일찍이 辭賦를 좋아하여 4편의 賦를 지었다."

○ 司馬光이 말하였다. "少는 詩와 照의 反切이다. 이하는 뜻으로 헤아려 음을 알 수 있다."

② 童子彫蟲篆刻 : 少年之事.

彫蟲篆刻은 소년의 일이다.

③ 俄而曰 壯夫不爲也 : 悔作之也. ○ 咸曰 "漢儒之賦, 古詩之流. 尙曰 '彫蟲篆刻', '壯夫不爲.' 矧乎今之賦也, 猶倡言優戲之具爾. 作之者, 宜愧焉." ○ 祕曰 "其文彫刻, 非法度所存, 賢人君子, 詩賦之正也, 於是輟不復爲."

辭賦를 지은 일을 뉘우친 것이다.

○ 宋咸이 말하였다. "漢儒의 賦는 古詩의 부류이다. 그런데도 오히려 '어린아이들이 벌레 모양이나 篆書를 새기는 것 같은 보잘것없는 재주에 불과하다.'고 하고, '장부(어른)들은 하지 않는다.'고 하였다. 하물며 지금의 賦는 광대의 말과 배우의 기예와 같을 뿐이니, 이를 짓는 자는 마땅히 부끄러워해야 한다."

○ 吳祕가 말하였다. "文(辭賦)은 벌레 모양을 새기는 것 같은 보잘것없는 재주이고 法度가 보존되어 있는 것이 아니며, 賢人君子의 言論은 詩賦의 正統이므로 마침내 〈辭賦를〉 그만두고 이에 다시는 짓지 않은 것이다."

혹자가 물었다.

"그대는 연소할 때부터 賦를 짓기 좋아하였습니까?"

揚子가 말하였다.

"그렇다. 그러나 賦는 어린아이들이 벌레 모양을 새기는 보잘것없는 재주에 불과할 뿐이다."

잠시 후에 揚子가 또 말하였다.

"壯夫(成人)가 되어서는 이러한 일을 하지 않았다."

或曰 賦可以諷乎④아 曰 〔諷乎〕[4)]아 諷則已니 不已면 吾恐不免於勸也⑤로라

---

3) 四賦 : 양웅이 漢 成帝의 유람을 수행하며 지은 〈甘泉賦〉, 〈河東賦〉, 〈羽獵賦〉, 〈長楊賦〉를 가리킨다.

④ 賦可以諷乎：駭歎之聲也.[5] ○ 祕曰 "言賦將以諷之, 迺歸於正." ○ 光曰 "謂若上林[6] 頹墻塡壍之類."

놀라고 탄식하는 소리이다.

○ 吳祕가 말하였다. "賦로써 장차 諷諫하여 마침내 바른 데로 돌아가게 하고자 하는 것임을 말한다."

○ 司馬光이 말하였다. "〈上林賦〉의 '담장을 무너뜨려 구덩이를 메운다.〔頹墻塡壍〕'는 것 같은 따위를 이른다."

〔그림7〕 上林圖(부분, (傳)仇英)

⑤ 曰諷則已……吾恐不免於勸也：相如作大人賦[7], 武帝覽之, 乃飄飄然有淩雲之志. ○ 咸曰 "此, 正文正. 宜有曰字, 諸本竝無, 蓋脫之也." ○ 祕曰 "諷之, 必推類而言, 極靡麗之辭, 然後諷之有正. 如其不已, 迺復成勸言, 不正也." ○ 光曰 "宋吳本無曰字. 今從李本."

司馬相如가 〈大人賦〉를 지었는데, 武帝가 이것을 보고 飄飄히 구름 위로 솟아올라 세상 밖에서 노니는 듯한 기상이 있다고 하였다.

---

4) 〔諷乎〕: 저본에는 없으나, 四部叢刊本에 근거하여 보충하였다.

5) 駭歎之聲也 : 四部叢刊本을 살펴보면 이 구절은 '賦可以諷乎'에 대한 주가 아니라 '曰諷乎'에 대한 주이다.

6) 上林 : 漢나라 司馬相如가 지은 〈上林賦〉를 가리킨다. 궁중의 上林苑에서 천자가 사냥하는 광경을 서술하여 천자의 遊獵을 찬미하면서도 諷諫의 뜻을 담아서 〈上林賦〉를 지어 올리니, 武帝가 크게 기뻐하였다.

7) 大人賦 : 司馬相如가 지은 것이다. 漢 武帝가 神仙을 좋아하므로 사마상여가 이 賦를 지어서 武帝를 풍간하였다.

○ 宋咸이 말하였다. "이는 李軌의 正文이 옳다. 마땅히 '曰'자가 있어야 하는데 諸本에 모두 없으니, 모두 빠진 것이다."

○ 吳祕가 말하였다. "諷諫할 적에 반드시 비슷한 종류를 미루어 말을 하되 화려하고 아름다운 말을 지극히 한 뒤에 풍간하는 것이 바르니, 만약 그치지 않을 경우에 다시 권면하는 말을 하는 것은 바르지 않다."

○ 司馬光이 말하였다. "宋咸本·吳祕本에는 '曰'자가 없다. 지금 李軌本을 따랐다."

혹자가 물었다.

"賦로써 임금에게 諷諫할 수 있습니까?"

揚子가 말하였다.

"풍간할 수 있는가? 참으로 풍간을 하면 임금으로 하여금 잘못된 일을 그치게 할 수 있어야 하니, 賦로 풍간하여 임금의 잘못을 그치게 하지 못하면 나는 〈도리어〉 잘못을 권면하는 말이 됨을 면치 못할까 두렵다."

或曰 霧縠之組麗⑥로다 曰 女工之蠹矣⑦[8]니라

⑥ 霧縠之組麗 : 言可好也. ○ 祕曰 "組織纖麗." ○ 光曰 "時人以爲賦如女工之有綺縠, 可以悅目."

좋아할 만함을 말한 것이다.

○ 吳祕가 말하였다. "직조한 것이 섬세하고 화려한 것이다."

○ 司馬光이 말하였다. "당시 사람들이 '賦는 女工 중에 엷은 안개같이 정교하게 짠 비단이 사람들의 눈을 즐겁게 하는 것과 같다.'라고 하였다."

⑦ 女工之蠹矣 : 霧縠雖麗, 蠹害女工. 辭賦雖巧, 惑亂聖典. ○ 祕曰 "猶麗靡之害正也."

엷은 안개처럼 정교하게 짠 비단이 비록 화려하지만 女工에 해가 되고, 辭賦가 비록 공교하지만 聖典(經典)을 어지럽힌다.

○ 吳祕가 말하였다. "화려한 賦가 正道를 해치는 것과 같다."

혹자가 말하였다.

"〈賦는〉 마치 엷은 안개같이 정교하게 짠 비단처럼 화려하고 아름답습니다."

---

8) 女工之蠹矣 : 女工은 女功으로도 쓰는데, 여자들이 하는 일을 이른다. 정교하게 짠 화려한 비단이 女功에 해가 되는 것처럼 화려한 기교에 치우친 賦가 학문하는 자들에게는 해가 됨을 비유한 것이다.

揚子가 말하였다.

“화려하고 아름다운 비단은 女工(여자의 일)에 해가 된다. 〈이와 마찬가지로 화려한 賦는 聖經(經典)에 해가 된다.〉”

劍客論曰 劍可以愛[9]身⑧이라하니 曰 狴犴(폐안)[10]이 使人多禮乎⑨아

⑧ 劍可以愛身：言擊劍可以衛護安身，辭賦可以諷諭勸人也. ○ 祕曰“劍客，擊劍之客，謂劍之利器，可以防愛其身.”

擊劍(검술)은 몸을 호위하여 안전하게 할 수 있고, 辭賦는 사람을 諷諭하여 권면할 수 있다는 말이다.

○ 吳祕가 말하였다. “劍客은 검술을 익힌 자객이니, 검은 예리한 병기이므로 자기 몸을 방어할 수 있음을 이른다.”

⑨ 狴犴(폐안) 使人多禮乎：(言擊劍使人狴犴多禮)〔言狴犴使人多禮〕[11]，辭賦使人放蕩惑亂也. ○ 咸曰“狴當作獬，字之誤也. 狴犴，牢獄也. 劍客之論，謂‘劍可以衛身.’ 揚以君子之衛身，當由夫道. 故對之以爲‘若使擊劍可衛身，則囹圄之牢，有三木[12]之威，囚者多恭，豈使人多禮乎.’ 言不能也. 蓋特沮其劍術爾，今註文，與好賦相聯. 段解之復以狴犴爲擊劍之形貌，又以獬作狴犴矣.” ○ 祕曰“狴犴，牢獄也. 言劍之威，人莫敢犯. 豈牢獄之威，使人多禮乎. 狴或作獬，古今字爾.” ○ 光曰“狴，邊兮切. 或作狴. 又匹迷切. 犴，音岸. 人在牢獄之中，不得動搖，因謂之多禮. 不知其已陷危辱之地，不若不入牢獄之爲善也. 劍雖可以衛身，不若以道自防，不至於用劍之爲善也.”

狴犴(감옥)은 사람으로 하여금 예의를 갖추게 하고, 辭賦는 사람으로 하여금 방탕하고 어지럽게 함을 말한 것이다.

○ 宋咸이 말하였다. “狴는 마땅히 獬가 되어야 하니, 글자가 잘못된 것이다. 狴犴은 감옥이다. 〈劍客論〉에 ‘칼은 몸을 보호할 수 있다.’고 하였는데, 揚子는 君子가

---

9) 愛：薆(은폐하다, 숨기다)와 통용하니, 引伸하여 보호하는 것을 이른다.

10) 狴犴(폐안)：전설 속에 나오는 짐승의 이름인데, 옛날 감옥 문에 이것을 그려 붙인 데서 감옥을 이르는 말로 쓰이므로, 宋咸・吳祕・司馬光은 모두 狴犴을 감옥의 뜻으로 보았다. 그러나 李軌는 ‘狴犴’을 ‘批扞(비한)’의 假借로 보아 치고 막는 武術 동작, 즉 검술을 가리키는 말로 보았다.

11) (言擊劍使人狴犴多禮)〔言狴犴使人多禮〕：저본에는 ‘言擊劍使人狴犴多禮’로 되어 있으나, 四部叢刊本에 근거하여 ‘言狴犴使人多禮’로 바로잡았다.

12) 三木：죄인의 목과 손과 발에 각각 채우는 세 가지 刑具인 칼, 수갑, 차꼬를 이른다.

몸을 지키는 것은 마땅히 道를 따라야 한다고 여겼다. 그러므로 '만약 검술이 몸을 보호할 수 있다면 감옥에는 죄인에게 刑具를 채우는 엄함이 있어 갇혀 있는 자들이 대단히 공손하지만 刑具가 어찌 사람으로 하여금 예의를 갖추게 할 수 있겠는가.'라고 대답하였으니, 그렇게 할 수 없음을 말한 것이다. 이는 다만 검술을 비난했을 뿐인데, 지금 李軌의 註는 賦를 좋아하는 것과 서로 연관지었다. 이 단락에서 해석하여 다시 狴犴을 擊劍하는 모양이라고 하고, 또 狴를 狴犴으로 썼다."

○ 吳祕가 말하였다. "狴犴은 감옥이다. 검의 위엄을 사람들이 감히 범하지 못하지만 어찌 牢獄의 위엄이 사람으로 하여금 예의를 갖추게 할 수 있겠느냐는 말이다. 狴는 혹 獘로 되어 있으니 古字와 今字〈의 차이〉일 뿐이다.

○ 司馬光이 말하였다. "狴는 邊과 兮의 反切이다. 혹 '獘'로 되어 있다. 또 다른 음은 匹과 迷의 反切이다. 犴은 음이 岸이다. 사람이 감옥 속에 있으면 몸을 움직일 수 없으므로 이로 인하여 禮를 갖추게 한다고 이른 것이다. 그러나 이미 위태롭고 욕된 지경에 빠진 것이 감옥에 들어가지 않는 것의 좋음만 못하고, 검이 비록 몸을 호위할 수는 있으나 道로써 자신을 지켜 검을 쓰는 데 이르지 않는 것의 좋음만 못한 줄은 알지 못한 것이다."

혹자가 말하였다.

"〈劍客論〉에 '검은 몸을 보호할 수 있다.'고 했습니다."

揚子가 말하였다.

"그렇다면 〈감옥에서는 죄인에게 刑具를 채워 갇혀있는 자들이 공손하니,〉 狴犴(감옥)이 사람으로 하여금 禮儀를 갖추게 할 수 있다는 말인가."

02. **或問 景差, 唐勒, 宋玉, 枚乘之賦也 益乎**①아 **曰 必也淫**②이리라 **淫則奈何**오 **曰 詩人之賦**는 **麗以則**(칙)③이어늘 **辭人之賦**는 **麗以淫**④이라 **如孔氏之門**에 **用賦也**인댄 **則賈誼升堂**이요 **相如入室**[13]**矣**어니와 **如其不用何**⑤오

① 景差……益乎 : 祕曰 "景差・唐勒・宋玉, 楚大夫. 枚乘, 漢都尉, 善賦者也." ○ 光曰

---

13) 賈誼升堂 相如入室 : 賈誼의 賦는 개인적인 불행과 울분을 토로하는 내용이 많기 때문에 升堂이라고 하였고, 그에 비해 司馬相如의 賦는 國家의 大事에 관계된 것이 많기 때문에 入室이라고 한 것이다. 升堂과 入室은 조예나 도달한 경지를 비유하는 말로, ≪論語≫ 〈先進〉에 공자가 제자 子路의 경지를 두고 "堂에는 올랐고 室에는 아직 들어가지 못했다.〔升堂矣 未入於室也〕"라고 한 데에서 유래하였다.

"乘, 繩證切. 言亦有益於事乎."

吳祕가 말하였다. "景差, 唐勒, 宋玉은 楚나라 大夫이고, 枚乘은 漢나라 都尉인데 賦를 잘 지은 자들이다."

○ 司馬光이 말하였다. "乘은 繩과 證의 反切이다. 〈辭人의 賦가〉 또한 일에 유익함이 있느냐는 말이다."

② 必也淫 : 言無益於正也. ○ 祕曰 "麗以淫." ○ 光曰 "皆誇誕過實之辭."

正道에 무익함을 말한 것이다.

○ 吳祕가 말하였다. "화려하고 기교가 지나치다."

○ 司馬光이 말하였다. "〈景差, 唐勒, 宋玉, 枚乘의 賦는〉 모두 과장되고 허탄하여 실제보다 지나친 말이다."

③ 詩人之賦 麗以則 : 陳威儀, 正法則. ○ 咸曰 "詩人之賦, 猶二雅[14]之作." ○ 祕曰 "一曰風, 二曰賦[15], 雅有典則."

威儀를 갖추고 法則에 맞는 것이다.

○ 宋咸이 말하였다. "詩人의 賦는 二雅 같은 작품이다."

○ 吳祕가 말하였다. "첫 번째는 風이고, 두 번째는 賦인데, 바르고 典則이 있다."

④ 辭人之賦 麗以淫 : 奢侈相勝, 靡麗相越, 不歸於正也. ○ 咸曰 "辭人之賦, 猶景唐之流." ○ 祕曰 "覽者, 已過矣." ○ 光曰 "其文皆主於靡麗, 而詩人以之立法則, 辭人徒誇誕過實, 不可爲法."

〈辭人의 賦는〉 사치함으로 서로 겨루고 화려함으로 서로 능가하여 바른 데로 돌아가지 못한다.

○ 宋咸이 말하였다. "辭人의 賦는 景差와 唐勒 같은 부류이다."

○ 吳祕가 말하였다. "보는 자들이 너무 지나치다고 생각한다."

○ 司馬光이 말하였다. "〈詩人의 賦와 辭人의 賦는〉 그 문장이 모두 아름답고 화려한 것을 위주로 하나, 詩人은 이로써 法則을 세우고 辭人은 다만 과장하고 허탄하여 실제보다 지나쳐서 법이 될 수 없다."

⑤ 如孔氏之門……如其不用何 : 祕曰 "升堂入室, 必以聖人之道. 藝文志 '賈誼賦七篇, 相如賦二十九篇.'" ○ 光曰 "言其無益."

吳祕가 말하였다. "升堂과 入室은 반드시 聖人의 道로써 한다. ≪漢書≫ 〈藝文志〉에 '賈誼의 賦는 7편이고, 司馬相如의 賦는 29편이다.'라고 하였다."

○ 司馬光이 말하였다. "그 무익함을 말한 것이다."

---

14) 二雅 : ≪詩經≫의 〈小雅〉와 〈大雅〉를 가리킨다.

15) 一曰風 二曰賦 : ≪毛詩≫ 大序에 "詩에는 六義가 있으니, 첫째는 風이요, 둘째는 賦요, 셋째는 比요, 넷째는 興이요, 다섯째는 雅요, 여섯째는 頌이다."라고 하였다.

혹자가 물었다.

"景差, 唐勒, 宋玉, 枚乘의 賦는 유익한 점이 있습니까?"

揚子가 말하였다.

"꼭 대답을 하라고 한다면 〈그들의 賦는〉 기교가 지나치다."

혹자가 물었다.

"기교가 지나치면 어떻습니까?"

揚子가 말하였다.

"詩人의 賦는 화려하면서도 법도에 맞지만, 辭人(辭賦家)의 賦는 화려하기만 하고 浮華하다. 만약 孔子의 문하에서 賦를 가르친다면 賈誼는 堂에 올랐다고 칭할 만하고 司馬相如는 방 안에 들어갔다고 칭할 만하다. 〈그러나 공자의 문하에서는 賦를〉 採用하여 가르치지 않았으니, 어찌하겠는가."

03. 或問蒼蠅[16]紅紫①[17]한대 曰 明視하라 問鄭衛[18]之似②한대 曰 聽聽③하라 或曰 朱曠[19]不世하니 如之何④오 曰 亦精之而已矣⑤니라

① 蒼蠅紅紫 : 蒼蠅間乎白黑, 紅紫似朱而非朱也, 紫亂朱之義也. 紅, 卽朱也, 蓋正色焉, 紫間色焉. 故語曰 "惡紫之亂朱[20]." ○ 祕曰 "使白爲黑, 惡紫亂朱."

---

16) 蒼蠅 : ≪詩經≫ 〈小雅 靑蠅〉에 "앵앵거리는 쉬파리가 울타리에 앉았도다. 화락한 군자여, 참언을 믿지 말라.〔營營靑蠅 止于樊 豈弟君子 無信讒言〕"라고 하였는데, 鄭玄의 箋에 "파리라는 곤충은 흰 것을 더럽혀서 검게 만들고 검은 것을 더럽혀서 희게 만드니, 아첨하는 사람이 선과 악을 변란시키는 것을 비유하였다.〔蠅之爲蟲 汙白使黑 汙黑使白 喩佞人變亂善惡也〕"라고 하였다.

17) 紅紫 : 紅色과 紫色을 이른다. 옛날에는 靑·黃·赤·白·黑을 正色이라 하여 좋게 여기고, 홍색과 자색은 中間色이라 하여 좋지 않게 여겼다. ≪論語≫ 〈鄕黨〉에 "홍색과 자주색으로 평상복을 만들어 입지 않으셨다.〔紅紫 不以爲褻服〕"라고 하였고, 이에 대한 朱熹의 주에 "홍색과 자색은 間色이니, 바르지 않다.〔紅紫 間色 不正〕"라고 하였다.

18) 鄭衛 : ≪詩經≫ 〈鄭風〉과 〈衛風〉의 노래들은 음란한 것이 많다. 그러므로 정나라와 위나라의 음악은 음란한 음악을 의미한다.

19) 朱曠 : 離朱와 師曠을 가리키는데, 모두 ≪孟子≫에 보인다. 離朱는 離婁의 별명으로 暗室에서도 가는 털을 구별할 만큼 눈이 밝았고, 師曠은 晉나라 樂師로 종소리만 듣고도 天道의 차고 비는 이치를 알았다 한다.

蒼蠅은 흑백을 섞이게 하고, 〈間色인〉 홍색과 자주색은 正色인 붉은색과 비슷하지만 붉은색이 아니니, 자주색이 붉은색을 어지럽힌다는 뜻이다. 홍색은 곧 붉은색이니 正色이고, 자주색은 間色이다. 그러므로 ≪論語≫에 "자주색이 붉은색을 어지럽히는 것을 싫어한다."라고 하였다.

○ 吳祕가 말하였다. "흰색을 검게 만들며, 자주색이 붉은색을 어지럽히는 것을 싫어하는 것이다."

② 鄭衛之似 : 祕曰 "似雅樂."

吳祕가 말하였다. "〈鄭나라와 衛나라의 음악은〉 雅樂과 비슷하다."

③ 聰聽 : 光曰 "蒼蠅變白黑, 紅紫亂正色, 鄭衛似雅音, 皆人所難辨. 唯聰明者, 辨之不惑也."

司馬光이 말하였다. "蒼蠅은 백색과 흑색을 변하게 만들고, 홍색과 자주색은 正色을 어지럽히고, 정나라와 위나라 음악은 雅樂과 비슷하니, 모두 사람들이 분별하기 어려운 것이다. 오직 聰明한 자만이 분별하여 미혹되지 않는다."

④ 朱曠不世 如之何 : 祕曰 "離朱善視, 師曠善聽. 今不世有, 如之何視聽哉."

吳祕가 말하였다. "離朱는 눈이 밝아서 보기를 잘하고 師曠은 귀가 밝아서 듣기를 잘하였는데, 지금 세상에 있지 않으니 보고 듣는 것을 어떻게 해야 하는가."

⑤ 亦精之而已矣 : 祕曰 "不必朱曠, 亦精專而已矣." ○ 光曰 "言精心以求之, 則眞僞易辨, 不必朱曠之視聽也."

吳祕가 말하였다. "離朱의 시력과 師曠의 청력이 필요하지 않으니, 또한 마음을 정밀하고 전일하게 할 뿐이다."

○ 司馬光이 말하였다. "마음을 정밀하게 하여 찾으면 진짜와 가짜를 쉽게 분별할 수 있으니, 이주의 시력과 사광의 청력이 필요치 않음을 말한 것이다."

혹자가 蒼蠅(쉬파리)의 머리가 紅色인지 紫色인지 분별하는 것에 대해서 물으니, 揚子가 말하였다.

"눈이 밝은 사람으로 하여금 보게 하라."

혹자가 또 〈雅樂과 비슷한〉 鄭나라와 衛나라의 음악을 어떻게 구별하는 지에 대해서 물으니, 揚子가 말하였다.

"귀가 밝은 사람으로 하여금 듣게 하라."

혹자가 물었다.

---

20) 語曰 惡紫之亂朱 : ≪論語≫ 〈陽貨〉에 孔子께서 말씀하기를 "나는 자주색이 朱色을 빼앗는 것을 미워하며, 鄭나라 音樂이 雅樂을 어지럽히는 것을 미워하며, 口辯이 좋은 사람이 나라를 전복시키는 것을 미워한다."라고 하였다.

"離朱처럼 눈이 밝은 사람과 師曠처럼 귀가 밝은 사람이 세상에 항상 있지는 않으니, 어떻게 구별해야 합니까?"

揚子가 말하였다.

"〈離朱의 시력과 師曠의 청력이 굳이 필요하지 않으니〉 또한 보는 것과 듣는 것을 정밀하게 할 뿐이다."

04. 或問 交五聲十二律也로되 **或雅或鄭**은 **何也**①오 **曰 中正則雅**하고 **多哇**[21] **則鄭**②이니라 **請問本**한대 **曰 黃鐘**[22] **以生之**하고 **中正以平之**하면 **確乎**하여 **鄭衛不能入也**③니라

① 交五聲十二律也……何也：交，猶和也．五聲，宮商角徵(치)羽也．十二律者，十二月之律[23]也．○ 祕曰"凡樂，交用五聲十二律，分雅分鄭，何也．"○ 光曰"交，俱也．言俱用聲律，而有雅有鄭，俱談道德，而有是有非，何也．"

交는 和와 같다. 五聲은 宮・商・角・徵・羽이다. 十二律은 열두 달의 음률이다.

○ 吳祕가 말하였다. "모든 음악은 五聲과 十二律을 조화시킨 것인데, 雅樂과 鄭나라 음악으로 나누는 것은 어째서인가?"

○ 司馬光이 말하였다. "交는 모두이다. 음악은 모두 오성과 십이율을 사용하는데 아악이 있고 정나라 음악이 있으며, 모두 道德에 대해 말한 것인데 옳은 것이 있고 그른 것이 있는 것은 어째서냐는 말이다."

② 中正則雅 多哇則鄭：中正者，宮商溫雅也．多哇者，淫聲繁越也．○ 咸曰"其音中而正者，大雅之章也．多而哇者，淫鄭之聲也．謂之宮商溫雅，失之矣．"○ 祕曰"哇，淫聲也．五聲，聲也．聲成文，謂之音．正聲感人而順氣應之，順氣成象而和樂生焉[24]，雅

---

21) 多哇：王念孫의 ≪讀書雜志≫〈法言〉에 "多는 哆로 읽으니, 哆는 간사하다는 뜻이다. 哆와 多는 古字에 통용되었다. 多와 哇는 모두 간사하다는 뜻이다.〔多讀爲哆 哆邪也 哆與多 古字通 多哇皆邪也〕"라고 하였다.

22) 黃鐘：音律의 이름으로, 六律과 六呂의 기본이 되는 음이다.

23) 十二月之律：십이율을 12개월에 맞추어 11월의 黃鍾, 12월의 大呂, 1월의 太簇, 2월의 夾鍾, 3월의 姑洗, 4월의 仲呂, 5월의 蕤賓, 6월의 林鍾, 7월의 夷則, 8월의 南呂, 9월의 無射, 10월의 應鍾으로 나누는데, 이중 1・3・5・7・9・11의 홀수 달에 해당하는 황종・태주・고선・유빈・이칙・무역을 陽律이라 하여 六律이라 하고, 그 나머지 2・4・6・8・10・12의 짝수 달에 해당하는 것을 陰呂라 하여 六呂라 한다.

也. 姦聲感人而逆氣應之, 逆氣成象而淫樂生焉[25], 鄭也." ○ 光曰 "哇, 烏瓜切. 哇以喩奇僻之論."

中正은 宮商(음률)이 온화하고 바른 것이요, 多哇는 음란한 음악이 번잡하고 간사한 것이다.

○ 宋咸이 말하였다. "음률이 中正한 것은 大雅의 악장이고, 번잡하고 간사한 것은 음란한 鄭나라의 음악이다. 李軌의 註에 '中正則雅'를 '宮商溫雅'라고 이른 것은 잘못이다."

○ 吳祕가 말하였다. "哇는 음란한 음악이다. 五聲은 소리이다. 소리가 문채를 이룬 것을 音이라고 한다. 순정한 음악이 사람을 감동시키면 순한 기운이 이에 응하고 순한 기운이 象을 이루면 화락한 음악이 생겨나니 바로 雅樂이고, 간사한 음악이 사람을 감동시키면 거스르는 기운이 이에 응하고 거스르는 기운이 象을 이루면 음란한 음악이 생겨나니 바로 鄭나라 음악이다."

○ 司馬光이 말하였다. "哇는 烏와 瓜의 反切이다. 哇로써 奇僻(괴이)한 의논을 비유한 것이다."

③ 黃鐘以生之……確乎鄭衛不能入也 : 聲平和則鄭衛不能入也, 學業正則雜說不能傾也, 事得本則邪佞不能謬也. ○ 祕曰 "黃鐘爲音律之本以生之, 中正之聲以平和之, 擧是鄭衛流僻之音, 不能入也. 搉, 揚搉, 大擧也." ○ 光曰 "宋吳本, 確作搉. 今從李本. 確, 堅貌. 黃鐘爲律本, 聖人爲道本. 諸子猶鄭衛也. 學道者, 稽諸聖人, 槪以中正, 確然堅固, 奇僻之論, 何從而入哉."

음악 소리가 화평하면 鄭나라와 衛나라의 음악이 침입해 들어올 수가 없고, 學業이 바르면 雜說이 편향되게 할 수가 없고, 일이 근본을 얻으면 간사한 소인이 그르칠 수가 없다.

○ 吳祕가 말하였다. "黃鐘을 음률의 근본으로 삼아 십이율을 만들고 中正한 소리로 조화시키면 대개 정나라와 위나라의 방탕하고 사벽한 음악이 침입해 들어올 수가 없을 것이다. 搉은 揚搉(大要)이니, 大槪이다."

○ 司馬光이 말하였다. "宋咸本・吳祕本에는 '確'이 '搉'으로 되어 있으나, 지금 李軌本을 따랐다. 確은 견고한 모양이다. 黃鐘은 십이율의 근본이고 聖人은 道의 근본이다. 諸子는 鄭나라와 衛나라의 음악과 같다. 道를 배우는 자가 聖人을 상고하고 中正한 도로써 고르게 한다면 確然하여 견고할 것이니, 괴이한 의논이 어디로부터 침입해 들어올 수 있겠는가."

---

24) 正聲感人而順氣應之 順氣成象而和樂生焉 : ≪禮記≫ 〈樂記〉에 보인다.

25) 姦聲感人而逆氣應之 逆氣成象而淫樂生焉 : ≪禮記≫ 〈樂記〉에 보인다.

혹자가 물었다.

"음악은 모두 五聲과 十二律을 조화시킨 것인데, 어떤 것은 雅樂이 되고 어떤 것은 鄭나라 음악이 되는 것은 어째서입니까?"

揚子가 말하였다.

"中正하면 雅樂이 되고, 邪辟하면 鄭나라 음악이 되는 것이다."

혹자가 음악의 근본에 대해서 물으니, 揚子가 말하였다.

"黃鐘律을 기본으로 삼아 십이율을 만들고 中正한 소리로 조화시키면, 확고하여 음란한 鄭나라와 衛나라의 음악이 침입하지 못할 것이다."

05. **或曰 女有色**하니 **書亦有色乎**아 **曰 有**라 **女惡**(오)**華丹之亂窈窕也**하고 **書惡**(오)**淫辭之淈法度也**①니라

① 女惡華丹之亂窈窕也 書惡淫辭之淈法度也：咸曰 "淈, 亂也." ○ 祕曰 "淈, 濁也. 淫辭之淈亂正法. 屈原曰 '淈其泥而揚其波[26].'" ○ 光曰 "淈, 古忽切, 亂也. 諸子以浮靡之辭, 逞其巧辯, 汩亂道眞. 人多悅而惑之, 以陷於非僻."

宋咸이 말하였다. "淈은 어지럽히는 것이다."

○ 吳祕가 말하였다. "淈은 탁함이니, 간사하고 부정한 말이 바른 법을 어지럽히는 것이다. 屈原이 '진흙을 휘저어서 흙탕물을 일으킨다.'라고 하였다."

○ 司馬光이 말하였다. "淈은 古와 忽의 反切이니, 어지럽히는 것이다. 諸子가 경박하고 사치한 말로 말재주를 부려 참된 도를 어지럽히거늘, 사람들 중에 이것을 기뻐하고 미혹되어 사벽한 데 빠지는 자가 많다."

혹자가 물었다.

"여자에게 容貌를 수식하는 일이 있듯이 책에도 수식하는 일이 있습니까?"

揚子가 말하였다.

"있다. 여자가 용모를 수식하는 것은 〈연지와 분으로〉 화려하게 단장하여 얌전하고 정숙한 아름다움을 어지럽히는 것을 싫어하고, 책은 간사하고 부정한 말로 법도를 어지럽히는 것을 싫어한다."

---

26) 淈其泥而揚其波：屈原의 〈漁父辭〉에 보인다.

06. 或問 屈原[27)]智乎[①]아 曰 如玉如瑩이나 爰[28)]變丹青하니 如其智리오 如其智[②]리오

① 屈原智乎：光曰 "屈, 九勿切."

司馬光이 말하였다. "屈은 九와 勿의 反切이다."

② 如玉如瑩……如其智：夫智者, 達天命, 審行廢, 如玉(之)〔如〕[29)]瑩, 磨而不磷[30)]. 今屈原放逐, 感激爰變, 雖有文彩, 丹青之倫爾. ○ 咸曰 "非也. 言原事楚王, 入則圖議國事, 出則接遇賓客, 方正盡忠義, 〔無〕[31)]有瑕汙, 如玉之瑩矣. 然爲上官大夫子蘭之讒, 卒以放逐, 是爲丹青所變矣. 復不能計窮達之命, 自沈而死, 是智不足矣. 丹青, 喻讒." ○ 祕曰 "原負明正之資, 本爲楚之忠臣, 如玉如瑩也. 被上官大夫子蘭之毁, 不能捨之則藏[32)], 遂著文華, 流于後世, 迺爲楚之辭臣, 爰變丹青也. 遇不遇命也, 何必湛身. 如何其智, 如何其智. 非智也." ○ 光曰 "音義曰 '瑩音營, 又音榮, 又烏定切, 石次玉者.' 玉瑩喻清潔, 丹青喻有文采. 言屈原雖有行能如此之美, 而不能樂天知命, 悲憂憤懣, 至於自沈, 不足言其智也."

智者는 天命에 통달하고 행하고 숨을 때를 자세히 알아서 옥과 옥돌이 갈아도 얇아지지 않는 것과 같다. 그런데 지금 굴원은 放逐 당하자 울분을 못 이겨 이에 변하였으니, 비록 문채가 있으나 丹青의 부류일 뿐이다.

○ 宋咸이 말하였다. "옳지 않다. 屈原이 楚王을 섬겨 〈조정에〉 들어가서는 국사를 의논하고 나와서는 빈객을 접대하여 方正하고 忠義를 다하니 하자와 오점이 없어 옥처럼 깨끗하였다. 그러나 上官大夫 子蘭의 참소를 당하여 마침내 쫓겨났으니, 이는

---

27) 屈原：전국시대 楚나라의 충신으로 原은 자이고 이름은 平, 호는 靈均이다. 連橫을 획책한 張儀의 계책에 걸려 楚 懷王이 秦나라에서 객사하자, 이에 대해 비판하다가 모함을 받아 추방당하였다. 후에 長沙의 汨羅水에 투신하였다.

28) 爰：變更하다, 바꾸다〔易〕라는 뜻이다.

29) (之)〔如〕：저본에는 '之'로 되어 있으나, 四部叢刊本에 근거하여 '如'로 바로잡았다.

30) 磨而不磷：心志가 지극히 견고하고 결백해서 주위 환경에 결코 영향을 받지 않는다는 말이다. ≪論語≫ 〈陽貨〉에 "견고하다고 하지 않겠는가. 갈아도 얇아지지 않으니. 결백하다고 해야 하지 않겠는가. 물들여도 검어지지 않으니.〔不曰堅乎 磨而不磷 不曰白乎 涅而不緇〕"라고 하였다.

31) 〔無〕：저본에는 없으나, 전후의 문맥을 살펴 '無'를 보충하였다.

32) 捨之則藏：≪論語≫ 〈述而〉의 "쓰이면 도를 행하고 버려지면 은둔한다.〔用之則行 舍之則藏〕"는 말에서 유래하였다. 行은 세상에 나와 도를 행하는 것이고, 藏은 초야에 은둔하는 것이다.

굴원이 丹靑(참소)에 의해 변한 것이요, 이에 다시 窮達의 命을 따지지 않고 스스로 물에 뛰어들어 죽었으니, 이는 지혜가 부족한 것이다. 丹靑은 참소를 비유한 것이다."

○ 吳祕가 말하였다. "굴원이 공명정대한 자질을 타고나 본래 초나라의 충신이 된 것은 옥과 같고 옥돌과 같은 것이요, 上官大夫 子蘭의 참소를 받아 임금에게 버림을 받았는데도 은둔하지 않고 마침내 文才를 드러내어 후세에 전해져서 마침내 楚나라의 辭臣이 된 것은 단청으로 변한 것이다. 때를 만나고 못 만나는 것은 命인데 하필 물에 뛰어들어 죽는단 말인가. 그러니 어찌 지혜롭다고 하겠는가, 어찌 지혜롭다고 하겠는가. 지혜로운 것이 아니다."

○ 司馬光이 말하였다. "≪音義≫에 '瑩은 음이 營이고, 또 다른 음은 榮이고, 또 烏와 定의 反切이니, 돌 중에 옥 다음가는 것이다.'라고 하였다. 玉瑩은 지조가 개결함을 비유한 것이고, 丹靑은 文彩가 있음을 비유한 것이다. 屈原이 비록 이와 같이 아름다운 행실과 재능이 있었으나 천리를 즐거워하고 천명을 알지 못하여 비분강개하여 스스로 물에 뛰어들어 죽음에 이르렀으니, 지혜롭다고 할 수 없음을 말한 것이다."

혹자가 물었다.

"굴원은 지혜로웠습니까?"

揚子가 말하였다.

"〈굴원의 깨끗한 지조와 뛰어난 재주는〉 옥과 같고 옥돌과 같았으나 〈참소를 당하여 쫓겨나자〉 변하여 丹靑이 되었으니, 어찌 지혜롭다 하겠는가. 어찌 지혜롭다 하겠는가."

07. 或曰 君子尙辭乎아 曰 君子는 事之爲尙①이라 事勝辭則伉②하고 辭勝事則賦③하며 事辭稱則經④이니 足言足容[33]은 德之藻矣⑤니라

① 事之爲尙：貴事實, 賤虛辭. ○ 祕曰 "尙事實."
실제 일을 귀하게 여기고 헛된 말을 천하게 여기는 것이다.
○ 吳祕가 말하였다. "실제 일을 중시하는 것이다."

② 事勝辭則伉：咸曰 "事有餘而辭不足則質矣." ○ 祕曰 "質勝文則伉直. 抗, 當作伉, 古或通用. 史記曰 '子路志伉直[34].'" ○ 光曰 "伉, 口浪切. 伉, 謂伉直. 伉直者, 質之謂

---

33) 足言足容：주에 李軌는 '足(주)'로 풀이하고, 宋咸과 吳祕는 '足(족)'으로 풀이하였는데, 李軌의 주를 따라 해석하였다.

也. 音義曰 '伉, 健也. 一音, 苦杏切.'"

宋咸이 말하였다. "행사는 넉넉하고 말은 부족하면 질박하다."

○ 吳祕가 말하였다. "質이 文을 이기면 伉直하다. '抗'은 마땅히 '伉'이 되어야 하니, 옛날에 혹 통용되었다. ≪史記≫에 '子路는 뜻이 伉直하였다.'라고 하였다."

○ 司馬光이 말하였다. "伉은 口와 浪의 反切이다. 伉은 伉直함을 이르니, 伉直한 것은 질박함을 이른다. ≪音義≫에 '伉은 굳셈이다. 또 다른 음은 苦와 杏의 反切이다.' 하였다."

③ 辭勝事則賦 : 咸曰 "揚子前云 '辭人之賦, 麗以淫.' 此謂'事不足而辭有餘', 是傷之淫華, 如辭人賦爾. 下註謂'賦頌者, 虛過.' 非也." ○ 祕曰 "據當時賦之賦."

宋咸이 말하였다. "揚子가 앞에서는 '辭人의 賦는 화려하여 실제보다 지나치다.'라고 하였고, 여기에서는 '행사는 부족하고 말은 넉넉하다.'라고 하였는데, 이것은 지나치게 浮華한 데에서 잘못된 것이니, 辭人의 賦와 같은 것이다. 아래의 註에 '賦頌을 짓는 자들은 실속이 없고 과하다.'라고 한 것은 잘못이다.

○ 吳祕가 말하였다. "當時의 賦가 실제보다 지나친 것에 근거한 것이다."

④ 事辭稱則經 : 夫事功多而辭美少, 則聽聲者, 伉直也. 事功省而辭美多, 則賦頌者, 虛過也. 事辭相稱, 乃合經典. ○ 祕曰 "文質彬彬." ○ 光曰 "稱, 尺證切."

事功이 많은데 言辭의 아름다움이 적으면 명성을 듣는 자들이 伉直(質朴)하다고 여기고, 事功이 별로인데 言辭의 아름다움이 많으면 賦頌을 짓는 자들이 실속이 없고 과하다고 여기니, 사공과 언사가 서로 걸맞아야 비로소 經典(법도)에 부합한다.

○ 吳祕가 말하였다. "文과 質이 적절히 배합된 것이다."

○ 司馬光이 말하였다. "稱은 尺과 證의 反切이다."

⑤ 足言足容 德之藻矣 : 足(주)言, 夸毗之辭. 足(주)容, 戚施(이)[35]之面, 言皆藻飾之(爲)〔僞〕[36], 非篤實之眞. ○ 咸曰 "足, 當爲足(죽)恭之足[37]. 法言準論語, 故有足言足容也. 若以充足呼之, 則未可爲夸毗戚施之義也." ○ 祕曰 "言滿天下, 無口過, 足(죽)言

---

34) 子路志伉直 : ≪史記≫ 〈孔子世家〉에 "자로는 성품이 거칠고 勇力을 좋아하였으며 뜻이 강직하였다.〔子路性鄙 好勇力 志伉直〕"라고 하였다.

35) 戚施(이) : 곱사등이를 이르는 말인데, 등이 굽어서 항상 고개를 숙이고 우러러보지 못하므로 아첨하는 사람을 비유하는 말로 쓰인다.

36) (爲)〔僞〕 : 저본에는 '爲'로 되어 있으나, 四部叢刊本에 근거하여 '僞'로 바로잡았다.

37) 足(죽)恭之足 : 足恭은 ≪論語≫ 〈公冶長〉의 "그 말을 교묘하게 꾸미고, 그 얼굴빛을 보기 좋게 꾸미고, 발을 便僻하여 공손한 모습을 짓는 것을〔巧言令色足恭〕"이라고 한 것을 가리킨다. 孔穎達의 疏에 "便僻은 나아가고 물러가고 몸을 굽히고 펼 때에 발을 〈예에 맞게 빠르게 움직여〉 공손한 모습을 지음을 이른다."라고 하였다.

也. 容止可觀, 足(족)容也. 言也容也, 爲有德之文藻矣." ○ 光曰 "足(주), 子預切, 如字[38]. 足言, 善辭令. 足容, 盛威儀. 有德則爲文章, 無德則爲澆僞."

足言은 아첨하는 말이고 足容은 아첨하는 얼굴이니, 모두 거짓으로 꾸민 것이고 독실한 참모습이 아님을 말한 것이다.

○ 宋咸이 말하였다. "足는 마땅히 '足(주)恭'의 足가 되어야 한다. ≪法言≫은 ≪論語≫를 표준으로 삼았다. 그러므로 足言과 足容이 있는 것이다. 만약 足이 충족시키는 것을 말한 것이라면 夸毗와 戚施의 뜻이 될 수 없다."

○ 吳祕가 말하였다. "말이 천하에 가득하되 口過가 없는 것이 말하기에 족한 것이고, 容止(容儀와 행동거지)가 볼 만한 것이 실행하기에 족한 것이다. 말과 용모는 덕이 있는 자의 文藻(문채)이다."

○ 司馬光이 말하였다. "足는 子와 預의 反切인데, 본음대로 읽기도 한다. 足言은 辭令을 잘하는 것이고 足容은 威儀를 성대히 하는 것이니, 덕이 있으면 文章이 드러나고 덕이 없으면 경박하고 거짓된다."

혹자가 물었다.

"군자는 말(형식)을 중시합니까?"

揚子가 말하였다.

"군자는 일(내용)을 중시한다. 일이 말보다 앞서면 질박하고, 말이 일보다 앞서면 과장되며, 일과 말이 걸맞아야 비로소 법도에 맞는다. 아첨하는 말과 아첨하는 얼굴은 덕을 꾸민 것이다."

08. 或問 公孫龍이 詭辭數萬以爲法하니 法歟①아 曰 斲木爲棊하고 梡革爲鞠도 亦皆有法焉②이라 不合乎先王之法者는 君子不法也③니라

① 公孫龍……法歟 : 祕曰 "公孫龍, 趙人, 爲堅白之辯[39]者. 其書十四篇以爲法, 是法

---

38) 如字 : 한 글자에 두 가지 이상의 음이 있을 경우 본음대로 읽는 것을 말한다. 足의 본음은 '족'이다.

39) 堅白之辯 : 堅白은 堅白同異의 준말로, 전국시대 公孫龍이 제창한 것이다. '눈으로 돌을 볼 적에는 그 빛깔이 흰 것〔白〕은 알지만 그 돌이 단단한 것〔堅〕은 모르고, 손으로 돌을 만질 적에는 그 돌이 단단한 것은 알지만 빛깔이 흰 것은 모른다. 따라서 단단하고 흰 돌의 존재는 동시에 성립할 수 없다.'라는 것으로, 곧 단단하고 흰 돌의 존재는 동시에 존재할 수 없다는 개념에서 是와 非, 同과 異를 뒤바꾸어 억지로 설명하였다.

歟. 莊子曰 '公孫龍, 辯者之徒[40].'"

吳祕가 말하였다. "公孫龍은 趙나라 사람이니, 堅白同異의 辯說을 주장한 자이다. 자신의 저서 14편을 법으로 삼았으니, 이것이 과연 법이 될 수 있을까? 莊子가 '公孫龍은 辯者의 무리이다.'라고 하였다."

② 斷木爲棊……亦皆有法焉 : 咸曰 "言棊鞠, 雖鄙技, 亦法也. 公孫龍之法, 類此." ○ 祕曰 "梡, 當爲捖. 捖, 刮摩也. 棊鞠, 戲具, 器用之末者, 尙有制度. 詭辭無法而爲法哉." ○ 光曰 "斷音短, 梡, 舊本作捖, 音緩, 又音款." ○ (宋)〔咸〕[41]曰 "梡, 當作捖, 胡官切. 從木誤也. 捖, 刮摩也, 言刮摩皮革以爲鞠." ○ 光曰 "梡, 當作楦(훤). 楦, 呼願切, 所以塞履也. 以毛楦革而爲鞠, 言圍棊蹋鞠, 亦皆有法, 以取勝."

宋咸이 말하였다. "바둑판과 공을 만드는 것이 비록 하찮은 기예이지만 또한 법이 있으니, 公孫龍의 법은 이와 비슷하다."

○ 吳祕가 말하였다. "'梡'은 마땅히 '捖'이 되어야 하니, 捖은 가죽을 무두질하여 부드럽게 하는 것이다. 바둑판과 공은 놀이하는 도구이니 器用 중에 하찮은 것이지만 오히려 制度가 있다. 그러나 궤변은 법도가 없는데 법을 만든 것이다."

○ 司馬光이 말하였다. "斷은 음이 短이다. '梡'은 舊本에 '捖'으로 되어 있으니, 음이 緩이고 또 다른 음은 款이다."

○ 宋咸이 말하였다. "'梡'은 마땅히 '捖'이 되어야 하니, 胡와 官의 反切이다. 木변을 따른 것은 잘못이다. 捖은 가죽을 무두질하여 부드럽게 하는 것이니, 가죽을 무두질하여 부드럽게 만들어서 공을 만드는 것을 말한다."

○ 司馬光이 말하였다. "'梡'은 마땅히 '楦'이 되어야 한다. 楦은 呼와 願의 反切이니, 신발을 만들 때 쓰는 신골이다. 털을 가죽 속에 채워서 공을 만드니, 바둑판을 만드는 것과 공을 만드는 것도 모두 법이 있어야 성공할 수 있음을 말한 것이다."

〔그림8〕 신골(국립민속박물관)

③ 不合乎先王之法者 君子不法也 : 大匠之誨人也, 必以規矩. 君子之訓物也, 必以仁義. ○ 祕曰 "言書不合乎禹·湯·文·武之法者, 君子不以爲法也."

---

40) 公孫龍 辯者之徒 : ≪莊子≫ 〈天下〉에 보인다.

41) (宋)〔咸〕: 저본에는 '宋'으로 되어 있으나, 文例에 근거하여 '咸'으로 바로잡았다.

큰 목수가 사람을 가르칠 때에는 반드시 規矩로써 하고, 君子가 남을 가르칠 때에는 반드시 仁義로써 한다.

○ 吳祕가 말하였다. "글이 禹王, 湯王, 文王・武王의 법에 부합하지 않는 것은 君子가 법으로 삼지 않는다는 말이다."

혹자가 물었다.

"公孫龍은 수만 마디의 詭辯을 법으로 삼았으니, 〈이것이 과연〉 법이 될 수 있습니까?"

揚子가 말하였다.

"나무를 잘라서 바둑판을 만들고 가죽을 무두질하여 공을 만드는 것도 모두 법이 있다. 先王의 법에 부합하지 않는 것은 군자가 법으로 삼지 않는다."

09. 觀書者는 譬諸觀山及水라 升東嶽而知衆山之峛崺(리이)也온 況介丘乎①아 浮滄海而知江河之惡(오)沱也온 況枯澤乎②아

① 觀書者……況介丘乎 : 咸曰 "邐迤, 猶卑眇也. 介, 小也." ○ 光曰 "宋吳本, 峛崺作邐迤, 今從李本. 峛, 力紙切. 崺, 移邇切."

宋咸이 말하였다. "邐迤는 卑眇(낮고 작음)와 같다. 介는 작은 것이다."

○ 司馬光이 말하였다. "宋咸本・吳祕本에는 '峛崺'가 '邐迤'로 되어 있으나, 지금 李軌本을 따랐다. 峛는 力과 紙의 反切이고, 崺는 移와 邇의 反切이다."

② 浮滄海而知江河之惡(오)沱也 況枯澤乎 : 咸曰 "惡沱, 猶淺末也." ○ 祕曰 "介, 大也. 惡讀如川澤納汙[42]之汙. 言升東嶽而觀, 則知衆山之連延已卑矣, 況大丘乎. 浮滄海而觀, 則知江河之濁小矣, 況竭澤乎. 猶習五經而觀, 則諸子已小矣, 況詭辭以爲法乎. 爾雅謂 '河所渠幷千七百, 一川色黃.' 郭[43]云 '潛流地中, 汨漱沙壤. 所受渠多, 衆水溷淆, 宜其黃濁.' 詩云 '江有沱.' 諭江水大, 沱水小. 郭云 '此故(止)〔上〕[44]水別出

---

42) 川澤納汙 : ≪春秋左氏傳≫ 宣公 15년 조에 "川澤은 汙水를 받아들이고, 山과 늪은 毒蟲이 숨어 살게 하며, 아름다운 玉도 瑕疵를 숨기고 있으니, 國君도 恥辱을 참는 것이 하늘의 常道이다.〔川澤納汙 山藪藏疾 瑾瑜匿瑕 國君含垢 天之道也〕"라고 하였다.

43) 郭 : 郭璞을 가리킨다. 晉나라 聞喜 사람으로, 자는 景純이다. 經術을 좋아하여 매우 박학하고, 詞賦에 매우 뛰어나 東晉에서 으뜸이었으며, 음악과 曆算에 특히 뛰어났다. ≪爾雅≫, ≪山海經≫에 注를 내었다.

44) (止)〔上〕 : 저본에는 '止'로 되어 있으나, ≪爾雅注疏≫ '江有沱'의 注에 "此故上水別出耳"

耳.'" ○ 光曰 "惡音烏, 下同. 沱, 徒河切."

宋咸이 말하였다. "惡沱는 淺末(얕다)과 같다."

○ 吳祕가 말하였다. "介는 큼이다. 惡는 '川澤納汙(내와 못은 더러운 것을 받아들인다.)'의 汙와 같이 읽는다. '東嶽에 올라가서 보면 뭇 산들이 줄지어 늘어선 것이 이미 낮다는 것을 알 수 있으니, 하물며 큰 언덕이야 말할 나위가 있겠는가. 넓은 바다를 항해하면서 보면 江河가 탁하고 작다는 것을 알 수 있으니, 하물며 물이 마른 연못이야 말할 나위가 있겠는가. 五經을 익히고 나서 보면 諸子書가 매우 하찮게 보이는 것과 같으니, 하물며 궤변을 법으로 삼는 것이야 더 말할 나위가 있겠는가.'라는 말이다.

≪爾雅≫에 '河水는 물을 받아들이는 도랑이 모두 1,700개인데, 하나의 川을 이루고 물빛이 누렇다.'라고 하였는데, 郭璞이 '땅속으로 흐르면서 모래땅을 씻어 내린다. 물을 받아들이는 도랑이 많아서 여러 물줄기가 뒤섞이니 누렇고 탁한 것이 당연하다.'라고 하였다.

≪詩經≫에 '江水에 沱水가 있다.'라고 하였으니, 江水는 크고 沱水는 작음을 말한 것인데, 郭璞이 '이 〈沱水는〉 본래 상류의 물줄기가 〈江水와는〉 별도로 나온다.'라고 하였다."

○ 司馬光이 말하였다. "惡는 음이 烏이니 아래도 같다. 沱는 徒와 河의 反切이다."

책을 읽는 것은 비유하면 산과 물을 구경하는 것과 같다. 東嶽(泰山)에 올라가서 굽어보면 줄지어 늘어선 뭇 산들이 낮다는 것을 알 수 있는데, 하물며 작은 언덕이야 더 말할 나위가 있겠는가. 넓은 바다를 항해하면서 보면 江河(양자강과 황하)도 얕다는 것을 알 수 있는데, 하물며 물이 마른 연못이야 더 말할 나위가 있겠는가.

捨舟航而濟乎瀆者는 **末矣**③요 **捨五經**[45]**而濟乎道者**는 **末矣**라 **棄常珍而嗜乎異饌者 惡**(오)**覩其識味也**④며 **委大聖而好乎諸子者 惡**(오)**覩其識道也**⑤리오

③ 末矣 : 末, 無.

라고 한 것에 근거하여 '上'으로 바로잡았다.

45) 五經 : ≪詩≫, ≪書≫, ≪易≫, ≪禮≫, ≪春秋≫를 가리키는데, 오경이라는 명칭은 漢武帝 建元 5년(B.C. 136)에 비롯되었다. 그중에 ≪禮≫는 漢나라 때에는 ≪儀禮≫를 가리켰으나 후세에는 ≪禮記≫를 가리키고, ≪春秋≫는 후세에는 ≪左傳≫까지 아울러 말한다.

末은 없음이다.

④ 惡覩其識味也：祕曰“惡, 安也.”

吳祕가 말하였다. “惡는 어찌이다.”

⑤ 委大聖而好乎諸子者 惡覩其識道也：祕曰“諸子, 若惠施・公孫龍・莊老・申商之類.”

吳祕가 말하였다. “諸子는 惠施, 公孫龍, 莊子, 老子, 申不害, 商鞅 같은 부류이다.”

배를 버리고서 물을 건널 수 있는 자는 없고, 五經을 버리고서 道를 이룰 수 있는 자는 없다. 늘 먹는 음식을 버리고 특이한 음식을 좋아하는 자가 어찌 참된 맛을 알 수 있겠으며, 위대한 聖人의 가르침을 버리고 諸子百家의 학설을 좋아하는 자가 어찌 참된 도를 알 수 있겠는가.

10. 山巠(형)之蹊는 不可勝由矣요 向牆之戶는 不可勝入矣①니라 曰 惡由入고 曰 孔氏니 孔氏者는 戶也②니라 曰 子戶乎아 曰 戶哉戶哉라 吾獨有不戶者矣③[46]리오

① 山巠(형)之蹊……不可勝入矣：巠, 谷也. ○ 祕曰“巠, 宜讀如陘. 陘, 山中絶也. 蹊, 徑也. 言山中絶之徑, 不可勝由矣. 面牆之戶, 不可勝入矣. 猶諸子之言, 不可勝好矣.” ○ 光曰“巠, 戶經切, 又口耕切. 如諸子之言, 不可以入於道也.”

巠은 골짜기이다.

○ 吳祕가 말하였다. “巠은 ‘陘’자와 같이 읽어야 하니, 陘은 산줄기가 중간에 끊어진 것이다. 蹊는 샛길이다. 산줄기가 중간에 끊어진 곳의 샛길은 지나갈 수가 없고, 담 쪽으로 향해서 난 문은 들어갈 수가 없으니, 諸子百家의 학설을 좋아할 수 없는 것과 같다.”

○ 司馬光이 말하였다. “巠은 戶와 經의 反切이고, 또 口와 耕의 反切이다. 諸子百家의 학설은 道에 들어갈 수 없는 것과 같다.”

② 戶也：祕曰“正門也.”

吳祕가 말하였다. “戶는 正門이다.”

③ 子戶乎……吾獨有不戶者矣：惡夫不由聖人之道者〔也〕[47]. ○ 祕曰“或曰‘子亦由孔氏戶乎’, 曰‘戶哉戶哉’, 言斯戶也. 豈它也哉. 吾獨有不由(諸)〔孔〕[48]子之戶哉[49].”

---

46) 吾獨有不戶者矣：≪經傳釋詞≫에 “獨은 寧과 같으니, 어찌라는 뜻이다. 矣는 乎와 같다.〔獨猶寧也 豈也 矣猶乎也〕”라고 하였다.

47)〔也〕: 저본에는 없으나, 四部叢刊本에 근거하여 보충하였다.

○ 光曰 "闕."

聖人의 道를 따르지 않는 것을 미워한 것이다.

○ 吳祕가 말하였다. "혹자가 묻기를 '선생도 孔子의 문으로 따라서 들어갔습니까?'라고 하자, 揚子가 '戶哉戶哉'라고 한 것은 '이것이 바로 정문이니 어찌 다른 문이 있겠는가. 내 어찌 孔子의 문으로 들어가지 않겠는가.'라는 말이다."

○ 司馬光이 말하였다. "〈뜻을 알 수 없어〉 注釋하지 않았다."

"산비탈의 샛길은 지나갈 수가 없고, 담 쪽으로 향해서 난 문은 들어갈 수가 없다."

혹자가 물었다.

"그러면 어디로 들어가야 합니까?"

揚子가 말하였다.

"孔氏(孔子)의 문이다. 孔氏는 道로 들어가는 문이다."

혹자가 물었다.

"선생도 孔氏의 문으로 따라 들어갔습니까?"

揚子가 말하였다.

"이것이 바로 문이다. 이것이 바로 문이다. 내 어찌 孔子의 문으로 들어가지 않겠는가."

11. 或欲學蒼頡史篇①한대 曰 史乎史乎[50)]여 愈於妄闕也②니라

① 或欲學蒼頡史篇 : 多知奇難之字, 故欲學之. ○ 祕曰 "蒼頡一篇[51)], 史籀十五篇[52)],

---

48) (諸)〔孔〕: 저본에는 '諸'로 되어 있으나, 增注本에 근거하여 '孔'으로 바로잡았다.

49) 或曰……孔子之戶哉 : 吳祕는 正文대로 해석하면 揚子가 자신을 공자에 비유하게 되므로 온당치 않다고 여겼다. 그러므로 "선생도 공자의 문으로 들어갔습니까?"라는 혹자의 물음에 대해 "이것이 바로 正門이다. 이것이 바로 正門이다. 내 어찌 정문으로 들어가지 않겠는가." 라고 대답한 것으로 해석한 것이다.

50) 史乎史乎 : 史는 古文과 奇字를 가리키는데, 古文과 奇字는 글자가 만들어질 당시의 역사적 상황을 반영하기 때문에 字書는 대부분 사료적 가치가 있다. 그러므로 '史'를 字書라고 해석한 것이다.(≪揚子法言今讀≫)

51) 蒼頡一篇 : 蒼頡은 黃帝의 史官으로, 새 발자국을 보고 처음으로 글자를 만들었다고 한다.

皆字學."

揚子가 기이하고 어려운 글자를 많이 알았기 때문에 배우고자 한 것이다.

○ 吳祕가 말하였다. "≪蒼頡≫ 1篇과 ≪史籒≫ 15편은 모두 字學에 관한 책이다."

② 史乎史乎 愈於妄闕也：再言史乎者, 善之也. 言勝於不(知)〔學〕[53]而妄名, 不(名)〔知〕[54]而闕〔廢〕[55]. ○ 祕曰 "蒼頡, 亦史類, 故曰史乎史乎, 猶勝於學諸子之妄不學之闕也."

'史乎'라고 두 번 말한 것은 좋게 여긴 것이니, 〈字書를 배우는 것이〉 배우지 않고서 함부로 말하거나, 알지 못하여 빠뜨리는 것보다 나음을 말한 것이다.

○ 吳祕가 말하였다. "蒼頡도 史書의 부류이기 때문에 '史乎史乎'라고 한 것이니, 〈字書를 배우는 것이〉 오히려 여러 사람들이 함부로 배우지 않고 빠뜨리는 것을 배우는 것보다 낫다."

혹자가 揚子에게 ≪蒼頡≫과 ≪史籒≫를 배우고자 하니, 揚子가 말하였다. "字書여. 字書여. 〈蒼頡과 史籒가 지은 字書를 배우는 것이〉 알지 못하면서 함부로 말하거나 알지 못하여 빠뜨리는 것보다 낫다."

12. 或曰 有人焉〔曰〕[56] 自姓孔而字仲尼하여 入其門하고 升其堂하며 伏其几하고 襲其裳이면 則可謂仲尼乎아 曰 其文은 是也나 其質은 非也니라 敢問質한대 曰 羊質而虎皮면 見草而說(열)하고 見豺而戰①하니 忘其皮之虎也②라

① 見豺而戰：戰, 悸. ○ 祕曰 "戰, 兢."

戰은 두려워하는 것이다.

≪漢書≫ 〈藝文志〉에 의하면, ≪蒼頡七章≫은 秦나라 丞相 李斯가 지은 것이고, ≪爰歷六章≫은 車府令 趙高가 지은 것이고, ≪博學七章≫은 太史令 胡毋敬이 지은 것인데, 漢나라 때에 閭里의 書史가 이 세 편을 합쳐서 ≪蒼頡篇≫으로 만든 것이라 한다.

52) 史籒十五篇：史籒는 周 宣王 때의 太史 籒이다. 古文을 변형하여 大篆 15편을 만들었다. 그러므로 大篆을 일명 籒文이라고 한다.

53) (知)〔學〕：저본에는 '知'로 되어 있으나, 四部叢刊本에 근거하여 '學'으로 바로잡았다.

54) (名)〔知〕：저본에는 '名'으로 되어 있으나, 四部叢刊本에 근거하여 '知'로 바로잡았다.

55) 〔廢〕：저본에는 없으나, 四部叢刊本에 근거하여 보충하였다.

56) 〔曰〕：저본에는 없으나, 四部叢刊本에 근거하여 보충하였다.

○ 吳祕가 말하였다. "戰은 두려워하는 것이다."

② 羊質而虎皮……忘其皮之虎也 : 羊假虎皮, 見豺則戰, 人假僞名, 考實則窮. ○ 光曰 "音義曰 '天復本, 草作(揚)〔羊〕[57].' 今從諸家本. 說音悅. 君子小人, 必臨利害, 然後見其眞."

羊이 호랑이 가죽을 쓰고 호랑이를 가장하더라도 승냥이를 보면 두려워하며, 사람이 거짓 명성을 빌리더라도 실질을 살펴보면 곤궁하다.

○ 司馬光이 말하였다. "≪音義≫에 '天復本에는 「草」가 「羊」으로 되어 있다.'라고 하였는데, 지금 諸家의 本을 따랐다. 說은 음이 悅이다. 君子와 小人은 반드시 利害에 직면한 뒤에야 그 참모습을 알 수 있다."

혹자가 물었다.

"어떤 사람이 스스로 자기 姓이 孔이라 하고 字가 仲尼라고 하면서 仲尼의 문으로 들어가고 仲尼의 堂에 올라가며 仲尼의 안석에 기대고 仲尼의 옷을 입는다면 仲尼라고 이를 수 있습니까?"

揚子가 말하였다.

"外表로 본다면 仲尼가 맞지만 實質을 따진다면 仲尼가 아니다."

혹자가 물었다.

"감히 실질에 대해 묻습니다."

揚子가 말하였다.

"실질은 양인데 호랑이 가죽을 쓰고 있으면, 牧草를 보고는 기뻐하고 승냥이를 보고는 두려워하니, 자신이 호랑이 가죽을 쓰고 있다는 사실을 망각하기 때문이다."

13. 聖人虎別하니 其文炳也①요 君子豹別하니 其文蔚也②요 辯人貍別하니 其文萃也③라 貍變則豹④하고 豹變則虎⑤라

① 聖人虎別 其文炳也 : 如虎之別百獸, 炳然殊異. ○ 光曰 "別, 彼列切. 下同."

호랑이가 다른 禽獸들과 구별되는 것처럼 아주 분명하게 다르다.

○ 司馬光이 말하였다. "別은 彼와 列의 反切이다. 아래도 이와 같다."

---

57) (揚)〔羊〕 : 저본에는 '揚'으로 되어 있으나, 四部叢刊本에 근거하여 '羊'으로 바로잡았다.

② 君子豹別 其文蔚也：蔚〔然〕[58]有文章而次虎者. ○ 祕曰 "別, 辨別也. 聖人文之大者, 其文炳煥也. 君子次之, 其文蔚盛也."

표범은 화려하게 무늬가 있어서 호랑이 다음가는 것이다.

○ 吳祕가 말하였다. "別은 辨別되는 것이다. 聖人은 문채가 나는 사람 중에 큰 자이니 문채가 찬란하고, 君子는 그 다음가니 문채가 성대하다."

③ 辯人貍別 其文萃也：萃然有文采, 異於貓貉. ○ 祕曰 "辭辯之人, 又次之, 其文叢萃也."

萃然히 문채가 있는 것이 貓貉(오소리와 담비)과는 다르다.

○ 吳祕가 말하였다. "말 잘하는 사람은 또 그 다음가니 문채가 한데 모인 것이다."

④ 貍變則豹：祕曰 "辯人睎君子, 則君子矣."

吳祕가 말하였다. "말 잘하는 사람이 군자가 되기를 바라면 군자가 될 수 있다."

⑤ 豹變則虎：咸曰 "貍變豹, 豹變虎, 豈然也. 亦循循然善誘人也." ○ 祕曰 "君子睎聖人, 亦聖人之徒." ○ 光曰 "言三者, 皆有文章, 顧其質不同耳. 若能變更其質, 去彼取此, 孰禦焉."

宋咸이 말하였다. "살쾡이가 표범으로 변하고, 표범이 호랑이로 변한다는 것은 아마도 그럴 듯하다. 사람 또한 차근차근 잘 인도하면 〈聖人이〉 될 수 있다."

○ 吳祕가 말하였다. "君子가 聖人이 되기를 바라면 그 역시 聖人의 무리이다."

○ 司馬光이 말하였다. "세 가지가 모두 문채가 있으나 다만 그 바탕이 같지 않을 뿐이니, 만약 바탕을 바꾸어 저것을 버리고 이것을 취한다면 누가 막겠느냐는 말이다."

聖人은 호랑이가 〈다른 禽獸와〉 구별되는 것과 같으니 그 문채가 아름답게 빛나고, 君子는 표범이 〈다른 금수와〉 구별되는 것과 같으니 그 문채가 성대(선명)하고, 말 잘하는 사람은 살쾡이가 〈다른 금수와〉 구별되는 것과 같으니 그 문채가 빽빽하게 모여 있다. 살쾡이(말 잘하는 사람)가 〈한 번〉 변하면 표범(군자)이 될 수 있고, 표범(군자)이 〈한 번〉 변하면 호랑이(성인)가 될 수 있다.

14. 好書而不要諸仲尼면 書肆也①요 好說而不見諸仲尼면 說鈴也②니라

① 好書而不要諸仲尼 書肆也：賣書市肆, 不能釋義. ○ 祕曰 "若市書之肆." ○ 光曰 "要, 於霄切."

58) 〔然〕：저본에는 없으나, 四部叢刊本에 근거하여 보충하였다.

책 파는 시장의 가게는 〈책을 진열해 놓고 팔기만 할 뿐〉 책 속의 뜻을 해석하지는 못한다.

○ 吳祕가 말하였다. "책 파는 가게와 같은 것이다."

○ 司馬光이 말하였다. "要는 於와 霄의 反切이다."

② 好說而不見諸仲尼 說鈴也 : 鈴以喩小聲, 猶小說不合大雅. ○ 祕曰 "見則諸儒之木鐸也, 不見則說鈴也.[59)]"

방울을 작은 소리에 비유하였으니, 小說(자질구레한 말)이 大雅와 부합하지 않는 것과 같다.

○ 吳祕가 말하였다. "〈변설을 좋아하되 중니의 가르침을〉 보면 諸儒를 인도하는 木鐸이 되고, 〈중니의 가르침을〉 보지 않으면 說鈴(자질구레한 말)이 된다."

책읽기를 좋아하되 仲尼의 가르침을 요점으로 삼지 않으면 〈책 내용은 모른 채 책을 진열해 놓고 파는〉 책방과 같고, 辯說하기를 좋아하되 중니의 가르침을 보지 않으면 〈아무 의미 없이 울리는〉 방울 소리와 같다.

15. 君子는 言也無擇①하고 聽也無淫②하니 擇則亂하고 淫則辟③이니라

① 言也無擇 : 非法不言, 何所擇乎.

군자는 법이 아니면 말하지 않으니, 어찌 가릴 말이 있겠는가.

② 聽也無淫 : 非正不聽, 何(所)〔有〕[60)]淫乎.

군자는 바른 말이 아니면 듣지 않으니, 어찌 바르지 않은 말이 있겠는가.

③ 擇則亂 淫則辟 : 言有可擇則穢亂, 聽有淫侈則邪僻. ○ 祕曰 "口有擇言, 則是非相亂. 聽不正, 則入乎邪僻." ○ 光曰 "辟音僻. 擇謂言雜是非, 淫謂聽入邪哆."

말할 때 가릴 것이 있으면 어지러운 것이고, 들을 때 바르지 않은 말이 있으면 사벽한 것이다.

○ 吳祕가 말하였다. "입에 가릴 말이 있으면 是非가 서로 어지럽고, 바르지 않은 말을 들으면 사벽한 데로 들어가게 된다."

○ 司馬光이 말하였다. "辟은 음이 僻이다. 擇은 말에 옳은 것과 그른 것이 섞여 있음을 이르고, 淫은 듣고서 간사한 데로 들어감을 이른다."

---

59) 見則諸儒之木鐸也 不見則說鈴也 : 木鐸과 說鈴이 서로 對가 되니, 木鐸은 훌륭한 말을 비유한 것이고 說鈴은 자질구레한 말을 비유한 것이다.

60) (所)〔有〕 : 저본에는 '所'로 되어 있으나, 四部叢刊本에 근거하여 '有'로 바로잡았다.

君子는 말을 할 때 〈바른말이 아니면 말하지 않기 때문에〉 가릴 것이 없고, 말을 들을 때 〈바른말이 아니면 듣지 않기 때문에〉 바르지 않은 것이 없으니, 가릴 말이 있으면 〈是非가 서로〉 어지러워지고, 바르지 않은 말을 들으면 편벽하게 된다.

述正道而稍邪哆者는 有矣④어니와 未有述邪哆而稍正也⑤니라

④ 述正道而稍邪哆者 有矣 : 咸曰 "吳起述曾子, 反名不孝[61], 韓非述荀卿, 卒聞刑名[62]." ○ 祕曰 "哆, 脣下垂貌, 亦謂其言不正也, 猶辭賦本欲諷以正道, 而其辭以邪哆矣." ○ 光曰 "哆, 昌者反, 又尺氏切."

宋咸이 말하였다. "吳起는 曾子의 학문을 익혔으나 도리어 不孝로 이름이 났고, 韓非는 荀卿의 학문을 익혔으나 마침내 刑名으로 알려졌다."

○ 吳祕가 말하였다. "哆는 입술이 아래로 늘어진 모양으로, 또한 말이 바르지 않은 것을 이르니, 辭賦가 본래 正道로써 풍간하고자 하되 그 말이 바르지 않은 것과 같다."

○ 司馬光이 말하였다. "哆는 昌과 者의 反切이고, 또 尺과 氏의 反切이다."

⑤ 未有述邪哆而稍正也 : 咸曰 "蘇秦·張儀, 述鬼谷[63], 而終詭數." ○ 祕曰 "未有專述邪哆之辭, 而能歸於正道." ○ 光曰 "音義曰 '天復本, 作稍正道.' 今從諸家本. 言習聖道而陷於異端者, 有矣, 未有習異端而入於聖道者也."

宋咸이 말하였다. "蘇秦과 張儀는 鬼谷子의 학문을 익혔으나 詭異한 술수로 마

---

61) 吳起述曾子 反名不孝 : 吳起가 소싯적에 벼슬을 하려고 수많은 가산을 탕진하고도 실패하자 향리에서 그를 비웃으니, 자기를 비방한 30여 인을 죽이고는 모친과 결별하고 길을 떠나면서 "卿相이 되지 않으면 고국인 衛나라에 돌아오지 않겠다."고 맹세하였다. 그리고는 魯나라에 가서 曾子를 섬겼는데, 모친이 죽었다는 소식을 듣고도 돌아가지 않자 증자가 각박한 사람이라고 하여 師弟의 인연을 끊었다.(≪史記 卷65 孫子吳起列傳≫)

62) 韓非述荀卿 卒聞刑名 : 韓非는 처음에는 韓子라고 했는데, 송나라 이후로 韓愈를 韓子라 하고, 이 사람에게는 非자를 더 넣어서 불렀다. 荀卿은 전국시대 趙나라 사람으로 性惡說을 주창하고 禮를 중시하였는데, 韓非는 荀卿을 師事하였으나 刑名과 法術을 즐겨 법가사상을 크게 완성하였다. 刑名은 形名과 같다. 形名은 名實의 뜻으로, 한비자가 주장한 학설이다. 관리를 등용할 때에는 그 사람의 의론 곧 名과, 그의 실제 성적 곧 形의 일치와 불일치를 살펴, 賞罰과 黜陟을 하여야 한다고 주장하였다.

63) 鬼谷 : 전국시대 사람으로 본명은 王詡인데 鬼谷에서 살았으므로 鬼谷先生이라고 하였다. 蘇秦·張儀 등이 그에게 縱橫術을 배웠다.

쳤다."

○ 吳祕가 말하였다. "오로지 邪道의 말을 익히고서 능히 正道로 돌아온 자는 있지 않다."

○ 司馬光이 말하였다. "≪音義≫에 '天復本에는 「稍正道」로 되어 있다.'라고 하였는데, 지금 諸家의 本을 따랐다. 聖人의 道를 익혔으면서도 異端에 빠진 자는 있지만, 異端을 익혔으면서 聖人의 道로 들어온 자는 있지 않다는 말이다."

正道를 익히고서 차츰 邪道로 빠지는 자는 있지만, 邪道를 익히고서 차츰 正道로 들어오는 자는 있지 않다.

16. **孔子之道**는 **其較**64)**且易也**①니라 **或曰 童而習之**하여 **白紛如也**②어늘 **何其較且易**오 **曰 謂其不姦姦**하고 **不詐詐也**③라 **如姦姦而詐詐**면 **雖有耳目**이나 **焉得而正諸**④리오

① 孔子之道 其較且易也：言較然易知. ○ 祕曰 "孔子之道, 已試之效, 且易知也." ○ 光曰 "較音覺(교). 易, 以豉反."

분명하여 알기 쉬움을 말한 것이다.

○ 吳祕가 말하였다. "孔子의 道는 이미 효과를 시험하였고 또 알기가 쉽다."

○ 司馬光이 말하였다. "較는 음이 覺이다. 易는 以와 豉의 反切이다."

② 童而習之 白紛如也：言皓首猶亂. ○ 祕曰 "紛如, 亂而不理也. 班固曰 '幼童而守一藝, 白首而後能言.'65)"

백발이 될 때까지 배워도 오히려 〈학문에 두서가 없어〉 어지러움을 말한 것이다.

○ 吳祕가 말하였다. "紛如는 어지럽고 다스려지지 않은 것이다. 班固가 '어려서부터 한 가지 기예를 익히면 백발이 된 뒤에야 말을 할 수가 있다.' 하였다."

③ 謂其不姦姦 不詐詐也：不姦姦者, 以虛受人〔也〕66). 不詐詐者, 以正敎人〔也〕. ○ 祕曰 "孔子之道, 已較而易知. 猶夾谷齊人于會, 孔子以正言却之67), 不姦姦也. 互鄕童子

---

64) 較：皎 또는 皦와 통용되니, 명백하다는 뜻이다.

65) 幼童而守一藝 白首而後能言：≪漢書≫ 〈藝文志〉에 보인다.

66) 〔也〕: 저본에는 '也'가 없으나, 四部叢刊本에 근거하여 보충하였다. 아랫구도 같다.

67) 猶夾谷齊人于會 孔子以正言却之：춘추시대 齊 景公과 魯 定公이 夾谷에서 회합할 적에 孔子가 大司寇가 되어 정공을 수행하였다. 협곡의 회합은 제나라가 노나라를 얕보고서 망신을 주려고 주선한 것이었으나, 공자가 미리 武威를 갖추고 機智를 발휘한 결과 제나라가

請見, 孔子以潔己與之[68], 不詐詐也." ○ 光曰 "孔子之道, 以正化姦, 以誠去詐, 故較易也. 諸儒, 佔畢以爲博, 多訊以爲辯. 是以姦敵姦, 以詐勝詐也."

간사함으로 간사함을 상대하지 않는다는 것은 겸허하게 남의 말을 받아들이는 것이고, 속임수로 속임수를 상대하지 않는다는 것은 正道로써 남을 가르치는 것이다.

○ 吳祕가 말하였다. "孔子의 道는 이미 분명하고 알기가 쉽다. 夾谷에서 齊人과 회합할 때 孔子께서 바른 말로써 물리친 것 같은 것이 간사함으로 간사함을 상대하지 않는 것이요, 互鄕의 童子가 뵙기를 청하였을 때 孔子께서 그가 자기 몸을 결백히 하고 찾아온 것을 인정해준 것은 속임수로 속임수를 상대하지 않는 것이다."

○ 司馬光이 말하였다. "孔子의 道는 正道로 간사함을 교화시키고 진실함으로 속임수를 제거하기 때문에 분명하면서도 쉽다. 諸儒들은 책장을 뒤적거리는 것을 박학이라 여기고 많이 묻는 것을 달변이라고 여기니, 이는 간사함으로 간사함을 대적하고 속임수로 속임수를 이기는 것이다."

④ 如姦姦而詐詐……焉得而正諸 : 姦姦者, 以姦欺姦. 詐詐者, 以詐欺詐. ○ 咸曰 "非也. 聖人之不以姦欺姦, 不以詐欺詐, 雖豎子, 皆知之矣. 豈(特)〔待〕[69]揚子言而後辯哉. 夫不姦姦者, 謂不姦其姦, (知)〔如〕[70]懲惡貶惡之義. 不詐詐者, 謂不詐其詐, 如闕文之類[71]." ○ 祕曰 "如使姦以敵姦, 詐以拒詐, 學者雖有耳目, 安得而正之也." ○ 光曰 "己之耳目, 尙不能正, 焉能正人."

姦姦은 간사함으로 간사함을 속이는 것이고, 詐詐는 속임수로 속임수를 속이는 것이다.

○ 宋咸이 말하였다. "옳지 않다. 聖人이 간사함으로 간사함을 속이지 않고 속임수로 속임수를 속이지 않아야 한다는 것은 어린아이들도 다 아는 사실이다. 어찌

오히려 낭패를 당하여 점령하고 있던 노나라의 땅을 돌려주며 사죄하기에 이르렀다. ≪春秋左氏傳 定公 10年≫

68) 互鄕童子請見 孔子以潔己與之 : 互鄕은 풍습이 비루해서 사람들이 상대하기를 꺼렸다는 고을인데, 호향의 동자가 찾아왔을 때 孔子가 거절하지 않고 접견을 허락한 내용이 ≪論語≫ 〈述而〉에 보인다.

69) (特)〔待〕 : 저본에는 '特'으로 되어 있으나, 四庫全書本에 근거하여 '待'로 바로잡았다.

70) (知)〔如〕 : 저본에는 '知'로 되어 있으나, 四庫全書本에 근거하여 '如'로 바로잡았다.

71) 闕文之類 : ≪論語≫ 〈衛靈公〉에, 孔子가 "내가 예전엔 그래도 史官이 의심나는 곳은 빼놓고 기록하지 않는 것을 보았고, 또 말을 가진 사람이 남에게 타도록 빌려주는 것을 보았는데, 지금은 이런 것마저 없어지고 말았다.〔吾猶及見史之闕文也 有馬者借人乘之 今亡矣夫〕"라고 한 말에서 유래한 것으로, 史官이 의심나는 일에 대해서는 자기 의견으로 牽强附會하지 않고 공란으로 비워두는 충후한 풍속을 가리킨다.

揚子의 말을 기다린 뒤에야 분별하겠는가. '不姦姦'은 간사한 것을 간사하지 않게 함을 이르니 악을 징계하고 악을 폄하하는 의리 같은 것이고, '不詐詐'는 속이는 것을 속이지 않게 함을 이르니 의심나는 곳은 빼놓고 기록하는 것 같은 따위이다."

○ 吳祕가 말하였다. "만약 간사함으로 간사함을 대적하고 속임수로 속임수를 막는다면 배우는 자가 비록 귀와 눈이 있으나 어찌 〈간사함과 속임수를〉 바로잡을 수 있겠는가."

○ 司馬光이 말하였다. "자신의 귀와 눈도 오히려 바르게 할 수 없는데, 어찌 남을 바로잡을 수 있겠는가."

孔子의 道는 분명하면서도 쉽다.

혹자가 물었다.

"어릴 때부터 익혀 백발이 될 때까지 배워도 도리어 紛紛하여 두서가 없는데, 어찌하여 분명하면서도 쉽다고 합니까?"

揚子가 말하였다.

"〈孔子의 도가 분명하면서도 쉽다는 것은〉 간사함으로 간사함을 상대하지 않고 속임수로 속임수를 상대하지 않음을 이른다. 만약 간사함을 간사함으로 상대하고 속임수를 속임수로 상대한다면 비록 귀가 있어서 듣기를 원하고 눈이 있어서 보기를 원한다 해도 그들이 어찌 잘못을 바로잡을 수 있겠는가."

17. 多聞則守之以約①이요 多見則守之以卓②이라 寡聞則無約也요 寡見則無卓也③니라

① 多聞則守之以約 : 所守簡要. ○ 祕曰 "百家之聞, 守之以經."
지키는 바가 간략하고 요점이 있다.
○ 吳祕가 말하였다. "百家의 설을 듣고 經典의 道로써 지키는 것이다."

② 多見則守之以卓 : 所觀廣遠. ○ 祕曰 "衆言之見, 守之以聖."
본 것이 넓고 원대하다.
○ 吳祕가 말하였다. "여러 사람의 말을 보고 聖人의 도로 지키는 것이다."

③ 寡聞則無約也 寡見則無卓也 : 少聞無約要之守, 少見無卓絶之照. ○ 祕曰 "不聞詭辭, 何以表經旨之約. 不見小說, 何以知聖道之卓." ○ 光曰 "約謂擇其精要, 卓謂取其高遠."
들은 것이 적으면 요약하여 지킬 것이 없고, 본 것이 적으면 높은 식견으로 비추어 볼 것이 없다.

○ 吳祕가 말하였다. "異端의 간사한 말을 듣지 않으면 經典의 뜻이 요약하다는 것을 어찌 알 수 있겠으며, 자질구레한 말을 보지 않으면 聖人의 道가 뛰어나다는 것을 어찌 알 수 있겠는가."

○ 司馬光이 말하였다. "約은 精要한 것을 택함을 이르고, 卓은 高遠한 것을 취함을 이른다."

들은 것이 많으면 요약함으로 이를 지킬 수 있고, 본 것이 많으면 높은 식견으로 〈비추어 보고〉 이를 지킬 수 있다. 그러나 들은 것이 적으면 요약할 수가 없고, 본 것이 적으면 높은 식견으로 비추어 볼 수가 없다.

18. 綠衣三百이나 色如之何矣요 紵絮三千이나 寒如之何矣①라

① 綠衣三百……寒如之何矣 : 綠衣[72]雖有三百領, 雜色不可入宗廟. 紵絮雖有三千紙, 單薄不可以禦冬〔寒〕[73]. 文賦雜子, 不可以經聖典. ○ 祕曰 "綠衣, 非正色. 紵絮, 非純綿. 雖多, 不益於實用, 猶詭辭小說, 不益於正理." ○ 光曰 "如習非者, 雖博而無益也."

綠衣가 비록 300벌이 있더라도 雜色이니 이것을 입고 宗廟에 들어갈 수가 없고, 모시솜이 비록 3천 장이 있더라도 홑겹이니 이것으로 겨울 추위를 막을 수 없으며, 文賦(文章과 詩賦)와 雜家는 聖人의 경전에 도달할 수 없다.

○ 吳祕가 말하였다. "綠衣는 正色이 아니고 모시솜은 〈다른 것이 전혀 섞이지 않은〉 純綿이 아니므로 아무리 많아도 實用에 유익함이 없으니, 간사한 말과 자질구레한 言說이 正道에 유익함이 없는 것과 같다."

○ 司馬光이 말하였다. "옳지 않은 것을 익히면 비록 널리 배우더라도 무익하다."

綠衣가 300벌이 있더라도 雜色이니 이것을 입고 宗廟에 들어갈 수 없고, 모시솜이 3천 장이 있더라도 홑겹이니 이것으로 추위를 막을 수 없다.

19. 君子之道有四易하니 簡而易用也①요 要而易守也②요 炳而易見也③요 法而

72) 綠衣 : 녹색 상의라는 뜻으로 녹색은 間色이다. 秦漢 때에는 正色과 間色의 구분이 있어서 정색은 靑·黃·赤·白·黑의 5색을 가리키고, 간색은 綠·紅·碧·紫·騮黃의 5색을 가리킨다.

73) 〔寒〕 : 저본에는 없으나, 四部叢刊本에 근거하여 보충하였다.

易言也④니라

① 簡而易用也 : 祕曰 "居敬而行簡[74]." 光曰 "簡則易從."[75]
　吳祕가 말하였다. "敬에 처하면서 간략함을 행하는 것이다."
　司馬光이 말하였다. "간략하면 따르기가 쉽다."
② 要而易守也 : 祕曰 "一以貫之[76]."
　吳祕가 말하였다. "〈군자의 도는〉 하나의 이치가 萬事를 관통하고 있다."
③ 炳而易見也 : (必)〔祕〕[77]曰 "坦然明白."
　吳祕가 말하였다. "뚜렷하게 明白한 것이다."
④ 法而易言也 : 祕曰 "法語之言, 能無從乎[78]." ○ 光曰 "有制度, 可言也."
　吳祕가 말하였다. "바르게 해주는 말을 따르지 않을 수 있겠는가."
　○ 司馬光이 말하였다. "制度가 있어서 말할 만한 것이다."

君子의 道에 네 가지 쉬운 점이 있으니, 간략해서 쓰기가 쉽고, 요점이 있어서 지키기가 쉽고, 분명해서 알기가 쉽고, 법도에 맞아서 말하기가 쉽다.

20. 震風凌雨①然後에 知夏屋之爲帡幪(병몽)也②요 虐政虐世然後에 知聖人之爲

---

74) 居敬而行簡 : ≪論語≫ 〈雍也〉에 仲弓이 "자신이 敬에 처하면서 간략함을 행하여 백성들을 대한다면 가하지 않겠습니까. 자신이 간략함에 처하고 다시 간략함을 행한다면 너무 간략한 것이 아니겠습니까.〔居敬而行簡 以臨其民 不亦可乎 居簡而行簡 無乃大簡乎〕"라고 하였다.

75) 簡則易從 : ≪周易≫ 〈繫辭傳 上〉에 "평이하면 알기 쉽고 간략하면 따르기 쉽다.〔易則易知 簡則易從〕"라고 하였다.

76) 一以貫之 : 한 가지 이치가 만사를 관통하고 있음을 이른다. ≪論語≫ 〈里仁〉에 孔子가 曾子를 불러 "參아! 내 도는 한 가지 이치가 만사를 관통하고 있다." 하니, 증자는 즉시 "예. 옳습니다."라고 말하였다.

77) (必)〔祕〕 : 저본에는 '必'로 되어 있으나, 四庫全書本에 근거하여 '祕'로 바로잡았다.

78) 法語之言 能無從乎 : 잘못을 고치지 않고 겉으로만 따르는 것을 경계한 말이다. ≪論語≫ 〈子罕〉에 "바르게 타이르는 말을 따르지 않을 수 있겠는가. 잘못을 고치는 것이 중요하다. 부드럽게 해주는 말을 좋아하지 않을 수 있겠는가. 실마리를 찾는 것이 중요하다. 좋아하기만 하고 실마리를 찾지 않거나 따르기만 하고 잘못을 고치지 않는다면 나도 어찌할 수 없다.〔法語之言 能無從乎 改之爲貴 巽與之言 能無說乎 繹之爲貴 說而不繹 從而不改 吾末如之何也已矣〕"라고 하였다.

郛郭也③니라

① 凌雨 : 凌, 暴. ○ 祕曰 "暴雨."
凌은 사나운 것이다.
○ 吳祕가 말하였다. "凌雨는 폭우이다."

② 知夏屋之爲帡幪(병몽)也 : 夏, 大也. 帡幪, 蓋覆(부)也. ○ 光曰 "吳本, 帡作帲, 音荒. 今從李宋本. 帡, 莫經·普耕二切. 又音幷, 又音萍. 幪, 莫紅切."
夏는 큰 것이다. 帡幪은 〈비바람을〉 가려주고 덮어주는 장막이다.
○ 司馬光이 말하였다. "吳祕本에는 '帡'이 '帲'으로 되어 있으니, 음이 荒이다. 지금 李軌本과 宋咸本을 따랐다. 帡은 莫과 經의 反切, 普와 耕의 反切 두 가지 음이다. 또 다른 음은 幷이고, 또 다른 음은 萍이다. 幪은 莫과 紅의 反切이다."

③ 知聖人之爲郛郭也 : 郛郭, 限內外, 禦姦宄. 聖人, 崇仁義, 正愆違. ○ 祕曰 "聖人(也)〔之〕[79]道, 能遠暴虐." ○ 光曰 "聖人之道, 磨而不磷, 涅而不淄, 治亦宜, 亂亦宜, 如郛郭, 可以自衛也."
郛郭은 內外를 한계짓고 간사한 적들을 막으며, 聖人은 仁義를 숭상하고 과실을 바로잡는다.
○ 吳祕가 말하였다. "聖人의 道는 포학함을 멀리하게 할 수 있다."
○ 司馬光이 말하였다. "聖人의 道는 갈아도 얇아지지 않고 물들여도 검어지지 않으며, 다스려질 때에도 마땅하고 어지러울 때에도 마땅하여, 성곽처럼 스스로 지킬 수 있다."

거센 바람과 세찬 비를 만난 뒤에야 큰 집이 비바람을 가려주는 장막이라는 것을 알게 되고, 포악한 정사와 어지러운 세상을 겪은 뒤에야 聖人의 道가 백성들을 지켜주는 성곽이라는 것을 알게 된다.

21. 古者에 楊墨塞路어늘 孟子辭而闢之廓如也①[80]라 後之塞路者有矣②하니 竊自比於孟子하노라

① 古者楊墨塞路 孟子辭而闢之廓如也 : 咸曰 "墨翟之道, 摩頂放踵以利天下爲之, 是兼

---

79) (也)〔之〕: 저본에는 '也'로 되어 있으나, 四庫全書本에 근거하여 '之'로 바로잡았다.
80) 古者……孟子辭而闢之廓如也 : 이단의 학설을 물리쳐야만 斯道가 밝아진다는 뜻이다. 韓愈의 〈與孟簡尙書書〉에 揚子雲의 이 말을 인용하였다.

愛也, 然無親疏之別. 楊朱之道, 拔一毛以利天下不爲之, 是爲己也, 然爲己乃獨善其身. 兼愛・獨善[81], 俱偏於道, 而教授其徒, 以亂天下, 是塞聖人之路者也. 然爲己, 猶得不毁傷之義, 無親疏之別, 大爲不可. 故孟子曰 '逃墨, 必歸於楊, 逃楊, 必歸於儒, 歸斯受之而已矣[82].' 此孟子闢之之辭也." ○ 祕曰 "楊朱墨翟之橫議, 充塞聖人之正路, 孟子辯而開之廓然, 無復塞矣. 孟子曰 '楊墨之道不息, 孔子之道不著, 是邪說誣民, 充塞仁義也[83].'"

宋咸이 말하였다. "墨翟의 道는 정수리를 갈아서 발꿈치에 이르더라도 천하를 이롭게 할 수 있으면 하였으니 이는 兼愛이다. 그러나 親疏의 구별이 없다. 楊朱의 道는 털 하나를 뽑아 천하를 이롭게 할 수 있더라도 하지 않았으니 이는 爲己이다. 그러나 爲己는 자기 한 몸만 선하게 한다. 兼愛와 獨善은 모두 道에 있어서 한쪽으로 치우쳤는데 門徒들을 가르쳐 천하를 어지럽혔으니 이는 聖人〈의 道가 행해질 수 있는〉 길을 막은 것이다. 그러나 〈楊朱의〉 爲己는 오히려 자기 몸의 지조를 毁傷하지 않는 의리에 맞지만, 〈墨翟의 兼愛가〉 親疏의 구별이 없는 것은 매우 불가하다. 그러므로 孟子가 '묵적에서 달아나면 반드시 양주로 돌아가고 양주에서 달아나면 반드시 儒家로 돌아오니, 돌아오면 받아줄 뿐이다.'라고 하였으니, 이것이 孟子가 〈양주와 묵적의 道를 물리쳐 聖人의 道로 돌아올 수 있는 길을〉 열어놓았다는 말이다."

○ 吳祕가 말하였다. "楊朱와 墨翟의 부정한 의논이 聖人의 正道를 막으므로 孟子가 변론하여 물리쳐서 환하게 열어놓으니 다시 막힘이 없었다. 孟子가 '楊朱와 墨翟의 道가 종식되지 않으면 孔子의 道가 드러나지 못할 것이니, 이는 부정한 학설이 백성을 속여 仁義를 꽉 막은 것이다.'라고 하였다."

② 後之塞路者有矣 : 祕曰 "若韓莊申商之類."

---

81) 兼愛獨善 : 兼愛는 墨子의 思想인데, 제 몸 제 집 제 나라만을 사랑하지 말고, 다른 사람 다른 집 다른 나라도 겸하여 사랑하라는 뜻으로, 길 가는 사람을 부모처럼 보라 하였는데, 儒學에서는 이를 비판하여 "모든 사람을 차별없이 사랑한다면 끝에 가서는 자신의 부모를 길 가는 사람처럼 보게 된다."고 하였다. 獨善은 세상이 혼란하면 은둔하여 자기 몸만을 선하게 하는 것인데, 여기서는 楊朱의 사상을 가리킨다. 楊朱는 義를 강조하여 자신의 지조를 지켜야 한다는 爲我說을 주장하였는데, 유학에서는 이를 비판하여 "자기 몸을 아낄 줄만 알고 다시 국가와 임금을 위해 몸을 바치는 의리가 있음을 알지 못하니 이는 군주를 무시하는 것이다."라고 하였다. 뒤에 이들 사상의 병폐가 심화되자, 孟子는 墨翟의 겸애설을 無父의 가르침이라 비판하였고, 양주의 위아설을 無君의 가르침이라고 비판하였다.

82) 逃墨……歸斯受之而已矣 : ≪孟子≫ 〈盡心 下〉에 보인다.

83) 楊墨之道不息……充塞仁義也 : ≪孟子≫ 〈滕文公 下〉에 보인다.

吳祕가 말하였다. "〈孟子 이후에 또 正道를 막은 자는〉 韓非子, 莊子, 申不害, 商鞅 같은 부류이다."

옛날에 楊朱와 墨翟의 〈부정한 학설이〉 正道를 막으니 孟子께서 말씀하여 이들을 물리쳐서 〈聖人의 道로 돌아올 수 있는 길을〉 환하게 열어놓았다. 맹자 이후에 또 正道를 막는 자가 있으니, 삼가 나 스스로 맹자에게 견주노라.

22. 或曰 人各是其所是하고 而非其所非하니 將誰使正之리오 曰 萬物紛錯則懸諸天하고 衆言淆亂則折諸聖①이니라

① 萬物紛錯……則折諸聖 : 光曰 "折, 之設切, 下同. 萬物名狀, 雖殊, 其性命, 皆稟於天, 衆言理趣, 雖殊, 其極致, 終歸於聖."

司馬光이 말하였다. "折은 之와 設의 反切이니, 아래도 이와 같다. 萬物의 명칭과 모양은 비록 다르지만 性命은 모두 하늘에서 품부받았고, 여러 말의 이치와 취지는 비록 다르지만 궁극에는 마침내 聖人에게로 돌아간다."

혹자가 물었다.

"사람들마다 각각 자기가 옳다고 여기는 것을 옳다고 주장하고 자기가 그르다고 여기는 것을 그르다고 주장하니, 장차 누구에게 이것을 바로잡게 합니까?"

揚子가 말하였다.

"만물이 뒤섞여 어지러우면 하늘의 이치로 바로잡고, 여러 사람의 말이 뒤섞여 어지러우면 聖人의 道로 절충한다."

或曰 惡覩乎聖而折諸②아 曰 在則人하고 亡則書③하니 其統一也라

② 惡覩乎聖而折諸 : 光曰 "惡音烏."

司馬光이 말하였다. "惡는 음이 烏이다."

③ 亡則書 : 祕曰 "五經."

吳祕가 말하였다. "성인의 책은 五經이다."

혹자가 물었다.

"어떻게 聖人의 道를 알아서 성인의 도로 절충합니까?"

揚子가 말하였다.

"聖人이 살아 있을 때에는 〈직접 나아가서〉 성인을 보고, 聖人이 죽고 없을 때에는 성인이 남긴 책을 보니, 〈성인과 성인의 책은〉 그 근본이 똑같다."

修身* 第三

* 咸曰 "吾道之學, 先諸身者也, 修則克矣, 故次之吾子."

宋咸이 말하였다. "吾道의 학문은 자기 몸에 먼저 베푸니, 닦는 것은 몸을 잘 닦아야 한다. 그러므로 이 편을 〈吾子〉 다음에 놓은 것이다.

事有本眞①하니 陳施于意[1)]라 動不克咸②하니 本諸身③이라 譔修身④호라

① 事有本眞 : 祕曰 "凡事有本有眞, 眞正道也."

吳祕가 말하였다. "모든 일에는 本이 있고 眞이 있다. 眞은 正道이다."

② 陳施于意 動不克咸 : 克, 能. 咸, 皆. ○ 咸曰 "陳, 布也. 施, 行也. 言正道之事, 當在己意, 自布行之, 而勿求備於人. 故曰'不克咸.'"

克은 能함이다. 咸은 모두이다.

○ 宋咸이 말하였다. "陳은 펴는 것이다. 施는 행하는 것이다. 正道의 일은 마땅히 자신의 뜻에 달려 있으니, 스스로 펴서 행하고 다른 사람에게 다 갖추어지기를 요구하지 말아야 한다는 말이다. 그러므로 '다른 사람들을 모두 똑같게 할 수는 없다.〔不克咸〕'라고 한 것이다.

③ 陳施于意……本諸身 : 自求之義 ○ 祕曰 "言陳施之, 動成萬法而不能咸一, 其本在修身." ○ 光曰 "咸, 感也. 人欲陳施其意, 治化天下, 動而不能感人者, 蓋由外逐浮僞, 內無本眞, 不能正己以正物, 故當先本諸身也."

스스로 구한다는 뜻이다.

○ 吳祕가 말하였다. "〈本眞을〉 베풀 적에 만 가지 법을 이루어 모두 똑같을 수가 없으니, 그 근본은 자기 몸을 닦는 데에 달려 있다는 말이다."

○ 司馬光이 말하였다. "咸은 感이다. 사람이 자신의 뜻을 펴서 천하를 다스려 교화시키고자 하되, 동함에 다른 사람을 감동시키지 못하는 것은 겉으로 거짓됨을 따르고 안에 本眞이 없어서 자신을 바르게 하여 남을 바르게 하지 못하기 때문이다. 그러므로 먼저 자기 몸에 근본을 두어야 한다."

④ 譔修身 : 祕曰 "內充至理, 而行止出處, 皆成律度."

---

1) 陳施于意 : '意'는 '億'과 통한다. ≪漢書≫ 〈揚雄傳〉에는 '意'가 '億'으로 되어 있다.

吳祕가 말하였다. “내면에 지극한 이치가 충만하여 행동거지와 출처가 모두 법도를 이룬다.”

사물에는 本眞(준칙)이 있으니, 이것이 억만 가지 일에 베풀어져 있다. 그러나 사람이 모든 행동을 다 잘할 수는 없으니, 먼저 자기 몸에 근본을 두어야 한다. 〈그러므로 사람들로 하여금 수만 가지 일에 베풀어져 있는 本眞을 알게 하기 위하여〉 〈修身〉을 지었다.

01. 修身以爲弓하고 矯思以爲矢①하고 立義以爲的하여 奠而後發하면 發必中矣②리라

① 修身以爲弓 矯思以爲矢 : 祕曰 “矯思, 猶正思也. 說文云 ‘矯, 揉箭箝也.’” ○ 光曰 “思, 斯恣切. 箝, 巨淹切.”

吳祕가 말하였다. “‘矯思’는 ‘正思’와 같다. ≪說文解字≫에 ‘矯는 화살을 矯正하는 도지개이다.’라고 하였다.”

○ 司馬光이 말하였다. “思는 斯와 恣의 反切이고, 箝은 巨와 淹의 反切이다.”

② 立義以爲的……發必中矣 : 無敵於天下也. ○ 祕曰 “事得其宜之謂義, 言修身正思, 定而後發, 俱中道之宜. 奠, 定也.” ○ 光曰 “中, 丁仲切.”

천하에 대적할 자가 없다는 말이다.

○ 吳祕가 말하였다. “일이 마땅함을 얻는 것을 義라고 하니, 몸을 닦고 생각을 바르게 하여 안정한 뒤에 활을 쏘면 도의 마땅함에 모두 맞는 것을 말한다. 奠은 안정함이다.”

○ 司馬光이 말하였다. “中은 丁과 仲의 反切이다.”

몸을 닦는 것을 활로 삼고, 생각을 바로잡는 것을 화살로 삼고, 의리를 세우는 것을 과녁으로 삼아서, 안정한 뒤에 활을 쏜다면 쏠 때마다 반드시 적중할 것이다.

02. 人之性也 善惡混①하여 修其善則爲善人하고 修其惡則爲惡人②이니라

① 人之性也 善惡混 : 混, 雜也. 荀子以爲人性惡, 孟子以爲人性善, (而)〔惟〕[2]揚子以爲

---

2) (而)〔惟〕 : 저본에는 ‘而’로 되어 있으나, 四庫全書本에 근거하여 ‘惟’로 바로잡았다.

人性雜. 三子取譬雖異, 然大同儒教, 立言尋流, 厥義兼通耳. 惟聖罔念作狂, 惟狂克念作聖[3). 揚子之言, 該兩家之論反覆, 於是俱暢. ○ 祕曰 "天命之謂性, 性命之初, 善惡兼全. 故赤子之生, 七情未著, 而先有號笑喜怒, 喜怒者, 善惡之端也. 是正性與善惡相混."

混은 섞여 있는 것이다. 荀子는 사람의 본성이 惡하다고 하였고, 孟子는 사람의 본성이 善하다고 하였는데, 오직 揚子는 사람의 본성은 善과 惡이 섞여 있다고 하였다. 세 사람이 비유를 취한 것은 비록 다르지만 크게는 같은 儒學의 가르침이니, 立言한 뜻을 거슬러 올라가면 그 뜻이 모두 통한다. 聖人이라도 생각하지 않으면 狂人이 되고 狂人이라도 능히 생각하면 聖人이 된다. 揚子의 말은 두 大家(荀子와 孟子)의 의론을 갖추어 고심하였으므로 여기에 함께 진술하였다.

○ 吳祕가 말하였다. "天命을 性이라 하니, 性命의 시초에는 善과 惡이 모두 갖추어져 있다. 그러므로 赤子가 태어나 아직 七情이 드러나기 이전에 먼저 울고 웃고 기뻐하고 노여워함이 있으니, 기쁨과 노여움은 善惡의 단서이다. 이것이 바로 性과 善惡이 서로 뒤섞여 있는 것이다."

② 修其善則爲善人 修其惡則爲惡人 : 所謂混也. ○ 咸曰 "孔子云 '中人以上, 可以語上, 中人以下, 不可以語上也.'[4] 又曰 '上智與下愚不移.'[5] 考聖人之言, 則是人有上中下三品矣. 上焉者善, 下焉者惡, 中焉者可上可下, 善惡混也. 故賈誼新書, 亦於人主, 分三等曰 '有上主, 有中主, 有下主. 夫上主者, 可以引之而上, 不可以引之而下. 下主者, 可以引之而下, 不可以引之而上. 中主者, 可以引之而上, 亦可以引之而下也. 故上主者, 堯舜是也. 夏禹后稷, 與之爲善則行, 鯀驩兜, 欲引而爲惡則誅, 故可與爲善而不可與爲惡也. 下主者, 桀紂是也. 飛廉惡來, 與之爲惡則行, 比干龍逢, 欲引而爲善則誅, 故可與爲惡而不可與爲善也. 中主者, 齊桓公是也, 得管仲隰朋則霸, 用豎貂子牙則亂.'[6] 今揚子之意, 謂孟子已言人性善, 是論上品矣, 荀子已言人性惡, 是論下品矣. 而未及中品, 故於此謂人之性善惡混. 又曰 '修其善則爲善人, 修其惡則爲惡人.' 觀其文, 是止言中品之性, 明矣, 非謂人皆然也. 得非夫子所謂中人以上可以語上, 中人以下不可以語上者邪. 得非賈誼所謂可以引之而上, 亦可以引之而下者邪. 故三子言性, 各擧其品, 教亦備矣." ○ 祕曰 "習與性成." ○ 光曰 "孟子以爲'人性善, 其不善者, 外物誘之也', 荀子以爲'人性惡, 其善者, 聖人教之也', 是皆得其一偏而遺其本實.

---

3) 惟聖罔念作狂 惟狂克念作聖 : ≪書經≫ 〈周書 多方〉에 보인다.

4) 孔子云……不可以語上也 : ≪論語≫ 〈雍也〉에 보인다.

5) 上智與下愚不移 : ≪論語≫ 〈陽貨〉에 보인다.

6) 有上主……用豎貂子牙則亂 : 賈誼의 ≪新書≫ 〈連語〉에 보이는데, 다만 語句에 다소 차이가 있다.

夫性者，人之所受於天以生者也，善與惡，必兼有之，猶陰之與陽也．是故，雖聖人，不能無惡，雖愚人，不能無善，其所受多少之間則殊矣．善至多而惡至少則爲聖人，惡至多而善至少則爲愚人，善惡相半則爲中人．聖人之惡不能勝其善，愚人之善不能勝其惡，不勝則從而亡矣．故曰 '惟上智與下愚不移.' 雖然，不學則善日消而惡日滋，學焉則惡日消而善日滋．故曰 '惟聖罔念作狂，惟狂克念作聖.' 必曰'聖人無惡'，則安用學矣．必曰'愚人無善'，則安用敎矣．譬之於田，稻粱藜莠，相與竝生，善治田者，薅其藜莠而養其稻粱，不善治田者，反之，善治性者，長其善而去其惡，不善治性者，反之．孟子以爲'仁義禮智皆出乎性者也'，是豈可謂之不然乎．然殊不知暴慢貪惑，亦出乎性也．是信稻粱之生於田，而不信藜莠之亦生於田也．荀子以爲'爭奪殘賊之心，人之所生而有也，不以師法禮義正之，則悖亂而不治.'[7] 是豈可謂之不然乎．然殊不知慈愛羞惡之心，亦生而有也．是信藜莠之生於田，而不信稻粱之亦生於田也．故揚子以人之性善惡混，混者，善惡雜處於心之謂也，顧人所擇而修之何如耳．修其善則爲善人，修其惡則爲惡人，斯理也，豈不曉然明白矣哉．如孟子之言，所謂長善者也，如荀子之言，所謂去惡者也，揚子則兼之矣．韓文公解揚子之言以爲 '始也混，而今也善惡,[8] 亦非知揚子者也."

이른바 〈善과 惡이〉 섞여 있다는 것이다.

○ 宋咸이 말하였다. "孔子께서 '중등 이상의 사람에게는 높은 차원의 이야기를 해줄 수 있지만, 중등 이하의 사람에게는 높은 차원의 이야기를 해줄 수가 없다.'라고 하였고, 또 '上智와 下愚는 변화시킬 수 없다.'라고 하였으니, 聖人의 말씀을 살펴보면 사람에게는 上·中·下의 3品이 있다.

상품인 자는 선하고, 하품인 자는 악하고, 중품인 자는 올라가 상품이 될 수도 있고 내려가 하품이 될 수도 있으니, 선과 악이 섞여 있다. 그러므로 賈誼의 ≪新書≫에도 군주에 대해 3等으로 나누어서 '上主가 있고 中主가 있고 下主가 있다. 上主는

---

7) 荀子以爲爭奪殘賊之心……則悖亂而不治 : 이 내용은 ≪荀子≫ 〈性惡〉에 보이는데, 본서에 인용된 것과 字句가 다르다.

8) 韓文公解揚子之言 以爲始也混 而今也善惡 : 韓愈의 〈原性〉에 "孟子는 性을 이야기하면서 사람의 性은 善하다고 했고, 荀子는 性을 이야기하면서 사람의 性은 惡하다고 했고, 揚雄은 性을 이야기하면서 사람의 性에는 善과 惡이 혼재해 있다고 하였다. 그러나 처음에는 선했는데 악해졌다든가, 처음에는 악했는데 선해졌다든가, 처음에는 선과 악이 섞여 있었는데 지금은 아예 선해지거나 악해졌다든가, 이 모든 학설들은 中品만을 논하고 上品과 下品은 빠뜨린 것이니, 하나만 얻고 둘은 잃은 것이다.〔孟子之言性曰 人之性善 荀子之言性曰 人之性惡 揚子之言性曰 人之性善惡混 夫始善而進惡 與始惡而進善 與始也混而今也善惡 皆擧其中而遺其上下者也 得其一而失其二者也〕"라고 하였다.

이끌어서 올라가게 할 수는 있지만 이끌어서 내려가게 할 수는 없고, 下主는 이끌어서 내려가게 할 수는 있지만 이끌어서 올라가게 할 수는 없으며, 中主는 이끌어서 올라가게 할 수도 있고 이끌어서 내려가게 할 수도 있다. 그러므로 上主는 堯·舜이 바로 이러한 군주이다. 夏禹와 后稷이 堯·舜과 함께 선을 행하려고 하면 선을 행하였고, 鯀과 驩兜가 요·순을 이끌어서 악을 하려고 하면 그들을 주벌하였다. 그러므로 요·순과 함께 선을 행할 수는 있고 함께 악을 행할 수는 없다. 下主는 桀·紂가 바로 이러한 군주이다. 飛廉과 惡來가 桀·紂와 함께 악을 행하려고 하면 악을 행하였고, 比干과 龍逢이 걸·주를 이끌어서 선을 행하려고 하면 그들을 주벌하였다. 그러므로 걸·주와 함께 악을 행할 수는 있고 함께 선을 행할 수는 없다. 中主는 齊桓公이 바로 이러한 군주이다. 管仲과 隰朋을 얻었을 때에는 霸者가 되었고 竪貂와 子牙를 등용했을 때에는 어지러워졌다.'라고 하였다.

지금 揚子의 생각에는, 孟子가 이미 사람의 본성이 선하다고 말한 것은 上品을 논한 것이고, 荀子가 이미 사람의 본성이 악하다고 말한 것은 下品을 논한 것이다. 그러나 中品에 대해서는 언급하지 않았기 때문에 여기에서 사람의 본성은 善과 惡이 섞여 있다고 말한 것이다. 揚子가 또 '선을 닦으면 善人이 되고 악을 닦으면 惡人이 된다.'고 하였으니, 그 글을 보면 이는 다만 中品의 性에 대해서 말한 것이 분명하고, 사람들이 모두 다 이와 같다고 말한 것은 아니다. 그러니 어찌 夫子의 이른바 '중등 이상의 사람에게는 높은 차원의 이야기를 해줄 수 있지만, 중등 이하의 사람에게는 높은 차원의 이야기를 해줄 수 없다.'는 것이 아니겠으며, 어찌 賈誼의 이른바 '이끌어서 올라가게 할 수 있고 또한 이끌어서 내려오게 할 수 있다.'는 것이 아니겠는가. 그러므로 세 사람(揚雄, 孔子, 賈誼)이 性에 대해 말할 적에 각각 그 품등을 들었으니, 가르침이 또한 구비되었다."

○ 吳祕가 말하였다. "습관이 天性처럼 되는 것이다."

○ 司馬光이 말하였다. "孟子가 '사람의 본성은 선하니, 불선한 것은 外物이 유혹하였기 때문이다.'라고 하였고, 荀子가 '사람의 본성은 악하니, 선한 것은 聖人이 가르쳤기 때문이다.'라고 하였으니, 이는 모두 그 한쪽만 얻고 그 본질은 빠뜨린 것이다.

性은 사람이 하늘에서 받아서 태어난 것이다. 善과 惡을 반드시 겸하여 가지고 있음은 陰과 陽의 관계와 같다. 이 때문에 비록 聖人이라도 惡이 없을 수 없고 비록 愚人이라도 善이 없을 수 없으나 받은 量은 다르다. 善이 지극히 많고 惡이 지극히 적으면 聖人이 되고, 惡이 지극히 많고 善이 지극히 적으면 愚人이 되고, 善과 惡이 서로 반반이면 中人이 된다. 聖人의 惡은 그 善을 이길 수 없고 愚人의 善은 그 惡을 이길 수 없으니, 이기지 못하면 이로 말미암아 없어진다. 그러므로 '오직 上智와 下愚는 변화시킬 수 없다.'고 한 것이다.

비록 그렇지만 배우지 않으면 善이 날로 사라지고 惡이 날로 불어나며, 배우면 악이 날로 사라지고 선이 날로 불어난다. 그러므로 '聖人이라도 생각하지 않으면 狂人이 되고 광인이라도 능히 생각하면 성인이 된다.'고 한 것이다. 그러면 반드시 '聖人은 악이 없다.'고 한다면 배움을 어디에 쓰겠으며, 반드시 '愚人은 선이 없다.'고 한다면 가르침을 어디에 쓰겠는가. 이를 밭에 비유하면 稻粱(벼와 기장)과 藜莠(蒺藜와 가라지)가 서로 함께 나란히 자라는데, 밭을 잘 가꾸는 자는 藜莠를 뽑아버리고 稻粱을 기르며, 밭을 잘 가꾸지 못하는 자는 이와 반대로 한다. 〈이와 마찬가지로〉 본성을 잘 다스리는 자는 善을 기르고 惡을 제거하며, 본성을 잘 다스리지 못하는 자는 이와 반대로 한다.

孟子가 仁·義·禮·智는 모두 性에서 나온 것이라고 하였으니, 어찌 그렇지 않다고 하겠는가. 그러나 暴慢(사납고 거만함)과 貪惑(탐욕과 미혹)도 性에서 나온 것이라는 사실은 전혀 알지 못한 것이니, 이는 稻粱이 밭에서 자란다는 사실만 믿고 藜莠도 밭에서 자란다는 사실은 믿지 않는 것이다.

荀子가 爭奪하고 殘賊한 마음은 사람이 태어날 때부터 가지고 있는 것이니, 師法과 禮義로써 바로잡지 않으면 悖亂하여 다스려지지 않는다고 하였으니, 어찌 그렇지 않다고 하겠는가. 그러나 慈愛로운 마음과 羞惡하는 마음도 태어날 때부터 가지고 있다는 사실은 전혀 알지 못한 것이니, 이는 藜莠가 밭에서 자란다는 사실만 믿고 稻粱도 밭에서 자란다는 사실은 믿지 않는 것이다.

그러므로 揚子가 '사람의 본성은 善과 惡이 섞여 있다.'고 한 것이다. 섞여 있다는 것은 善과 惡이 마음에 한데 섞여 있음을 이르니, 다만 사람이 택하여 닦기를 어떻게 하는가에 달려 있을 뿐이다. 선을 닦으면 善人이 되고 악을 닦으면 惡人이 되니, 이 이치가 어찌 曉然히 명백하지 않겠는가.

孟子의 말 같은 것은 이른바 선을 기르는 것이고, 荀子의 말 같은 것은 이른바 악을 제거하는 것인데, 揚子는 이를 겸하였다. 韓文公(韓愈)이 揚子의 말을 풀이하여 '처음에는 선과 악이 섞여 있었는데 지금은 아예 선해졌다거나 악해졌다고 하였다.'라고 하였으니, 또한 揚子를 안 자가 아니다."

사람의 본성에는 善과 惡이 섞여 있어서, 선을 닦으면 선한 사람이 되고 악을 닦으면 악한 사람이 된다.

氣也者는 所〔以〕[9]適善惡之馬也歟③인저

9) 〔以〕: 저본에는 없으나, 四部叢刊本에 근거하여 보충하였다.

③ 氣也者 所適善惡之馬也歟：御氣爲人，若御馬涉道，由通衢則迅利，適惡路則駑蹇. ○ 祕曰"人馭氣而行，猶乘馬也. 善惡二途，惟其所適." ○ 光曰"夢得曰'志之所(生)〔至〕[10]則氣隨之.' 言不可不養以適正也. 乘而之善，則爲忠爲義，乘而之惡，則爲慢爲暴."

氣를 제어하여 훌륭한 사람이 되는 것은 말을 타고 길을 갈 때 사방으로 통하는 큰길을 따라가면 빠르고 편리하지만 나쁜 길로 가면 뒤처지고 느린 것과 같다.

○ 吳祕가 말하였다. "사람이 氣를 제어하여 행동하는 것은 말을 타는 것과 같다. 善과 惡 두 가지 길이 있으니, 오직 가는 바에 달려 있다."

○ 司馬光이 말하였다. "葉夢得이 '志가 이르는 곳에는 氣도 따라간다.'라고 하였으니, 氣를 길러서 바른 데로 가지 않아서는 안 됨을 말한 것이다. 氣를 타고서 선한 쪽으로 가면 忠이 되고 義가 되며, 氣를 타고서 악한 쪽으로 가면 慢이 되고 暴가 된다."

氣라는 것은 善이나 惡으로 갈 때 타는 말과 같을 것이다.

03. 或曰 孔子之事多矣①어늘 不用하니 則亦勤[11]且憂乎②아 曰 聖人樂天知命[12]하니 樂天則不勤③하고 知命則不憂④니라

① 孔子之事多矣：祕曰"摠百王之法."

吳祕가 말하였다. "역대 帝王들의 法을 총괄하였다."

② 不用 則亦勤且憂乎：光曰"孔子以天下不治爲己任，則其事多矣. 然終不見用於世，則徒勤且憂乎."

司馬光이 말하였다. "孔子는 천하가 다스려지지 않는 것을 자신의 책임으로 삼았으니 자임한 일이 많았다. 그러나 끝내 세상에 등용되지 못하였으니, 그렇다면 한갓 수고롭고 근심했느냐는 말이다."

③ 聖人樂天知命 樂天則不勤：咸曰"孟子謂'孔子可以速而速，可以久而久，可以處而處，可以仕而仕.' 又曰'孔子聖人之時者也.'[13] 玆所謂不勤矣."

---

10) (生)〔至〕：저본에는 '生'으로 되어 있으나, 汪榮寶의 ≪法言義疏≫에는 '至'로 되어 있다. 이에 근거하여 '至'로 바로잡았다.

11) 勤：勞(수고롭다, 고달프다)의 뜻이다.

12) 樂天知命：≪周易≫ 〈繫辭傳 上〉에 "天理를 즐거워하고 天命을 알기 때문에 근심하지 않으며, 처해 있는 곳을 편안히 여겨 仁을 돈독히 하기 때문에 사랑할 수 있는 것이다.〔樂天知命 故不憂 安土敦乎仁 故能愛〕"라고 하였다.

宋咸이 말하였다. "孟子가 '孔子는 속히 떠날 만하면 속히 떠나고 오래 머무를 만하면 오래 머물며, 은둔할 만하면 은둔하고 벼슬할 만하면 벼슬하였다.'라 하였고, 또 '孔子는 聖人 가운데 時中인 자이다.'라고 하였으니, 이것이 이른바 수고롭지 않았다는 것이다."

④ 知命則不憂 : 咸曰 "匡人圍之, 乃援琴而歌[14), 又曰 '桓魋其如予何.'[15) 玆所謂不憂矣."

宋咸이 말하였다. "匡 땅 사람이 孔子를 포위하였을 적에 공자께서 거문고를 타며 노래하고, 또 '桓魋가 나를 어떻게 할 수 있겠는가.'라고 하였으니, 이것이 이른바 근심하지 않았다는 것이다."

혹자가 물었다.

"孔子는 맡을 수 있는 일이 많았으나 쓰이지 못하였으니, 공자도 수고롭고 근심하였습니까?"

揚子가 말하였다.

"聖人은 天理를 즐기고 天命을 알았으니, 천리를 즐기면 수고롭지 않고 천명을 알면 근심하지 않는다."

04. 或問銘①[16)한대 曰 銘哉銘哉여 有意於愼也②니라

---

13) 孔子可以速而速……孔子聖人之時者 : ≪孟子≫ 〈萬章 下〉에 보인다. 속히 떠날 만하면 속히 떠나고 오래 머무를 만하면 오래 머물며, 은둔할 만하면 은둔하고 벼슬할 만하면 벼슬하였다는 것은 孔子가 時宜에 맞추어 합당하게 처신한 것을 말한다.

14) 匡人圍之 乃援琴而歌 : 孔子가 匡 땅을 지나갈 적에 宋나라 사람들이 공자를 陽虎로 잘못 알고 몇 겹으로 포위했는데도 공자는 거문고를 타고 노래 부르기를 그치지 않았다. 이에 子路가 그 까닭을 물으니, 공자는 모든 일이 運命과 時勢에 따라 결정되는 것임을 알기 때문이라고 답하였다.(≪莊子 秋水≫)

15) 桓魋其如予何 : 桓魋는 宋나라 司馬인 向魋이니, 桓公의 후예이므로 桓氏라고도 칭한다. 공자가 宋나라를 지나갈 때에 큰 나무 아래에서 제자들과 禮를 익히고 있었는데, 평소 공자를 미워하던 환퇴가 공자를 해치고자 그 나무를 베어버리게 한 일이 있었다. ≪論語≫ 〈述而〉에 桓魋가 孔子를 해치려 하자, 孔子가 말씀하기를 "하늘이 이미 나에게 이와 같은 德을 주셨으니, 桓魋가 나를 어떻게 하겠는가.〔天生德於予 桓魋其如予何〕" 하였으니, 이는 반드시 하늘의 뜻을 어기고 자신을 해칠 수 없음을 말한 것이다.

16) 銘 : 金石이나 器物, 碑石 따위에 사람의 공덕을 칭송하는 내용이나 사물의 내력, 또는 자신을 경계하는 내용을 새기는데, 대개 韻을 넣어 넉 자가 한 짝이 되어 句를 이루게 한다.

① 銘：祕曰 "若湯之盤[17]，正考父之鼎[18]，皆有銘之類."
　吳祕가 말하였다. "湯王의 盤銘과 正考父의 鼎銘 같은 것이 모두 銘文을 새긴 종류이다."

② 銘哉銘哉 有意於愼也：歎美戒愼之至.
　〈器物에 경계하는 말을 새겨서〉 지극히 경계하고 삼감을 탄미한 것이다.

혹자가 銘文에 대하여 묻자, 揚子가 말하였다.

"銘文이여, 銘文이여. 〈사람으로 하여금〉 경계하고 삼가게 하는 데에 뜻이 있다."

05. 聖人之辭는 可爲也①어니와 使人信之는 所不可爲也②라 是以로 君子彊學而力行③이니라

① 聖人之辭 可爲也：所謂文章可得而聞.[19]
　이른바 文章은 들을 수 있다는 것이다.

② 使人信之 所不可爲也：祕曰 "聖人之辭，先王之法，故可爲也. 人有善惡好惡(오)不同，必使皆信，所不可爲也. 語曰 '未若鄕人之善者好之，其不善者惡之.'[20]" ○ 光曰 "音

---

17) 湯之盤：盤은 湯王의 목욕 그릇인데, 銘文을 새기기를 "어느 날 새롭게 하였으면 날마다 새롭게 하고 또 날로 새롭게 하여야 한다.〔苟日新 日日新 又日新〕"라고 하여, 사람이 목욕하여 몸을 깨끗이 할 뿐만 아니라 마음도 맑게 하여 악을 제거함을 비유하였다.(≪大學≫)

18) 正考父之鼎：孔子의 선조인 正考父 사당에 있는 鼎에 "一命을 받아 大夫가 되어서는 고개를 숙이고, 再命을 받아 卿이 되어서는 허리를 굽히고, 三命을 받아 上卿이 되어서는 몸을 굽히고 길을 갈 때도 담을 따라 빠른 걸음으로 지나가니, 감히 나를 업신여기는 사람이 없었다. 이 鼎에 된죽을 끓이고 묽은 죽을 끓여 내 입에 풀칠을 하면서 살아가리라.〔一命而僂 再命而傴 三命而俯 循牆而走 亦莫余敢侮 饘於是 鬻於是 以餬余口〕"라는 銘文이 새겨져 있었다고 하는데, 벼슬이 높아질수록 겸손한 자세를 보이는 것을 말한다.(≪春秋左氏傳 昭公 7년≫)

19) 文章可得而聞：≪論語≫ 〈公冶長〉에 子貢이 "夫子의 文(威儀와 禮法)은 분명하여 〈누구나〉 이해할 수 있지만, 性과 天道에 대해 말씀하신 것은 이해할 수가 없다.〔夫子之文章 可得而聞 夫子之言性與天道 不可得而聞也〕"라고 하였는데, 이는 자공이 孔子의 지극한 말을 듣고는 그 아름다움에 감탄한 것이다.

20) 未若鄕人之善者好之 其不善者惡之：≪論語≫ 〈子路〉에 보인다. 子貢이 고을 사람들이 모두 좋아하는 사람과 고을 사람들이 모두 미워하는 사람에 대해서 묻자, 공자가 "그것만으로는 가하지 않다. 고을 사람 중에 善한 자는 좋아하고 善하지 않은 자는 미워하는 것만

義曰 '天復本, 信作敬.' 今從諸家本. 以其有至誠全德, 故人信其言."

吳祕가 말하였다. "聖人의 말씀은 先王의 法이기 때문에 〈듣는 것은 누구나〉 할 수 있지만, 사람은 善惡과 好惡의 차이가 있으므로 반드시 사람들로 하여금 모두 믿게 하는 것은 할 수 없다. ≪論語≫에 '고을 사람 중에 善한 자는 좋아하고 善하지 않은 자는 미워하는 것만 못하다.'라고 하였다."

○ 司馬光이 말하였다. "≪音義≫에 '天復本에는 「信」이 「敬」으로 되어 있다.'라고 하였는데, 지금 諸家本을 따랐다. 지극히 성실하고 덕이 완전하기 때문에 사람들이 그 말을 믿는 것이다."

③ 君子彊學而力行 : 貴令信敬素著. ○ 祕曰 "彊學以多識, 力行以安道, 善者導之以仁, 惡者導之以義, 雖蠻貊之邦, 亦可行矣."[21)]

信과 敬이 평소에 드러나게 하는 것을 귀하게 여긴다.

○ 吳祕가 말하였다. "힘써 배워서 많이 알고 힘써 행하여 도를 편안히 여겨, 선한 자는 仁으로써 인도하고 악한 자는 義로써 인도하면, 비록 오랑캐의 나라라 하더라도 행해질 수 있을 것이다."

聖人의 말씀을 듣는 것은 누구나 할 수 있지만, 사람들로 하여금 그 말을 믿게 하는 것은 할 수 없다. 이 때문에 君子가 힘써 배우고 힘써 행하는 것이다.

06. 珍其貨而後市①하고 修其身而後交②하고 善其謀而後動이 成道也③라

① 珍其貨而後市 : (珍貨)〔貨珍〕[22)], 價必貴.

재화가 진귀하면 값이 반드시 비싸기 때문이다.

못하다.〔未可也 不如鄉人之善者好之 其不善者惡之〕"라고 말하였다.

21) 雖蠻貊之邦 亦可行矣 : ≪論語≫ 〈衛靈公〉에 孔子가 말씀하기를 "말이 진실하고 신뢰가 있으며 행실이 독실하고 공경스러우면 오랑캐의 나라에서도 행해질 수 있겠지만, 말이 진실하지 않고 신뢰가 있지 못하며 행실이 독실하지 않고 공경스럽지 못하면 자신이 사는 고을에선들 행해질 수 있겠는가. 일어서면 그것이 앞에 있음을 볼 수 있고, 수레에 타고 있으면 그것이 멍에에 기대어 있음을 볼 수 있어야 하니, 이렇게 한 뒤에야 행해지는 것이다.〔言忠信 行篤敬 雖蠻貊之邦 行矣 言不忠信 行不篤敬 雖州里 行乎哉 立則見其參於前也 在輿則見其倚於衡也 夫然後行〕"라는 말에서 인용한 것이다.

22) (珍貨)〔貨珍〕 : 저본에는 '珍貨'로 되어 있으나, 四部叢刊本에 근거하여 '貨珍'으로 바로잡았다. 이 내용은 재화를 진귀하게 꾸민 뒤에 파는 이유를 설명한 것이므로 '貨珍'이 옳다고 보았다.

② 修其身而後交：(修身)〔身修〕[23)], 交必固.

몸이 닦여지면 사귐이 반드시 견고해진다.

③ 珍其貨而後市……成道也：無所不通. ○ 祕曰 "貨珍者, 價必倍, 猶如身修者, 交必賢, 謀善者, 動必得, 所以成道也." ○ 光曰 "先成己道, 然後接物."

통하지 않는 바가 없다.

○ 吳祕가 말하였다. "재화가 진귀하면 값이 반드시 배가 되는 것은 마치 몸이 닦여진 자는 벗이 반드시 어질며, 도모가 훌륭한 자는 행동이 반드시 道에 맞는 것과 같으니, 성공하는 도이다."

○ 司馬光이 말하였다. "먼저 자신의 도리를 이룬 뒤에 남을 대하는 것이다."

財貨를 진귀하게 꾸민 뒤에 팔고, 자기 몸을 닦은 뒤에 벗을 사귀고, 도모를 잘한 뒤에 행동하는 것이 성공하는 道이다.

07. 君子之所愼은 言禮書①라

① 君子之所愼 言禮書：愼言無口過, 愼禮無失儀. 言禮是愼, 兼之於書. ○ 祕曰 "愼言, 榮辱之主[24)]. 愼禮, 有則安, 無則危. 愼書, 習是勝非."

말을 삼가면 말을 잘못하는 허물이 없고, 禮를 삼가면 예의를 잃는 일이 없으니, 말과 禮를 삼가고 겸하여 글쓰기도 삼가는 것이다.

○ 吳祕가 말하였다. "말을 삼가는 것은 말이 榮辱의 주체이기 때문이고, 禮를 삼가는 것은 예가 있으면 편안하고 예가 없으면 위태롭기 때문이고, 글쓰기를 삼가는 것은 옳은 것을 익히고 그릇된 것을 이기기 위해서이다."

군자가 삼가는 것은 말과 예와 글쓰기이다.

---

23) (修身)〔身修〕: 저본에는 '修身'으로 되어 있으나, 四部叢刊本에 근거하여 '身修'로 바로잡았다. 이 내용은 자기 몸을 닦은 뒤에 벗을 사귀는 이유를 설명한 것이므로 '身修'가 옳다고 보았다.

24) 愼言 榮辱之主：≪周易≫ 〈繫辭傳 上〉에 "언행은 군자의 중요한 관건이다. 언행을 어떻게 발하느냐에 따라 榮辱이 결정된다.〔言行 君子之樞機 樞機之發 榮辱之主也〕"는 말이 나온다. 樞는 문의 지도리이고 機는 쇠뇌의 오늬를 먹이는 곳인데, 樞機는 중요한 기관으로 곧 말을 가리킨다. 문의 여닫음은 지도리에 말미암고, 활의 당김과 풀어놓음은 오늬에 말미암고, 사람의 禍福과 榮辱은 말에 말미암는다. 그러므로 말을 樞機에 비유한 것이다.

08. 上交不諂하고 下交不驕하면 則可以有爲矣①리라 或曰 君子自守하니 奚其交리오 曰 天地交하여 萬物生하고 人道交하여 功勳成하니 奚其守②리오

① 可以有爲矣 : 光曰 "宋吳本, 有爲作爲友, 今從李本."

司馬光이 말하였다. "宋咸本・吳祕本에는 '有爲'가 '爲友'로 되어 있으나, 지금 李軌本을 따랐다."

② 天地交……奚其守 : 天地之交以道, 人道之交以理, (但)〔俱〕[25]當順天人之道理, 而無所〔迕〕[26]逆. ○ 祕曰 "易曰 '各從其類.'[27] 自然之理也. 君子之交, 謂之朋友, 非朋黨也. 小人之交, 謂之朋黨, 非朋友也."

天地는 道로써 交合하고 人道는 理로써 交接하니, 모두 天道와 人理를 따르고 거스르는 바가 없어야 한다.

○ 吳祕가 말하였다. "≪周易≫에 '각각 자기와 비슷한 것끼리 어울리는 것이다.'라고 하였으니, 자연스러운 이치이다. 君子의 사귐을 일러 朋友라고 하니 朋黨이 아니요, 小人의 사귐을 일러 朋黨이라고 하니 朋友가 아니다."

윗사람과 사귈 때에 아첨하지 않고 아랫사람과 사귈 때에 교만하지 않으면 큰일을 할 수 있을 것이다.

혹자가 물었다.

"군자는 자신만 지키면 되니, 어찌 남과 사귈 것이 있겠습니까?"

揚子가 말하였다.

"天地가 사귀어 만물이 생겨나고, 人道가 사귀어 공훈이 이루어지니, 어찌 자신만 지키겠는가."

09. 好大而不爲하면 大不大矣요 好高而不爲면 高不高矣①라

① 好大而不爲……高不高矣 : 祕曰 "譬如爲山, 未成一簣, 止, 吾止也."[28]

---

25) (但)〔俱〕 : 저본에는 '但'으로 되어 있으나, 四部叢刊本에 근거하여 '俱'로 바로잡았다.

26) 〔迕〕 : 저본에는 없으나, 四部叢刊本에 근거하여 보충하였다.

27) 各從其類 : ≪周易≫ 乾卦 〈文言傳〉에 "같은 소리끼리는 서로 응하고, 같은 기운끼리는 서로 찾게 마련이니,……각각 자기와 비슷한 것끼리 어울리는 것이다.〔同聲相應 同氣相求……則各從其類也〕"라고 하였다.

28) 譬如爲山……止吾止也 : ≪論語≫ 〈子罕〉에 "비유하면 산을 만드는 것과 같으니, 마지막

吳祕가 말하였다. "비유하면 산을 만드는 것과 같으니, 한 삼태기의 흙을 붓지 않아 산을 못 이루고서 중지하는 것은 내가 중지하는 것이다."

큰 것을 좋아하면서도 〈그것을 이루기 위해〉 실천하지 않으면 큰 것이 더 커지지 않고, 높은 것을 좋아하면서도 〈그것을 이루기 위해〉 실천하지 않으면 높은 것이 더 높아지지 않는다.

10. 仰天庭而知天下之居卑也哉①인저

① 仰天庭而知天下之居卑也哉：觀聖道然後, 知諸子之淺小. ○ 祕曰"仰聖人之道彌高, 而知止於異習者居卑也哉." ○ 光曰"人情莫不好大好高, 而德常小行常卑, 若仰觀聖人之道, 則知己所守之下矣."

聖人의 道를 본 뒤에야 諸子百家가 얕고 작다는 것을 안다.

○ 吳祕가 말하였다. "聖人의 道가 더욱 높은 것을 우러러보면 異端을 배우는 데 그친 자가 낮은 데에 있다는 것을 알 수 있다."

○ 司馬光이 말하였다. "사람의 마음은 큰 것을 좋아하고 높은 것을 좋아하지 않음이 없으나 德은 항상 작고 행동은 항상 낮으니, 만약 聖人의 道를 우러러보면 자신이 지키는 것이 낮다는 것을 알 것이다."

天庭(天空)을 우러러보아야 하늘 아래가 낮다는 것을 알 것이다.

11. 公儀子董仲舒之才之卲也①여 使見善不明하고 用心不剛이면 儔克爾②리오

① 公儀子董仲舒之才之卲也：卲, 高也. 公儀休爲魯相, 婦織於室, 遣去之, 園有葵, 拔棄之, 不與民爭利也[29], 董仲舒爲江都相, 下帷三年不窺園[30]. 此二(君)〔子〕[31]才德

한 삼태기의 흙을 붓지 않아 산을 못 이루고서 중지하는 것도 내가 중지하는 것이며, 평평하게 땅을 고르는 것과 같으니, 흙 한 삼태기를 부어 점점 나아가는 것도 내가 해나가는 것이다.〔譬如爲山 未成一簣 止 吾止也 譬如平地 雖覆一簣 進 吾往也〕"라고 하였다.

29) 公儀休爲魯相……不與民爭利也：公儀休는 春秋時代 魯 穆公의 재상이다. 그는 자기 집 채마밭의 아욱을 뽑아버리고 길쌈하는 처를 내쫓고는 "녹을 먹는 몸으로 백성과 더불어 이익을 다툰다면 백성은 장차 어디에서 삶을 영위하겠는가." 하였다.(≪史記 循吏列傳≫)

30) 董仲舒爲江都相……不窺園：董仲舒는 漢 景帝 때 학자이다. 동중서는 講席 앞에 휘장을 드리운 채 강학하였기 때문에 제자들 중에 그의 얼굴을 보지 못한 자가 있었으며, 독서에

高美. ○ 光曰 "董仲舒曰 '皇皇求財利, 常恐乏匱者, 庶人之意也. 皇皇求仁義, 常恐不能化民者, 大夫之意也.' 此所以爲高."

卲는 높음이다. 公儀休는 魯나라 정승이 되었을 적에 아내가 집에서 길쌈을 하자 아내를 내쫓았고, 채마밭에 아욱이 있자 아욱을 뽑아버려 백성과 이익을 다투지 않았으며, 董仲舒는 江都相이 되었을 적에 휘장을 내린 채 강론하고, 3년 동안 〈글만 읽으며〉 동산을 내다보지 않았으니, 이 두 사람의 재주와 덕이 높고 아름다운 것이다.

○ 司馬光이 말하였다. "董仲舒가 '급급히 財利를 구하여 항상 다 없어질까 두려워하는 것은 庶人의 뜻이고, 급급히 仁義를 구하여 항상 백성을 교화시키지 못할까 두려워하는 것은 大夫의 뜻이다.'라고 하였으니, 이것이 재주가 높은 이유이다."

② 使見善不明……疇克爾 : 疇, 誰. ○ 咸曰 "明謂明悟, 剛(爲)〔謂〕[32]剛正." ○ 祕曰 "休・舒, 明而且剛, 故能爾. 疇, 誰也." ○ 光曰 "誰能如此捨利而取義也."

疇는 누구이다.

○ 宋咸이 말하였다. "明은 밝게 깨달음을 이르고, 剛은 剛直하고 方正함을 이른다."

○ 吳祕가 말하였다. "公儀休와 董仲舒는 밝게 깨닫고 또 강직하고 방정하기 때문에 이와 같을 수 있었다. 疇는 '누구'이다."

○ 司馬光이 말하였다. "누가 능히 이와 같이 이익을 버리고 義를 취할 수 있겠는가."

公儀子와 董仲舒의 재주가 높다. 가령 이들이 善을 보고 밝게 깨닫지 못하고 마음을 쓰면서 굳세게 바로잡지 않는다면 누가 능히 이러한 경지에 이를 수 있겠는가.

12. 或(曰)〔問〕[33]仁義禮智信之用한대 曰 仁은 宅也①요 義는 路也②요 禮는 服也③요 智는 燭也④요 信은 符也⑤라 處宅, 由路, 正服, 明燭, 執符하니 君子不動이언정 動斯得矣⑥니라

① 仁宅也 : 祕曰 "可以安處."

吳祕가 말하였다. "편안히 거할 수 있다."

심취한 나머지 3년 동안 동산을 내다보지도 않았다고 한다.(≪史記 儒林列傳 董仲舒≫)

31) (君)〔子〕: 저본에는 '君'으로 되어 있으나, 四部叢刊本에 근거하여 '子'로 바로잡았다.

32) (爲)〔謂〕: 저본에는 '爲'로 되어 있으나, 四庫全書本에 근거하여 '謂'로 바로잡았다.

33) (曰)〔問〕: 저본에는 '曰'로 되어 있으나, 四部叢刊本에 근거하여 '問'으로 바로잡았다.

② 義路也：祕曰 "可以遵行."
吳祕가 말하였다. "따라서 갈 수 있다."

③ 禮服也：祕曰 "可以飾身."
吳祕가 말하였다. "몸을 꾸밀 수 있다."

④ 智燭也：祕曰 "可以照物."
吳祕가 말하였다. "사물을 밝게 비출 수 있다."

⑤ 仁宅也……信符也：仁如居宅, 可以安身. 義如道路, 可以安行. 禮如衣服, 可以表儀. 智如燈燭, 可以照察. 信如符契, 可以致誠. ○ 祕曰 "可以合契." ○ 光曰 "符契, 使人可憑以爲驗."

仁은 거처하는 집과 같으니 몸을 편안하게 할 수 있고, 義는 道路와 같으니 편안히 다닐 수 있고, 禮는 衣服과 같으니 儀表가 될 수 있고, 智는 燈燭과 같으니 밝게 살필 수 있고, 信은 符契(符節)와 같으니 진실함을 지극히 할 수 있다.

○ 吳祕가 말하였다. "부절을 맞춘 것처럼 합치할 수 있다."

○ 司馬光이 말하였다. "符契는 사람으로 하여금 이에 근거하여 증명하게 하는 것이다."

⑥ 君子不動 動斯得矣：祕曰 "發而皆中道."
吳祕가 말하였다. "발하면 모두 도에 맞는 것이다."

혹자가 仁·義·禮·智의 쓰임에 대해서 묻자, 揚子가 말하였다.

"비유하면 仁은 집과 같고, 義는 길과 같고, 禮는 의복과 같고, 智는 등불과 같고, 信은 符節과 같다. 〈君子는〉 집에서 편안히 살고, 길을 따라서 가고, 〈예법에 맞는〉 의복을 입고, 등불을 밝히고, 부절을 잡으니, 君子는 행동하지 않을지언정 행동하면 道에 맞는다."

13. 有意哉①라 孟子曰 夫有意而不至者는 有矣어니와 未有無意而至者也②니라

① 有意哉：祕曰 "謂志於道."
吳祕가 말하였다. "道에 뜻을 둠을 이른다."

② 孟子曰……未有無意而至者也：祕曰 "惡乎自畫." ○ 光曰 "按孟子, 無此語."
吳祕가 말하였다. "스스로 멈추고 나아가지 않는 것을 싫어하는 것이다."
○ 司馬光이 말하였다. "≪孟子≫를 살펴보건대 이런 말이 없다."

뜻을 두어야 할 것이다. 孟子가 말씀하기를 "뜻이 있어도 이르지 못하는 자는 있지만, 뜻이 없으면서 이르는 자는 있지 않다."라고 하였다.

14. 或問治己한대 曰 治己以仲尼①니라 或曰 治己以仲尼어늘 仲尼奚寡也②오 曰 率馬以驥 不亦可乎③아

① 治己以仲尼 : 咸曰 "言當以仲尼之道, 治修其己."

宋咸이 말하였다. "마땅히 仲尼의 道로써 자기 몸을 닦아 다스려야 함을 말한 것이다."

② 治己以仲尼 仲尼奚寡也 : 咸曰 "言世無仲尼." ○ 祕曰 "生民已來, 一人而已." ○ 光曰 "若人人, 治己以仲尼, 則仲尼宜多."

宋咸이 말하였다. "세상에 仲尼와 같은 사람이 없음을 말한 것이다."

○ 吳祕가 말하였다. "사람이 생긴 이래로 仲尼 한 사람뿐이다."

○ 司馬光이 말하였다. "만약 사람마다 仲尼의 도로써 자기 몸을 다스린다면 중니 같은 자가 의당 많아야 할 것이다."

③ 率馬以驥 不亦可乎 : 祕曰 "治己以道, 當以仲尼之道, 率馬以材, 當以騏驥之材, 可也." ○ 光曰 "高(由)〔山〕[34)]仰止, 景行行止[35)]."

吳祕가 말하였다. "몸을 다스릴 때에는 道로써 하니 마땅히 仲尼의 道로써 다스려야하고, 말을 거느릴 때에는 材質로써 하니 마땅히 騏驥(천리마)의 재질로써 거느려야 한다."

○ 司馬光이 말하였다. "높은 산을 우러러보며 큰 길을 따라가는 것이다."

혹자가 자신을 다스리는 것에 대해 묻자, 揚子가 말하였다.

"중니의 도로써 자신을 다스려야 한다."

혹자가 물었다.

"〈사람들이〉 중니의 도로써 자신을 다스리는데, 어째서 중니와 같은 사람은 적습니까?"

揚子가 말하였다.

---

34) (由)〔山〕: 저본에는 '由'로 되어 있으나, ≪詩經≫에 근거하여 '山'으로 바로잡았다.

35) 高山仰止 景行行止 : ≪詩經≫ 〈小雅 車舝〉에 보인다. 옛사람 중에 높은 덕이 있는 자를 사모하고 밝은 행실이 있는 자를 모범으로 삼아 행한다는 뜻이다. 높은 산은 덕을, 큰 길은 행실을 비유한 것이다.

"〈천리마가 비록 적지만〉 말을 거느릴 때에는 천리마로써 보통 말을 거느리는 것이 옳지 않겠는가."

15. **或曰 田甫田者**는 **莠喬喬**하고 **思遠人者**는 **心忉忉**①니라 **曰 日有光**하고 **月有明**②하니 **三年不目日**이면 **視必盲**하고 **三年不目月**이면 **精必矇**③이라 **熒魂曠枯**하고 **糟莩曠沈**④하니 **擿埴索塗**하여 **冥行而已矣**⑤니라

① 田甫田者……心忉忉：雖有喬喬之莠, 其穀不可得. 雖懷忉忉之(怨)〔思〕[36], 遠人不可見. 言仲尼之道深遠, 不可彊學. ○ 咸曰 "喬喬, 當爲驕驕. 甫, 大也. 齊風甫田詩曰 '無田甫田, 維莠驕驕. 無思遠人, 勞心忉忉.' 蓋大夫刺襄公無德而求諸侯, 猶大田無人功, 終不能獲. 今揚子上言 '當率循有如仲尼之道者而取之.' 或人未諭, 故引是詩言 '居今之世而求仲尼, 猶大田莨莠驕驕而盛, 欲邀其獲, 不可得也. 故徒思遠人, 心忉忉者也.' 遠人, 指仲尼." ○ 祕曰 "圃讀如甫, 喬讀如驕. 或人, 以仲尼之道遠且大, 力不及也, 猶田大田而少功, 徒使莠驕驕而盛, 思遠人而不見, 徒使心忉忉而勞. 詩曰 '無田甫田, 維莠驕驕. 無思遠人, 勞心忉忉.'" ○ 光曰 "李本, 甫作圃, 今從宋吳本. 上田音甸, 喬音驕."

비록 무성한 잡초가 있지만 곡식을 얻을 수가 없고, 비록 근심하는 마음을 품지만 멀리 있는 사람을 볼 수가 없다는 것은 仲尼의 道가 深遠하여 억지로 배울 수 없음을 말한 것이다.

○ 宋咸이 말하였다. "'喬喬'는 마땅히 '驕驕'가 되어야 한다. 甫는 큰 것이다. ≪詩經≫의 〈齊風 甫田〉 詩에 '큰 밭을 경작하지 말지어다. 잡초가 무성하고 무성하리라. 멀리 있는 사람을 그리워하지 말지어다. 마음에 근심하리라.'라고 하였으니, 이는 大夫가, 襄公이 德을 닦지 않으면서 제후들에게 호응해주기를 바라는 것이 큰 밭을 경작하되 사람의 공력을 들이지 않아서 마침내 수확할 수 없는 것과 같음을 풍자한 것이다.

지금 揚子가 위에서 '마땅히 중니처럼 도가 있는 사람을 따라서 본보기로 취해야 한다.'고 하였으나 或人이 깨닫지 못하였다. 그러므로 이 시를 인용하여 '지금 세상에 살면서 중니 같은 사람을 찾는 것은 큰 밭에 잡초가 무성하게 우거져 수확하려고 해도 할 수 없는 것과 같다. 그러므로 다만 멀리 있는 사람을 그리워하여 마음에 근심하는 것이다.'라고 하였다. 멀리 있는 사람은 仲尼를 가리킨다."

---

36) (怨)〔思〕: 저본에는 '怨'으로 되어 있으나, 四部叢刊本에 근거하여 '思'로 바로잡았다.

○ 吳祕가 말하였다. "圃는 甫와 같이 읽는다. 喬는 驕와 같이 읽는다. 或人은 仲尼의 道가 深遠하고도 커서 힘이 미치지 못하는 것이 마치 큰밭을 경작하되 사람의 공력이 부족해서 한갓 잡초만 무성하게 우거지게 하는 것과 같고, 멀리 있는 사람을 그리워하되 보지 못하여 한갓 마음만 근심스럽게 하는 것과 같다고 여겼다. ≪詩經≫에 '큰 밭을 경작하지 말지어다. 잡초가 무성하고 무성하리라. 멀리 있는 사람을 그리워하지 말지어다. 마음에 근심하리라.'라고 하였다."

○ 司馬光이 말하였다. "李軌本에는 '甫'가 '圃'로 되어 있으나 지금 宋咸本・吳祕本을 따랐다. 위에 있는 田은 음이 甸이고, 喬는 음이 驕이다."

② 日有光 月有明 : 咸曰 "此言仲尼雖沒, 而其道存焉, 猶日月雖遠, 而光明在焉." ○ 祕曰 "日月在此, 光明甚邇."

宋咸이 말하였다. "이는 중니는 비록 세상을 떠났지만 그 道가 남아있는 것이, 해와 달은 비록 멀리 있지만 빛과 밝음이 있는 것과 같음을 말한 것이다."

○ 吳祕가 말하였다. "해와 달이 여기에 있어 빛과 밝음이 매우 가까운 것이다."

③ 三年不目日……精必矇 : 不見日月而盲矇, 以喻不學〔爲〕[37]闇人. ○ 咸曰 "言仲尼道存, 則可學之, 否則狂愚矣. 日月光明, 則可視之, 否則盲矇矣. 夫日月幾三年, 則一差變, 故五年而再閏. 言三者擧成數也. 夫道不可須臾而離其身, 目不可造次而失其視. 以三年日月之變, 而心目不能易, 則道去矣, 視絶矣, 遂至熒枯孛沈冥行而已矣." ○ 祕曰 "三者, 用數之終, 數終而不視仲尼之道, 其猶盲矇矣." ○ 光曰 "矇音蒙."

해와 달을 보지 못하면 소경이니, 이로써 배우지 않으면 어리석은 사람이 됨을 비유하였다.

○ 宋咸이 말하였다. "〈중니가 세상을 떠났지만〉 중니의 도가 남아 있으니 이것을 배울 수 있는데도 배우지 않으면 狂妄하고 어리석어지며, 해와 달이 빛나고 밝으니 이를 볼 수 있는데도 보지 못하면 소경이다. 해와 달은 거의 3년이 되면 한 번 〈달력의 계절과 실제 계절이〉 차이가 나므로 5년에 두 번 윤달을 둔다. 3을 말한 것은 成數를 든 것이다. 道는 잠시도 몸을 떠나서는 안 되고, 눈은 잠시도 시력을 잃어서는 안 된다. 3년이면 해와 달도 차이가 생기니, 마음과 눈도 〈새롭게〉 바뀌지 않으면 도가 몸을 떠나고 눈이 시력을 잃게 되어 마침내 눈이 멀어 어두운 밤길을 가는 것과 같은 지경에 이를 뿐이다."

○ 吳祕가 말하였다. "3은 數의 끝이니, 數가 끝났는데도(3년이 지났는데도) 仲尼의 도를 보지 못한다면 눈먼 소경과 같다."

○ 司馬光이 말하였다. "矇은 음이 蒙이다."

---

37) 〔爲〕: 저본에는 없으나, 四部叢刊本에 근거하여 보충하였다.

④ 糟莩曠沈 : 莩, 郭也. ○ 光曰 "莩, 芳无切."

莩는 郭(外皮)이다.

○ 司馬光이 말하였다. "莩는 芳과 无의 反切이다."

⑤ 熒魂曠枯……冥行而已矣 : 埴, 土也. 盲人, 以杖擿地而求道, 雖用白日, 無異夜行, 夜行之義, 面牆[38]之(論)〔諭〕[39]也. ○ 宗元曰 "熒, 明也. 熒魂, 司目之用者也. 糟, 當爲精. 莩, 如葭莩[40]之莩, 目精之表也. 言魂之熒明, 曠久則枯, 精之輕浮, 曠久則沈, 不目日月, 目之用廢矣, 以至於索塗冥行而已矣." ○ 祕曰 "熒, 光也. 熒魂, 神光, 精莩, 精之白也. 故本, 精作糟, 柳宗元云 '糟, 當爲精.' 言盲矇之患. 神光久曠則枯, 目精久曠則沈, 於是, 以杖擿地而求路, 冥冥然行矣. 張晏云 '莩者, 葭之白皮, 埴, 地也.'" ○ 光曰 "擿, 它歷切, 挑也. 埴, 常職切, 索, 山責切. 人學於聖人, 然後能立, 猶目之資於日月, 然後能視也. 或修身而不由聖人, 則爲棄人矣, 視物而不見日月, 則爲棄目矣."

埴은 흙이다. 盲人은 지팡이로 땅을 두드리면서 길을 찾으므로 비록 대낮이라도 밤길을 가는 것과 다름이 없으니, 밤길을 간다는 뜻은 담장을 마주하고 선 것처럼 앞이 캄캄함을 비유한 것이다.

○ 柳宗元이 말하였다. "熒은 밝음이니, 熒魂(눈의 神氣)은 눈의 기능을 맡은 것이다. '糟'는 마땅히 '精'이 되어야 한다. 莩는 葭莩(갈대청)의 莩와 같으니 眼球의 膜이다. 눈의 神氣가 밝지만 오랫동안 쓰지 않으면 마르고, 눈의 정기가 輕浮하지만 오랫동안 사용하지 않으면 침체되니, 해와 달을 보지 않으면 눈의 기능을 상실하여 지팡이로 땅을 두드리면서 길을 찾아 어두운 밤길을 가는 것과 같은 지경에 이르게 될 뿐이라는 말이다."

○ 吳祕가 말하였다. "熒은 빛남이다. 熒魂은 神光(眼光)이고 精莩는 눈의 흰 막이다. 舊本에는 '精'이 '糟'로 되어 있으나, 柳宗元이 '糟는 마땅히 精이 되어야 한다.' 라고 하였으니, 눈이 어두워지는 근심을 말한다. 눈동자는 오랫동안 쓰지 않고 내버려두면 마르고 눈은 오랫동안 쓰지 않고 내버려두면 침체되니, 이에 지팡이로 땅을 두드리면서 길을 찾아 어두운 밤길을 가는 것과 같게 될 것이다. 張晏이 '莩는 갈대 줄기의 흰 막이고 埴은 땅이다.' 하였다."

---

38) 面牆 : 담을 마주 대하고 선 것같이 앞이 내다보이지 않는다는 뜻으로, 배우지 않아서 견문이 부족한 것을 비유하는 말이다. ≪書經≫ 〈周官〉에 "사람이 배우지 않으면 마치 담을 마주하고 서 있는 것과 같아서 일에 임함에 번거로울 것이다.〔不學牆面 莅事惟煩〕"라고 하였다.

39) (論)〔諭〕: 저본에는 '論'으로 되어 있으나, 四部叢刊本에 근거하여 '諭'로 바로잡았다.

40) 葭莩 : 갈대의 줄기 안쪽에 붙어 있는 아주 얇고 흰 막을 가리킨다.

○ 司馬光이 말하였다. "擿은 它와 歷의 反切이니, 두드리는 것이다. 埴은 常과 職의 反切이고, 索은 山과 責의 反切이다. 사람이 聖人의 도를 배운 뒤에 세상에 서서 살 수 있는 것은 눈이 해와 달의 도움을 받은 뒤에야 볼 수 있는 것과 같다. 혹 몸을 닦되 聖人의 도를 따르지 않으면 廢人(사람 구실을 못하는 사람)이 되고, 사물을 보되 해와 달을 보지 못하면 廢目(눈 구실을 못하는 눈)이 된다."

혹자가 말하였다.

"큰 밭을 경작하면 그만큼 잡초가 무성하고, 멀리 있는 사람을 생각하면 그만큼 마음에 근심이 가득합니다."

揚子가 말하였다.

"해에는 빛이 있고 달에는 밝음이 있는데, 만약 사람이 3년 동안 해를 보지 않으면 눈이 반드시 멀고, 3년 동안 달을 보지 않으면 눈의 정기가 반드시 흐려질 것이다. 눈의 정기는 오랫동안 쓰지 않고 내버려두면 말라버리고, 눈은 오랫동안 쓰지 않고 내버려두면 침침해져서 마침내 소경이 지팡이로 땅을 두드리면서 길을 찾아 어두운 밤길을 가는 것과 같게 될 뿐이다. 〈사람이 聖人의 도를 배운 뒤에 세상에 서서 살 수 있는 것은 눈이 해와 달의 밝음에 의지한 뒤에야 볼 수 있는 것과 같은데, 몸을 닦되 聖人의 도를 따르지 않으면 廢人이 되고, 사물을 보되 해와 달을 보지 못하면 廢目이 된다.〉"

16. **或問 何如**라야 **斯謂之人**이닛고 **曰 取四重**하고 **去四輕**이면 **則可謂之人**이니라 **曰 何謂四重**고 **曰 重言, 重行, 重貌, 重好**①니 **言重則有法**하고 **行重則有德**하고 **貌重則有威**하고 **好重則有觀**②이니라 **敢問四輕**한대 **曰 言輕則招憂**③하고 **行輕則招辜**④하고 **貌輕則招辱**⑤하고 **好輕則招淫**⑥이니라

① 重言……重好 : 光曰 "宋吳本, 言重行重貌重好重, 今從李本. 行, 下孟反. 下可以意求."
司馬光이 말하였다. "宋咸本·吳祕本에는 '言重行重貌重好重'으로 되어 있으나, 지금 李軌本을 따랐다. 行은 下와 孟의 反切이다. 이하는 뜻으로 헤아려 음을 알 수 있다."

② 好重則有觀 : 可觀望也. ○ 祕曰 "非禮不好, 必有可觀." ○ 光曰 "觀, 古玩切."
관망할 만한 것이다.
○ 吳祕가 말하였다. "예가 아닌 것을 좋아하지 않으면 반드시 볼 만할 것이 있다."

○ 司馬光이 말하였다. "觀은 古와 玩의 反切이다."

③ 言輕則招憂 : 咸曰 "犯人必衆, 故憂及矣."

宋咸이 말하였다. "〈말을 가볍게 하면〉 사람을 침범하는 일이 반드시 많다. 그러므로 근심이 미친다."

④ 行輕則招辜 : 咸曰 "冒禁必多, 故罪至矣."

宋咸이 말하였다. "〈행동을 가볍게 하면〉 금법을 어기는 일이 반드시 많다. 그러므로 죄가 이른다."

⑤ 貌輕則招辱 : 咸曰 "人必易之, 所辱亦多."

宋咸이 말하였다. "〈용모를 가볍게 하면〉 사람들이 반드시 경시하므로 욕을 당하는 일이 또한 많다."

⑥ 好輕則招淫 : 咸曰 "嗜其邪也, 不亦淫乎."

宋咸이 말하였다. "〈좋아하기를 가볍게 하면〉 간사한 것을 좋아하니, 또한 음란하지 않겠는가."

혹자가 물었다.

"어떠해야 사람답다고 이를 수 있습니까?"

揚子가 말하였다.

"네 가지 중후한 것을 취하고 네 가지 경박한 것을 버리면 사람답다고 이를 수 있다."

혹자가 물었다.

"무엇을 네 가지 중후한 것이라 합니까?"

揚子가 말하였다.

"말을 중후하게 하고, 행동을 중후하게 하고, 용모를 중후하게 하고, 좋아하기를 중후하게 하는 것이다. 말이 중후하면 법칙이 있고, 행동이 중후하면 덕이 있고, 용모가 중후하면 위엄이 있고, 좋아하는 바가 중후하면 볼 만한 것이 있다."

혹자가 물었다.

"감히 네 가지 경박한 것에 대해 묻겠습니다."

揚子가 말하였다.

"말이 경박하면 우환을 부르고, 행동이 경박하면 죄를 부르고, 용모가 경박하면 욕됨을 부르고, 좋아하는 바가 경박하면 음란함을 부른다."

17. 禮多儀①어늘 或曰 日昃不食肉이면 肉必乾하고 日昃不飮酒면 酒必酸이라 賓主百拜而酒三行하니 不已華乎아 曰 實無華則野하고 華無實則史②하니 華實副則禮③니라

① 禮多儀：美其多威儀也.
예에 威儀가 많은 것을 아름답게 여긴 것이다.

② 實無華則野 華無實則史：史音古, 或作賈. ○ 咸曰 "論語云 '質勝文則野, 文勝質則史.' 此義同之. 宜如史字, 音古, 非也." ○ 祕曰 "野謂朴野, 史謂文勝其質." ○ 光曰 "李本, 史作賈, 音古. 音義曰 '賈人衒鬻過實.' 今從吳宋本."
'史'는 음이 古이니, 혹은 '賈'로 되어 있다.
○ 宋咸이 말하였다. "≪論語≫ 〈雍也〉에 '質(본바탕)이 文(아름다운 외관)보다 지나치면 촌스럽고, 文이 質보다 지나치면 史(겉치레만 잘함)하다.'라고 하였는데, 이 뜻과 같다면 史字의 본음대로 해석해야 하니, 〈李軌의 註에서〉 音을 古라고 한 것은 잘못이다."
○ 吳祕가 말하였다. "野는 질박하고 촌스러운 것을 이르고, 史는 文이 質보다 지나친 것을 이른다."
○ 司馬光이 말하였다. "李軌本에는 '史'가 '賈'로 되어 있으니, 音이 古이다. ≪音義≫에 '商人이 물건을 팔기 위하여 〈뽐내고 자랑하기를〉 실제보다 지나치게 하는 것이다.'라고 하였는데, 지금 吳祕本・宋咸本을 따랐다."

③ 華實副則禮：華實相副然後合禮, 文質彬彬然後君子.
화려함과 질박함이 서로 걸맞은 뒤에야 禮에 합하고, 文과 質이 조화를 이룬 뒤에야 君子이다.

禮에 의식 절차가 많자, 혹자가 물었다.

"해가 기울도록 〈예식이 끝나지 않아〉 제사 고기를 먹지 못하면 고기가 반드시 말라버리고, 해가 기울도록 〈예식이 끝나지 않아〉 술을 마시지 못하면 술이 반드시 시어질 것입니다. 〈예식이 끝나고 酒筵이 시작되어도〉 빈객과 주인이 백 번 절하고 나서 술을 세 순배 돌리니, 文飾이 너무 화려하지 않습니까?"

揚子가 말하였다.

"질박하기만 하고 문식이 없으면 촌스럽고, 문식하기만 하고 질박함이 없으면 겉만 번지르르하니, 문식과 질박함이 서로 부합한 것이 예이다."

18. 山雌之肥 其意得乎①[41]인저 或曰 回之簞瓢하여 臞는 如之何②오 曰 明明在上이면 百官牛羊도 亦山雌也요 闇闇在上이면 簞瓢捽茹[42]도 亦山雌也니 何其臞③리오 千鈞之輕은 烏獲力也요 簞瓢之樂은 顔氏德也④니라

① 山雌之肥 其意得乎 : 咸曰 "山雌之肥, 由其無憂適意之然, 君子之樂, 由其守道遇時之貴." ○ 光曰 "言山梁雌雉, 所以能肥如是者, 以其飮啄[43]遊處得意也, 喩君子之樂道亦然."

宋咸이 말하였다. "산골짝 다리의 암꿩이 살찐 것은 근심이 없고 뜻에 맞기 때문이고, 君子의 즐거움은 도를 지키고 때를 만나는 것을 귀하게 여기기 때문이다."

○ 司馬光이 말하였다. "산골짝 다리의 암꿩이 이렇게 살찔 수 있는 것은 물 마시고 먹이를 쪼아먹고 놀고 거하는 것이 뜻에 맞기 때문이니, 군자가 도를 즐거워하는 것도 이와 같음을 비유한 것이다."

② 回之簞瓢 臞如之何 : 咸曰 "臞, 瘠也. 此譏顔回之一簞一瓢, 已甚瘠矣, 何自得之有." ○ 祕曰 "臞, 瘠也. 簞瓢之臞, 何以不改其樂." ○ 光曰 "臞, 其俱切."

宋咸이 말하였다. "臞는 수척한 것이다. 이는 顔回가 한 도시락의 밥과 한 표주박의 음료수를 마시면서 〈도를 즐기며〉 살았지만 매우 수척하였으니, 무슨 자득함이 있겠느냐고 기롱한 것이다."

○ 吳祕가 말하였다. "臞는 수척한 것이다. 한 도시락의 밥과 한 표주박의 음료수를 마시면서 〈도를 즐기며〉 살았지만 수척하였는데, 어찌하여 그 즐거움을 고치지 않았는가."

○ 司馬光이 말하였다. "臞는 其와 俱의 反切이다."

③ 明明在上……何其臞 : 咸曰 "捽謂以手捽菹茹也." ○ 祕曰 "邦有道, 富且貴, 樂也. 邦

---

41) 山雌之肥 其意得乎 : ≪論語≫ 〈鄕黨〉에 "孔子가 다리 위의 꿩을 보고는 '산골짝 다리의 암꿩이 때에 맞는구나! 때에 맞는구나!〔山梁雌雉 時哉時哉〕'라고 하자, 子路가 그 꿩을 잡아 올리니, 세 번 냄새를 맡고 일어나셨다."라고 한 내용이 보인다.

42) 簞瓢捽茹 : 簞茹瓢捽로 해석해야 한다. '捽'은 '啐(쵀)'와 통용되니 맛본다는 뜻이고, 茹는 먹는다는 뜻이다. '簞茹瓢捽'은 도시락의 밥을 먹고 표주박의 물을 마시는 것으로 '簞瓢陋巷'과 같은 뜻이다.

43) 飮啄 : ≪莊子≫ 〈養生主〉에 "못가에 사는 꿩은 열 걸음 만에 한 입 쪼아먹고 백 걸음 만에 한 모금 물을 마시지만, 새장 속에서 길러지는 것을 원하지는 않으니, 그 이유는 비록 잘 먹어서 기운은 왕성해질지 몰라도 새의 본성은 그것을 좋아하지 않기 때문이다.〔澤雉 十步一啄 百步一飮 不蘄畜乎樊中 神雖王 不善也〕"라고 하였다. 이는 비록 생활은 넉넉하지 못하더라도 누구의 간섭도 받지 않고 자기 분수껏 자유롭게 생활하는 것을 뜻한다.

無道, 貧且賤, 樂也. 顏何臞哉." ○ 光曰 "捽, 在忽切. 百官牛羊, 若堯之所以養舜也[44]."

宋咸이 말하였다. "捽은 손으로 채소〔菹〕를 뜯어서 먹는 것을 이른다."

○ 吳祕가 말하였다. "나라에 도가 있을 때에는 부유하고 귀한 것이 즐겁고, 나라에 도가 없을 때에는 가난하고 천한 것이 즐거우니, 顏子가 어찌 수척하였겠는가."

○ 司馬光이 말하였다. "捽은 在와 忽의 反切이다. 百官과 牛羊은 堯임금이 舜에게 공급한 것과 같은 것이다."

④ 千鈞之輕……顏氏德也 : 千鈞之重[45], 烏獲擧之而輕, 多力耳. 簞食(사)瓢飮, 顏氏處之而樂, 德盛也. ○ 祕曰 "烏獲, 秦之力士. 千鈞之輕, 簞瓢之樂, 他人之所不能."

千鈞의 무게를 烏獲이 들면서도 가벼워한 것은 힘이 세기 때문이고, 한 도시락의 밥을 먹고 한 표주박의 물을 마시는 가난에 顏氏가 처하였으면서도 즐거워한 것은 덕이 성대하였기 때문이다.

○ 吳祕가 말하였다. "烏獲은 秦나라의 力士이다. 千鈞을 가볍게 들고 한 도시락 밥을 먹고 한 표주박의 물을 마시며 가난하게 살면서도 즐거워한 것은 다른 사람은 할 수 없는 것이다."

산골짝 다리의 암꿩이 살찐 것은 뜻을 얻었기 때문이다.

혹자가 물었다.

"顏回는 한 도시락의 밥을 먹고 한 표주박의 음료수를 마시며 〈도를 즐기며〉 살았는데 〈암꿩처럼 살찌지 않고〉 수척한 것은 어째서입니까?"

揚子가 말하였다.

"현명한 군주가 윗자리에 있으면 〈舜은 堯임금이 주는〉 百官과 牛羊을 받아 넉넉하게 살면서 또한 산골짝 다리의 암꿩처럼 자신의 도를 즐거워하였고, 어두운 군주가 윗자리에 있으면 〈안회는〉 한 도시락 밥을 먹고 한 표주박의 음료수를 마시며 가난하게 살면서 또한 산골짝 다리의 암꿩처럼 자신의 도를 즐거워하였으니, 안회가 어찌 수척한 것이겠는가. 千鈞의 무게를 가볍게 든 것은 오확의 힘이 세기 때문이고, 한 도시락 밥과 한 표주박의 음료수를 마시는 가난한 생활 보기를 〈뜻을

---

44) 百官牛羊 若堯之所以養舜也 : ≪孟子≫ 〈萬章 上〉에 "堯임금이 자신의 아홉 아들과 두 딸로 하여금 백관과 소・양과 창름을 갖추어서 농사짓는 舜을 밭두둑 가운데에서 섬기게 하였다.〔帝使其子九男二女 百官牛羊倉廩備 以事舜於畎畝之中〕"라고 하였다.

45) 千鈞之重 : 鈞은 무게의 단위로 1鈞은 30근이다.

얻은 산골짝 다리 암펑의〉 즐거움으로 여긴 것은 안회의 덕이 성대하기 때문이다."

19. **或問 犁牛之鞹**이 **與玄騂之鞹**으로 **有以異乎**①아 **曰 同**②이니라 **然則何以不犁也**③오 **曰 將致孝乎鬼神**하여 **不敢以其犁也**④라 **如刲羊刺豕罷(피)賓犒師**엔 **惡在犁不犁也**⑤리오

① 犁牛之鞹……有以異乎 : 咸曰 "犁牛, 雜色之牛. 玄, 黑也. 騂, 赤也. 鞹皮, 亦猶色也. 或問 '犧牛, 有不純之色與黑赤之色, 皆牛也. 豈有異乎.'" ○ 祕曰 "犁, 雜色. 玄, 黝也. 騂, 赤也. 皮去毛曰鞹." ○ 光曰 "鞹, 苦郭切. 騂, 息營切."

宋咸이 말하였다. "犁牛는 얼룩소이다. 玄은 검은색이고 騂은 붉은색이지만 무두질한 가죽은 또한 색이 같다. 혹자가 묻기를 '犧牛가 순색이 아닌 얼룩소이든 흑색이든 적색이든 모두 소이니 어찌 차이가 있겠는가.'라고 하였다."

○ 吳祕가 말하였다. "犁는 雜色이다. 玄은 검은색이다. 騂은 붉은색이다. 털을 제거한 가죽을 鞹이라고 한다."

○ 司馬光이 말하였다. "鞹은 苦와 郭의 反切이다. 騂은 息과 營의 反切이다."

② 同 : 咸曰 "言其爲牛一也, 故曰同." ○ 祕曰 "毛附則異."

宋咸이 말하였다. "소인 것은 똑같기 때문에 同이라고 말한 것이다."

○ 吳祕가 말하였다. "털이 붙어 있으면 〈가죽의 색깔이〉 다르다."

③ 然則何以不犁也 : 咸曰 "言旣爲牛之同, 而宗廟何取玄騂而不用犁也." ○ 祕曰 "祭祀之牲, 取黝騂, 而何不用犁也. 語曰 '犁牛之子, 騂且角, 雖欲勿用, 山川其捨諸.'[46]" ○ 光曰 "或者言 '凡人顧其中心何如耳, 何必外貌之禮文.'"

宋咸이 말하였다. "이미 소인 것은 똑같은데 宗廟에서는 어찌 검은색 소와 붉은색 소만 취하고 얼룩소는 쓰지 않느냐는 말이다."

○ 吳祕가 말하였다. "祭祀의 희생은 검은색 소와 붉은색 소만 취하고 어찌하여 얼룩소는 쓰지 않는가. ≪論語≫에 '얼룩소 새끼가 붉은 색이고 또 뿔이 반듯하면 사람들은 비록 제사에 쓰지 않고자 하나 山川의 神이 어찌 그것을 버려두겠는가.'라고 하였다."

○ 司馬光이 말하였다. "혹자는 '무릇 사람은 그 속마음이 어떠한가를 돌아볼 뿐

46) 語曰……山川其捨諸 : 孔子의 제자 仲弓은 부친의 출신이 미천하였는데, 孔子가 중궁을 두고 "얼룩소의 새끼가 털이 붉고 뿔이 반듯하면 비록 제사 희생으로 쓰지 않고자 하더라도 山川의 神이 버려두겠는가."라고 하여 중궁이 비록 賤惡한 아비에게서 태어났지만 세상을 위해 반드시 쓰일 것이라고 하였다.(≪論語 雍也≫)

이니, 어찌 군이 外貌의 禮文을 따지겠는가.'라고 하였다."

④ 將致孝乎鬼神 不敢以其犁也：祕曰 "致孝于宗廟山川, 貴純色, 而不敢用犁也."

吳祕가 말하였다. "宗廟와 山川의 귀신에게 효도를 다할 때에는 純色의 희생을 귀하게 여기고 감히 얼룩소를 쓰지 않는 것이다."

⑤ 如刲羊刺豕罷(피)賓犒師 惡在犁不犁也：刲羊, 義見易[47]. ○ 咸曰 "罷當爲饗, 字之誤也. 夫宴饗之牛羊不毛, 雖雜色, 可矣. 故犁與不犁, 皆用之." ○ 祕曰 "如爲賓客師旅之牲, 安問色之雜不雜也. 罷, 以禮罷之. 犒, 餉之. 鄕飮酒義曰 '朝不廢朝, 莫(모)不廢夕.' 鄭康成云 '旣朝乃飮, 先夕則罷.'" ○ 光曰 "刲, 苦圭切. 惡, 哀都切. 音義曰 '罷音疲, 勞也.' 揚子以爲若欲爲君子, 則不可無禮文, 若欲爲衆人, 則何必禮文也."

羊을 잡는 것은 뜻이 ≪周易≫에 보인다.

○ 宋咸이 말하였다. "'罷'는 마땅히 '饗'이 되어야 하니, 글자가 잘못된 것이다. 宴饗에 쓰는 牛羊은 털의 색을 따지지 않기 때문에 비록 잡색이라도 괜찮다. 그러므로 얼룩소이든 얼룩소가 아니든 모두 쓴다."

○ 吳祕가 말하였다. "만약 賓客과 군대를 위한 희생이라면 색깔이 잡색인지 아닌지를 어찌 따지겠는가. 罷는 禮로써 파하는 것이다. 犒는 먹이는 것이다. ≪禮記≫ 〈鄕飮酒義〉에 '〈음주의 예절은〉 아침에는 조회를 폐하지 않고 저녁에는 저녁 일을 폐하지 않는다.'고 하였는데, 鄭康成(鄭玄)이 '이미 조회를 보고 난 뒤에 비로소 술을 마시고 저녁이 되기 전에 파하는 것이다.'라고 하였다."

○ 司馬光이 말하였다. "刲는 苦와 圭의 反切이다. 惡는 哀와 都의 反切이다. ≪音義≫에 '罷는 음이 疲이니 위로하는 것이다.' 하였다. 揚子는 만약 군자가 되고자 한다면 禮文이 없어서는 안 되지만, 만약 衆人이 되고자 한다면 어찌 禮文이 필요하겠느냐고 여긴 것이다."

혹자가 물었다.

"털을 제거한 얼룩소의 가죽과 털을 제거한 검은색 소와 붉은색 소의 가죽이 차이가 있습니까?"

揚子가 말하였다.

"똑같다."

혹자가 물었다.

"그렇다면 어찌하여 제사 때에 얼룩소를 희생으로 쓰지 않습니까?"

---

47) 刲羊 義見易：≪周易≫ 歸妹卦 上六爻辭에 "여자가 광주리를 받드나 담긴 것이 없다. 남자가 羊을 베나 피가 없으니, 이로운 바가 없다.〔女承筐无實 士刲羊无血 无攸利〕"라고 하였다.

揚子가 말하였다.

“장차 귀신에게 효를 지극히 하고자 하여 감히 얼룩소를 쓰지 않는 것이다. 만약 양을 잡고 돼지를 잡아 빈객을 대접하고 군대를 犒饋하는 것이라면 얼룩소든 얼룩소가 아니든 무슨 상관이 있겠는가.”

20. 有德者好問聖人한대 或曰 魯人鮮德이어늘 奚其好問仲尼也①오 曰 魯未能好問仲尼故也②라 如其好問仲尼면 則魯作東周矣③리라

① 有德者好問聖人……奚其好問仲尼也：言魯定哀公孟仲季孫, 皆問仲尼. ○ 祕曰“若哀公問儒服儒行[48], 定公問君使臣臣事君[49]之類.” ○ 光曰“鮮, 息淺切.”

魯나라 定公과 哀公, 孟孫, 仲孫, 季孫이 모두 중니에게 물은 것을 말한다.

○ 吳祕가 말하였다. “哀公이 儒服과 儒行에 대해서 물은 것과 定公이 군주가 신하를 부리는 것과 신하가 군주를 섬기는 것에 대해서 물은 것과 같은 따위이다.”

○ 司馬光이 말하였다. “鮮은 息과 淺의 反切이다.”

② 魯未能好問仲尼故也：咸曰“夫有德者, 好問聖人, 則好行之, 今魯人, 雖問之, 而不能用.” ○ 祕曰“今魯不用其言, 非好而問之也.”

宋咸이 말하였다. “덕이 있는 자가 聖人에게 묻기를 좋아하면 〈聖人이 대답해 준 말을〉 곧잘 행하는데, 지금 魯나라 사람은 비록 묻기는 하였으나 그 말을 쓰지 못하였다.”

○ 吳祕가 말하였다. “지금 魯나라가 孔子의 말을 쓰지 않았으니, 좋아하여 물은 것이 아니다.”

③ 如其好問仲尼 則魯作東周矣：或謂咸曰“自平王東遷,[50] 周衰劇矣. 故仲尼降王黍離詩於國風, 明其不能復雅政, 而齊等於邦君也.[51] 而揚子謂‘魯人好問仲尼, 則但能使

---

48) 哀公問儒服儒行：≪禮記≫ 〈儒行〉에 魯 哀公이 孔子에게 儒服과 儒行에 대하여 물은 내용이 보인다.

49) 定公問君使臣臣事君：≪論語≫ 〈八佾〉에 魯 定公이 묻기를 “군주가 신하를 부리며, 신하가 군주를 섬김에 어찌해야 합니까?” 하자, 孔子가 대답하기를 “군주는 신하를 부리기를 禮로써 하고, 신하는 군주를 섬기기를 충으로써 해야 합니다.〔君使臣以禮 臣事君以忠〕”라고 한 내용이 보인다.

50) 平王東遷：周나라 幽王이 무도하여 犬戎에게 살해되자 그 아들인 平王이 서쪽인 鎬京으로부터 동쪽인 洛邑으로 도읍을 옮긴 것을 말한다. 이 이전을 西周라 하고 이후를 東周라 한다.

魯作東周, 不亦易乎.'" 曰 "不然也. 孔子云 '如有用我者, 吾其爲東周乎.'[52] 此言當復興西周之盛於東周之地也, 豈仲尼但能作平王之道哉. 今揚子之意, 謂使魯能好問仲尼, 則魯亦可尊樹王室, 復興西周之盛於東周之地爾, 豈止使魯如平王之衰邪. 學者宜辨之." ○ 光曰 "興周道於東方."

혹자가 宋咸에게 "平王이 東遷한 뒤로부터 周나라의 쇠미함이 심해졌다. 그러므로 仲尼가 ≪詩經≫ 〈王風〉의 〈黍離〉詩를 〈國風〉으로 강등하여 王이 雅政을 회복하지 못하여 제후국의 임금과 같아졌음을 드러내었다. 그래서 揚子가 '魯나라 사람이 仲尼에게 묻기를 좋아하였다면 다만 노나라를 동쪽의 周나라로 만들기가 또한 쉽지 않겠는가.'라고 한 것이다." 하니, 宋咸이 다음과 같이 말하였다.

"그렇지 않다. 孔子가 '만약 나를 써주는 자가 있으면 내가 동쪽의 周나라를 만들 것이다.'라고 하였으니, 이는 西周의 성대한 도를 동쪽의 周나라에 다시 일으키겠다는 것이지, 어찌 仲尼가 단지 平王의 道를 일으키겠다는 것이겠는가. 지금 揚子의 생각에는 가령 노나라가 참으로 중니에게 묻기를 좋아했다면 魯나라가 또한 王室을 높이 세워 西周의 성대한 도를 동쪽의 周나라에 다시 일으킬 수 있을 것이니, 어찌 다만 노나라로 하여금 平王의 쇠미한 정사와 같아지게 하겠느냐고 여긴 것이다. 배우는 자들은 마땅히 분별해야 한다."

○ 司馬光이 말하였다. "周나라의 道를 동쪽(魯나라)에 일으키는 것이다."

德 있는 사람은 聖人에게 묻기를 좋아한다.

혹자가 말하였다.

"〈定公과 哀公, 孟孫·仲孫·季孫 같은〉 魯나라 사람은 덕이 적었는데 어찌하여 仲尼에게 묻기를 좋아했습니까?"

揚子가 말하였다.

---

51) 仲尼降王黍離詩於國風……而齊等於邦君也 : 〈王風〉은 周 平王이 동천한 뒤에 東都인 洛邑에서 채집한 시로, 〈黍離〉부터 〈丘中有麻〉까지 10편을 가리킨다. 천자의 시는 雅에 넣어야 하는데 이때에는 周나라 왕실의 존엄함이 실추되어 제후와 다를 바가 없게 되었으므로 그 詩를 雅라 하지 않고 風이라고 한 것이다.

52) 孔子云……吾其爲東周乎 : 東周는 동쪽 魯나라에 周나라의 道를 일으키는 것을 말한다. 孔子께서 季氏의 家臣인 公山弗擾의 부름을 받아 가려고 하면서 "나를 부르는 자는 어찌 공연히 부르겠는가. 만일 나를 써주는 이가 있다면 나는 동쪽 노나라에 주나라의 도를 일으킬 것이다.〔夫召我者 而豈徒然哉 如有用我者 吾其爲東周乎〕"라고 한 데서 온 말이다.(≪論語 陽貨≫)

"〈묻기만 좋아하고 중니가 대답해 준 말을 쓰지 않은 것은〉 노나라 사람이 참으로 중니에게 묻기를 좋아하지 않았기 때문이다. 만약 참으로 중니에게 묻기를 좋아했다면 노나라는 동쪽의 주나라가 되었을 것이다."

21. 或問 人有倚孔子之牆하여 絃鄭衛之聲하고 誦韓莊之書면 則引諸門乎①아 曰 在夷貉則引之②하고 倚門牆則麾之③라 惜乎라 衣未成而轉爲裳也④[53]니라

① 誦韓莊之書 則引諸門乎：祕曰 "韓非・莊周, 本俱學於老子者也. 今人惟知韓非言法, 而不知其本, 韓書有解老・喩老二篇, 故曰韓莊之書. 門, 謂孔子之門." ○ 光曰 "宋本, 門作問, 今從李吳本."

吳祕가 말하였다. "韓非와 莊周는 본래 함께 老子에게 배운 자이다. 지금 사람들은 오직 韓非가 法治에 대해서 말한 것만 알고 그 본원은 알지 못하여 韓非의 책에 〈解老〉와 〈喩老〉 두 편이 있기 때문에 '韓非와 莊周의 책'이라고 말한 것이다. 門은 孔子의 門下를 이른다.

○ 司馬光이 말하였다. "宋咸本에는 '門'이 '問'으로 되어 있으나, 지금 李軌本과 吳祕本을 따랐다."

② 在夷貉則引之：祕曰 "韓莊之書, 使人不知禮, 鄭衛之音, 使人不知樂. 禮樂之不存, 在蠻貊則引之也."

吳祕가 말하였다. "韓非와 莊周의 책은 사람으로 하여금 禮를 알지 못하게 하고, 鄭나라와 衛나라의 음악은 사람으로 하여금 음악을 알지 못하게 하여 禮樂이 보존되지 못한다. 〈만일 聖人의 正道를 배우고자 하는 자가〉 오랑캐의 땅에 있으면 〈孔子의 문 안으로〉 이끌어야 한다."

③ 倚門牆則麾之：(咸曰 麾去)[54] "莊周與韓非同貫, 不亦甚乎. (感)〔惑〕[55]者甚衆, 敢問何謂也." 曰 "莊雖借喩以爲通妙, 而世多不解, 韓誠觸情以言治, 而險薄傷化. 然則周之益也, 其利迂緩, 非之損也, 其害絞急. 位旣失中, 兩不與耳. 亦不以齊其優劣, 比量多少也, 統斯以往, 何嫌乎." 又問〔曰〕[56] "自此已下, 凡論諸子, 莫不連言乎莊生者, 何也." 答曰 "妙指, 非見形而不及道者之言所能統, 故每道其妙寄, 而去其麤迹,

---

53) 衣未成而轉爲裳也：衣는 孔子의 학문을 비유한 것이고 裳은 諸子의 학문을 비유한 것이다.

54) (咸曰 麾去)：저본에는 있으나, 四部叢刊本을 살펴보건대 이 단락은 李軌의 주이다. 그러므로 '咸曰 麾去' 4자를 衍文으로 처리하였다.

55) (感)〔惑〕：저본에는 '感'으로 되어 있으나, 四部叢刊本에 근거하여 '惑'으로 바로잡았다.

56) 〔曰〕：저본에는 없으나, 四部叢刊本에 근거하여 보충하였다.

一以貫之, 應近而已." ○ 光曰 "貉, 毋百切. 言夷貉之人, 生而未嘗見禮義, 猶愈於在門牆者也."

"莊周와 韓非를 하나로 뒤섞은 것은 너무 심하지 않은가. 이에 대해 의혹하는 자가 매우 많으니, 감히 묻건대 어째서인가?"라고 하자, 다음과 같이 말하였다. "莊周는 비록 寓言을 빌려 비유하여 묘한 이치에 통달하였다고 하나 세상에서 대부분 알지 못하고, 韓非는 진실로 情을 저축하며 法治를 말하였으나 험하고 야박하여 교화를 손상시켰다. 그렇다면 莊周의 유익함은 그 이로움이 오활하고 느슨함에 있고, 韓非의 손해됨은 그 해로움이 각박함에 있다. 자리가 이미 中道를 잃어서 둘이 함께 할 수도 없고, 또한 優劣을 가지런히 하여 多少를 비교할 수도 없으나 이 둘을 통섭한 뒤에는 어찌 혐의할 것이 있겠는가." 또 묻기를 "이로부터 이하로 무릇 諸子를 논할 적에 莊生을 연결하여 말하지 않음이 없는 것은 어째서인가?"라고 하니, 다음과 같이 말하였다. "오묘한 뜻은 형체만 보고 道에 미치지 못한 자의 말로 능히 통섭할 수 있는 것이 아니다. 그러므로 매양 오묘한 이치를 붙어 있는 것을 말할 때마다 그 조잡한 흔적을 빼놓았으니, 한 가지 이치로 만사를 관통하여 비근한 것에 응한 것일 뿐이다."

○ 司馬光이 말하였다. "貉은 毋와 百의 反切이다. 夷貉의 사람들은 태어나서 일찍이 禮義를 본 적이 없으니, 〈이들이 禮義를 향하는 마음이 있다면〉 오히려 공자의 문과 담 안에 있는 자들보다 나음을 말한 것이다."

④ 惜乎 衣未成而轉爲裳也 : 衣, 上也. 裳, 下也. 聖典, 本也. 諸子, 末也. 轉上爲下, 捨本逐末者, 是可惜. ○ 祕曰 "上衣下裳, 惜乎. 習聖道, 未成, 而轉爲諸子也." ○ 光曰 "上曰衣, 下曰裳. 遊諸子之門者, 本欲學聖人之正道, 今乃絃鄭衛, 誦韓莊, 聖道未成, 而更於邪僻矣, 安用之."

衣는 상의이고 裳은 하의이며, 聖典은 근본이고 諸子는 지엽이다. 상의가 바뀌어 하의가 되고 근본을 버리고 지엽을 따르니 애석하다.

○ 吳祕가 말하였다. "上衣가 下裳이 되었으니 애석하다. 聖人의 道를 익혔으나 성취하지 못하고 도리어 諸子를 배움이여."

○ 司馬光이 말하였다. "上衣를 衣라 하고 下衣를 裳이라 한다. 諸子의 문하에서 노는 자가 본래는 聖人의 正道를 배우고자 하였으나 지금 마침내 鄭나라와 衛나라의 음악을 현악기로 연주하고 韓非와 莊周의 책을 외워 聖人의 道를 성취하지 못하고 邪僻한 도에 변화당한다면 〈이런 사람을〉 어디에 쓰겠는가."

혹자가 물었다.

"어떤 사람이 공자의 집 담에 기대어 鄭나라와 衛나라의 음악을 연주하고 韓非와 莊周의 책을 외운다면 그를 이끌어 孔子의 문 안으로 들어오게 합니까?"

揚子가 말하였다.

"이런 사람(聖人의 正道를 배우고자 하는 사람)이 오랑캐 땅에 있으면 그를 이끌어 공자의 문 안으로 들어오게 하고, 이런 사람(聖人의 正道를 배우고자 하나 성취하지 못하고 邪辟한 道에 변화당한 사람)이 공자의 문과 담에 기대어 있으면 손을 저어 떠나게 해야 한다. 애석하다. 〈이러한 자를 공자의 문 안으로 들어오게 하는 것은〉 윗옷을 이루기도 전에 바꾸어 치마를 짓는 격이다."

22. **聖人**은 **耳不順乎非**①하고 **口不肄乎善**②이요 **賢者**는 **耳擇口擇**③이요 **衆人**은 **無擇焉**④이니라

① 耳不順乎非 : 惟正之聽.
　오직 바른말만 듣는다.

② 耳不順乎非 口不肄乎善 : 性與天道, 發言成章, 不肄習. ○ 祕曰 "無聽不是, 無言不善. 肄, 習也, 言不俟習." ○ 光曰 "肄, 羊至切."
　聖人은 性이 天道와 같아서 입만 열면 문장이 이루어지므로 익히기를 기다리지 않는 것이다.
　○ 吳祕가 말하였다. "옳지 않은 것을 들음이 없고 선하지 않은 것을 말함이 없는 것이다. 肄는 익힘이니, 익히기를 기다리지 않음을 말한다."
　○ 司馬光이 말하였다. "肄는 羊과 至의 反切이다."

③ 賢者 耳擇口擇 : 耳擇所聽, 口擇所言. ○ 祕曰 "可聽則聽, 可言則言."
　賢者는 귀로는 들을 말을 가리고, 입으로는 할 말을 가린다.
　○ 吳祕가 말하였다. "들을 만하면 듣고, 말할 만하면 말한다."

④ 衆人 無擇焉 : 觸情任意.
　衆人은 외물이 그 情을 동요시키면 마음 내키는 대로 한다.

聖人은 귀로는 옳지 않은 소리를 듣지 않고, 입으로는 선한 말을 익히기를 기다리지 않는다. 賢者는 귀로는 들을 말을 가리고 입으로는 할 말을 가린다. 衆人은 듣고 말함에 가리는 것이 없다.

或問衆人한대 **曰 富貴生**⑤이니라 **賢者**한대 **曰 義**⑥니라 **聖人**한대 **曰 神**⑦이니라

⑤ 富貴生 : 苟貪富貴, 不義而生. ○ 祕曰 "志在苟求富貴貪生而已."

구차하게 富貴를 탐하고 의롭지 못하게 사는 것이다.

○ 吳祕가 말하였다. "뜻이 구차하게 부귀를 구하고 삶을 탐하는 데에 있을 뿐이다."

⑥ 曰義：行義以達其道[57] ○ 祕曰 "惟義所在. 義也者, 所以宜仁而適道者也."

義를 행하여 道를 편다.

○ 吳祕가 말하였다. "오직 義가 있는 바를 따르니, 義라는 것은 仁에 마땅하고 道에 적합한 것이다."

⑦ 曰神：神德行[58]也 ○ 咸曰 "天神應乎萬變, 聖人如之, 豈止益於德行而已." ○ 祕曰 "神, 猶道也. 荀子曰 '道出乎一. 曷謂一. 執神而固. 曷謂神, 曰盡善挾治[59]之謂神. 〔曷謂固〕[60], 萬物莫足以傾之謂固, 神固之謂聖人[61].'

德行을 신묘하게 한다.

○ 宋咸이 말하였다. "天神은 온갖 변화에 응하는데 聖人이 이와 똑같으니, 어찌 단지 德行에 유익할 뿐이겠는가."

○ 吳祕가 말하였다. "神은 道와 같다. 荀子가 '道는 一에서 나왔다. 무엇을 一이라 하는가? 神을 잘 지켜 견고한 것이다. 무엇을 神이라 하는가? 지극히 선하여 다스림이 두루 미치는 것을 神이라 한다. 〈무엇을 固라 하는가?〉 어떤 사물도 기울게 하지 못하는 것을 固라 하니, 신묘하고 견고한 것을 聖人이라 한다.' 하였다."

혹자가 衆人에 대해서 물으니, 揚子가 말하였다.
"富貴를 탐하여 〈의롭지 않게〉 산다."
혹자가 賢者에 대해서 물으니, 揚子가 말하였다.
"의로움을 따른다."
혹자가 聖人에 대해서 물으니, 揚子가 말하였다.
"신묘하여 알 수 없는 경지이다."

---

57) 行義以達其道：≪論語≫ 〈季氏〉에 "세상에서 물러나 숨어 살면서 자신의 뜻을 구하고, 세상에 나가 의를 행하여 자신의 도를 편다.〔隱居以求其志 行義以達其道〕"라고 하였다.

58) 神德行：≪周易≫ 〈繫辭傳 上〉에 "이끌어 펴며 유에 따라 확장하면 천하의 능사가 다할 것이니, 도를 드러내고 덕행을 신묘하게 한다.〔引而伸之 觸類而長之 天下之能事畢矣 顯道 神德行〕"라고 하였다.

59) 挾治：挾은 浹과 통하니, 다스림이 두루 미치는 것을 이른다.

60) 〔曷謂固〕：저본에는 '曷謂固'가 없으나, ≪荀子≫ 〈儒效〉에 근거하여 보충하였다.

61) 荀子曰……神固之謂聖人：≪荀子≫ 〈儒效〉에 나온다.

觀乎賢人則見衆人⑧하고 觀乎聖人則見賢人⑨하고 觀乎天地則見聖人⑩이니라

⑧ 觀乎賢人則見衆人：光曰 "賢人能爲人所不能, 必有以殊於衆."
司馬光이 말하였다. "賢人은 보통 사람이 할 수 없는 것을 능히 하니, 반드시 衆人과 다른 점이 있다."

⑨ 觀乎聖人則見賢人：光曰 "卓爾有立, 不可及."
司馬光이 말하였다. "聖人은 우뚝히 서 있어 미칠 수가 없다."

⑩ 觀乎天地則見聖人：祕曰 "天地之道, 聖人管之. 聖人之道, 賢者宗之. 賢人之道, 衆人日用之." ○ 光曰 "天地, 聖人之所取法."
吳祕가 말하였다. "天地의 도는 聖人이 樞要(法則)로 삼고, 聖人의 도는 賢者가 종주로 삼고, 賢人의 도는 衆人이 날마다 쓴다."
○ 司馬光이 말하였다. "天地는 聖人이 법으로 취하는 것이다."

賢人을 관찰하면 衆人과 다른 점을 알 수 있고, 聖人을 관찰하면 賢人과 다른 점을 알 수 있고, 天地를 관찰하면 聖人과 다른 점을 알 수 있다.

天下有三好하니 衆人은 好己從하고 賢人은 好己正하고 聖人은 好己師⑪니라

⑪ 聖人 好己師：祕曰 "欲廣其道." ○ 光曰 "己師爲己之師也."62)
吳祕가 말하였다. "그 도를 넓히고자 하는 것이다."
○ 司馬光이 말하였다. "己師는 자신의 스승으로 삼는 것이다."

천하에는 세 가지 좋아하는 것이 있으니, 衆人은 사람들이 자신을 따르는 것을 좋아하고, 賢人은 사람들이 자신을 바로잡아주는 것을 좋아하고, 聖人은 사람들이 자신을 스승으로 삼는 것을 좋아한다.

天下有三檢⑫하니 衆人은 用家檢⑬하고 賢人은 用國檢하고 聖人은 用天下檢⑭이니라

⑫ 天下有三檢：光曰 "檢, 猶限度也."

---

62) 光曰 己師爲己之師也：汪榮寶의 ≪法言義疏≫에 "사마광은 '己師 爲己之師也'라고 하였으나 살펴보건대 '己從'은 '從己(자신을 따르다)'를 이르고, '己正'은 '正己(자신을 바로잡다)'를 이르고, '己師'는 '師己(자신을 스승으로 삼다)'를 이른다. '聖人好己師'는 말을 하면 대대로 천하의 법칙이 되고 행동을 하면 대대로 천하의 법칙이 되는 것이다."라고 하였다.

司馬光이 말하였다. "檢은 限度와 같다."

⑬ 衆人 用家檢：家人自以爲法. ○ 光曰 "所安利者, 不出其家."

집안 사람이 스스로 법으로 삼는다.

○ 司馬光이 말하였다. "편안하고 이롭게 함이 그 집안을 벗어나지 않는다."

⑭ 聖人 用天下檢：光曰 "安利徧於天下."

司馬光이 말하였다. "편안하고 이롭게 함이 온 천하에 두루 미치는 것이다."

천하에는 세 가지 한도가 있으니, 衆人은 집안을 한도로 삼고, 현인은 나라를 한도로 삼고, 성인은 천하를 한도로 삼는다.

天下有三門하니 **由於情欲**은 **入自禽門**⑮하고 **由於禮義**는 **入自人門**⑯하고 **由於獨智**는 **入自聖門**⑰이니라

⑮ 由於情欲 入自禽門：所謂觸情. ○ 祕曰 "不性其情." ○ 光曰 "如禽獸."

이른바 情을 저촉한다는 것이다.

○ 吳祕가 말하였다. "情을 요약하여 性에 맞게 하지 못하는 것이다."

○ 司馬光이 말하였다. "禽獸와 같다."

⑯ 由於禮義 入自人門：祕曰 "禮者, 人之所履. 義者, 人之所宜." ○ 光曰 "宋吳本, 人作仁, 今從李本."

吳祕가 말하였다. "禮는 사람이 실천하는 것이고, 義는 사람이 마땅하게 여기는 것이다."

○ 司馬光이 말하였다. "宋咸本・吳祕本에는 '人'이 '仁'으로 되어 있으나, 지금 李軌本을 따랐다."

⑰ 由於獨智 入自聖門：祕曰 "上智也." ○ 光曰 "生而知之, 獨運明智, 極深研幾, 非常人所能逮."

吳祕가 말하였다. "上智이다."

○ 司馬光이 말하였다. "태어나면서부터 사람의 도리를 저절로 알아 홀로 明智를 운용하여 사물의 심오하고 은미한 곳을 깊이 연구하는 것은 보통 사람이 능히 미칠 수 있는 바가 아니다."

천하에 세 가지 門이 있으니, 情欲을 따르는 사람은 禽獸의 문으로 들어가고, 禮義를 따르는 사람은 사람의 문으로 들어가고, 심원한 智慧를 따르는 사람은 聖人의 문으로 들어간다.

23. 或問 士何如라야 斯可以禔身①이닛고 曰 其爲中也弘深②하고 其爲外也肅括이면 則可以禔身矣③리라

① 士何如 斯可以禔身：禔，安．○ 祕曰 "禔，福也．福者，百順之名．" ○ 光曰 "禔，是支・祉奚二切，又音題．"

禔는 편안함이다.

○ 吳祕가 말하였다. "禔는 福이다. 福은 모든 일이 순조로운 것을 이르는 명칭이다."

○ 司馬光이 말하였다. "禔는 是와 支의 反切, 祉와 奚의 反切 두 가지 음이고, 또 다른 음은 題이다."

② 其爲中也弘深：中者，心志也．弘深，猶敦重也．

中은 心志이다. 弘深은 돈독하고 중후한 것과 같다.

③ 其爲外也肅括 則可以禔身矣：外〔者〕[63]，威儀也．肅，敬也．括，法也．○ 祕曰 "心志廣深，而儀形肅括，斯士之福也．括，猶檢括也．" ○ 光曰 "弘深不淺露，肅括不放肆．"

外는 威儀이다. 肅은 공경이고, 括은 法度이다.

○ 吳祕가 말하였다. "心志가 넓고 깊으며 儀形이 엄숙하고 단정한 것이 선비의 福이다. 括은 檢括(規矩)과 같다."

○ 司馬光이 말하였다. "내면의 심지가 넓고 깊으면 겉으로 드러나지 않고, 외면의 위의가 엄숙하고 단정하면 방자하지 않다."

혹자가 물었다.

"선비가 어떻게 해야 몸을 편안하게 할 수 있습니까?"

揚子가 말하였다.

"내면의 心志가 넓고 깊으며 외면의 威儀가 엄숙하고 법도가 있으면 몸을 편안히 할 수 있을 것이다."

24. 君子微愼厥德하면 悔吝不至리니 何元憞之有①리오

① 君子微愼厥德……何元憞之有：微，纖也．悔吝，小疵也．元憞，大惡也．○ 祕曰 "悔吝，生乎(分)〔介〕[64]，元憞，大惡也．" ○ 光曰 "憞，徒對切．愼之於微，則過惡不大．"

---

63) 〔者〕: 저본에는 없으나, 四部叢刊本에 근거하여 보충하였다.

64) (分)〔介〕: 저본에는 '分'으로 되어 있으나, 四庫全書本에 근거하여 '介'로 바로잡았다.

微는 작은 것이다. 悔吝은 작은 잘못이고 元憝는 큰 악행이다.

○ 吳祕가 말하였다. "悔吝은 介(善과 惡의 조짐은 이미 움직였으나 아직 드러나지 않은 때)에서 생긴다. 元憝는 큰 악행이다."

○ 司馬光이 말하였다. "憝는 徒와 對의 反切이다. 미미할 때에 삼가면 과실과 악행이 커지지 않는다."

君子가 자신의 德을 미미할 때에 삼가면 뉘우침과 부끄러움이 이르지 않을 것이니 어찌 큰 악행이 있겠는가.

25. 上士之耳는 訓乎德①하고 下士之耳는 訓乎己②니라

① 上士之耳 訓乎德 : 訓, 順.

訓은 순히 따르는 것이다.

② 下士之耳 訓乎己 : 苟(或)〔欲〕[65]令人順己. ○ 祕曰 "上士好德, 聞而誠之. 下士是己, 聞而誡之. 訓, 誡也."

下士는 사람들로 하여금 구차하게 자신에게 순종하게 하고자 한다.

○ 吳祕가 말하였다. "上士는 덕을 좋아하므로 듣고서 성실히 하고, 下士는 자기를 바르게 다스리므로 듣고서 경계하는 것이다. 訓은 경계함이다.

上士의 귀는 〈말을 듣고서〉 덕을 따르고, 下士의 귀는 〈말을 듣고서〉 자신을 따른다.

26. 言不慙하고 行不恥者는 孔子憚焉①하시니라

① 言不慙……孔子憚焉 : 言不違理, 故形不慙. 行不邪僻, 故心不恥. 言行能如此, 仲尼所敬. 憚, 難也. ○ 祕曰 "言焉而不慙於言, 行焉而不恥於行, 雖聖人, 猶畏憚之." ○ 光曰 "人之言行, 無可慙恥者, 是全德之人也. 故(維)〔雖〕[66]聖人, 猶敬憚焉."

말이 이치에 어긋나지 않기 때문에 형체가 부끄럽지 않고, 행실이 邪辟하지 않기 때문에 마음이 부끄럽지 않다. 말과 행동이 능히 이와 같은 것은 仲尼가 공경하는 바이다. 憚은 어렵게 여기는 것이다.

○ 吳祕가 말하였다. "말을 하되 자신의 말에 부끄럽지 않고, 행동하되 자신의 행

---

65) (或)〔欲〕 : 저본에는 '或'으로 되어 있으나, 四部叢刊本에 근거하여 '欲'으로 바로잡았다.
66) (維)〔雖〕 : 저본에는 '維'로 되어 있으나, 四庫全書本에 근거하여 '雖'로 바로잡았다.

동에 부끄럽지 않으면 비록 聖人이라도 오히려 敬畏할 것이다."

○ 司馬光이 말하였다. "사람이 言行에 부끄러워할 만한 것이 없으면 이는 덕이 온전한 사람이다. 그러므로 聖人도 오히려 경외하는 것이다."

자신의 말에 부끄럽지 않고 자신의 행위에 부끄럽지 않은 사람은 孔子도 경외할 것이다.

問道* 第四

* 咸曰 "身乎克修, 道乃可議, 故次之修身."

宋咸이 말하였다. "몸을 잘 닦아야 도를 비로소 의논할 수 있다. 그러므로 이 편을 〈修身〉 다음에 놓은 것이다."

芒芒大道①를 昔在聖考②라 過則失中이요 不及則不至③니 不可姦罔④이라 譔問道⑤호라

① 芒芒大道 : 洪荒混茫之初. ○ 咸曰 "大道, 統言聖人之道. 芒芒者, 大之稱也. 注以混茫之初釋之, 可乎." ○ 光曰 "漢書及李本, 大作天, 今從宋吳本."

천지가 개벽하기 이전의 混沌하고 어두운 초기이다.

○ 宋咸이 말하였다. "大道는 聖人의 道를 통틀어 말한 것이다. 芒芒은 큰 것을 이르는 칭호인데, 李軌의 注에 '混茫之初'로 해석한 것이 옳겠는가."

○ 司馬光이 말하였다. "≪漢書≫와 李軌本에는 '大'가 '天'으로 되어 있으나, 지금 宋咸本・吳祕本을 따랐다."

② 昔在聖考 : 聖人作, 萬物覩, 伏犧肇畫八卦, 六位成章. ○ 咸曰 "昔在聖考者, 言此大道, 竝古先聖人考制之, 猶周公作禮樂, 仲尼刪詩書之義. 故篇中, 皆統論堯舜文王仲尼之事, 復有非老莊之說. 注獨指伏羲畫卦以解之, 不亦謬乎."

聖人이 나타나면 萬物이 우러러보니, 伏羲가 처음으로 八卦를 긋자, 六位(六爻)가 문장을 이루었다.

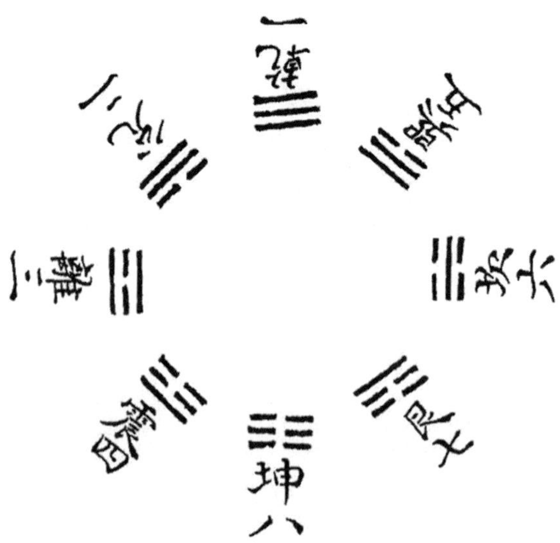

〔그림9〕 伏羲八卦圖(≪六經圖≫)

○ 宋咸이 말하였다. "'昔在聖考'는 이 大道를 모두 옛날에 성인이 상고하여 만들었음을 말하니, 周公이 禮樂을 만들고 仲尼가 ≪詩≫와 ≪書≫

를 산삭한 뜻과 같다. 그러므로 篇 안에 모두 堯·舜과 文王과 중니의 일을 통틀어 논하고, 다시 老·莊을 비난한 말이 있다. 그런데 李軌의 注에는 단지 伏羲가 팔괘를 그은 것만을 가리켜 해석하였으니, 또한 잘못된 것이 아니겠는가."

③ 過則失中 不及則不至：二五得中,[1] 然後利見. ○ 咸曰 "言履聖人之道, 罕有得諸正者. 如門人之衆, 其殆庶幾者, 惟顔子而已. 今言失中不及者, 猶師也過商也不及[2]之義爾. 故禮尊中庸, 書貴皇極, 此之謂也. 注以二五解之, 甚非類矣. 彼二五者, 言一時居位安危之象, 此統講中庸之理, 相去異焉, 學者辨之." ○ 祕曰 "大道芒芒然, 惟聖人考之, 遂明大中之制. 是以, 河出圖也, 大易明二五之中, 洛出書也, 洪範貴皇極之義[3]. 舜執其兩端, 用其中於民[4], 回之爲人也, 擇乎中庸[5], 孔子曰 '道之不行也, 我知之矣, 知者過之, 愚者不及也[6].'"

二爻와 五爻가 中을 얻은 뒤에야 보는 것이 이롭다.

○ 宋咸이 말하였다. "聖人의 道를 실천한 자 중에 바른 道를 얻은 자가 드물다는 말이다. 예컨대 門人이 많았지만 聖人의 道에 거의 가까운 것은 오직 顔子뿐이었다. 지금 '失中'이니 '不及'이니 말한 것은 '師는 지나치고 商은 미치지 못한다.'는 뜻과

1) 二五得中：二爻와 五爻를 '中'이라고 하니, 二는 內卦의 中이고 五는 外卦의 中이기 때문이다. 또한 陽爻가 陽位인 初·三·五에 위치하고 陰爻가 陰位인 二·四·上에 위치한 것을 正이라고 한다.

2) 師也過商也不及：≪論語≫ 〈先進〉에 子貢이 "師(子張)와 商(子夏) 중에 누가 낫습니까?" 하고 묻자, 孔子께서 "師는 지나치고 商은 미치지 못한다."라고 한 것을 가리킨다.

3) 洛出書也 洪範貴皇極之義：禹王이 治水에 성공했을 때 洛水에서 신령한 거북이 나왔는데, 그 등에 1에서 9까지의 점이 그려져 있었다. 이 무늬를 洛書라고 하는데, 북쪽에 1, 남쪽에 9, 동쪽에 3, 서쪽에 7, 동북쪽에 8, 서북쪽에 6, 동남쪽에 4, 서남쪽에 2가 배열되어 있었다. 우왕이 이를 보고 차례로 진열해서 九類를 이루었으니, ≪書經≫의 洪範九疇가 이것이다. 洪範은 나라를 다스리는 큰 법이고, 구주는 그 아홉 가지 종류인데 五行, 五事, 八政, 五紀, 皇極, 三德, 稽疑, 庶徵의 여덟 가지에 五福과 六極을 합한 것이다.

4) 舜執其兩端 用其中於民：≪中庸≫ 제6장에 孔子가 舜임금의 덕을 칭찬하기를 "舜임금은 크게 지혜로우신 분일 것이다. 舜임금은 묻기를 좋아하시고 淺近한 말씀을 살피기 좋아하시되, 惡을 숨겨 주고 善을 드러내시며 두 끝을 잡으시어 그 中을 백성에게 쓰시니, 이 때문에 舜임금이 되신 것이다.〔舜其大知也與 舜好問而好察邇言 隱惡而揚善 執其兩端 用其中於民 其斯以爲舜乎〕"라고 하였다.

5) 回之爲人也 擇乎中庸：≪中庸≫ 제8장에 孔子께서 "顔回의 사람됨이 中庸을 택하여 한 가지 善이라도 얻으면 굳게 간직하여 가슴에 새겨두고 잃지 않는다.〔回之爲人也 擇乎中庸 得一善 則拳拳服膺 而弗失之矣〕"라고 하였다.

6) 孔子曰……愚者不及也：≪中庸≫ 제4장에 보인다.

같다. 그러므로 ≪禮≫에서 中庸을 귀하게 여기고 ≪書≫에서 皇極을 귀하게 여긴 것은 바로 이것을 이른다. 李軌의 注에 '二五'로 해석한 것은 매우 잘못이다. 저기(≪주역≫)에서는 한때 二爻와 五爻가 거한 자리가 편안하고 위태로운 象을 말하고, 여기에서는 中庸의 이치를 통틀어 논하여 서로 거리가 머니, 배우는 자가 분별해야 한다."

○ 吳祕가 말하였다. "大道가 한없이 넓고 커서 오직 聖人만이 이것을 고찰하여 마침내 大中의 제도를 밝힐 수 있다. 이 때문에 黃河에서 그림이 나오자 聖人이 ≪易≫에 二五의 中을 밝혔고, 洛水에서 글이 나오자 聖人이 ≪書經≫ 〈周書 洪範〉에 皇極의 뜻을 귀하게 여겼고, 舜임금은 양 극단을 절충하여 그 中道를 백성에게 행하였고, 顏回의 사람됨은 中庸을 택하였다. 孔子가 말씀하기를 '도가 행해지지 않는 이유를 내가 아니, 지혜로운 자는 과하고 어리석은 자는 불급하기 때문이다.'라고 하였다."

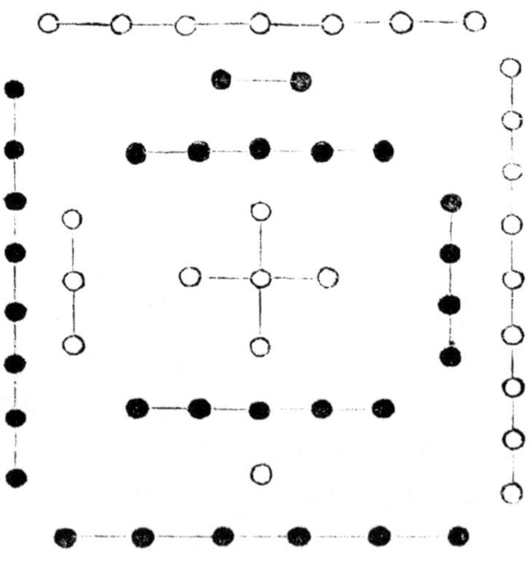

〔그림10〕 河圖(≪易學啓蒙要解≫)

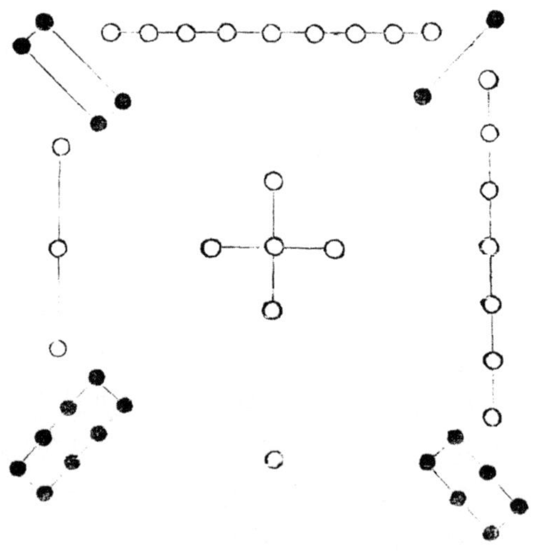

〔그림11〕 洛書(≪易學啓蒙要解≫)

④ 不可姦罔：咸曰 "中而正者, 非姦罔所及." ○ 光曰 "姦, 謂侵壞, 罔, 謂誣罔, 言聖人大中之道, 天下莫能易也."

宋咸이 말하였다. "中正함은 속임수가 미칠 수 있는 바가 아니다."

○ 司馬光이 말하였다. "姦은 침해하고 무너뜨림을 이르고, 罔은 거짓으로 속임을 이르니, 聖人의 大中至正한 道는 천하 사람들이 바꿀 수 없음을 말한 것이다."

⑤ 請問道：祕曰 "世以虛無湛寂爲道之本, 而求乎洪荒夷曠之理, 不知天地聖人貴乎大中自然之道." ○ 光曰 "尊道德禮樂, 黜老莊申韓."[7]

吳祕가 말하였다. "세상 사람들은 虛無하고 湛寂한 것을 道의 근본으로 삼아 洪荒

하고 夷曠한 이치를 구하고, 天地와 聖人이 大中自然의 道를 귀하게 여기는 줄은 알지 못한다."

○ 司馬光이 말하였다. "道德과 禮樂을 높이고 老子·莊子와 申不害·韓非子를 내친다."

아득한 큰 도를 옛날에 聖人이 상고하여 만들었다. 이를 지나치면 中道를 잃고 이에 미치지 못하면 도달하지 못하니, 이를 속여서는 안 된다. 〈그러므로 사람들로 하여금 中道를 잃지 않게 하기 위하여〉〈問道〉를 지었다.

01. **或問道**한대 **曰 道也者**는 **通也**니 **無不通也**①니라 **或曰 可以適他歟**②아 **曰 適堯舜文王者**는 **爲正道**요 **非堯舜文王者**는 **爲他道**니 **君子**는 **正而不他**니라

① 道也者……無不通也：萬物由之以通. ○ 咸曰 "無不通者, 言道之施也, 無所不通. 注謂'萬物由之以通.' 與正文相反矣." ○ 祕曰 "道貫三才, 合仁與義而言之, 無不通也."

道는 萬物이 그로 말미암아 통하는 것이다.

○ 宋咸이 말하였다. "통하지 않음이 없다는 것은 道가 베풀어짐을 말한 것이니, 통하지 않는 곳이 없다는 뜻이다. 李軌의 注에 '도는 만물이 그로 말미암아 통하는 것이다.'라고 한 것은 正文과 相反된다."

○ 吳祕가 말하였다. "道는 三才(天·地·人)를 관통하므로 仁과 義를 합하여 말하면 통하지 않는 곳이 없다."

② 可以適他歟：言道既可以通中國而適夷狄, 學亦可以統正典而兼諸子也. ○ 咸曰 "他, 猶邪也曲也. 言既云聖人之道無不通, 亦可以通邪曲之方乎." ○ 祕曰 "他, 異端也."

道가 이미 中國에 두루 통하고 나서 夷狄에까지 이르며, 학문 역시 正典에 정통하고 나서 諸子까지 겸할 수 있다는 말이다.

○ 宋咸이 말하였다. "他는 邪와 같고 曲과 같다. 이미 聖人의 道가 통하지 않는 곳이 없다고 말했으니, 그렇다면 또한 邪曲한 곳에도 통하느냐는 말이다."

○ 吳祕가 말하였다. "他는 異端이다."

---

7) 申韓：申不害와 韓非를 가리킨다. 申不害는 전국 시대 초기의 사상가로, 李悝·商鞅·愼到 등과 함께 법가학파의 개창자이다. 그의 사상은 黃老에 기반을 두고 刑·名·術을 중시하였다. 저서로 ≪申子≫가 전한다. 韓非子는 전국 시대 말기의 사상가로, 商鞅의 '法', 申不害의 '術', 愼到의 '勢'를 수용하여 법가 학설을 집대성하였다. 저서로 ≪韓非子≫가 전한다.

혹자가 道에 대해서 물으니, 揚子가 말하였다.

"道라는 것은 그리로 통하는 것이니, 어디든 통하지 않는 곳이 없다."

혹자가 물었다.

"〈그렇다면〉 다른 곳(邪曲한 곳)으로도 갑니까?"

揚子가 말하였다.

"堯·舜과 文王의 道로 가는 것은 正道이고, 堯·舜과 文王의 道로 가지 않는 것은 他道(邪道)이니, 군자는 正道를 지키고 他道로 가지 않는다."

02. 或問道①한대 曰 道若塗若川하여 車航混混하여 不捨晝夜②니라 或曰 焉得直道而由諸③오 曰 塗雖曲而通諸夏則由諸하고 川雖曲而通諸海則由諸④니라 或曰 事雖曲而通諸聖則由諸乎⑤아

① 或問道 : 光曰 "宋吳本無道字, 今從李本."

司馬光이 말하였다. "宋咸本·吳祕本에는 '道'자가 없는데 지금 李軌本을 따랐다."

② 道若塗若川……不捨晝夜 : 車之由塗, 航之由川, 混混往來交通. ○ 咸曰 "上答以正而不他, 或人以爲 '川塗之道, 皆曲而不正, 何車航之行, 晝夜不息.' 言諸子雜說, 亦可適於聖理也. 今下無答文者, 蓋鄙其不諭敎, 故不對之也.[8] 法言, 諸如此類者數. 雖問答, 皆出於子雲, 然其立事垂制, 理當爲之然也, 學者辨之. 注殊不明其旨, 何以哉."

수레는 길을 따르고 배는 하천을 따라서 쉬지 않고 오가며 서로 통한다.

○ 宋咸이 말하였다. "上文에서 '正道를 지키고 他道(邪道)로 가지 않는다.'고 대답하자, 혹인이 '하천과 도로의 길은 모두 굽고 바르지 않은데, 어찌하여 수레와 배의 운행이 밤이고 낮이고 그치지 않습니까?'라고 하였으니, 諸子百家의 잡다한 학설도 聖人의 道理에 부합될 수 있느냐는 말이다. 지금 아래에 답하는 글이 없으니, 이는 비루하게 여겨 가르쳐주지 않은 것이다. 그러므로 답하지 않은 것이다. ≪法言≫에 이와 같은 경우가 자주 나온다. 비록 問答이 모두 子雲에게서 나온 것이기는 하나, 일을 거행하고 제도를 만들 적에 도리상 당연히 이와 같아야 하기 때문이니, 배우는 자들은 분별해야 한다. 그런데 李軌의 注에서 전혀 그 뜻을 밝히지 않은 것

---

8) 或人以爲……故不對之也 : 宋咸本·吳祕本에는 '或問道'의 '道'자가 없다. 그러므로 宋咸과 吳祕는 모두 '道若塗若川 車航混混 不捨晝夜'를 혹자의 말로 보아, 이에 대한 答文이 없는 것은 揚雄이 혹자의 물음을 비루하게 여겨 가르쳐 주지 않은 것이라고 하였다. 그러나 李軌本에는 '道'자가 있어 혹자의 물음에 대해 양웅이 답한 말로 보았다.

은 어째서인가?"

③ 焉得直道而由諸：塗川，皆形曲也，此〔亦〕[9]因形以取譬. ○ 咸曰 "非也. 或人知揚罪以曲道而不答，故曰而復請之以爲'安得直道而從之也.'" ○ 祕曰 "譬如塗川皆曲，而車航不捨晝夜，何所擇得直道而由乎."

도로와 하천은 모두 모양이 굽었으니, 이것도 모양으로 인해 비유를 취한 것이다.

○ 宋咸이 말하였다. "아니다. 혹자는 바르지 않은 길로 가는 것을 揚子가 탓하여 대답하지 않았다는 것을 알았다. 그러므로 다시 묻기를 '어떻게 하면 곧은 길을 얻어서 그 길을 따라갈 수 있습니까?'라고 한 것이다."

○ 吳祕가 말하였다. "〈道는〉 비유하자면 도로와 하천이 모두 굽었지만 수레와 배가 밤이고 낮이고 쉬지 않고 왕래하는 것과 같으니, 어떻게 하면 곧은 길을 택하여 따라갈 수 있는가."

④ 塗雖曲而通諸夏則由諸 川雖曲而通諸海則由諸：祕曰 "塗雖曲而通夏，川雖曲而通海，由之可也. 猶諸子之異端，若能自通於聖人之道，亦可也. 故楊墨歸儒，受之而已，莊周申韓 漸諸篇，則顏閔其如台(이)[10]."

吳祕가 말하였다. "길이 비록 굽었지만 中夏로 통하고, 하천은 비록 굽었지만 바다로 통하면 그 길을 따라가도 괜찮으니, 諸子百家의 異端이라도 만약 스스로 聖人의 道에 통할 수 있으면 또한 그 길을 따라가도 되는 것과 같다. 그러므로 楊朱와 墨翟이 儒家로 돌아오면 그들을 받아줄 뿐이다. 莊周와 申不害와 韓非子가 聖人의 諸篇에 차츰차츰 나아간다면 顏淵과 閔子騫인들 그들을 어찌하겠는가."

⑤ 事雖曲而通諸聖則由諸乎：大解曲道歸正之義. ○ 咸曰 "上旣止答以川塗雖曲，可通諸夏諸海，而或人不喩，復謂曲事可通聖道乎. 今下無答文者，亦鄙其問之失而不對之也. 夫聖人無不正也，安有曲事而能通之哉. 注懵其旨，以謂'大解曲道歸正義'，深失之矣." ○ 祕曰 "或人喩其旨也. 事，謂異端之事." ○ 光曰 "音義曰 '天復本，焉得直道及事雖曲上，皆無或曰二字.' 今從李宋吳本. 揚子設爲或人意寤，以結上意耳."

대체로 굽은 길이 바른 길로 돌아가는 의리를 해석하였다.

○ 宋咸이 말하였다. "위에서 이미 하천과 도로가 비록 곧지 않더라도 中夏로 통할 수 있고 바다로 통할 수 있다고 답하였는데, 혹자가 깨닫지 못하고 다시 '바르지 않은 일이라도 聖人의 道에 통할 수 있습니까.'라고 한 것이다. 지금 아래에 답하는 글이 없는 것은 또한 그가 물을 것이 아닌데 물은 것을 비루하게 여겨 대답하지 않

---

9) 〔亦〕: 저본에는 없으나, 四部叢刊本에 근거하여 보충하였다.

10) 顏閔其如台(이) : 顏閔은 공자의 제자인 顏淵과 閔子騫을 가리키는데, 두 사람 모두 벼슬하지 않고 安貧樂道로 일생을 마쳤다. 其如台는 '나에게 어찌하겠는가'라는 뜻으로 ≪書經≫ 〈商書 湯誓〉에 보인다.

은 것이다. 聖人은 바르지 않음이 없으니 어찌 바르지 않은 일을 하여 성인의 도에 통할 리가 있겠는가. 李軌의 注에 그 뜻을 깨닫지 못하고 '대체로 굽은 길이 바른 길로 돌아가는 의리를 해석하였다.'라고 하였으니, 매우 잘못되었다.

○ 吳祕가 말하였다. "혹자가 그 뜻을 깨우친 것이다. 事는 異端의 일을 이른다."

○ 司馬光이 말하였다. "≪音義≫에 '天復本에는 「焉得直道」와 「事雖曲」 위에 모두 「或曰」 2자가 없다.'라고 하였는데, 지금 李軌本·宋咸本·吳祕本을 따랐다. 揚子가, 혹자가 자신의 뜻을 깨달은 것으로 가설하여 上文의 뜻을 매듭지은 것이다."

혹자가 道에 대해 물으니, 揚子가 말하였다.

"道는 도로와 같고 하천과 같아서 수레와 배가 끊임없이 왕래하여 밤이고 낮이고 멈추는 법이 없다."

혹자가 물었다.

"어떻게 곧은 길을 얻어 따라갈 수 있습니까?"

揚子가 말하였다.

"길이 비록 곧지 않더라도 諸夏(中國)로 통하면 그리로 따라가고, 하천이 비록 곧지 않더라도 바다로 통하면 그리로 따라가야 한다."

혹자가 말하였다.

"〈선생의 뜻은〉 일이 비록 바르지 않더라도 聖人의 도로 통하면 그리로 따라가라는 말입니까?"

03. **道德仁義禮**는 **譬諸身乎**①인저 **夫道以導之**②하고 **德以得之**③하고 **仁以人之**④하고 **義以宜之**⑤하고 **禮以體之**⑥는 **天也**⑦라 **合則渾**하고 **離則散**⑧이니 **一人而兼統四體者**면 **其身全乎**⑨인저

① 道德仁義禮 譬諸身乎：不可無之於一. ○ 祕曰 "合譬一身."
〈다섯 가지 중에〉 하나라도 없어서는 안 된다.
○ 吳祕가 말하였다. "〈다섯 가지를〉 합하여 한 몸에 비유한 것이다."

② 夫道以導之：咸曰 "導, 達也. 有道則行斯達矣."
宋咸이 말하였다. "導는 도달하는 것이다. 道가 있으면 행하여 도달할 수 있다."

③ 德以得之：咸曰 "有德則動斯得矣."

宋咸이 말하였다. "德이 있으면 행동하는 것이 道에 맞는다."

④ 仁以人之 : 咸曰 "有仁則人必歸之." ○ 光曰 "仁者, 人道之常."

宋咸이 말하였다. "仁이 있으면 사람들이 반드시 그리로 돌아간다."

○ 司馬光이 말하였다. "仁은 人道의 떳떳함이다."

⑤ 義以宜之 : 咸曰 "有義則事得其宜."

宋咸이 말하였다. "義가 있으면 일이 마땅함을 얻는다."

⑥ 禮以體之 : 咸曰 "有禮則時保其體."

宋咸이 말하였다. "禮가 있으면 이에 몸을 보전한다."

⑦ 道以導之……天也 : 五者, 人之天性. ○ 祕曰 "五者之備, 天命全也." ○ 光曰 "天性自然, 不可增損."

다섯 가지는 사람의 天性이다.

○ 吳祕가 말하였다. "〈사람에게〉 갖추어진 다섯 가지는 天命이 그대로 있는 것이다."

○ 司馬光이 말하였다. "天性은 자연스러운 것이니, 加減할 수가 없다."

⑧ 合則渾 離則散 : 光曰 "渾, 戶昆切. 五者, 合而言之則渾而爲一, 隨事言之則散而爲五."

司馬光이 말하였다. "渾은 戶와 昆의 反切이다. 다섯 가지는 합쳐서 말하면 혼연하여 하나가 되고, 일에 따라서 말하면 흩어져 다섯 가지가 된다."

⑨ 一人而兼統四體者 其身全乎 : 四體合則渾成人, 五美備則混爲聖. 一人兼統者, 德備如身全. ○ 祕曰 "道統仁義禮德, 故謂之道, 人統四體, 故謂之人, 可合而不離, 其身乃全也. 韓吏部曰 '老子之所謂道德云者, 去仁與義言之也, 一人之私言也.'[11] 其不全哉." ○ 光曰 "闕一則不成人."

四體가 합하면 혼연히 사람이 되고, 다섯 가지 아름다움이 갖추어지면 혼연히 聖人이 된다. 한 사람이 다섯 가지를 겸하여 통솔하면 덕이 갖추어진 것이 몸이 온전한 것과 같다.

○ 吳祕가 말하였다. "道는 仁義禮德을 통솔하기 때문에 道라고 이르고, 사람은 四體를 통솔하기 때문에 人이라고 이르니, 합치고 떠나지 않아야 그 몸이 비로소 온전해진다. 韓吏部(韓愈)가 '老子의 이른바 道德이라는 것은 仁과 義를 버리고 말한 것이니, 한 사람의 사사로운 말이다.'라고 하였으니, 어찌 온전하지 않겠는가."

○ 司馬光이 말하였다. "하나라도 빠지면 사람이 되지 못한다."

道와 德과 仁과 義와 禮는 우리 몸에 견주어 말할 수 있을 것이다. 道로써 인도

---

11) 韓吏部曰……一人之私言也 : 韓吏部는 唐 憲宗 때 吏部侍郎을 지낸 韓愈를 가리킨다. 이 내용은 韓愈의 〈原道〉에 보인다.

하고, 德으로써 얻고, 仁으로써 사람답게 하고, 義로써 마땅하게 하고, 禮로써 체행하는 것은 모두 사람의 천성이다. 〈이 다섯 가지가〉 모두 합하면 혼연일체가 되고 나누어지면 흩어져서 다섯 가지가 되니, 한 사람으로서 四肢를 겸하여 통솔한다면 아마도 몸이 온전할 것이다.

04. 或問德表①한대 曰 莫知作上作下②니라 請問莫知③[12]한대 曰 行禮於彼而民得於此니 奚其知④리오

① 或問德表：祕曰 "問德之的然爲天下表者." ○ 光曰 "問有德之人在上, 其治化表見於外者, 何如."

吳祕가 말하였다. "德이 분명하여 天下의 表率(모범)이 되는 것에 대해 물은 것이다."

○ 司馬光이 말하였다. "덕이 있는 사람이 윗자리에 있으면 다스림의 교화가 밖으로 드러나는 것이 어떠한지 물은 것이다."

② 莫知作上作下：作, 爲也. 莫知爲上之樂爲下之苦. ○ 咸曰 "非也. 作, 修也. 君聖而修之於上, 臣忠而修之於下. 故上下交修, 而民日用不知此所以爲德之標準也." ○ 祕曰 "德足乎己, 加乎民. 天下有道, 比屋可封[13], 豈有的然作之於上作之於下而莫知也."

作은 爲(행하다)이다. 윗사람 노릇 하는 즐거움과 아랫사람 노릇 하는 괴로움을 알지 못하는 것이다.

○ 宋咸이 말하였다. "아니다. 作은 修이다. 군주는 聖스러워 위에서 덕을 닦고, 신하는 충성하여 아래에서 덕을 닦는다. 그러므로 上下가 서로 닦으면 백성들은 날마다 쓰면서도 이것이 德의 표준이 되는 줄을 알지 못하는 것이다."

○ 吳祕가 말하였다. "德이 자기 몸에 충만하여 백성에게 더해지면 천하에 도가 있게 되어 집집마다 봉해줄 수 있을 텐데, 어찌 분명하게 윗자리에서 행하고 아랫자리에서 행하는데도 알지 못할 리가 있겠는가."

③ 請問莫知：言已有禮制則有尊卑. ○ 咸曰 "言民日由禮而不知其制也." ○ 祕曰 "德旣

---

12) 請問莫知：李軌本・宋咸本・吳祕本에는 모두 '請問禮莫知'로 되어 있으나, '莫知作上作下'의 '莫知'를 받아서 말한 것이므로 '請問莫知'가 옳다고 보았다.

13) 比屋可封：집집마다 봉해줄 만하다는 뜻으로, 堯・舜시대에는 백성들이 모두 성인의 덕화를 입어 훌륭했으므로, 어느 집 사람이든 다 벼슬을 줄 만했다는 데서 온 말이다. ≪論衡≫ 〈率性〉에 "堯・舜의 백성들은 집집마다 다 봉하여도 되었고, 桀・紂의 백성은 집집마다 다 죽여도 되었다.〔堯舜之民 可比屋而封 桀紂之民 可比屋而誅〕"라고 하였다.

然矣, 請問禮." ○ 光曰 "李宋吳本, 皆作請問禮莫知. 音義曰 '天復本, 作請問莫知.' 今從之. 或者以爲 '治化旣出於上, 豈得人莫知之.'"

이미 禮制가 있으면 尊卑가 있게 됨을 말한 것이다.

○ 宋咸이 말하였다. "백성들이 날마다 예를 따라서 행하면서도 누가 만든 것인지 알지 못함을 말한 것이다."

○ 吳祕가 말하였다. "德이 이미 이와 같은 뒤에 禮에 대해 물은 것이다."

○ 司馬光이 말하였다. "李軌本・宋咸本・吳祕本에는 모두 '請問禮莫知'로 되어 있다. ≪音義≫에 '天復本에는 請問莫知로 되어 있다.'라고 하였으니, 지금 이것을 따랐다. 혹자는 '다스림의 교화가 이미 위에서 나오는데 어찌 사람들이 그것을 알지 못할 수 있겠는가.'라고 하였다."

④ 行禮於彼而民得於此 奚其知 : 君自行禮於上, 而民承化於下. ○ 咸曰 "民可使由之, 不可使知之[14], 威儀三千, 不可盡詳哉. 故禮不下庶人[15]. 蓋上旣行而下能效, 則民得之矣, 何制之知焉." ○ 祕曰 "禮亦然." ○ 光曰 "德者, 得也. 有德者, 行禮於上, 而民各得其所於下, 人自爲善, 豈知治化之所自邪."

임금은 위에서 스스로 예를 행하고, 백성들은 아래에서 교화를 받는 것이다.

○ 宋咸이 말하였다. "백성들은 道理를 따르게 할 수는 있어도 그 原理를 알게 할 수는 없으니, 威儀 3천 조목을 자세히 알 수 없을 것이다. 그러므로 禮는 庶人에게 내려가지 않는 것이다. 위에서 이미 행하고 아래에서 잘 본받으면 백성들이 교화를 받기는 하지만 누가 만든 것인지 어찌 알겠는가."

○ 吳祕가 말하였다. "禮도 이와 같다."

○ 司馬光이 말하였다. "德은 얻는 것이다. 덕이 있는 자는 위에서 예를 행하고 백성들은 각각 아래에서 제 살 곳을 얻어 사람들이 스스로 善을 행하니, 다스림의 교화가 어디로부터 나오는지 어찌 알겠는가."

혹자가 〈군주의〉 덕이 겉으로 드러나는 것에 대해서 물으니, 揚子가 말하였다. "윗자리에서 행하고 아랫자리에서 행하여 〈천하에 덕이 있게 되었음을 백성들은〉 알지 못한다."

혹자가 〈백성들이〉 알지 못하는 것에 대해 물으니, 揚子가 말하였다.

---

14) 民可使由之 不可使知之 : ≪論語≫ 〈泰伯〉에 보인다.

15) 禮不下庶人 : ≪禮記≫ 〈曲禮〉에 "예는 서인에게 내려가지 않는다.〔禮不下庶人〕" 하였는데, 그 註에 "서인은 卑賤하고 貧富가 같지 않기 때문에 經典에 서인의 예는 말하지 않았으며, 옛사람이 예를 제정할 적에도 모두 士에서부터 시작하였다." 하였다.

"위정자는 저기(위)에서 禮를 행하고 백성들은 여기(아래)에서 교화를 받기만 하니, 어찌 알 수 있겠는가."

或曰 孰若無禮而德⑤이리오 曰 禮는 體也니 人而無禮면 焉以爲德⑥이리오

⑤ 孰若無禮而德 : 祕曰 "何如去禮而專任德." ○ 光曰 "或者以爲 '曷若專修德, 安用繁文之禮.'"

吳祕가 말하였다. "어찌 禮를 버리고 오로지 德에 맡기는 것만 하겠는가."

○ 司馬光이 말하였다. "혹자가 '어찌 오로지 덕을 닦는 것만 하겠는가. 번거로운 문식인 예를 어디다 쓰겠는가.'라고 한 것이다."

⑥ 禮體也……焉以爲德 : 禮如體, 無體, 何得爲人, 無禮, 何能立德. ○ 祕曰 "譬人無體, 非人也, 何由爲德." ○ 光曰 "言禮者德之體也."

禮는 사람의 몸과 같으니, 몸이 없으면 어떻게 사람이 될 수 있겠으며, 〈이와 마찬가지로〉 예가 없으면 어떻게 덕을 확립할 수 있겠는가.

○ 吳祕가 말하였다. "비유하건대 사람이 몸이 없으면 사람이 아니니, 어떻게 덕을 행할 수 있겠는가."

○ 司馬光이 말하였다. "禮는 德을 행하는 바탕이다."

혹자가 물었다.

"〈번거로운〉 禮는 버리고 오로지 德에 맡기는 것이 낫지 않겠습니까?"

揚子가 말하였다.

"예는 사람에게 있어 몸과 같으니, 사람으로서 예가 없으면 어떻게 덕을 확립할 수 있겠는가."

05. 或問天한대 曰 吾於天歟에 見無爲之爲矣①로라 或問 彫刻衆形者 匪天歟②아 曰 以其不彫刻也라 如物刻而彫之면 焉得力而給諸③리오

① 吾於天歟 見無爲之爲矣 : 咸曰 "謂不言而四時行萬物生." ○ 祕曰 "天何爲哉. 雷動風散, 雨潤日烜, 山止澤說, 而萬物生焉."[16)]

---

16) 山止澤說 而萬物生焉 : 이것은 艮卦와 兌卦를 가지고 말한 것이다. ≪周易≫의 八卦에는 각기 象이 있는데, 兌는 못〔澤〕, 艮은 산(山)이며, 성질로 보면 兌는 기뻐함이고, 艮은 그침

宋咸이 말하였다. "〈無爲之爲는〉 말하지 않는데도 四時가 運行하고 만물이 生長하는 것을 이른다."

○ 吳祕가 말하였다. "하늘이 무엇을 하겠는가. 우레는 진동하고 바람은 흩어버리며, 비는 적셔주고 해는 따뜻하게 비추며, 산은 그치고 澤은 기뻐함에 만물이 생장한다."

② 彫刻衆形者 匪天歟 : 祕曰 "莊子曰 '彫刻衆形而不爲巧.'[17)]"

吳祕가 말하였다. "≪莊子≫에 '온갖 형상을 조각하여 만들어내고도 기술이 뛰어난 체하지 않는다.'라고 하였다."

③ 以其不彫刻也……焉得力而給諸 : 咸曰 "言萬彙紛錯, 得之自然. 一一而刻之, 何力能給."

宋咸이 말하였다. "만물이 어지러이 뒤섞여 있지만 〈조화로움을 유지하고 있으니〉 그렇게 될 수 있는 것은 자연의 도가 있기 때문이다. 하늘이 만물을 하나하나 조각한 것이라면 어디에서 이런 힘을 얻어 대줄 수 있겠는가."

혹자가 하늘에 대하여 물으니, 揚子가 말하였다.

"나는 하늘에서 〈의도적으로〉 함이 없이 하는 것을 보았다."

혹자가 물었다.

"〈莊子의 이른바〉 만물을 조각한다는 것은 하늘이 하는 일이 아닙니까?"

揚子가 말하였다.

"하늘은 만물을 〈하나하나〉 조각하지 않는다. 만약 하늘이 만물을 〈하나하나〉 조각한다면 어디에서 이러한 힘을 얻어 대줄 수 있겠는가."

06. 老子之言道德은 吾有取焉耳①나 及搥提仁義하고 絶滅禮學하여는 吾無取焉耳②로라

① 老子之言道德 吾有取焉耳 : 可以止奔競訓饕餮. ○ 祕曰 "老子以道, 道其所道, 德, 德其所德. 雖然, 猶未離道也, 故有取耳." ○ 光曰 "虛靜謙柔."

이다. ≪周易≫ 〈說卦傳〉에 '兌는 바로 가을이니 萬物이 기뻐하는 때이다. 그러므로 기뻐함을 兌에서 말할 수 있다고 하였고, 艮은 東北의 卦이니 萬物이 終을 이루고 始를 이루는 때이다. 그러므로 이룸을 艮에서 말할 수 있다고 하였다. 萬物을 기쁘게 함은 澤보다 더함이 없고, 萬物을 마치고 萬物을 시작함은 艮보다 성함이 없으니, 山과 澤이 氣를 통한 연후에 변화하여 萬物을 이루는 것이다.'라고 하였다.

17) 彫刻衆形而不爲巧 : ≪莊子≫ 〈大宗師〉에 보인다.

〈老子는〉 奔競을 그치게 하고 貪慾을 훈계할 수 있다.

○ 吳祕가 말하였다. "老子가 道에 대해서 말한 것은 자기가 도라고 여기는 것을 도라 한 것이고, 德에 대해서 말한 것은 자기가 덕이라고 여기는 것을 덕이라 한 것이다. 비록 그렇기는 하지만 오히려 도에서 떠나지 않았기 때문에 인정하는 것이다."

○ 司馬光이 말하였다. "虛靜하고 謙柔하다."

② 及搥提仁義……吾無取焉耳：老子絶學[18]，蓋言至理之極，以明無爲之本．斯乃聖人所同，子雲豈異哉．夫能統遠旨，然後可與論道．悠悠之徒，旣非所逮，方崇經世之訓，是故無取焉爾〔無取焉何〕[19]者，不得(已)〔以〕[20]之爲教也．○ 祕曰 "聖人以仁義禮俱道也，老子以仁義禮別爲一端，以至崇道德薄仁義，非禮學，故無取焉耳．揚子言老子者，皆據虛無二篇[21]而言也．嘗試(之家語稽)〔稽之家語〕[22]孔子問禮於老聃[23]，是與聖人之道同也．故曾子問有記，'孔子聞諸老聃，藏群廟之主，取群廟之主以從，迎四廟之主，出入必蹕之類，老聃云.'[24] 又稱 '老聃曰 諸侯朝天子，見日而行，逮日而舍奠，大夫使，見日而行，逮日而舍之類，皆曰吾聞諸老聃云.' 此誠學禮之效也．觀此二章，老子深於禮者也，與虛無二篇，絶不相侔，豈老子所爲哉．今道家流，有黃庭內景之類，亦曰'老氏之作也.' 言胎食之術[25]，文辭淺近，又與虛無二篇不侔矣，豈非道家爲之名歟．昔崔浩嘗讀莊老之書，不過數十行，輒棄之曰 '此矯誣，不近人情，必非老子所作．

---

18) 老子絶學：≪老子≫ 20章에 "학문을 끊어야 근심이 없을 것이다.〔絶學無憂〕"라고 하였는데, 聖人의 학문을 버리라는 말이다.

19) 〔無取焉何〕：저본에는 없으나, 四部叢刊本에 근거하여 보충하였다.

20) (已)〔以〕：저본에는 '已'로 되어 있으나, 四部叢刊本에 근거하여 '以'로 바로잡았다.

21) 虛無二篇：老子의 道經과 德經을 가리킨다.

22) (之家語稽)〔稽之家語〕：저본에는 '之家語稽'로 되어 있으나, 四庫全書本에 근거하여 '稽之家語'로 바로잡았다.

23) 孔子問禮於老聃：≪孔子家語≫ 〈觀周〉에 보인다.

24) 曾子問有記……老聃云：≪禮記≫ 〈曾子問〉에 "내(孔子)가 老聃에게 들으니, '天子가 죽고 國君이 죽으면 祝官이 여러 사당의 神主를 모아서 이것을 先祖의 사당에 보관하는 것이 禮이니, 卒哭을 하여 祭祀를 지낸 뒤에 神主를 각각 그 사당으로 다시 모신다.' 하였다. 군주가 그 나라를 떠나갈 적에 太宰가 여러 사당의 神主를 모시고 따라가는 것이 禮이다. 태조의 사당에 祫祭祀를 지낼 적에 祝官이 네 사당의 神主를 맞이하니, 神主가 사당에 들어오고 사당에서 나갈 때에는 반드시 辟除를 한다 하였으니, 이것은 老聃이 말한 것이다.〔吾聞諸老聃 曰天子崩 國君薨 則祝取群廟之主 而藏諸祖廟 禮也 卒哭成事而后 主各反其廟 君去其國 太宰取群廟之主以從 禮也 祫祭於祖 則祝迎四廟之主 主出廟入廟 必蹕 老聃云〕"라고 하였다.

25) 胎食之術：胎食은 道家에서 수련하는 방법으로 곡식을 먹지 않고 혀 밑에 고인 침을 삼키는 것을 이른다.

老聃習禮, 仲尼所師, 豈(以設)〔設非〕[26]法之言以亂先王之敎也.'[27]" ○ 光曰 "音義曰 '搥, 都回切. 舊本皆從手, 擲也. 漢書云「以博局提吳太子.」'"

老子가 학문을 끊은 것은 至理의 극단을 말하여 無爲의 근본을 밝힌 것이다. 이는 聖人이 같은 마음이니 子雲이 어찌 다르겠는가. 원대한 뜻을 통달한 뒤에야 더불어 도를 논할 수 있으니, 세속의 무리들이 이미 미칠 수 있는 바가 아니고, 바야흐로 세상을 경륜할 수 있는 가르침을 존숭하기 때문에 취하지(인정하지) 않는다고 한 것일 뿐이다. 취하지 않는 것은 어째서인가. 이로써 가르침을 삼을 수 없기 때문이다.

○ 吳祕가 말하였다. "聖人은 仁·義·禮가 道에 갖추어져 있다고 여기는데, 老子는 仁·義·禮를 별도의 한 단서로 삼아, 道德을 높이고 仁義를 하찮게 여기며 禮와 學問을 비난하기까지 하였다. 그러므로 취하지 않은 것이다. 揚子가 老子에 대해서 말한 것은 모두 ≪道經≫과 ≪德經≫ 2편에 근거하여 말한 것이다.

일찍이 ≪孔子家語≫를 살펴보니, 孔子가 老聃에게 禮에 대해 물었는데, 聖人의 道와 같았다. 그러므로 ≪禮記≫ 〈曾子問〉에 기록하기를 '공자가 노담에게 들으니, 「〈天子가 죽고 國君이 죽으면 祝官이〉 여러 사당의 神主를 모아서 〈이것을 先祖의 사당에 보관하는 것이 禮이고, 군주가 나라를 떠날 적에는 太宰가〉 여러 사당의 神主를 모시고 따라가는 것이 禮이다. 〈태조의 사당에 祫제사를 지낼 적에〉 祝官이 네 사당의 神主를 맞이하니, 神主가 사당에 들어오고 사당에서 나갈 때에는 반드시 辟除를 한다.」라고 하였으니, 이것은 老聃이 말한 것이다.'라고 하고, 또 '老聃이 「諸侯가 天子에게 조회할 때에 해를 보면 길을 가고 해가 지면 머물러 奠을 올리며, 大夫가 사신 갈 적에 해를 보면 길을 가고 해가 지면 멈춘다.」라고 하였다.'라고 한 따위에 모두 '내가 老聃에게 들었다.'고 하였으니, 이는 진실로 예를 배운 효과이다. 이 두 章을 보면 老子는 禮에 조예가 깊은 자이다. ≪道經≫과 ≪德經≫ 2편과는 전혀 비슷하지 않으니 어찌 老子가 지은 것이겠는가.

지금 道家流에 ≪黃庭內景經≫ 등이 있는데, 또한 '老氏가 지은 것이다.'라고 하였다. 胎食術은 文辭가 淺近하고 또 ≪道經≫과 ≪德經≫ 2편과 비슷하지 않으니 어찌 道家에서 명목으로 삼은 것이 아니겠는가. 옛날 崔浩가 일찍이 老莊의 책을 읽을 적에 수십 행도 못 읽고 곧 내던지며 '이는 이리저리 꾸며대어 속이는 말이니 人情에 가깝지 않다. 필시 노자가 지은 것이 아닐 것이다. 老聃은 예를 익혔고 仲尼가 그를 스승으로 삼았으니, 〈노자가〉 어찌 법도가 아닌 말을 하여 先王의 가르침을

---

26) (以設)〔設非〕: 저본에는 '以設'로 되어 있으나, 四庫全書本에 근거하여 '設非'로 바로잡았다.

27) 昔崔浩嘗讀莊老之書……豈設敗法之言以亂先王之敎也 : ≪北史≫ 〈崔浩列傳〉에 보인다.

어지럽혔겠는가.'라고 하였다."

○ 司馬光이 말하였다. "≪音義≫에 '搥는 都와 回의 反切이다. 舊本에는 〈搥와 提〉 모두 手변을 따랐으니, 던진다는 뜻이다. ≪漢書≫에 「장기판을 吳太子에게 던졌다.」 하였다.'라고 하였다."

老子가 道德에 대해서 논한 것은 내가 인정하지만, 仁義를 내던지고 禮와 學問을 끊어버려야 한다는 것에 이르러서는 내가 인정하지 않는다.

07. 吾焉開明哉①리오 惟聖人이야 爲可以開明이니 他則苓②[28](開發)[29]이니라

① 吾焉開明哉 : 〔焉, 安也. 開, 發也.〕[30] 咸曰 "言搥仁義, 滅禮學, 則吾道瞽矣."

焉은 어찌이다. 開는 드러내는 것이다.

宋咸이 말하였다. "仁義를 내던지고 禮와 學問을 없애면 우리 도가 昏昧해질 것이라는 말이다."

② 惟聖人……他則苓 : 咸曰 "苓當爲蒙, 字之誤也. 言開吾道之瞽, 以爲之明者, 惟聖人爾, 他則愈蒙闇矣. 他指莊列之類." ○ 祕曰 "吾道(可)〔何〕[31]以開明哉. 惟聞聖人之言, 爲可開明. 若諸子他道, 無所聞焉. 苓, 苓耳也. 苓耳, 徒有其名, 而無聆聞之實. 郭璞云 '苓耳, 形似耳, 叢生如盤.'" ○ 光曰 "開, 啓. 明, 白. 言通達可行. 苓, 音聆. 闕."

宋咸이 말하였다. "苓은 마땅히 蒙이 되어야 하니 글자가 잘못된 것이다. 우리 도가 어두운 것을 드러내 밝혀줄 수 있는 것은 오직 聖人뿐이고, 그 밖에 다른 사람은 더욱 어두워지게 할 뿐이다. 他는 莊子와 列子의 부류를 가리킨다."

○ 吳祕가 말하였다. "우리 도를 어떻게 發明할 수 있는가? 오직 聖人의 말씀을 들으면 發明할 수 있다. 諸子百家와 그 밖에 다른 사람의 도는 들을 것이 없다. 苓은 苓耳이니, 苓耳는 한갓 苓耳라는 이름만 있을 뿐이지 듣는 실상은 없다. 郭璞이 '苓耳는 모양이 귀와 비슷하고 소반같이 총생한다.'라고 하였다."

○ 司馬光이 말하였다. "開는 啓이고 明은 白이니, 通達하여 행할 수 있음을 말한

---

28) 苓 : 兪樾이 "苓은 마땅히 笭이 되어야 한다."라고 하였다. 笭은 바람과 먼지를 피하기 위하여 수레 앞에 치는 대나무 발〔竹簾〕을 가리킨다. 그러므로 笭으로써 시야를 가려 어둡게 함을 비유한 것이다.

29) (開發) : 저본에는 있으나, 四部叢刊本에 근거하여 衍文으로 처리하였다.

30) 〔焉 安也 開 發也〕 : 저본에는 없으나, 四部叢刊本에 근거하여 보충하였다.

31) (可)〔何〕 : 저본에는 '可'로 되어 있으나, 四庫全書本에 근거하여 '何'로 바로잡았다.

다. 莕은 音이 聆인데, 〈뜻을 알 수 없어〉 注釋하지 않았다."

우리 道를 어떻게 하면 發明할 수 있는가. 오직 聖人이라야 發明할 수 있다. 그 밖에 다른 사람은 더욱 어두워지게 할 뿐이다.

大哉라 聖人이여 言之至也로다 開之하면 廓然見四海③하고 閉之하면 閛然不覩牆之裏④하나니라

③ 大哉……廓然見四海 : 日月齊明, 視其文者, 不下堂, 知四方. ○ 祕曰 "聖人, 言之極至, 吾道, 無所昏曀, 開之, 廓然見四海." ○ 光曰 "無所不通."

〈성인은〉 해와 달처럼 밝으니 그 글을 본 자는 당을 내려가지 않고도 사방의 일을 알 수 있다.

○ 吳祕가 말하였다. "聖人은 말씀이 지극하여 우리 도가 가려진 바가 없으니, 성인의 교화를 받으면 탁 트여 사해를 볼 수 있다."

○ 司馬光이 말하였다. "통하지 않는 바가 없다."

④ 閉之 閛然不覩牆之裏 : 不開聖卷, 諭無所見. ○ 祕曰 "自背其道, 不見數仞之內." ○ 光曰 "宋吳本, 閛作闇, 今從李本. 音義曰 '閛, 匹庚切, 閉門也.' 光謂不學牆面[32)]."

성인의 책을 펴보지 않으면 깨우쳐도 아는 바가 없다.

○ 吳祕가 말하였다. "스스로 도를 어기면 몇 길 안도 보지 못한다."

○ 司馬光이 말하였다. "宋咸本·吳祕本에는 '閛'이 '闇'으로 되어 있으나, 지금 李軌本을 따랐다. ≪音義≫에 '閛은 匹과 庚의 反切이니, 문을 닫는 것이다.'라고 하였다. 내가 생각건대 배우지 않으면 담을 마주하고 서 있는 것과 같음을 이른다."

위대하다. 聖人이여. 聖人의 말씀은 지극하도다. 책을 펴고서 〈성인의 말씀을〉 받아들이면 탁 트여 사해를 볼 수 있고, 책을 덮고 〈성인의 말씀을〉 받아들이지 않으면 어두워서 담 안도 보지 못한다.

08. 聖人之言은 似於水火니라 或問水火한대 曰 水는 測之而益深하고 窮之而益遠하며 火는 用之而彌明하고 宿之而彌壯①이니라

---

32) 不學牆面 : 사람이 배우지 않으면 마치 담을 마주하고 서 있는 것처럼 답답하다는 뜻으로, ≪書經≫ 〈周書 周官〉에 보인다.

① 宿之而彌壯 : 祕曰 "宿, 安也. 安而久之則彌壯. 左氏傳曰 '官宿其業.'" ○ 光曰 "宿, 蓄火也, 以諭藏之於身."

吳祕가 말하였다. "宿은 편안함이다. 편안하고 오래되면 더욱 왕성해진다. ≪春秋左氏傳≫ 昭公 29년에 '관원이 〈대대로 이어가며〉 業務를 편안히〔宿〕 수행하는 것이다.'라고 하였다."

○ 司馬光이 말하였다. "宿은 불씨를 묻어두는 것이니, 성인의 말씀을 자기 몸에 간직함을 비유한 것이다."

聖人의 말씀은 물과 같고 불과 같다.

혹자가 물이나 불과 같다고 한 것에 대해서 물으니, 揚子가 말하였다.

"물은 깊이를 헤아릴수록 더욱 깊어지고 發源地를 찾을수록 더욱 멀어지며, 불은 쓸수록 더욱 밝아지고 불씨를 묻어둘수록 더욱 왕성해진다."

09. 允治天下호되 不待禮文與五教면 則吾以黃帝堯舜爲疣贅(우췌)①로라

① 允治天下……則吾以黃帝堯舜爲疣贅(우췌) : 咸曰 "五禮[33] · 五教[34], 始於黃帝, 而備於堯舜. 信治天下而捨是, 雖黃帝堯舜之聖, 亦外物爾. 疣贅, 體之外物者也." ○ 祕曰 "黃帝 · 堯舜, 俱以禮文五常之教爲治. 若信治天下, 不俟禮教, 則黃帝堯舜以爲外物邪." ○ 光曰 "疣, 羽求切. 贅, 之瑞切. 疣贅, 言冗長無用也."

宋咸이 말하였다. "五禮와 五教는 黃帝 때에 시작되어 堯舜 때에 갖추어졌다. 진실로 천하를 다스리려고 하면서 이것을 버린다면 비록 黃帝와 堯舜 같은 성인이라도 外物(몸 밖의 물건, 군더더기)일 뿐이다. 疣贅(사마귀와 혹)는 外物이다."

○ 吳祕가 말하였다. "黃帝와 堯舜은 모두 禮文과 五常의 가르침으로 정치를 하였다. 만약 진실로 天下를 다스리려고 하면서 禮文과 五常의 가르침을 기다리지 않는다면 黃帝와 堯舜을 외물로 여기는 것이다."

○ 司馬光이 말하였다. "疣는 羽와 求의 反切이고, 贅는 之와 瑞의 反切이다. 疣

---

33) 五禮 : 吉禮 · 凶禮 · 軍禮 · 賓禮 · 嘉禮의 다섯 가지 예를 이르는데, ≪周禮≫에 의하면 大宗伯이 吉禮로 나라 안의 귀신을 섬기고, 凶禮로 나라 안의 우환을 슬퍼하고, 軍禮로 나라 안의 질서를 통일하고, 賓禮로 나라와 나라 사이를 친밀히 하고, 嘉禮로 만민이 서로 가까워지도록 하는 일을 맡는다.

34) 五教 : 다섯 가지 가르침으로 '아비는 義로 자식을 인도하고, 어미는 자식을 慈愛하고, 형은 아우를 사랑하고, 아우는 형에게 공손하고, 자식은 부모에게 효도하는 것〔父義 母慈 兄友 弟恭 子孝〕'이다.

贅는 남아돌아 쓸모없음을 말한다."

진실로 천하를 다스리려고 하면서 禮文(禮儀)과 五常의 가르침을 쓰지 않는다면, 나는 黃帝와 堯舜도 쓸모없는 것이라고 생각한다.

10. **或曰 太上**은 **無法而治**하니 **法**은 **非所以爲治也**①라하니 **曰 鴻荒之世**를 **聖人惡**(오)**之**②라 **是以**로 **法始乎伏犧而成乎堯**③하니 **匪伏匪堯**면 **禮義哨哨**하여 **聖人不取也**④시리라

① 太上……法非所以爲治也：咸曰"或以太古無法, 陶然自化, 疑今之制, 無益於道." ○ 祕曰"伏犧以前, 無聞焉, 疑其無法制而自治."

宋咸이 말하였다. "혹자가 태곳적에는 법이 없어도 陶然히 저절로 교화되었으니, 지금의 법제는 道에 무익하다고 의심한 것이다."

○ 吳祕가 말하였다. "伏義氏 이전은 알려진 것이 없으나 法制가 없어도 저절로 다스려진 듯하다."

② 鴻荒之世 聖人惡(오)之：咸曰"惡其與禽獸同." 祕曰"近禽獸而無別."

宋咸이 말하였다. "사람이 금수와 같은 것을 싫어한 것이다."

吳祕가 말하였다. "〈태곳적의 혼돈한 세상에는〉 사람이 금수에 가까워 분별이 없었다."

③ 是以 法始乎伏羲而成乎堯：伏犧畫八卦以敍上下, 至於堯舜, 君臣大成也. ○ 祕曰"伏犧, 大明天地之撰(선), 畢天下之能事, 而唐堯, 順考古道, 以天下讓, 是法制, 始於伏犧, 而成乎堯." ○ 光曰"伏犧, 始畫八卦, 造書契, 至於唐堯, 而煥乎其有文章[35]."

伏羲氏가 八卦를 그어 上下를 차례하였고, 堯舜시대에 이르러서 君臣의 등급이 크게 이루어졌다.

○ 吳祕가 말하였다. "복희씨는 天地의 일에 매우 밝아 천하의 능사를 모두 마칠 수 있었고, 唐堯는 옛 도를 신중히 살펴 천하를 선양하였으니, 이것이 法制가 복희에게서 시작되어 堯에게서 이루어졌다는 것이다."

○ 司馬光이 말하였다. "복희씨가 처음 八卦를 긋고 書契를 만들었으며, 唐堯에 이르러서 文章이 찬란하게 빛났다."

---

35) 煥乎其有文章：≪論語≫〈泰伯〉에 堯임금을 찬탄하면서 "높고 높은 그 성공이여, 찬란히 빛나는 그 문장이여.〔巍巍乎其有成功也 煥乎其有文章〕"라고 하였는데, 여기의 文章은 禮樂과 法度 등을 가리킨다.

④ 匪伏匪堯……聖人不取也：咸曰 "哨哨，多言貌．禮所謂猩猩鸚鵡能言．[36] 夫羲堯之上，道若鳥獸徒然多言爾．故聖人獨取羲而下．" ○ 祕曰 "哨哨，不正貌．由伏由堯者，正道也．非伏非堯者，他道也．禮曰 '枉矢哨壺．'[37]" ○ 光曰 "哨，七笑反．"

宋咸이 말하였다. "哨哨는 말을 많이 하는 모양이다. 禮에 이른바 '성성이와 앵무새가 말을 할 수 있다.'는 것이니, 복희씨와 요임금 이전은 〈사람도〉 鳥獸가 한갓 말을 많이 하는 것과 같았을 뿐임을 말한 것이다. 그러므로 聖人이 다만 복희씨 이후를 취한 것이다."

○ 吳祕가 말하였다. "哨哨는 바르지 않은 모양이다. 복희씨를 따르고 요를 따르는 것은 正道이고 복희씨를 비난하고 요를 비난하는 것은 他道(邪道)이다. 禮에 '휜 화살과 삐뚤어진 병이다.'라고 하였다."

○ 司馬光이 말하였다. "哨는 七과 笑의 反切이다."

혹자가 말하였다.

"태곳적에는 법이 없어도 천하가 잘 다스려졌으니, 법은 천하를 잘 다스릴 수 있는 수단이 아닐 것입니다."

揚子가 말하였다.

"태곳적의 혼돈한 세상에는 〈사람이 금수에 가까워 분별이 없었는데〉 聖人이 이것을 싫어하였다. 이 때문에 법이 伏羲氏 때에 시작되어 堯임금 때에 이루어졌으니, 복희씨가 아니고 요임금이 아니었다면 禮義에 대해 분분하게 말이 많아서 후세의 성인이 취하지 않았을 것이다."

11. 或問 八荒之禮에 禮也樂也[38]는 孰是①오 曰 殷之以中國②이니라 或曰 孰爲中國③고 曰 五政之所加하고 七賦之所養하며 中於天地者를 爲中國④이니 過此而

---

36) 禮所謂猩猩鸚鵡能言：≪禮記≫ 〈曲禮〉에 "앵무새는 말을 할 수 있으나 나는 새를 벗어나지 못하고, 성성이는 말을 할 수 있으나 금수를 벗어나지 못하니, 지금 사람으로서 예가 없으면 비록 말을 할 수 있으나 또한 금수의 마음이 아니겠는가.〔鸚鵡能言 不離飛鳥 猩猩能言 不離禽獸 今人而無禮 雖能言 不亦禽獸之心乎〕"라고 하였다.

37) 禮曰 枉矢哨壺：≪禮記≫ 〈投壺〉에 보인다. 枉은 재질(화살의 몸통)이 곧지 못한 것이고, 哨는 병의 주둥이가 바르지 못한 것이다.

38) 八荒之禮 禮也樂也：汪榮寶의 ≪法言義疏≫에 "의심컨대 '八荒之禮 禮也樂也'는 '八荒之禮也樂也'가 되어야 하니, '禮'자는 중복되지 않아야 한다."라고 하였다.

往〔者〕[39]를 人也哉⑤아

① 八荒之禮……孰是：祕曰“八荒之禮, 曰蠻曰流, 禮樂孰是.” ○ 光曰“言八方之俗, 各有禮樂, 人人是其所習, 果誰爲是.”

吳祕가 말하였다. “八荒의 禮는 야만스럽고 방탕하니, 그들이 禮니 樂이니 하는 것은 어느 것이 옳으냐는 말이다.”

○ 司馬光이 말하였다. “八方의 풍속은 각각 그들 나름의 禮樂이 있어서 사람들마다 자신들의 습속을 옳다고 하니, 과연 어느 것이 옳으냐는 말이다.”

② 殷之以中國：殷, 正也. 中國之制, 五百里甸服, 五百里侯服, 五百里綏服, 五百里要服, 五百里荒服.

殷은 바로잡는 것이다. 中國의 제도는, 王畿로부터 500리는 甸服, 그 밖의 500리는 侯服, 그 밖의 500리는 綏服, 그 밖의 500리는 要服, 그 밖의 500리는 荒服이다.

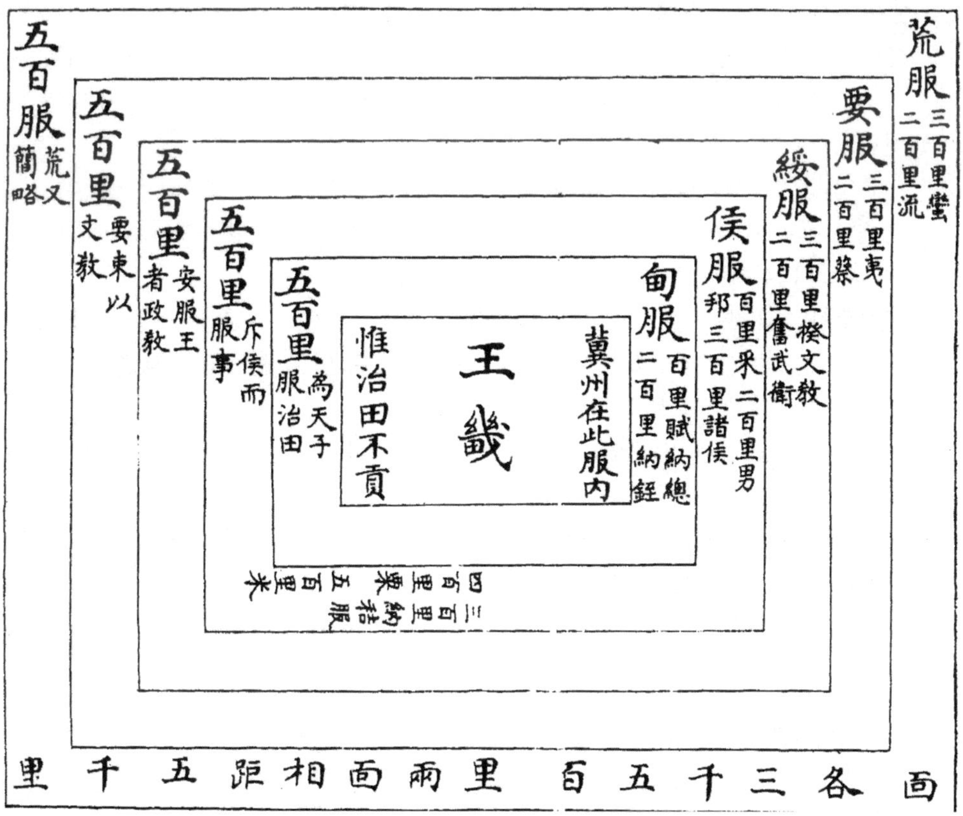

〔그림12〕商頌王畿圖(≪六經圖≫)

39) 〔者〕: 저본에는 없으나, 四部叢刊本에 근거하여 보충하였다.

③ 孰爲中國：正直北辰，爲天之齊也，〔今〕[40]俱偏僻，未知誰爲居中國．

北辰(북극성)까지 똑바로 직선으로 간 것이 하늘의 배꼽(정중앙)인데 지금 모두 한쪽으로 치우쳐 있으니, 어디가 中國에 해당하는지 알 수 없다.

④ 五政之所加……爲中國：五政，五常之政也．七賦，五穀桑麻也．中於天地者，土圭[41] 測影，晷度均也．○ 咸曰"古者，言天體者有三，其一曰周髀[42]．言天地各中高外下，北極之下，爲天地之中．今上注引是義，此注引土圭測影．夫土圭者，周公之法也，宜爲是."○ 祕曰"五常之政之所加，五穀桑麻之政之所養，以土圭之法測土深，正日影以求天地之中，則爲中國矣."

五政은 五常(仁·義·禮·智·信)에 근거한 정사이다. 七賦는 五穀(黍·稷·菽·麥·稻)과 桑·麻이다. 天地의 한가운데에 위치하였다는 것은 土圭로 해그림자를 측량함에 그림자의 도수가 균등한 것이다.

○ 宋咸이 말하였다. "옛날에 天體에 대해 말한 것이 세 가지가 있는데, 그중 첫 번째가 周髀이니, 天地가 각각 중앙은 높고 四邊은 낮으므로 北極의 아래가 天地의 중앙이 됨을 말한다. 지금 위의 注에서는 이 뜻을 인용하였고, 여기의 注는 土圭로 해 그림자를 측량하는 것을 인용하였는데, 土圭는 周公의 法이니 〈여기의 注가〉 당연히 옳다."

○ 吳祕가 말하였다. "五常에 근거한 정사가 행해지고 五穀과 桑·麻의 일곱 가지 조세로 재정이 운영되며, 土圭의 法으로 땅의 깊이를 측량하고 해 그림자를 바로하여 天地의 한가운데를 찾으면 그곳이 中國이다."

⑤ 過此而往 人也哉：譬八荒之於中國如彼，諸子之於聖人如是．○ 咸曰"正文但論華夷之禮樂爾，註引諸子，非其旨焉."○ 祕曰"八荒之外，聖王以禽獸畜(휵)之."○ 光曰"言夷狄無異禽獸，其所謂禮樂者，安足取哉."

비유하면 八荒과 中國의 관계는 저와 같고, 諸子百家와 聖人의 관계는 이와 같다는 것이다.

○ 宋咸이 말하였다. "正文에는 다만 中國과 夷狄의 禮樂을 논하였을 뿐인데 註에서 諸子百家를 끌어다 대었으니 본지가 아니다."

○ 吳祕가 말하였다. "八荒 이외의 지역은 聖王이 禽獸로 여겨 상대하였다."

---

40) 〔今〕: 저본에는 없으나, 四部叢刊本에 근거하여 보충하였다.

41) 土圭 : 周나라 때 옥으로 만든 기물의 이름으로, 길이가 1척 5촌이며, 해 그림자의 길이를 재어 토지를 측량하던 기구이다.

42) 言天體者有三 其一曰周髀 : 周髀는 옛날 天文算術法의 한 가지이다. 古代 天文家는 周髀·宣夜·渾天의 3가가 있다. 주비가의 설에 의하면 "하늘은 동이를 엎어놓은 것과 같아 중앙은 높고 四邊은 낮다."고 했는데, 이것을 蓋天說이라고도 한다.

○ 司馬光이 말하였다. "夷狄은 禽獸와 다름이 없으니, 그들의 이른바 禮樂이라는 것을 어찌 취할 수 있겠는가."

혹자가 물었다.

"八荒(八方의 아주 먼 지역)의 禮 가운데 그들이 각각 禮니 樂이니 하는 것은 어떤 것이 옳은 것입니까?"

揚子가 말하였다.

"中國의 禮樂을 기준으로 바로잡아야 한다."

혹자가 물었다.

"무엇을 중국이라고 합니까?"

揚子가 말하였다.

"五常에 근거한 정사가 행해지고, 일곱 가지 租稅로 재정이 운영되며, 천지의 한가운데에 위치한 것이 중국이다. 이곳을 벗어난 곳에 사는 자를 사람으로 칠 수 있겠는가."

12. 聖人之治天下也에 礙諸以禮樂①이라 無則禽이요 異則貉②이니 吾見諸子之小禮樂也요 不見聖人之小禮樂也로라

① 聖人之治天下也 礙諸以禮樂 : 礙, 限. ○ 祕曰 "礙, 止也. 止以爲準."
礙는 한계이다.
○ 吳祕가 말하였다. "礙는 그치는 것이니, 그쳐서 기준으로 삼는 것이다.

② 無則禽 異則貉 : 咸曰 "左衽兜離[43], 與諸夏殊." ○ 祕曰 "無禮樂則禽, 異禮樂則貉."
宋咸이 말하였다. "옷깃을 왼쪽으로 여미는 것과 兜離가 諸夏(中國)와 다르다."
○ 吳祕가 말하였다. "禮樂이 없으면 금수이고, 聖人의 禮樂과 다르면 오랑캐이다."

聖人이 천하를 다스릴 때에 禮樂을 防限(한계를 정해 막음)으로 삼는다. 예악이 없으면 禽獸이고 聖人의 예악과 다르면 오랑캐이니, 나는 諸子百家가 예악을 경시하는 것은 보았고, 聖人이 예악을 경시하는 것은 보지 못했다.

---

43) 左衽兜離 : 左衽은 左袵으로도 쓰는데, 옷깃을 왼쪽으로 여미는 것으로 오랑캐의 풍속이고, 兜離는 오랑캐의 음악 이름으로 典雅하지 못한 음악을 말한다.

孰有書不由筆하고 **言不由舌**이리오 **吾見天常**③**爲帝王之筆舌也**④로라

③ 天常：祕曰“五常”

吳祕가 말하였다. “天常은 五常(仁·義·禮·智·信)이다.”

④ 吾見天常爲帝王之筆舌也：天常，五常也，帝王之所制奉也．譬諸書言之於筆舌，爲人之由禮樂也．○ 祕曰“帝王之道，著于五常，猶書言之意，著于筆舌.” ○ 光曰“天常，卽禮樂也．言治天下而不用禮樂，猶無筆而書，無舌而言也.”

天常은 五常으로, 帝王이 만들어 〈다스림에〉 이바지한 것이다. 비유하자면 글과 붓, 말과 혀의 관계는 사람이 禮樂을 따라서 행하는 것과 같다.

○ 吳祕가 말하였다. “帝王의 道가 五常에 나타나는 것은 글과 말의 뜻이 붓과 혀에 나타나는 것과 같다.”

○ 司馬光이 말하였다. “天常은 곧 禮樂이다. 天下를 다스리면서 禮樂을 쓰지 않는 것은 붓 없이 글씨를 쓰고 혀 없이 말을 하는 것과 같다.”

어느 누가 붓을 사용하지 않고 글씨를 쓸 수 있겠으며, 혀를 놀리지 않고 말을 할 수 있겠는가. 내가 보건대 天常(五常)은 제왕이 천하를 다스릴 때에 쓰는 붓과 혀이다.

13. **智也者**는 **知也**라 **夫智**는 **用不用, 益不益**이라도 **則不贅虧矣**①리라

① 智也者知也……則不贅虧矣：咸曰“用謂任用之，益謂(䆅)〔增〕[44]益之．夫智者，無不知也．用之益之，則惟變所適，出奇無窮．故姜牙興於周而退於齊[45]，少伯霸於越而歸於陶[46]．皆有餘者也，何虧之云哉．弗用弗益之，則囊括而祕，退藏於密．故顔守一瓢

---

44) (䆅)〔增〕: 저본에는 '䆅'으로 되어 있으나, 四庫全書本에 근거하여 '增'으로 바로잡았다.

45) 姜牙興於周而退於齊：姜牙는 太公望 呂尙으로 姜은 성이고 字가 子牙이다. 渭水 가의 磻溪에서 낚시질하다가 文王을 처음 만나 師傅로 추대되었다. 뒤에 문왕의 아들인 武王을 도와서 殷나라를 멸망시켜 천하를 평정하였고 齊나라에 봉해졌다.

46) 少伯霸於越而歸於陶：少伯은 춘추시대 越나라의 謀士 范蠡의 字이다. 越王 句踐을 도와 吳나라를 멸하고 上將軍이 되었으나, 그는 “큰 명성 아래에는 오래 머물기 어렵다.” 하고, 齊나라에 가서 鴟夷子皮라고 성명을 바꾸고 많은 돈을 벌었다. 제나라에서 그가 어질다는 말을 듣고 승상으로 삼으려고 하자, 그는 재물을 다 흩어버리고 다시 제나라를 떠나 陶란 곳에 가서 살며, 陶朱公이라고 自號하였다. 그는 陶에서도 많은 돈을 벌어 큰 부자로 살다가 그곳에서 죽었다.

而道彌光, 孟著七篇而名愈彰. 皆有餘者也, 何虧之云哉. 所以用與不用, 益與不益, 不能虧其一贅多也." ○ 祕曰 "智者, 見用不見用, 受益不受益, 於智無一贅之虧矣." ○ 光曰 "不贅虧不, 蓋衍字. 有餘曰贅, 不足曰虧. 言天地之理, 人物之性, 皆生於自然, 不可强變. 智者, 能知其可以然, 則因而導之爾. 苟或恃其智巧, 欲用所不可用, 益所不可益, 譬如人之形體, 益之則贅, 損之則虧矣. 孟子曰 '所爲惡夫智者, 爲其鑿也.' 47)"

宋咸이 말하였다. "用은 임용하는 것을 이르고, 益은 〈큰 일을 할 수 있도록〉 도와주는 것을 이른다. 지혜로운 자는 알지 못하는 것이 없다. 지혜로운 자를 임용하고 도와주면 변화에 맞추어 기이한 계책을 냄이 무궁하다. 그러므로 姜牙는 周나라를 흥하게 하고는 齊나라로 물러갔고, 少伯은 越나라를 패자로 만들고는 陶로 돌아갔다. 이들은 모두 지혜가 넉넉한 자이니, 무엇을 부족하다고 여기겠는가. 지혜로운 자를 임용하지 않고 도와주지 않으면 〈지혜로운 자는〉 자신의 재주를 꽁꽁 감추고 은밀한 데 물러가 숨는다. 그러므로 顔子는 가난한 생활을 고수하여 道가 더욱 빛났고, 孟子는 〈세상에 등용되지 못하고〉 ≪孟子≫ 七篇을 지어서 이름이 더욱 드러났다. 이들은 모두 지혜가 넉넉한 자이니 무엇을 부족하다고 여기겠는가. 그러므로 임용하는 것과 임용하지 않는 것, 도와주는 것과 도와주지 않는 것은 그 가운데 하나도 부족하게 해서는 안 되고 넉넉하게 갖춰 주어야 한다."

○ 吳祕가 말하였다. "지혜로운 자는 임용되든 임용되지 않든, 도움을 받든 도움을 받지 못하든지 간에 지혜에 있어서는 한결같이 넉넉하여 부족함이 없다."

○ 司馬光이 말하였다. "'不贅虧'의 '不'은 아마도 衍字인듯 하다. 有餘한 것을 贅라 하고 不足한 것을 虧라 한다. 天地의 이치와 人物의 性은 모두 自然에서 생겨나서 억지로 변하게 할 수 없다. 지혜로운 자는 이와 같음을 잘 아니, 이를 따라서 인도할 뿐이다. 만일 자신의 지혜와 기교를 믿고서, 임용해서는 안 될 사람을 임용하고 도와주어서는 안 될 사람을 도와주려고 한다면, 사람의 形體에 비유하건대 보태면 군더더기가 되고 덜어내면 부족한 것과 같다. 孟子가 '지혜를 미워하는 까닭은 穿鑿하기 때문이다.'라고 하였다."

지혜라는 것은 아는 것이다. 저 지혜는 임용되든 임용되지 않든, 도움을 받든 도움을 받지 못하든지 간에 넉넉하여 부족함이 없을 것이다.

---

47) 孟子曰……爲其鑿也 : 鑿은 견강부회하는 것을 이른다. ≪孟子≫ 〈離婁 下〉에 나오는데, 현행본에는 '所爲惡夫智者'가 '所惡於智者'로 되어 있다.

14. 深知器械舟車宮室之爲면 則禮由己①니라

① 深知器械舟車宮室之爲 則禮由己 : 祕曰 "深知制度之所爲, 則禮無不在己. 子曰 '制度在禮, 文爲在禮, 行之其在人乎.'[48)]" ○ 光曰 "器械·舟車·宮室, 皆聖人因物之性, 制而用之, 推而行之, 苟或識聖人之心, 則禮雖先王未之有, 可以義起也. 故曰由己."

吳祕가 말하였다. "制度가 만들어지게 된 이유를 깊이 알면 禮가 자기에게 있지 않음이 없다. 孔子가 말씀하기를 '制度는 禮에 달려 있고 文章은 禮에 달려 있으니, 이것을 행하는 것은 사람에게 달려 있을 것이다.'라고 하였다."

○ 司馬光이 말하였다. "器械와 舟車와 宮室은 모두 聖人이 사물의 性을 따라서 만들어 쓰고 미루어 행하는 것이니, 만일 聖人의 마음을 알면 禮는 비록 先王이 있지 않더라도 義로써 일으킬 수 있다. 그러므로 자신에게 달려 있다고 말한 것이다."

器械와 舟車와 宮室이 만들어지게 된 이유를 깊이 안다면 禮를 행하는 것이 자신에게 달려 있을 것이다.

15. 或問大聲①한대 曰 非雷非霆이라 隱隱耾耾하여 久而愈盈하니 尸諸聖②이니라

① 或問大聲 : 光曰 "問聲孰爲大."

司馬光이 말하였다. "소리는 어떤 것이 큰지 물은 것이다."

② 非雷非霆……尸諸聖 : 尸, 主也. 雷霆之聲聞當時, 聖人之言傳無窮. ○ 光曰 "宋吳本, 耾作竑, 今從李本. 竑·耾, 皆音宏, 大聲也."

尸는 주장함이다. 우레 소리와 천둥 소리는 當時에만 들리나 聖人의 말씀은 무궁한 후세에까지 전해진다.

○ 司馬光이 말하였다. "宋咸本·吳祕本에는 '耾'이 '竑'으로 되어 있으나, 지금 李軌本을 따랐다. '竑'과 '耾'은 모두 음이 宏이니, 큰 소리이다."

혹자가 어떤 것이 큰 소리인지에 대해서 물으니, 揚子가 말하였다.

"〈큰 소리라는 것은〉 우레 소리도 아니고 천둥 소리도 아니다. 〈큰 소리는〉 웅장하고 커서 시간이 오래될수록 천하에 더욱 가득 차니, 성인의 말씀을 위주로 한다."

---

48) 子曰……行之其在人乎 : ≪禮記≫ 〈仲尼燕居〉에 나온다.

16. 或問 道有因 無因乎①아 曰 可則因하고 否則革②이니라

① 道有因 無因乎：光曰 "黃老之道, 貴因循."

司馬光이 말하였다. "黃老의 道는 因循(자연에 순응함)을 귀하게 여긴다."

② 可則因 否則革：革與因雖異, 隨變而通理也. 故先王之事, 世相反, 而其道一也. ○ 祕曰 "隨時制宜." ○ 光曰 "前人所爲, 是則因之, 否則變之, 無常道. 太玄曰 '夫道有因有循, 有革有化, 因而循之, 與道神之, 革而化之, 與時宜之. 故因而能革, 天道乃得, 革而能因, 天下乃馴. 夫物不因不生, 不革不成. 故知因而不知革, 物失其則, 知革而不知因, 物失其均. 革之匪時, 物失其基, 因之匪理, 物喪其紀. 因革乎因革, 國家之矩範也. 矩範之動, 成敗之效也.'[49]"

개혁하는 것과 인순하는 것은 비록 다르지만 변화에 따라 이치를 실천하는 것이다. 그러므로 先王의 일이 대대로 상반되지만 그 도는 똑같다.

○ 吳祕가 말하였다. "때에 따라 알맞게 대응하는 것이다."

○ 司馬光이 말하였다. "옛사람이 행한 것이 옳으면 그대로 인순하고, 옳지 않으면 개혁하여 일정한 도가 없다. ≪太玄經≫에 '道는 인순함이 있고 따름이 있으며, 개혁함이 있고 변화함이 있으니, 인순하여 따라서 道와 신명을 통하고, 개혁하여 변화해서 때에 마땅하게 해야 한다. 그러므로 인순하면서도 개혁할 수 있어야 天道를 비로소 얻게 되고, 개혁하면서도 인순할 수 있어야 천하가 비로소 순종한다. 物은 인순하지 않으면 생겨나지 못하고 개혁하지 않으면 이루어지지 못한다. 그러므로 인순할 줄만 알고 개혁할 줄을 알지 못하면 物이 그 법칙을 잃고, 개혁할 줄만 알고 인순할 줄 알지 못하면 物이 그 고름을 잃으며, 개혁하기를 天時가 있을 때 하지 않으면 物이 그 터전을 잃고, 인순하기를 地理가 있을 때 하지 않으면 物이 그 기강을 잃는다. 인순할 때에 인순하고 개혁할 때에 개혁하는 것이 國家의 矩範이니, 矩範을 운용하는 것은 成敗의 공효가 달려있는 것이다.'라고 하였다."

혹자가 물었다.

"道는 因循합니까? 因循하지 않습니까?"

揚子가 말하였다.

---

49) 太玄曰……成敗之效也：≪太玄經≫ 〈太玄瑩〉에 보인다. ≪太玄經≫은 ≪周易≫을 본떠 만든 것인데 모두 10권이다. 그 篇名을 ≪주역≫과 비교해 보면 卦를 太玄首라 하고, 爻를 太玄贊이라 하고, 象을 太玄測이라 하고, 文言을 太玄文이라 하고, 繫辭傳 上·下를 각각 太玄攡와 太玄瑩이라 하고, 說卦를 太玄數라 하고, 序卦를 太玄衝이라 하고, 雜卦를 太玄錯이라 하였다.

"행할 수 있는 것은 因循하고, 행할 수 없는 것은 개혁한다."

17. 或問無爲한대 曰 奚爲哉①리오 在昔虞夏 襲堯之爵하고 行堯之道나 法度彰하고 禮樂著일새 垂拱而視天〔下〕[50]民之阜也②니 無爲矣③라 紹桀之後하고 纂紂之餘나 法度廢하고 禮樂虧하니 安坐而視天〔下〕民之死가 無爲乎④아

① 奚爲哉 : 應化而已. ○ 光曰 "所以有爲者, 救時之失耳. 時不失道, 又何爲哉."
변화에 응할 뿐이다.
○ 司馬光이 말하였다. "작위함이 있는 것은 당시의 잘못을 바로잡기 위한 것일 뿐이다. 도를 잃지 않은 때라면 또 어찌 작위하겠는가."

② 垂拱而視天民之阜也 : 咸曰 "阜, 盛也, 富也."
宋咸이 말하였다. "阜는 성대함이고 풍부함이다."

③ 垂拱而視天民之阜也 無爲矣 : 祕曰 "阜, 厚也. 垂衣拱手, 視天民之厚盛, 何爲哉."
吳祕가 말하였다. "阜는 후함이다. 의상을 늘어뜨리고 두 손을 마주 잡고서 천하의 백성들이 풍족하게 지내는 것을 보았다면 어찌 작위하겠는가."

④ 紹桀之後……無爲乎 : 紹桀者, 成湯也. 纂紂者, 周武也. 當此之時, 湯武不可〔得〕[51]安坐視天下民之死, 而欲無爲也, 所謂可則因, 否則革矣. 應變順時, 故迹不同, 致理而言, 皆非爲也. ○ 祕曰 "湯武革命, 應天順人, 自然有爲之時." ○ 光曰 "宋吳本, 皆作天民, 無下字, 李本, 作天下民."
桀王의 뒤를 이은 것은 成湯이고, 紂王의 뒤를 이은 것은 周 武王이다. 이때를 당하여 湯王과 武王은 편안히 앉아서 천하의 백성들이 죽는 것을 쳐다보면서 無爲로만 다스릴 수 없었으니, 이른바 '행할 수 있는 것은 인순하고 행할 수 없는 것은 개혁한다.'는 것이다. 임기응변하여 때를 따랐기 때문에 자취는 같지 않으나 이치로 말하면 모두 작위한 것이 아니다.
○ 吳祕가 말하였다. "湯王과 武王은 革命하여 하늘의 뜻에 순응하고 민심을 따랐으니, 자연히 有爲할 때였다."
○ 司馬光이 말하였다. "宋咸本・吳祕本에는 모두 '天民'으로 되어 있고 '下'자가 없는데 李軌本에는 '天下民'으로 되어 있다."

---

50) 〔下〕 : 저본에는 없으나, 四部叢刊本에 근거하여 보충하였다. 뒤의 '安坐而視天〔下〕民之死'의 '下'도 같다.

51) 〔得〕 : 저본에는 없으나, 四部叢刊本에 근거하여 보충하였다.

혹자가 無爲로 다스리는 것에 대해서 물으니, 揚子가 말하였다.

“어찌 작위하는 바가 있겠는가. 옛날에 虞舜과 夏禹는 堯임금의 지위를 계승하고 堯임금의 도를 행하였지만 법도가 밝혀지고 예악이 드러나 있었기 때문에 의상을 늘어뜨리고 두 손을 마주 잡고서 천하의 백성들이 풍족하고 안락하게 사는 것을 보았으니, 이것이 바로 무위로 다스리는 것이다. 湯王은 夏桀의 뒤를 잇고 武王은 商紂의 뒤를 이었지만 법도가 폐지되고 예악이 무너져 있었으니, 어찌 앉아서 천하의 백성들이 죽어가는 것을 쳐다보면서 무위로 다스릴 수 있었겠는가.”

18. 或曰 太古에 **塗民耳目**하니 **惟其見也聞也**라 **見則難蔽**하고 **聞則難塞**①이니라 **曰 天之肇降生民**에 **使其目見耳聞**이라 **是以**로 **視之禮**하고 **聽之樂**②하니 **如視不禮**하고 **聽不樂**이면 **雖有民**이나 **焉得而塗諸**③리오

① 太古塗民耳目……聞則難塞：人以爲太古(下)〔不〕[52]如絶禮樂, 以塗塞人之耳目, 令不見不聞, 使之純一. ○ 祕曰 “太古, 未作禮樂, 是塗塞人之耳目, 使其純愚.” ○ 光曰 “老子曰 ‘古之治者, 非以明民, 將以愚之[53].’ 故欲搥提仁義, 絶滅禮學.”

혹인은 태곳적에 禮樂을 끊어 사람들의 눈을 가리고 귀를 막아 보지 못하고 듣지 못하게 하여 〈사람들을〉 純一하게 만든 것만 못하다고 여겼다.

○ 吳祕가 말하였다. “태곳적에는 아직 禮樂을 만들지 않았으니, 이것이 사람의 귀와 눈을 가리고 막아 순진하고 어리석게 한 것이다.”

○ 司馬光이 말하였다. “老子가 ‘옛날에 다스리는 자는 백성을 현명하게 하는 것이 아니라 장차 어리석게 하고자 했다.’라고 하였다. 그러므로 仁義를 내던지고 禮學(禮經)을 없애고자 하였다.”

② 天之肇降生民……聽之樂：因其耳目而節之. ○ 祕曰 “天之始生人, 卽使其目能視, 耳能聞. 是以聖人配地作禮, 以養其視, 應天作樂, 以養其聽.”

귀로 듣고 눈으로 보기 때문에 절제한 것이다.

○ 吳祕가 말하였다. “하늘이 처음 사람을 낼 적에 곧 눈은 볼 수 있게 하고 귀는 들을 수 있게 하였다. 이 때문에 聖人이 땅의 덕에 짝하여 禮를 만들어 보는 것을 기르고, 하늘의 덕에 응하여 음악을 만들어 듣는 것을 길렀다.”

---

52) (下)〔不〕: 저본에는 ‘下’로 되어 있으나, 四庫全書本에 근거하여 ‘不’로 바로잡았다.

53) 老子曰……將以愚之 : ≪老子≫ 제65장에 보인다.

③ 如視不禮……焉得而塗諸：咸曰“言使民視聽，皆由禮樂，則安用塗之. 如其視邪聽淫，雖欲塗之，末由也已.” ○ 祕曰“視聽無禮樂則大亂，雖有民，焉得而塞之.” ○ 光曰“聖人所以能使其民者，以有禮樂也. 若皆去之，則民將散亂而不可制，雖欲取其耳目而塗之，安可得哉.”

宋咸이 말하였다. “백성들이 보고 듣는 것으로 하여금 모두 禮樂을 따르게 한다면 어찌 귀와 눈을 막을 필요가 있겠는가. 만약 보는 것이 간사하고 듣는 것이 음란하다면 비록 백성들의 귀와 눈을 막으려 해도 막을 수가 없을 것이다.”

○ 吳祕가 말하였다. “보고 들으매 禮樂이 없으면 크게 어지러우니, 비록 백성이 있으나 어찌 그들의 귀와 눈을 막을 수 있겠는가.”

○ 司馬光이 말하였다. “聖人이 백성을 부릴 수 있는 것은 禮樂이 있기 때문이다. 그런데 만약 禮와 樂을 모두 버린다면 백성들이 장차 어지럽게 흩어져 제어할 수 없을 것이니, 비록 귀와 눈을 빼앗아 막고자 하나 어찌 그렇게 할 수 있겠는가.”

혹자가 말하였다.

“태곳적에 백성들의 귀와 눈을 막았으니, 눈으로 보고 귀로 듣기 때문입니다. 일단 눈으로 보면 가리기 어렵고 일단 귀로 들으면 막기 어렵습니다.”

揚子가 말하였다.

“하늘이 처음에 백성을 낼 때 백성들로 하여금 눈으로 보고 귀로 듣게 하였으니, 이 때문에 〈聖人이 禮와 樂을 만들어서 백성들에게〉 예를 보게 하고 음악을 듣게 한 것이다. 만약 백성들이 예가 아닌 것을 보고 음악이 아닌 것을 듣는다면 비록 백성이 있으나 어찌 그들의 눈과 귀를 가리고 막을 수 있겠는가.”

19. 或問新敝①한대 曰 新則襲之하고 敝則損益之②니라

① 或問新敝：祕曰“問政教之隆殺(쇄)，如衣之新敝.”

吳祕가 말하였다. “政教의 盛衰가 새옷과 헌옷 같음을 물은 것이다.”

② 新則襲之 敝則損益之：值其日新，則襲而因之，值其敝亂，則損益隨時. ○ 咸曰“新猶初革命之始也，敝猶久守成之際也. 夫革命之始，制度未立，姑仍舊貫，故曰襲之. 守成之際，觀可以變，故曰損益之. 孔子曰‘殷因於夏禮，所損益可知也，周因於殷禮，所損益可知也.’[54] 此之謂矣.” ○ 祕曰“政教之隆則因而襲之，敝則革而損益之.”

---

54) 殷因於夏禮……所損益可知也：≪論語≫ 〈爲政〉에 보인다.

날로 새로워지는 때를 만나면 그대로 인습하고, 쇠퇴하고 어지러운 때를 만나면 加減하여 그때에 맞춘다.

○ 宋咸이 말하였다. "新은 처음 革命한 초기와 같은 것이고, 敝는 오랫동안 守成할 때와 같은 것이다. 革命 초기에는 制度가 확립되기 전이어서 우선 옛일을 그대로 따르기 때문에 因襲한다고 한 것이고, 守成할 때에는 변화시킬 만한 것을 살필 수 있기 때문에 가감한다고 한 것이다. 孔子가 말씀하기를 '殷나라는 夏나라의 禮를 因襲하였으니 加減한 것을 알 수 있으며, 周나라는 殷나라의 禮를 인습하였으니 加減한 것을 알 수 있다.'라고 하였으니, 이것을 이른다."

○ 吳祕가 말하였다. "政教가 융성하면 그대로 따라서 인습하고, 쇠퇴하면 고쳐서 가감하는 것이다."

혹자가 새로운 것과 낡은 것에 대해 물으니, 揚子가 말하였다.
"새로운 것은 그대로 인습하고 낡은 것은 가감한다."

20. 或問 太古에 德懷하고 不禮懷①라 嬰兒慕하고 駒犢從하니 焉以禮②리오 曰 嬰犢乎③인저 嬰犢은 母懷하고 不父懷④라 母懷는 愛也요 父懷는 敬也니 獨母而不父는 未若父母之懿也⑤니라

① 太古德懷 不禮懷 : 祕曰 "道家尙德而薄禮. 故言太古之人未有禮, 惟懷德爾."
吳祕가 말하였다. "道家에서는 德을 숭상하고 禮를 하찮게 여긴다. 그러므로 태곳적 사람들은 예가 있기 전에 오직 덕만 생각했다고 말한 것이다."

② 嬰兒慕……焉以禮 : 咸曰 "焉, 安也. 言太古之人歸於上也, 猶嬰兒之慕母, 駒犢之從乳, 安用禮." ○ 祕曰 "二者, 俱懷母之德也."
宋咸이 말하였다. "焉은 어찌이다. 태곳적 사람이 윗사람에게 귀의하는 것은 어린아이가 어미를 그리워하고 망아지와 송아지가 어미를 따르는 것과 같으니, 禮를 어디에 쓰겠느냐는 말이다."
○ 吳祕가 말하였다. "두 가지는 모두 어미의 덕을 생각하는 것이다."

③ 嬰犢乎 : (難)〔歎〕[55]無禮也. ○ 咸曰 "言今若亡禮人, 皆嬰犢矣, 可乎." ○ 祕曰 "人殊禽獸, 豈皆嬰犢乎."
無禮함을 탄식한 것이다.
○ 宋咸이 말하였다. "지금 만약 무례한 사람을 모두 어린아이와 송아지라고 하는

55) (難)〔歎〕: 저본에는 '難'으로 되어 있으나, 四部叢刊本에 근거하여 '歎'으로 바로잡았다.

것이 가하겠느냐는 말이다."

○ 吳祕가 말하였다. "사람은 禽獸와 다르니, 어찌 모두 어린아이와 송아지이겠는가."

④ 嬰犢母懷 不父懷：咸曰 "禽獸知有母, 而不知有父." ○ 祕曰 "嬰之未有知, 犢之畜類, 乃母懷而已."

宋咸이 말하였다. "禽獸는 어미가 있는 줄만 알고 아비가 있는 줄은 알지 못한다."

○ 吳祕가 말하였다. "어린아이는 지각이 없고 송아지는 가축이니 어미만을 생각할 뿐이다."

⑤ 母懷愛也……未若父母之懿也：兼乎愛敬而後, 盡其美善. ○ 咸曰 "言今或去禮, 則人獨知母而不知父, 皆如駒犢矣. 故兼知父母, 禮可備也." ○ 祕曰 "懷父母, 乃愛敬之道, 豈直以德而不禮. 是與其嬰犢之懷, 曷若夫人父母之懷之美也. 懿, 美也."

사랑과 공경을 둘 다 겸한 뒤에야 지극히 아름답고 지극히 좋다.

○ 宋咸이 말하였다. "지금 혹 禮를 버리면 사람들이 다만 어미가 있는 줄만 알고 아비가 있는 줄은 알지 못하여 모두 망아지나 송아지와 같아지게 된다. 그러므로 父母를 둘 다 겸하여 알아야 예가 갖추어진다."

○ 吳祕가 말하였다. "父母를 생각하는 것이 바로 사랑과 공경의 도리이니, 어찌 다만 德만 생각하고 禮를 생각하지 않는가. 어린아이와 송아지가 어미를 생각하는 것이 어찌 사람이 父母를 생각하는 아름다움만 하겠는가. 懿는 아름다움이다."

혹자가 물었다.

"태곳적에는 사람들이 德만 생각했지 禮는 생각하지 않았습니다. 〈사람들이 윗사람을 따르는 것은〉 어린아이가 어미를 생각하고 망아지와 송아지가 어미를 따르는 것과 같으니, 예를 어디에 쓰겠습니까?"

揚子가 말하였다.

"〈덕만 생각하고 예를 생각하지 않는 것은〉 어린아이와 송아지일 것이다. 어린아이와 송아지는 어미만 생각하고 아비는 생각하지 않는다. 어미를 생각하는 것은 사랑이고, 아비를 생각하는 것은 공경이니, 다만 어미만 생각하고 아비를 생각하지 않는 것은 아비와 어미를 함께 공경하고 사랑하는 것이 좋음만 못하다."

21. 狙詐之家[①]曰 狙詐之計는 不戰而屈人兵하니 堯舜也[②]라하니 曰 不戰而屈人兵은 堯舜也어니와 需項漸襟도 堯舜乎[③]아 衒玉而賈石者는 其狙詐乎[④]인저

① 狙詐之家：咸曰 "狙, 猿也. 宋有狙公者, 愛狙, 養之成群, 有朝三暮四・朝四暮三之言, 以欺籠之[56]. 故莊子曰 '聖人以智籠群愚, 亦猶狙公以智籠衆狙也[57].' 狙詐之家, 猶言巧詐之家. 揚子惡世尙詐, 欲排斥之. 故爲之言." ○ 祕曰 "狙詐, 兵法權謀家流也. 狙善詐, 故以爲名, 猶狐疑・猶豫之類." ○ 光曰 "狙, 七余切, 又千預切."

宋咸이 말하였다. "狙는 원숭이이다. 宋나라에 狙公이라는 자가 원숭이를 사랑하여 원숭이를 길러 무리를 이루었는데, '朝三暮四'와 '朝四暮三'이라는 말로 원숭이를 속이고 농락하였다. 그러므로 莊子가 '聖人이 지혜로써 어리석은 자들을 농락하는 것이 또한 狙公이 지혜로써 원숭이들을 농락하는 것과 같다.'라고 하였다. 狙詐之家는 巧詐之家라고 말하는 것과 같다. 揚子는 세상 사람들이 속임수를 숭상하는 것을 싫어하여 이를 배척하고자 하였기 때문에 이런 말을 한 것이다."

○ 吳祕가 말하였다. "狙詐는 권모술수를 쓰는 兵法家의 부류이다. 원숭이는 속이기를 잘하기 때문에 이로써 이름한 것이니 狐疑, 猶豫 따위와 같은 것이다."

○ 司馬光이 말하였다. "狙는 七과 余의 反切이고, 또 千과 預의 反切이다."

② 狙詐之計……堯舜也：咸曰 "言我用巧詐之計, 可以不戰而使人兵屈敗, 雖堯舜, 亦然, 矜之之辭也." ○ 光曰 "言狙詐之術, 雖不用仁義, 亦能不戰而服人, 與堯舜之道, 何異."

宋咸이 말하였다. "나는 朝三暮四의 계책을 써서 싸우지 않고도 적의 군대로 하여금 굴복하게 만들 수 있는데, 비록 堯舜이라 해도 옳다고 하였으니, 자랑하는 말이다."

○ 司馬光이 말하였다. "朝三暮四의 술수는 비록 仁義를 쓰지 않더라도 또한 싸우지 않고 적을 굴복시킬 수 있으니, 堯舜의 도와 무엇이 다르냐는 말이다."

③ 不戰而屈人兵……堯舜乎：咸曰 "言屈人之兵, 則或血霑染其項, 漸漬其襟, 此(言)〔亦〕[58]堯舜之爲乎." ○ 祕曰 "權謀之家不戰而屈人兵, 謂之堯舜, 至于汗血之霑項漸襟, 亦可謂堯舜乎. 漸, 漬也." ○ 光曰 "漸, 子廉切."

---

56) 宋有狙公者……以欺籠之：宋나라 狙公이 도토리를 주는 숫자를 가지고 원숭이를 속인 朝三暮四의 고사를 말한다. ≪莊子≫ 〈齊物論〉에 "옛날에 저공이 원숭이들에게 도토리를 주면서 '아침에 세 개 저녁에 네 개를 주겠다.' 하자 원숭이들이 모두 도토리가 적다고 성을 내었다. 이에 다시 '그러면 아침에 네 개 저녁에 세 개를 주겠다.' 하자 원숭이들이 모두 기뻐하였다."라고 하였다. 전하여 朝三暮四는 눈앞에 당장 보이는 차이만을 알고 결과가 똑같음을 모르는 어리석은 행위 또는 간사한 꾀로 남을 농락하는 것을 비유하는 말로 쓰인다.

57) 莊子曰……亦猶狙公以智籠衆狙也：朝三暮四에 관한 고사는 ≪莊子≫ 〈齊物論〉에 나오기는 하나, 여기에 인용한 내용은 ≪列子≫ 〈黃帝〉에 보인다.

58) (言)〔亦〕：저본에는 '言'으로 되어 있으나, 四庫全書本에 근거하여 '亦'으로 바로잡았다.

宋咸이 말하였다. "적의 군대를 굴복시키면 혹 피가 흘러서 목덜미를 적시고 옷깃을 적시니, 이것도 堯舜의 행위이냐는 말이다."

○ 吳祕가 말하였다. "권모술수를 쓰는 兵家가 싸우지 않고 적의 군대를 굴복시키는 것을 일러 堯舜이라 하니, 땀과 피가 목을 적시고 옷깃을 적시는 데에 이르러도 요순이라고 이를 수 있는가. 漸은 적시는 것이다."

○ 司馬光이 말하였다. "漸은 子와 廉의 反切이다."

④ 衒玉而賈石者 其狙詐乎：咸曰 "衒言其玉, 而賈售以石, 此巧詐之爲也, 可乎." ○ 祕曰 "言堯舜, 而實以詐者也." ○ 光曰 "衒, 音縣. 賈, 音古."

宋咸이 말하였다. "옥이라고 자랑하여 말하고서 돌을 파니, 이것은 朝三暮四의 행위이니, 가하겠는가."

○ 吳祕가 말하였다. "堯舜이라고 말하지만 실제로는 속이는 것이다."

○ 司馬光이 말하였다. "衒은 음이 縣이다. 賈는 음이 古이다."

兵家의 설에 "朝三暮四의 계책은 싸우지 않고 적의 군대를 굴복시키니 堯舜이라 할 것이다."라고 하였는데, 이에 대해 揚子가 말하였다.

"싸우지 않고 적의 군대를 굴복시키는 것은 요순이라 할 수 있다. 그러나 〈사람을 죽여〉 피가 흘러서 목덜미를 적시고 옷깃을 적시는 것도 요순이라고 할 수 있겠는가. 玉이라고 자랑하고서 돌을 파는 것은 朝三暮四의 속임수일 것이다."

或問 狙詐與亡 孰愈⑤오 曰 亡愈⑥니라 或曰 子將六師則誰使⑦오 曰 御得其道면 則天下狙詐咸作使⑧하고 御失其道면 則天下狙詐咸作敵⑨이라 故로 有天下者는 審其御而已矣⑩니라

⑤ 狙詐與亡 孰愈：亡(무), 無. ○ 咸曰 "言有詐與無詐, 誰優. 愈, 猶優也." ○ 光曰 "言不用狙詐則亡(망)國, 如陳餘."[59]

亡는 無이다.

○ 宋咸이 말하였다. "속임수가 있는 것과 속임수가 없는 것은 어느 쪽이 나으냐

---

59) 言不用狙詐則亡國 陳餘：漢나라 淮陰侯 韓信이 張耳와 함께 불과 수만의 병력으로 趙나라를 공격하기 위하여 井陘으로 향하려 하였다. 이때 趙王과 成安君 陳餘가 군대를 정형 입구에 집결시키자, 이를 불가하게 여긴 廣武君 李左車가 반대했으나 듣지 않고 정면으로 싸워 이기려고 했다가 결국 한신의 계략에 속아 조나라는 망하고 진여는 참형을 당했다. (≪史記 淮陰侯列傳≫)

는 말이다. 愈는 優와 같다."

○ 司馬光이 말하였다. "朝三暮四의 속임수를 쓰지 않으면 〈전쟁에 져서〉 나라를 망하게 할 것이니, 陳餘와 같은 경우를 말한다."

⑥ 亡愈 : 祕曰 "無愈於有." ○ 光曰 "言與其用狙詐, 不若亡國猶勝也, 深疾狙詐之辭."

吳祕가 말하였다. "속임수가 없는 것이 속임수가 있는 것보다 낫다."

○ 司馬光이 말하였다. "朝三暮四의 속임수를 쓰는 것보다는 차라리 속임수를 쓰지 않아서 나라를 망하게 하는 것이 오히려 낫다는 말이니, 朝三暮四의 속임수를 깊이 미워하는 말이다."

⑦ 子將六師則誰使 : 咸曰 "子, 指揚子也. 言無詐爲愈, 則子將六軍, 無狙詐之人, 將使誰也. 以軍師必尙奇勝." ○ 祕曰 "或者疑其無權謀則武備闕." ○ 光曰 "將, 子亮切. 下可以意求."

宋咸이 말하였다. "子는 揚子를 가리킨다. 속임수가 없는 것이 낫다면 선생이 六軍을 거느릴 적에 朝三暮四의 속임수를 쓰는 사람이 없을 것이니, 장차 누구를 부리겠느냐는 말이다. 軍師는 반드시 기묘한 꾀를 써서 승리하는 것을 숭상하기 때문이다."

○ 吳祕가 말하였다. "혹자는 권모술수가 없으면 武備가 부족할 것이라고 의심한 것이다."

○ 司馬光이 말하였다. "將은 子와 亮의 反切이다. 이하는 뜻으로 헤아려 음을 알 수 있다."

⑧ 御得其道 則天下狙詐咸作使 : 咸曰 "得其道, 猶言全七德[60]合軍志之類." ○ 光曰 "若漢高祖用韓信・彭越・陳平之徒."

宋咸이 말하였다. "도리에 맞는다는 것은 七德을 온전히 하고 군사들의 마음을 합하게 하는 따위를 말한 것과 같다."

○ 司馬光이 말하였다. "漢 高祖가 韓信, 彭越, 陳平의 무리를 등용한 것과 같은 것이다."

⑨ 御失其道 則天下狙詐咸作敵 : 失其御, 則反(聞)〔間〕[61]背叛. ○ 光曰 "若曹操爲治世之能臣亂世之姦雄."

제대로 통솔하지 못하면 도리어 배반을 당한다.

○ 司馬光이 말하였다. "曹操는 치세의 유능한 신하이고 난세의 간사한 영웅이라

---

60) 七德 : ≪春秋左氏傳≫ 宣公 12년 조에 "武에 七德이 있다." 하였는데, 칠덕은 暴惡을 禁止하고〔禁暴〕, 戰爭을 停止하고〔戢兵〕, 天下를 保有〔保大〕하고, 功을 세우고〔定功〕, 백성을 安定시키고〔安民〕, 諸侯를 화목하게 하고〔和衆〕, 財物을 豊足하게 하는 것〔豊財〕이다.

61) (聞)〔間〕 : 저본에는 '聞'으로 되어 있으나, 四庫全書本에 근거하여 '間'으로 바로잡았다.

고 하는 것과 같은 것이다."

⑩ 故有天下者 審其御而已矣 : 咸曰 "修德任賢, 則舞于兩階而三苗格[62]. 故仁者無敵於天下, 何狙詐之有." ○ 祕曰 "駕御權謀, 亦須有道." ○ 光曰 "當以識度恩威爲本."

宋咸이 말하였다. "德을 닦고 賢者를 임용하니, 兩階 사이에서 춤을 춤에 三苗가 이르렀다. 그러므로 仁者는 천하에 대적할 자가 없으니 어찌 朝三暮四의 속임수가 있겠는가."

○ 吳祕가 말하였다. "군대를 통솔하고 권모술수를 쓰는 데에도 모름지기 도리가 있어야 한다."

○ 司馬光이 말하였다. "마땅히 식견과 도량, 은혜와 위엄을 근본으로 삼아야 한다."

혹자가 물었다.

"朝三暮四의 속임수를 써서 이기는 것과 속임수를 쓰지 않아서 망하는 것은 어느 쪽이 낫습니까?"

揚子가 말하였다.

"속임수를 쓰지 않아서 망하는 것이 낫다."

혹자가 물었다.

"만약 선생이 六師를 거느린다면 〈朝三暮四의 속임수를 쓰는 사람이 없을 것이니 장차〉 누구를 부리겠습니까?"

揚子가 말하였다.

"만약 군대를 통솔하는 것이 도에 맞으면 천하의 병가가 모두 나를 위해 쓰이고, 만약 군대를 통솔하여 정벌하는 것이 도에 맞지 않으면 천하의 병가가 모두 나의 적이 될 것이다. 그러므로 천하를 소유한 자는 군대를 통솔하는 방법을 신중히 할 뿐이다."

或問 威震諸侯인댄 須於征歟아 (徂)〔狙〕[63]詐之力也니 如其亡(무)⑪리오 曰 威震

62) 舞于兩階而三苗格 : ≪書經≫ 〈虞書 大禹謨〉에 "帝舜이 마침내 文德을 널리 펴고 兩階 사이에서 방패와 새의 깃을 들고 춤을 추었는데, 그렇게 한 지 70일 만에 有苗가 와서 항복하였다.〔帝乃誕敷文德 舞干羽于兩階 七旬 有苗格〕"라고 하였다.

63) (徂)〔狙〕 : 저본에는 '徂'로 되어 있으나, 四部叢刊本에 근거하여 '狙'로 바로잡았다.

諸侯하여 **須於狙詐**는 **可也**⑫어니와 **未若威震諸侯**호되 **而不須狙詐也**⑬니라 **或曰 無狙詐**면 **將何以征乎**⑭아 **曰 縱不得不征**이나 **不有司馬法乎**아 **何必狙詐乎**⑮아

⑪ 威震諸侯……如其亡(무) : 咸曰 "言將征伐諸侯以爲威, 必資狙詐, 其可亡乎." ○ 光曰 "言立威必須征伐, 征伐必須狙詐, 奈何云. 寧(忘)〔亡〕[64]國而不爲狙詐乎."

宋咸이 말하였다. "장차 제후를 정벌하여 위엄을 보이려면 반드시 朝三暮四의 속임수를 이용해야 하니, 어찌 朝三暮四의 속임수를 쓰지 않을 수 있느냐는 말이다."

○ 司馬光이 말하였다. "위엄을 보이려면 반드시 정벌을 해야 하니, 정벌할 때에 반드시 朝三暮四의 속임수를 쓰는 것이 어떻겠느냐고 하자, 차라리 나라를 망하게 할지언정 朝三暮四의 속임수를 쓰지 말아야 한다고 말한 것이다."

⑫ 威震諸侯 須於狙詐可也 : 未足多也. ○ 祕曰 "如五霸[65]."

대단한 것이 못된다.

○ 吳祕가 말하였다. "五霸와 같은 것이다."

⑬ 未若威震諸侯 而不須狙詐也 : 咸曰 "當以德威之." ○ 祕曰 "若三王[66]."

宋咸이 말하였다. "마땅히 德으로써 위엄을 보여야 한다."

○ 吳祕가 말하였다. "三王과 같은 경우이다."

⑭ 無狙詐 將何以征乎 : 咸曰 "言征伐必須此乃可." ○ 祕曰 "若三王者, 亦皆有征伐[67]."

宋咸이 말하였다. "정벌은 반드시 이 속임수를 필요로 하니, 그래야 가하다는 말이다."

○ 吳祕가 말하였다. "三王과 같은 분도 모두 征伐하였다."

⑮ 縱不得不征……何必狙詐乎 : 咸曰 "言不得已須征之, 自有周禮司馬之法, 何必詐哉." ○ 祕曰 "周官 '司馬, 以九伐之法[68], 正邦國.' 若不得不征, 當用是法, 何必狙詐哉."

---

64) (忘)〔亡〕: 저본에는 '忘'으로 되어 있으나, 四庫全書本에 근거하여 '亡'으로 바로잡았다.

65) 五霸 : 춘추시대에 諸侯의 盟主로서 霸業을 이룩한 다섯 사람으로, 齊 桓公, 晉 文公, 宋 襄公, 秦 穆公, 楚 莊王을 이른다. 이들은 속임수와 武力을 앞세우고 仁義를 뒤로 하였다.

66) 三王 : 夏나라의 禹王, 商나라의 湯王, 周나라의 文王・武王을 이른다.

67) 若三王者 亦皆有征伐 : 夏나라 禹王은 三苗를 정벌하였고, 商나라 湯王은 夏桀을 정벌하였고, 周나라의 文王・武王은 商紂를 정벌하였다.

68) 九伐之法 : 천자가 제후의 罪惡을 징벌하는 아홉 가지 征伐法을 이른다. ≪周禮≫ 〈夏官 大司馬〉에 "약한 자를 업신여기고 작은 나라를 침략하면 국토의 일부를 삭탈하고, 賢者를 해치고 백성을 해치면 정벌하고, 안으로 포악하고 밖으로 능멸하면 그 임금을 갈아치우고, 토지가 묵고 백성이 흩어지면 토지를 삭감하고, 험한 지형을 믿고 복종하지 않으면 침략하고, 친족을 죽이면 죄를 다스리고, 임금을 추방하거나 시해하면 죽이고, 명령을 어기고 정

○ 光曰 "司馬法, 齊人所述古兵法, 近正道者."

宋咸이 말하였다. "부득이 반드시 정벌해야 한다면 본래 ≪周禮≫에 司馬法이 있으니 하필 속임수를 쓰겠느냐는 말이다."

○ 吳祕가 말하였다. "≪周禮≫에 '司馬가 九伐의 법으로 제후의 나라를 바로잡는다.'고 하였으니, 만약 정벌하지 않을 수 없다면 마땅히 이 법을 쓰면 되니, 하필 朝三暮四의 속임수를 쓰겠는가."

○ 司馬光이 말하였다. "司馬法은 齊人이 傳述한 옛 兵法으로 正道에 가까운 것이다."

혹자가 물었다.

"제후들에게 위엄을 떨치려면 무력으로 정벌할 필요가 있습니까? 朝三暮四의 속임수가 효과가 있는데, 어찌 쓰지 않습니까?"

揚子가 말하였다.

"제후들에게 위엄을 떨치고자 하여 속임수를 쓰는 것은 괜찮다. 그러나 제후들에게 위엄을 떨치면서도 속임수를 쓰지 않는 것만은 못하다."

혹자가 물었다.

"속임수를 쓰지 않는다면 장차 무엇으로 제후를 정벌합니까?"

揚子가 말하였다.

"가령 부득이 제후를 정벌해야 한다면 司馬法이 있지 않은가. 하필 속임수를 쓰겠는가."

22. 申韓之術[69]은 不仁之至矣①로다 若何牛羊之用人也②아 若牛羊用人이면 則狐狸螻螾不膢臘[70]也歟③인저

사를 경솔하게 하면 이웃나라와 두절시키고, 국내외가 어지럽고 禽獸의 행동을 하면 멸망시킨다.〔馮弱犯寡則眚之 賊賢害民則伐之 暴內陵外則壇之 野荒民散則削之 負固不服則侵之 賊殺其親則正之 放弑其君則殘之 犯令陵政則杜之 外內亂鳥獸行則滅之〕"라고 하였다.

69) 申韓之術 : 申不害는 鄭나라 사람으로 법가의 학술을 배워 韓나라 昭侯의 재상이 되었다. 刑名學의 대가이며 법가사상 중에 특히 術을 강조하였다. 刑名은 名稱과 實相이 符合하는지의 여부를 따지는 名實論을 法의 적용에 응용하려는 것이다. 韓非는 법가사상을 집대성한 전국시대 말기의 사상가이다.

① 申韓之術 不仁之至矣：祕曰 "申不害韓非之術, 不先教化, 專任刑法, 至於殘害至親傷恩薄厚, 不仁之至."

吳祕가 말하였다. "申不害와 韓非의 학술은 敎化를 먼저(우선)하지 않고 전적으로 刑法에 맡겨서, 至親을 잔인하게 해치고 은혜를 손상하고 후하게 해야 할 사람에게 박하게 하기까지 하니, 不仁함이 지극하다."

② 若何牛羊之用人也：峻刑戮之術, 制民如牛羊, 臨之以刀俎[71], 故曰不仁之至也. ○ 祕曰 "不敎而殺, 視人如牛羊."

刑戮하는 방법을 엄하게 하여 백성을 제어하기를 소와 양 제어하듯이 칼과 도마를 가지고 임하기 때문에 불인함이 지극하다고 한 것이다.

○ 吳祕가 말하였다. "교화시키지 않고 죽이는 것은 사람을 소와 양 보듯이 하는 것이다."

③ 若牛羊用人 則狐狸螻螾不膢臘也歟：膢, 八月旦也. 今河東俗, 奉〔之〕[72]以爲大節, 祭祀先人也. 臘, 蜡也, 見禮記.[73] ○ 咸曰 "臘, 獵也. 冬則獵取百獸, 故狐狸至是死矣. 螻, 天螻也. 螾, 應劭云 '蚯, 蚓也.' 呂氏春秋曰 '南呂之月, 蟄虫入穴[74]. 故螻螾至是絶矣.' 夫以申韓刑名, 如牛羊之用人, 則人之生也, 何可久乎. 其趨死猶狐狸螻螾, 不過乎膢臘之候矣." ○ 光曰 "螻・膢, 皆落侯切, 螾, 餘忍切."

膢는 8월 아침이다. 지금 河東의 풍속에 이 날을 받들어 큰 명절로 여겨 先人에게 제사 지낸다. 臘은 납향제사이니, ≪禮記≫에 보인다.

○ 宋咸이 말하였다. "臘은 사냥하는 것이다. 겨울에는 온갖 짐승을 사냥하기 때문에 여우와 이리가 이때에 이르러 죽는다. 螻는 天螻(땅강아지)이다. 螾은 應劭가

70) 膢臘：古代의 제사 이름인데, 膢는 8월에 穀神에게 지내는 제사이고, 臘은 섣달에 先祖에게 지내는 제사이다. 여기서는 제사 지내는 시기인 8월과 섣달을 가리킨다.

71) 臨之以刀俎：刀와 俎는 모두 처형하는 데 쓰는 도구로, 生殺與奪을 마음대로 하는 것을 이른다.

72) 〔之〕：저본에는 없으나, 四部叢刊本에 근거하여 보충하였다.

73) 臘 蜡也 見禮記：蜡는 추수를 하고 나서 1년 농사에 도움을 준 여덟 귀신에게 올리는 제사인 八蜡를 말한다. ≪禮記≫ 〈郊特牲〉에 "八蜡를 지내어 四方의 豐凶을 기록하게 하나니, 사방에 수확이 순조롭지 못할 경우에는 팔사를 올리지 못하게 하니, 이는 백성의 재물을 아끼게 하기 위함이다. 반면에 수확이 순조로운 지방에는 팔사를 올리게 하니, 이는 백성들이 재물을 조금 소비해서라도 기분을 풀게 하기 위함이다.〔八蜡以記四方 四方年不順成 八蜡不通 以謹民財也 順成之方 其蜡乃通 以移民也〕"라고 하였다.

74) 呂氏春秋曰……蟄虫入穴：≪呂氏春秋≫ 〈音律〉에 보인다. 南呂는 12율의 하나로 南呂之月은 음력 8월의 별칭이다.

'蚯蚓(지렁이)이다.' 하였다. ≪呂氏春秋≫에 '南呂之月(8월)에 蟄虫이 구멍으로 들어간다. 그러므로 螻螾이 이때에 이르러 끊어진다(없어진다).' 하였다. 申不害와 韓非의 刑名術은 사람을 소와 양처럼 여기니, 사람이 어찌 오래 살 수 있겠는가. 그들이 죽음을 앞에 둔 것이, 땅강아지와 지렁이가 8월을 넘기지 못하고 여우와 살쾡이가 선달의 절기를 넘기지 못하는 것과 같을 것이다."

○ 司馬光이 말하였다. "螻와 腰는 모두 落과 侯의 反切이고, 螾은 餘와 忍의 反切이다."

申不害와 韓非子의 학술(刑名術)은 不仁함이 지극하다. 어찌 백성을 소와 양을 잡듯이 칼과 도마로 제재하는가. 만약 소와 양을 죽이듯이 사람을 형벌로 제어한다면 〈사람이 죽음을 앞에 둔 것이〉 땅강아지와 지렁이가 8월을 넘기지 못하고 여우와 살쾡이가 선달을 넘기지 못하고 죽는 것과 같을 것이다.

或曰 刀不利하고 **筆不銛**이면 **而獨加諸砥**④[75)]가 **不亦可乎**⑤아 **曰 人砥**[76)]**則秦尙矣**⑥니라

④ 刀不利 筆不銛 而獨加諸砥 : 咸曰 "砥, 磨石也. 精曰砥, 麤曰礪."

宋咸이 말하였다. "砥는 숫돌이다. 〈입자가〉 고운 것을 砥라 하고, 거친 것을 礪라 한다."

⑤ 不亦可乎 : 刀鈍, 礪之以砥, 筆禿, 銛之以刀. 申韓行法, 〔欲〕[77)]以救亂, 如〔加〕[78)]刀砥, 亦所以利之也. ○ 祕曰 "民不遵禮敎, 而加之刑名, 不亦可乎. 銛當爲銛. 砥, 所以礪鋒者也. 筆之有鋒, 故喩云." ○ 光曰 "宋本, 銛作銛, 敕淹·巨淹二切. 今從李吳本, 銛, 息廉切. 古以木爲筆, 或者亦可砥乎."

칼이 무디면 숫돌로 갈고 붓이 뭉뚝해지면 칼로 뾰족하게 다듬는다. 申不害와 韓非子가 法을 시행하여 어지러움을 구제하고자 하는 것은 칼을 숫돌에 갈고 붓을 칼

---

75) 刀不利……而獨加諸砥 : 칼이 예리하지 않으면 숫돌에 갈고 붓이 뾰족하지 않으면 칼로 다듬듯이, 사람들이 법을 따르지 않아서 기강이 해이해지면 무딘 칼을 숫돌에 갈듯 사람도 엄한 형벌과 가혹한 법으로 다스리면 되지 않느냐는 말이다.

76) 人砥 : 칼을 숫돌에 갈아 예리하게 하듯이 백성들을 마음대로 제어하기 위해 가혹한 법령과 엄격한 형벌을 가하는 것을 이른다.

77) 〔欲〕: 저본에는 없으나, 四部叢刊本에 근거하여 보충하였다.

78) 〔加〕: 저본에는 없으나, 四部叢刊本에 근거하여 보충하였다.

로 뾰족하게 다듬어서 또한 예리하게 만드는 것과 같다.

○ 吳祕가 말하였다. "백성이 禮敎를 따르지 않으면 刑名을 가하는 것이 옳지 않겠는가. 銛은 마땅히 銛이 되어야 한다. 砥는 칼날을 가는 것이다. 붓에 鋒鋩이 있기 때문에 비유한 것이다."

○ 司馬光이 말하였다. "宋咸本에는 '銛'이 '鉆'으로 되어 있다. 勑과 淹의 反切, 巨와 淹의 反切 두 가지 음이다. 지금 李軌本과 吳祕本을 따랐다. 銛은 息과 廉의 反切이다. 옛날에는 나무로 붓을 만들었으니, 어쩌면 또한 갈 수 있었을 것이다."

⑥ 人砥則秦尙矣 : 嚴刑裁民, 亦猶刀之割肉, 以人爲砥, 酷之甚也. 秦之嚴刑, 難復尙矣. ○ 祕曰 "秦尙刑法而加諸人." ○ 光曰 "言用法以礪人, 如用砥以礪刀, 則莫若秦爲尙矣, 其如不仁何."

엄한 형벌로 백성을 제재하는 것은 또한 칼로 살을 베는 것과 같다. 사람을 숫돌로 삼는 격이니, 잔혹함이 심하다. 秦나라의 엄한 형벌은 다시 숭상하기가 어렵다.

○ 吳祕가 말하였다. "秦나라는 刑法을 숭상하여 사람에게 가하였다."

○ 司馬光이 말하였다. "법을 적용하여 사람들을 격려하기를, 숫돌을 사용해 칼을 갈듯이 한 것을 秦나라만큼 숭상한 나라가 없으니, 不仁함을 어찌하겠는가."

혹자가 물었다.

"칼이 예리하지 않고 붓이 뾰족하지 않으면 숫돌에 가는 것이 옳지 않겠습니까?"

揚子가 말하였다.

"무딘 칼을 숫돌에 갈아 예리하게 하듯이 백성을 엄한 형벌로 다스리는 것을 秦나라가 숭상하였다."

23. 或曰 刑名은 非道邪아 何自然(矣)〔也〕①[79]오 曰 何必刑名이리오 圍碁, 擊劍, 反自, 眩刑[80]도 亦皆自然也②니 由其大者는 作正道요 由其小者는 作姦道③니라

① 刑名非道邪 何自然也 : 咸曰 "言若以刑名爲不道, 則其令民也, 何亦化之自然." ○ 祕

79) (矣)〔也〕: 저본에는 '矣'로 되어 있으나, 四部叢刊本에 근거하여 '也'로 바로잡았다.

80) 反自 眩刑 : 汪榮寶의 ≪法言義疏≫에 "'反自 眩刑'이 ≪音義≫에는 '反目 眩形'으로 되어 있고, 一本에는 '反自 眩刑'으로 되어 있는데, '反身 眩形'이 되어야 한다. '自'는 '身'의 오자이고, '眩'은 '幻'과 통용되고, '刑'은 '形'의 가차자이다."라고 하였다. 反身은 지금의 曲藝이고, 幻形은 지금의 魔術이다.

曰 "刑名非正道邪, 何擧世自然有之. 不可推也." ○ 光曰 "若以刑名爲非道, 則何以能禁民, 使自然而止."

宋咸이 말하였다. "만약 刑名學이 도리에 맞지 않는 것이라면 백성으로 하여금 어찌 또한 자연스럽게 교화되게 할 수 있었겠느냐는 말이다."

○ 吳祕가 말하였다. "형명학은 正道가 아니겠는가? 〈정도가 아니라면 秦나라가〉 어찌 온 천하를 자연스럽게 소유할 수 있었겠는가? 미루어 헤아릴 수가 없다."

○ 司馬光이 말하였다. "만약 刑名學이 正道가 아니라면 어떻게 백성들을 금하여 자연히 그치게 할 수 있었겠는가."

② 何必刑名……亦皆自然也 : 咸曰 "言雖鄙技, 皆可自然, 而非正道之爲, 君子恥之." ○ 光曰 "李本, 自作目, 今從宋吳本. 若自然者, 皆謂之道, 則圍碁欲以智巧惑人, 有時而自惑, 擊劍欲以害人, 有時而自害, 刑名欲以制人, 有時而自制, 是亦自然也."

宋咸이 말하였다. "비록 하찮은 기예라도 모두 자연스럽지만 정도에 맞는 행위가 아니면 군자는 부끄러워한다는 말이다."

○ 司馬光이 말하였다. "李軌本에는 '自'가 '目'으로 되어 있으나, 지금 宋咸本・吳祕本을 따랐다. 만약 자연스러운 것을 모두 道라고 이른다면 바둑은 지혜와 기교로 사람을 미혹시키고자 하는 것이로되 때로는 스스로 미혹되기도 하고, 검술은 남을 해치고자 하는 것이로되 때로는 자신을 해치기도 하며, 刑名은 남을 제재하고자 하는 것이로되 때로는 스스로 제재당하기도 하니, 이 역시 자연스러운 것이다."

③ 由其大者……作姦道 : 大者, 聖人之言, 小者, 諸子之言. ○ 咸曰 "非也. 言刑名猶圍碁擊劍, 雖亦自然, 然非正道之法. 故此文以王道示之. 大者, 大道也, 謂仁德之化, 小者, 小道也, 謂刑名之姦. 註乃別爲一段, 以聖人諸子釋之, 非矣." ○ 祕曰 "大者, 禮樂也, 小者, 刑名也. 夫刑者, 所以助治者也, 禮之所去, 刑之所取, 未有捨禮樂而專刑名臻乎至治者也." ○ 光曰 "禮樂, 可以安固萬世, 所用者大, 刑名, 可以輸劫一時, 所用者小. 其自然之道則同, 其爲姦正則異矣."

큰 것은 聖人의 말씀이고, 작은 것은 諸子의 말이다.

○ 宋咸이 말하였다. "아니다. 刑名은 圍碁나 擊劍과 같으니, 비록 자연스럽더라도 正道의 법이 아니다. 그러므로 이 글에서 王道를 보여준 것이다. 大는 大道이니 仁德의 교화를 이르고, 小는 小道이니 刑名의 간사함을 이른다. 李軌의 註에 따로 一段을 만들어 聖人과 諸子로 해석한 것은 옳지 않다."

○ 吳祕가 말하였다. "大는 禮樂이고 小는 刑名이다. 刑은 정치를 보조하는 것인데 禮를 버리고 刑을 취하니, 禮樂을 버리고 오로지 刑名만 따르고서 至治에 이른 경우는 있지 않다."

○ 司馬光이 말하였다. "禮樂은 만세토록 安固하게 할 수 있으니 쓰임이 크고, 刑名은 일시적으로 겁내게 할 수가 있으나 쓰임이 작다. 자연스러운 도인 것은 똑같지

만 간사함과 바름은 다르다."

혹자가 물었다.

"刑名學은 正道가 아닙니까? 〈만약 정도가 아니라면〉 어찌 이리도 자연의 이치에 부합합니까?"

揚子가 말하였다.

"〈자연의 이치에 부합하는 것이〉 어찌 형명학뿐이겠는가. 바둑과 검술, 곡예와 마술도 모두 자연의 이치에 부합하지만 〈도가 아니다.〉 큰 것(禮樂)을 따르면 正道가 되고, 작은 것(刑名)을 따르면 邪道가 된다."

24. 或曰 申韓之法은 非法歟①아 曰 法者는 謂唐虞成周之法也②니 如申韓이리오 如申韓③이리오

① 申韓之法 非法歟 : 光曰 "以上言太上無法而治, 揚子以爲不可."
司馬光이 말하였다. "윗글에서 '태곳적에는 법이 없어도 다스려졌다.'고 말하였기 때문에 揚子가 〈申不害와 韓非子의 법을〉 옳지 않다고 한 것이다."

② 法者 謂唐虞成周之法也 : 咸曰 "唐虞成周之道德仁義詩書禮樂之法."
宋咸이 말하였다. "唐虞와 成周의 道德, 仁義, 詩書, 禮樂의 법이다."

③ 如申韓 如申韓 : 咸曰 "再言者, 疾之甚也." ○ 祕曰 "法者, 謂唐虞成周仁義禮樂之法, 豈如申韓之法." ○ 光曰 "如申韓者, 何足爲法."
宋咸이 말하였다. "두 번 말한 것은 매우 미워한 것이다."
○ 吳祕가 말하였다. "法은 唐虞와 成周의 仁義와 禮樂의 법을 이르니, 어찌 申不害와 韓非子의 법과 같은 것이겠는가."
○ 司馬光이 말하였다. "申不害와 韓非子 같은 자를 어찌 족히 법으로 삼겠는가."

혹자가 물었다.

"申不害와 韓非子의 법은 법이 아닙니까?"

揚子가 말하였다.

"〈내가 말한〉 법이라는 것은 堯임금이나 舜임금, 文王과 武王의 법을 이르니, 어찌 신불해와 한비자의 법과 같은 것이겠는가. 어찌 신불해나 한비자의 법과 같은 것이겠는가."

25. 莊周申韓이 不乖寡聖人而漸諸篇이면 則顔氏之子와 閔氏之孫이 其如台(이)①리오

① 莊周申韓……其如台(이) : 言以數子之才, 苟不乖少聖人之術, 漸染其心於篇籍之中, 以訓學徒, 則顔閔不能勝之. ○ 咸曰 "台, 我也." ○ 光曰 "漸, 子廉切, 台, 音貽."
몇 사람의 재주로 볼 때 만일 聖人의 도를 조금도 어기지 않고 성인의 전적 가운데에서 그 마음이 점차 감화되어 이로써 학도들을 가르쳤다면 顔淵과 閔子騫도 그들보다 낫지 못하였을 것이라는 말이다.
○ 宋咸이 말하였다. "台는 나이다."
○ 司馬光이 말하였다. "漸은 子와 廉의 反切이고, 台는 음이 貽이다."

莊周와 申不害, 韓非子가 聖人의 道를 조금도 어기지 않고 聖人의 典籍에서 그 마음이 점점 감화되어 〈이로써 제자들을 가르쳤더라면〉 顔淵이나 閔子騫 같은 孔子의 훌륭한 제자들도 그들을 어찌할 수 없었을 것이다.

26. 或曰 莊周有取乎아 曰 少欲①이니라 鄒衍[81] 有取乎아 曰 自持②니라 至周罔君臣之義하고 衍無知於天地之間하니 雖隣不覿也③로라

① 莊周有取乎 曰少欲 : 有簡質之益焉. ○ 咸曰 "言莊周當戰國之間, 獨能不應楚威王之命, 而終身不仕[82]. 故有寡欲之心, 此可取耳." ○ 祕曰 "周之書十餘萬言, 其要本歸於老子之言, 而老子以無欲觀妙爲理. 至周不顧厚幣之迎, 是少欲, 可取耳."
간략하고 질박한 유익함이 있다.
○ 宋咸이 말하였다. "莊周는 전국시대를 당하여 홀로 楚 威王의 명에 불응하고 종신토록 벼슬하지 않았다. 그러므로 욕심을 적게 하는 마음이 있었으니 이 점은 취할 만하다."
○ 吳祕가 말하였다. "장주의 책은 10여 만 자인데, 그 요점은 본래 老子의 말로 귀결되고, 老子는 욕심을 없애어 묘리를 보는 것으로 이치를 삼았다. 장주가 후한

---

81) 鄒衍 : 전국 시대 말기의 陰陽家이다. 金, 木, 水, 火, 土 다섯 종류의 물질에 德性을 부여하여 이를 本體로 삼고, 여기에 運이라는 음양 변화의 작용성을 부가한 뒤, 이 五德이 相生相克하며 자연의 命運과 왕조의 흥망을 결정짓는다는 '五德終始論'을 수립하였다.(≪史記 曆書 三代世表≫)

82) 獨能不應楚威王之命 而終身不仕 : 莊周가 漆園의 벼슬아치로 있을 때 楚 威王이 그가 어질다는 말을 듣고 使者를 보내 후한 폐백을 주고 재상으로 맞이하려 하자, 장주가 웃으면서 그 사자에게 "나를 더럽히지 말고 빨리 가거라."라고 하였다.(≪史記 老子韓非列傳≫)

예물로 맞이하는 것을 거들떠보지 않음에 이르러서는 욕심이 적은 것이니 취할 만하다."

② 鄒衍有取乎 曰 自持 : 有疑跱之風焉. ○ 咸曰 "言鄒衍之術, 觀陰陽消息, 而作怪迂之言. 然其本, 以有國者淫侈, 不能尙德, 如大雅整之於身以施及黎庶. 故有自持之意, 此可取耳." ○ 祕曰 "衍之書十餘萬言. 然要其歸, 必正乎仁義節儉. 禮與其奢也寧儉[83), 是能以節儉自持, 可取耳."

견주어보는 기풍이 있다.

○ 宋咸이 말하였다. "鄒衍의 학술은 陰陽이 消息하는 것을 관찰하여 괴이하고 오활한 말을 지어냈다. 그러나 그 근본은, 나라를 소유한 자가 음란하고 사치하여 덕을 숭상하지 않아서, ≪詩經≫ 〈大雅〉에서 말한 것처럼 자기 몸을 가지런히 하여 백성들에게 미치지 못한다고 생각하였다. 그러므로 〈陰陽消息의 법칙을 따라〉 자신을 잡아 지키는 뜻이 있었으니, 이 점은 취할 만하다.

○ 吳祕가 말하였다. "추연의 책은 10여 만 자이다. 그러나 그 요점은 반드시 仁義와 節儉을 합당하게 하는 것이다. 禮는 사치하기보다는 차라리 검소한 것이 나으니, 능히 절검으로써 자신을 지킨 점은 취할 만하다."

③ 至周罔君臣之義……雖隣不覿也 : 祕曰 "罔, 無也. 夫君臣上下父子兄弟, 非禮不定, 而周本乎老子滅絶禮學之意, 而曰'情性不離, 安用禮樂'[84), '以天地爲一指, 萬物爲一馬'[85), 是無君臣之義也. 衍謂'中國者, 於天下, 乃八十一分, 居其一分', 作怪迂之變, 是無知於天地之間也. 雖與親隣, 亦不欲見之矣." ○ 光曰 "罔, 誣也."

吳祕가 말하였다. "罔은 無이다. 君臣, 上下, 父子, 兄弟는 禮가 아니면 안정되지 않는데, 莊周는 禮學(禮經)을 없애야 한다는 老子의 뜻에 근본하여 '타고난 性情을 떠나지 않고서 어떻게 禮樂을 쓸 수 있겠는가.'라고 하였고, '天地도 하나의 손가락

---

83) 禮與其奢也寧儉 : ≪論語≫ 〈八佾〉에 보인다.

84) 情性不離 安用禮樂 : ≪莊子≫ 〈馬蹄〉에 다음과 같은 내용이 보인다. "무릇 자연 그대로의 통나무를 해치지 않고서 누가 犧樽 같은 제기를 만들 수 있으며, 白玉을 훼손하지 않고서 누가 珪璋을 만들 수 있으며, 도덕을 버리지 않고서 어떻게 仁義를 채택할 수 있으며, 타고난 성정을 떠나지 않고서 어떻게 禮樂을 쓸 수 있으며, 五色을 어지럽히지 않고서 누가 문채를 만들 수 있으며, 五聲을 어지럽히지 않고 누가 六律에 맞출 수 있겠는가. 무릇 통나무를 해쳐서 그릇을 만든 것은 기술자들의 죄이고, 도덕을 훼손하여 인의를 만들어낸 것은 성인의 과실이다.〔純樸不殘 孰爲犧尊 白玉不毁 孰爲珪璋 道德不廢 安取仁義 性情不離 安用禮樂 五色不亂 孰爲文采 五聲不亂 孰應六律 夫殘樸以爲器 工匠之罪也 毁道德以爲仁義 聖人之過也〕"

85) 以天地爲一指 萬物爲一馬 : ≪莊子≫ 〈齊物論〉에 보인다. 萬物齊同의 경지에서 바라보면 天地도 한 개의 손가락과 같고, 萬物도 한 마리의 말과 같다는 뜻이다.

이요, 萬物도 한 마리의 말이다.'라고 하였으니, 이는 君臣之義가 없는 것이다. 추연은 '중국은 천하를 81개로 나누었을 때 단지 그 한 부분을 차지한 것이다.'라고 하여 괴이하고 오활한 어그러진 말〔變〕을 지어냈으니, 이는 天文과 地理에 대해 무지한 것이다. 비록 그와 가까운 이웃이라 해도 그를 만나고 싶지 않다."

○ 司馬光이 말하였다. "罔은 속이는 것이다."

혹자가 물었다.

"장주에게 취할 만한 점이 있습니까?"

揚子가 말하였다.

"욕심을 적게 한 것은 취할 만하다."

혹자가 물었다.

"추연에게 취할 만한 점이 있습니까?"

揚子가 말하였다.

"자신을 잡아 지킨 것은 취할 만하다. 그러나 장주는 군신간의 의리를 무시하고 추연은 天文과 地理에 대해 아는 것이 없는 데에 이르렀으니, 비록 그와 가까이 이웃하고 있다 해도 만나보고 싶지 않다."

問神* 第五

* 咸曰 "旣哲乎道, 可窮之神, 故次之問道."

宋咸이 말하였다. "道에 밝은 뒤에 神明의 이치를 궁구할 수 있다. 그러므로 이 편을 〈問道〉 다음에 놓은 것이다.

神心惚怳이나 經緯萬方①하고 事繫諸道德仁義禮②라 譔問神③이로라

① 神心惚怳 經緯萬方 : 光曰 "惚怳, 無形. 方, 道也."

司馬光이 말하였다. "惚怳은 형적이 없는 것이다. 方은 道이다."

② 事繫諸道德仁義禮 : 祕曰 "神也心也, 惚怳乎, 無端以經緯於萬方, 而竝有歸趣, 事繫諸聖人之道. 聖人之道, 兼德仁義禮而言之也." ○ 光曰 "君子之心, 主此五者."

吳祕가 말하였다. "神과 心은 惚怳하지만 무단히 萬方을 경영하고 아울러 歸趣가 있어서 일이 聖人의 道와 이어져 있으니, 聖人의 道는 德, 仁, 義, 禮를 겸하여 말한 것이다."

○ 司馬光이 말하였다. "君子의 마음은 이 다섯 가지를 주관한다."

③ 譔問神 : 祕曰 "天有至神, 爲造化之主, 聖人之神, 爲道之宗, 其神一也."

吳祕가 말하였다. "하늘에는 至神이 있어 造化의 주체가 되고, 聖人의 神은 道의 宗主가 되니, 神인 것은 똑같다."

사람의 정신과 생각은 자취가 없지만 萬方의 모든 일을 두루 살피고, 사람의 일(행동)은 道·德·仁·義·禮와 관계되지 않는 것이 없다. 〈그러므로 정신과 생각, 道·德·仁·義·禮의 관계를 설명하기 위하여〉 〈問神〉을 지었다.

01. 或問神한대 曰心①이니라 請聞之②1)한대 曰潛天而天③하고 潛地而地④라 天地는

---

1) 請聞之 : 兪樾이 "之는 마땅히 心이 되어야 하니, 隸書의 모양이 서로 비슷하여 잘못된 것이다."라고 하였는데, 이에 근거하여 之를 心으로 번역하였다.(≪諸子平議 권34≫)

神明而不測者也나 心之潛也면 猶將測之온 況於人乎며 況於事倫乎⑤아 敢問潛心于聖⑥한대 曰昔仲尼는 潛心於文王矣하여 達之⑦요 顔淵도 亦潛心於仲尼矣나 未達一(聞)〔間〕[2)]耳⑧니 神은 在所潛而已矣⑨니라

① 或問神 曰心：咸曰"神謂精義知幾[3)]之神, 言存乎心而已." ○ 祕曰"神者, 不疾而速, 不行而至. 心主於神." ○ 光曰"物之神者, 莫如心."

宋咸이 말하였다. "神은 의리를 정밀하게 연구하고 기미를 아는 神을 이르니, 마음에 보존된 것을 말하였을 뿐이다."

○ 吳祕가 말하였다. "神은 빨리하려고 하지 않으면서도 신속하고, 가려고 하지 않으면서도 이른다. 心은 神을 주재한다."

○ 司馬光이 말하였다. "사물 중에 神明한 것은 마음만한 것이 없다."

② 請聞之：咸曰"未諭心之義, 故請之." ○ 光曰"李宋吳本, 作請問之. 音義曰'天復本, 作請聞之.' 今從之."

宋咸이 말하였다. "혹자가 心의 뜻을 깨닫지 못하였다. 그러므로 물은 것이다."

○ 司馬光이 말하였다. "李軌本・宋咸本・吳祕本에는 '請問之'로 되어 있다. ≪音義≫에 '天復本에는 「請聞之」로 되어 있다.'라고 하였는데, 지금 이것을 따랐다."

③ 潛天而天：光曰"潛, 深也, 潛心於天而知天."

司馬光이 말하였다. "潛은 깊은 것이니, 하늘에 마음을 침잠하여 하늘의 이치를 아는 것이다."

④ 潛地而地：惟其所潛. ○ 咸曰"心潛於天則知天, 心潛於地則知地." ○ 光曰"潛心於地而知地."

오직 마음을 침잠하는 바에 달려 있다.

○ 宋咸이 말하였다. "하늘에 마음을 침잠하면 하늘의 이치를 알게 되고, 땅에 마음을 침잠하면 땅의 이치를 알게 된다."

○ 司馬光이 말하였다. "땅에 마음을 침잠하여 땅의 이치를 아는 것이다."

---

2) (聞)〔間〕: 저본에는 '聞'으로 되어 있으나, 四部叢刊本에 근거하여 '間'으로 바로잡았다.

3) 精義知幾：精義는 精義入神을 가리키는 말로, 미묘한 의리를 정밀히 연구하여 신묘한 경지에 들어가는 것을 말한다. ≪周易≫ 〈繫辭傳 下〉에 "자벌레가 몸을 굽히는 것은 장차 펴기 위함이요, 의리를 정밀히 연구하여 신묘한 경지에 들어가는 것은 장차 쓰이기 위함이다.〔尺蠖之屈 以求信也 精義入神 以致用也〕"라고 한 데서 온 말이다. 知幾는 기미를 아는 것이다. ≪周易≫ 豫卦에 "幾微를 아는 것이 神과 같다 할 것이다. 군자는 위로 사귐에 아첨하지 않고 아래로 사귐에 함부로 대하지 않으니, 이는 기미를 아는 것이다.〔知幾其神乎 君子上交不諂 下交不瀆 其知幾乎〕"라고 하였다.

⑤ 天地……況於事倫乎 : 咸曰 "言世所難窮測者, 惟天地之道, 神明之義耳. 然一潛其心, 可盡見之. 況人道之近, 事理之淺, 安能藏哉. 倫, 理也."

宋咸이 말하였다. "세상에서 궁구하여 헤아리기 어려운 것은 오직 天地의 道와 神明의 의리일 뿐이다. 그러나 한결같이 마음을 침잠하면 다 알 수 있는데, 하물며 淺近한 人道와 事理야 어찌 감출 수 있겠는가. 倫은 理이다."

⑥ 敢問潛心于聖 : 咸曰 "問(可)〔何〕[4]以潛心于聖人之道."

宋咸이 말하였다. "어떻게 해야 聖人의 道에 마음을 침잠할 수 있는지 물은 것이다."

⑦ 昔仲尼潛心於文王矣 達之 : 達, 通也. ○ 咸曰 "文王演易,[5] 仲尼盡得其道而讚之, 又曰 '文王旣歿, 文不在玆乎.'[6] 是達也." ○ 祕曰 "文王作易繫辭以盡天人之幾, 孔子五十以學易, 而作十翼[7], 無不通也. 達, 通也."

達은 통달함이다.

○ 宋咸이 말하였다. "文王이 ≪周易≫을 부연하였는데, 仲尼가 그 도를 다 터득하고 나서 찬미하고, 또 말씀하기를 '文王이 이미 별세하셨으나 文이 이 몸에 있지 않은가.'라고 하였으니, 이것이 達이다."

○ 吳祕가 말하였다. "文王이 ≪주역≫의 繫辭(卦辭)를 지어 하늘과 사람의 기미를 극진히 다하였는데, 孔子가 50세에 ≪주역≫을 배우고 十翼을 지었으니, 통달하지 않음이 없는 것이다. 達은 통달함이다."

⑧ 顔淵……未達一間耳 : 其殆庶幾. ○ 咸曰 "聞當作間, 字之誤也. 孟子謂'顔淵具聖人之體而微.'[8] 此稱未達一間. 間, 際也. 言去聖人不遠, 惟一際之地爾. 今諸本, 皆作

---

4) (可)〔何〕: 저본에는 '可'로 되어 있으나, 四庫全書本에 근거하여 '何'로 바로잡았다.

5) 文王演易 : 周 文王이 羑里의 獄에 갇혀 있을 적에 ≪周易≫의 각 卦마다 總論을 붙여 吉凶을 판단한 卦辭를 지었다.

6) 文王旣歿 文不在玆乎 : ≪論語≫ 〈子罕〉에 공자가 "문왕이 이미 별세하였으나, 文이 이 몸에 있지 않은가. 하늘이 장차 이 문〔斯文〕을 없애려 하셨다면 뒤에 죽는 내가 이 문에 참여할 수 없었을 것이다.〔文王旣沒 文不在玆乎 天之將喪斯文也 後死者不得與於斯文也〕"라고 한 말에서 유래하였다. 여기에서 말한 文은 禮樂과 制度 등 道가 드러난 것을 칭한 것인데, 직접 도라고 말하지 않고 문이라고 한 것은 공자의 謙辭이다.

7) 孔子五十以學易 而作十翼 : ≪論語≫ 〈述而〉에 공자가 "하늘이 나에게 몇 년의 수명을 더 주어 50세에 ≪周易≫을 배울 수 있게 한다면 큰 허물이 없을 수 있을 것이다.〔加我數年 五十以學易 可以無大過矣〕"라고 한 데서 온 말인데, 원문의 '五十'은 '卒'자의 잘못으로 보는 견해가 일반적이다. 十翼은 孔子가 지었다고 전해지는 ≪주역≫의 註釋인 〈彖傳〉 上・下, 〈象傳〉 上・下, 〈繫辭傳〉 上・下, 〈文言傳〉, 〈序卦傳〉, 〈說卦傳〉, 〈雜卦傳〉을 가리킨다.

一聞, 非也. 孟子曰 '賢不肖, 其間不能寸'[9], 謂其際相去不能及寸, 言近之也. 易繫辭, 仲尼擧顔子, '其殆庶幾', 以明易義.[10] 今註以庶幾爲顔子近聖人之意, 非謂矣." ○ 祕曰 "顔子具體, 庶幾所未通者一間耳. 子貢曰 '夫子之言性與天道, 不可得而聞也[11].'"

〈한 칸을 도달하지 못하였다는 것은 顔子가 聖人의 경지에〉 거의 가까운 것이다.

○ 宋咸이 말하였다. "'聞'은 마땅히 '間'이 되어야 하니 글자가 잘못된 것이다. 孟子가 '顔淵은 聖人의 전체를 갖추고 있었으나 미약하였다.'고 하였고, 여기서는 '한 칸을 도달하지 못하였다.'고 칭하였다. 間은 사이이니, 聖人과의 거리가 멀지 않아서 오직 一際(一間)의 거리일 뿐이라는 말이다. 지금 諸本에 모두 '一聞'으로 되어 있으니, 오자이다. 孟子가 '賢者와 不肖한 자의 거리는 그 간격이 한 치도 못 될 것이다.'라고 하였으니, 그 사이의 거리가 한 치도 못 된다는 말로, 가까움을 말한 것이다. ≪周易≫ 〈繫辭傳〉에 仲尼가 顔子를 들어 '거의 가까울 것이다.'라고 한 것은 ≪周易≫ 復卦 初九爻의 뜻을 밝힌 것이니, 지금 李軌의 註에 '庶幾'를 '顔子가 聖人의 경지에 가깝다는 뜻이다.'라고 한 것은 사리에 맞지 않다.

○ 吳祕가 말하였다. "顔子는 聖人의 전체를 갖추었는데, 거의 통하지 못한 것은 한 칸일 뿐이니, 子貢이 '夫子께서 性과 天道에 대해 말씀하시는 것은 이해할 수 없다.'라고 한 것이다."

⑨ 神在所潛而已矣 : 神道不遠, 潛心則是. ○ 祕曰 "潛則速至."

신묘한 도는 멀리 있지 않으니 마음을 침잠하면 바로 여기에 있을 것이다.

○ 吳祕가 말하였다. "마음을 침잠하면 속히 이른다."

혹자가 神(신묘함)에 대해 물으니, 揚子가 말하였다.

"〈신묘한 것은〉 마음이다."

---

8) 孟子謂 顔淵具聖人之體而微 : ≪孟子≫ 〈公孫丑 上〉에 보인다.

9) 孟子曰……其間不能寸 : ≪孟子≫ 〈離婁 下〉에 보인다. ≪孟子≫에는 '賢不肖' 뒤에 '之相去' 3자가 있다.

10) 以明易義 : ≪周易≫ 〈繫辭傳〉에 孔子가 "顔氏의 아들은 거의 道에 가까울 것이다."라고 한 것은 復卦 初九爻辭에 "멀리 가지 않고 돌아와 뉘우침에 이르지 않으니, 크게 善하고 吉하다."라고 한 뜻을 밝힌 것이다.

11) 子貢曰……不可得而聞也 : ≪論語≫ 〈公冶長〉에 子貢이 "夫子의 文(威儀와 禮法)은 분명하여 〈누구나〉 이해할 수 있지만, 性과 天道에 대해 말씀하신 것은 이해할 수가 없다.〔夫子之文章 可得而聞 夫子之言性與天道 不可得而聞也〕"라고 하였는데, 이는 자공이 孔子의 지극한 말을 듣고는 그 아름다움에 감탄한 것이다.

혹자가 마음에 대해 듣기를 청하자, 揚子가 말하였다.

"하늘에 마음을 침잠하면 하늘의 이치를 알 수 있고, 땅에 마음을 침잠하면 땅의 이치를 알 수 있다. 천지는 神明하여 헤아릴 수 없으나 마음을 침잠하면 오히려 헤아릴 수 있는데, 하물며 사람에 있어서야 어떠하겠으며, 하물며 事理와 人倫에 있어서야 어떠하겠는가."

혹자가 물었다.

"聖人의 道에 마음을 침잠하는 것에 대해 감히 묻습니다."

揚子가 말하였다.

"옛날에 仲尼는 文王에 마음을 침잠하여 문왕의 경지에 도달하였다. 顏淵 또한 중니에 마음을 침잠하였지만 다만 한 칸을 도달하지 못하였으니, 神妙한 도는 마음을 침잠하는 데에 달려 있을 뿐이다."

02. 天神天明은 照知四方①하고 天精天粹는 萬物作類②라

① 天神天明 照知四方：天以神明, 光燭幽明, 照曜四方. 人以潛心, 鉤深致遠, 探賾索隱. ○ 祕曰 "至神運日月."

하늘은 神明함으로써 幽明을 환히 밝히고 四方을 비추며, 사람은 마음을 침잠함으로써 심원한 것을 끌어내고 숨겨진 것을 찾는다.

○ 吳祕가 말하였다. "〈하늘은〉 지극히 신묘하여 해와 달을 운용한다."

② 天精天粹 萬物作類：天以精粹覆萬物, 各成其類. 人以潛心考校同異, 搜暢精義. ○ 祕曰 "天之精粹, 流形萬物, 而各從其類. 易曰 '剛健中正, 純粹精也[12].'" ○ 光曰 "人亦以神明精粹, 經緯萬方."

하늘은 精粹함(매우 순수하고 깨끗함)으로써 만물을 덮어주어 〈만물이〉 각각 무리를 이루고, 사람은 마음을 침잠함으로써 同異를 상고하여 精粹한 義理를 찾아내어 드러낸다.

○ 吳祕가 말하였다. "하늘이 精粹함이 유행하여 만물에 드러나되 각각 같은 부류를 따랐으니, ≪주역≫에 '강건하고 중정하고 순수함이 精하다.'라고 하였다."

---

12) 易曰……純粹精也：≪周易≫ 乾卦 〈文言傳〉에 "大哉 乾乎 剛健中正純粹精也"라고 하였는데, 程伊川의 ≪易傳≫에는 '剛健하고 中正하고 純粹함이 精함이요'라고 보았고, 朱子의 ≪本義≫에는 '剛健하고 中正함이 純粹하여 精하고'라고 보았다.

○ 司馬光이 말하였다. "사람도 〈하늘처럼〉 神明함과 精粹함으로써 萬方을 다스려야 한다."

하늘은 神明함으로 사방을 통찰하여 사방을 비추어 밝게 알고, 하늘은 精粹함으로 만물을 化育하여 만물로 하여금 각각 그 무리를 이루게 한다.

03. 人心은 其神矣乎인저 操則存하고 捨則亡①[13)]하니 能常操而存者는 其惟聖人乎②인저

① 人心其神矣乎 操則存 捨則亡 : 人心如神, 變化無常, 操而持之則義存, 捨而廢之則道亡. 操而不捨則道義光大. ○ 祕曰 "在天地爲神, 在人爲心, 潛與不潛, 操捨而已."

사람의 마음은 神처럼 變化하여 일정함이 없다. 잡아서 지키면 義가 보존되고 놓아버리면 道가 없어지니, 잡아서 지키고 놓아버리지 않으면 道와 義가 빛나고 클 것이다.

○ 吳祕가 말하였다. "天地에 있어서는 神이 되고 사람에게 있어서는 心이 되니, 마음을 침잠하느냐 침잠하지 않느냐 하는 것은 마음을 잡아서 지키느냐 마음을 놓아버리느냐 하는 것일 뿐이다."

② 能常操而存者 其惟聖人乎 : 光曰 "聖人操心有常, 不離於道."

司馬光이 말하였다. "聖人은 마음가짐이 일정함이 있어 도에서 떠나지 않는다."

사람의 마음은 신묘하다. 잡으면 보존되고 놓아버리면 없어지니, 항상 마음을 잡아서 보존할 수 있는 것은 오직 성인뿐일 것이다.

04. 聖人은 存神索至①하여 成天下之大順하고 致天下之大利②하여 和同天人之際하여 使之而無間者也③니라

① 聖人 存神索至 : 存其精神, 探幽索微. ○ 祕曰 "聖人如天, 常存其神也. 所以存神, 道無不至." ○ 光曰 "索, 山責切. 至者, 事之極致."

---

13) 操則存 捨則亡 : ≪孟子≫ 〈告子 上〉에 "孔子께서 말씀하시기를 '잡으면 보존되고 놓으면 잃어서 나가고 들어옴이 일정한 때가 없으며 그 방향을 알 수 없는 것은 오직 사람의 마음을 말하는 것일 것이다.' 하셨다.〔孔子曰 操則存 舍則亡 出入無時 莫知其鄕 惟心之謂與〕"라고 하였다.

자신의 精神을 보존하여 깊고 은미한 이치를 찾아내는 것이다.

○ 吳祕가 말하였다. "聖人은 하늘과 같아서 항상 그 神을 보존한다. 그러므로 〈聖人이〉 神을 보존하면 도가 이르지 않음이 없는 것이다."

○ 司馬光이 말하였다. "索은 山과 責의 反切이다. 至는 일의 극치이다."

② 成天下之大順 致天下之大利：順事而無逆，利物而無害.

사리를 따르고 거역함이 없으며, 사물을 이롭게 하고 해침이 없는 것이다.

③ 和同天人之際 使之而無間者也：至化混然，歸於一也. ○ 祕曰 "惟神也，成天下之大順，致天下之大利，和同天人而無間者也." ○ 光曰 "大順謂上下各安其分，大利謂萬物各得其所. 天者，不爲而自成，人者，爲之然後成，而同其際，使之無間隙，皆聖人神心之所爲也."

지극한 교화가 혼연하지만 하나로 귀결되는 것이다.

○ 吳祕가 말하였다. "오직 神만이 天下의 大順을 이루고 天下의 大利를 이르게 하여 하늘과 사람의 사이를 和同(화합)하게 하여 간극이 없게 할 수 있는 것이다."

○ 司馬光이 말하였다. "大順은 上下가 각각 자기 분수를 편안하게 여김을 이르고, 大利는 萬物이 각각 제자리를 얻음을 이른다. 天은 함이 없어도 저절로 이루어지고 人은 인위적으로 행한 뒤에 이루어지는데, 그 사이를 조화롭게 하여 간극이 없게 하는 것은 모두 聖人의 정신과 마음이 하는 것이다."

聖人은 정신을 보존하여 지극한 이치를 찾아내어 天下의 大順(上下가 자기 분수를 편안히 여김)을 이루고 天下의 大利(萬物이 각각 제자리를 얻음)를 이르게 하여, 하늘과 사람 사이를 和同(화합)하게 하여 간극(틈)이 없게 하는 자이다.

05. 龍蟠于泥어늘 **蚖其肆矣①**라 **蚖哉蚖哉**여 **惡覩龍之志也歟②**아 **或曰 龍必欲飛天乎③**아 **曰 時飛則飛**하고 **時潛則潛④**이라 **旣飛且潛⑤**하고 **食其不妄**하니 **形其不可得而制也歟⑥**[14]인저 **曰 聖人不制**어늘 **則何爲乎羑里⑦**오 **曰 龍以不制爲龍**이요 **聖人以不手爲聖人⑧**이니라

① 龍蟠于泥 蚖其肆矣：惟聖知聖，惟龍知龍. 愚不知聖，蚖不知龍. 聖道未彰，群愚玩

14) 食其不妄 形其不可得而制也歟：宋咸은 "不敢忘於形"이라고 하여 李軌의 "飮食則不妄"의 '妄'을 '忘'으로 풀이하였고, 吳祕는 "不忘隱見之形"이라고 하여 李軌의 "有形而不可制也"의 '形'을 '見(現)'으로 풀이하였다. 이를 따라 '妄'은 '忘'으로, '形'은 '見'의 뜻으로 해석하였다.

矣, 龍蟠未升, 蚖其肆矣. ○ 咸曰 "蚖, 蜥蜴也. 似龍而無角, 如蛇而有足. 一云毒蛇也. 肆, 區也. 言龍未飛天則與蚖同區也." ○ 祕曰 "與蚖蛇同肆." ○ 光曰 "蚖音元. 肆者, 肆志以凌之也. 或曰 '肆當作肄, 肄, 習也'. (曰)〔言〕[15]習見而狎玩之也."

오직 聖人이라야 聖人을 알고 오직 龍이라야 龍을 아니, 어리석은 자는 聖人을 알지 못하고 도마뱀은 용을 알지 못한다. 그러므로 聖人의 道가 드러나기 전에는 어리석은 자들이 희롱하고, 龍이 물속에 서려 있어 하늘로 올라가기 전에는 도마뱀이 제멋대로 날뛰는 것이다.

○ 宋咸이 말하였다. "蚖은 도마뱀이다. 용과 비슷한데 뿔이 없고, 뱀과 같은데 발이 있다. 일설에는 毒蛇라고 한다. 肆는 區이니, 龍이 하늘을 날지 못할 때에는 도마뱀과 한 곳에 있음을 말한 것이다."

○ 吳祕가 말하였다. "蚖蛇와 한 곳에 있는 것이다."

○ 司馬光이 말하였다. "蚖은 음이 원이다. 肆는 제멋대로 능멸하는 것이다. 혹자가 '肆는 마땅히 肄가 되어야 하니, 肄는 익숙함이다.'라고 하였으니, 익히 보았기에 만만하게 여겨 함부로 대하는 것을 말한다."

② 蚖哉蚖哉 惡覩龍之志也歟 : 歎之甚也. ○ 祕曰 "聖人在蒙, 與衆人同列, 衆人豈知聖人之志歟." ○ 光曰 "惡音烏. 君子之志, 高深遠大, 小人固不得而知也."

매우 한탄한 것이다.

○ 吳祕가 말하였다. "聖人이 때를 만나지 못했을 때에는 중인들과 同列에 있으나, 衆人들이 어찌 聖人의 뜻을 알 수 있겠는가."

○ 司馬光이 말하였다. "惡는 음이 오이다. 君子의 뜻은 高遠하고 深大하니, 小人은 본래 알 수가 없다."

③ 龍必欲飛天乎 : 咸曰 "疑其長爲蚖同肆, 不能飛天." ○ 光曰 "言君子必欲居大位乎."

宋咸이 말하였다. "오랫동안 도마뱀과 한 곳에 있었기 때문에 하늘을 날 수 없을 것이라고 의심한 것이다."

○ 司馬光이 말하였다. "君子는 반드시 높은 지위에 거하고자 하느냐는 말이다."

④ 時飛則飛 時潛則潛 : 時可而升, 未可而潛.

때가 가하면 날아서 하늘로 올라가고, 때가 불가하면 물속에 잠겨 있는 것이다.

⑤ 旣飛且潛 : 義兼出處.

出處의 義理를 겸하였다.

⑥ 食其不妄 形其不可得而制也歟 : 飮食則不妄, 有形而不可制也. ○ 咸曰 "言龍之且潛, 雖飮食之間, 不敢忘於形, 思所以飛于天也. 聖人尙蒙, 雖飮食之間, 不敢忘於形, 思

---

15) (曰)〔言〕: 저본에는 '曰'로 되어 있으나, 四庫全書本에 근거하여 '言'으로 바로잡았다.

所以行其道也. 故暫爲蚖所肆, 愚所侮, 然猶不能制之矣." ○ 祕曰 "旣飛且潛, 惟時所適. 雖一食之間, 不忘隱見(현)[16]之形, 安得而制哉. 言聖人亦然." ○ 光曰 "宋吳本, 妄作忘[17], 今從李本. 音義曰 '非義不妄食, 故不可得而制.'"

음식을 먹을 때에도 〈의리가 아니면〉 함부로 먹지 않으니, 〈하늘에 날아〉 드러나면 제재할 수 없다.

○ 宋咸이 말하였다. "龍이 우선 물속에 잠겨 있을 때에는 비록 음식을 먹는 사이라도 감히 드러날 것을 잊지 않으니 하늘을 날 것을 생각하기 때문이고, 聖人이 아직 때를 만나지 못했을 때에는 비록 음식을 먹는 사이라도 감히 드러날 것을 잊지 않으니 도를 행할 것을 생각하기 때문이다. 그러므로 잠시 용이 도마뱀에게 능멸당하고 성인이 어리석은 자에게 업신여김을 당한다. 그러나 도마뱀과 어리석은 자가 용과 성인을 제재할 수는 없다."

○ 吳祕가 말하였다. "용은 이미 하늘을 날기도 하고 또 물속에 잠겨 있기도 하여 오직 때에 맞게 한다. 그리하여 비록 한 번 밥 먹는 짧은 시간이라도 隱現(숨고 나타남)의 형세를 잊지 않으니, 어찌 제재할 수 있겠는가. 聖人도 그러함을 말한 것이다."

○ 司馬光이 말하였다. "宋咸本・吳祕本에는 '妄'이 '忘'으로 되어 있으나, 지금 李軌本을 따랐다. ≪音義≫에 '義가 아니면 함부로 먹지 않는다. 그러므로 제재할 수 없는 것이다.'라고 하였다."

⑦ 聖人不制 則何爲乎羑里 : 祕曰 "文王, 聖人也, 何以制乎羑里. 紂囚文王於羑里."

吳祕가 말하였다. "文王은 聖人인데 어찌 羑里에서 제재를 당했는가? 紂가 文王을 羑里에 가두었기 때문이다."

⑧ 龍以不制爲龍 聖人以不手爲聖人 : 手者, 桎梏之屬. ○ 咸曰 "手當爲干, 字之誤也. 言龍雖爲蚖同肆, 然終不制於泥, 故能謂之龍. 聖人雖爲紂所囚, 然終不干其刑, 故能謂之聖人. 今注文稱 '手者, 桎梏之屬', 意謂文王雖囚, 而不被於桎梏也. 按賈誼新書云 '紂作梏數千, 睨諸侯之不諂己者, 杖而梏之. 文王桎梏, 囚于羑里, 七年而後得免.' 是文王常[18]被其桎梏矣. 安可謂之不手哉." ○ 祕曰 "手, 持也執也. 文王事不道之紂, 雖以非禮見囚, 終不能執而戮之, 所以爲聖人也. 公羊傳曰 '手劍而叱之'" ○ 光曰 "音義曰 '不手, 不制於人之手'. 光謂手謂爲人所提攜指使, 枉己之道而隨人左右也."

---

16) 隱見 : 숨기도 하고 나타나기도 하는 것이다. 亂世를 만나면 道德과 어긋나므로 숨어서 벼슬하지 않고 그와 반대로 治世를 만나면 나타나서 벼슬하는 것을 이른다.

17) 宋吳本 妄作忘 : 宋咸과 吳祕는 "食其不妄 形其不可得而制也歟"를 "食其不妄形 其不可得而制也歟"로 보았다.

18) 常 : 嘗의 통용자이다.

手는 차꼬와 수갑 따위이다.

○ 宋咸이 말하였다. "手는 마땅히 干(범하다)이 되어야 하니, 글자가 잘못된 것이다. 龍이 비록 도마뱀과 한 곳에 있더라도 끝내 진흙탕에 제약받지 않기 때문에 龍이라 이를 수 있고, 聖人이 비록 紂에 의해 〈羑里에〉 갇혀 있었으나 끝내 형벌을 범하지 않았기 때문에 이를 聖人이라고 이를 수 있는 것이다. 지금 李軌의 注에 '手는 차꼬와 수갑 따위이다.'라고 칭하였는데, 내 생각에는 文王이 비록 〈羑里에〉 갇혀 있었으나 차꼬와 수갑을 차지 않았음을 이른 것이다. 살펴보건대 賈誼의 ≪新書≫ 〈君道〉에 '紂가 수갑 수천 개를 만들고는 자기에게 아첨하지 않는 諸侯를 엿보아 매질을 하고 수갑을 채웠는데, 文王이 차꼬와 수갑을 차고 羑里에 갇힌 지 7년 뒤에야 벗어났다.'라고 하였으니, 文王이 일찍이 차꼬와 수갑을 찬 것이다. 어찌 이를 일러 수갑과 차꼬를 차지 않았다고 이를 수 있겠는가."

○ 吳祕가 말하였다. "手는 쥐는 것이고 잡는 것이다. 文王이 不道한 紂를 섬기다가 비록 非禮로 구속당하였으나 紂가 끝내 문왕을 잡아서 죽일 수 없었으니, 이 때문에 聖人이 되신 것이다. ≪春秋公羊傳≫에 '손에 칼을 쥐고 꾸짖었다.'라고 하였다."

○ 司馬光이 말하였다. "≪音義≫에 '不手는 남의 손에 제재를 받지 않는 것이다.'라고 하였다. 내가 생각건대 手는 남에게 끌려가고 지시를 받는 것이니, 자신의 道를 굽히고 남의 지휘를 따르는 것을 이른다."

용이 아직 진흙탕 속에 서리고 있을 때에는 도마뱀이 제멋대로 날뛴다. 도마뱀이여, 도마뱀이여. 네가 어찌 용의 뜻을 알겠느냐.

혹자가 말하였다.

"용은 반드시 하늘을 날고자 합니까?"

揚子가 말하였다.

"〈용은〉 날아야 할 때는 날아서 하늘로 올라가고, 잠겨 있어야 할 때에는 물속에 잠겨 있다. 이미 날아서 하늘로 올라가기도 하고 또 물속에 잠겨 있기도 하며, 음식을 먹을 때에도 〈드러날 것을〉 잊지 않으니, 드러나면 〈도마뱀이〉 제재할 수 없을 것이다."

혹자가 말하였다.

"聖人은 제재를 받지 않는데, 문왕은 〈聖人인데〉 어째서 羑里에 갇혀 있었습니까?"

揚子가 말하였다.

"용은 제재 당하지 않기 때문에 용이 되고, 성인은 남의 손에 제재 당하지 않기 때문에 성인이 되는 것이다."

06. 或曰 經[19]可損益歟아 曰 易始八卦而文王六十四하니 其益을 可知也①요 詩書禮春秋는 或因或作하여 而成於仲尼乎하니 其益을 可知也②라 故로 夫道非天然이요 應時而造者는 損益可知也③니라

① 經可損益歟……可知也 : 祕曰 "伏羲始畫八卦, 因而重之, 六十四卦備矣. 黃帝正名百物[20]而名顯, 文王繫辭而義彰, 可謂益矣. 今云文王六十四, 據司馬遷而言也[21]."

吳祕가 말하였다. "伏羲가 처음으로 八卦를 그었는데, 〈文王이〉 인하여 이것을 중첩하여 64卦가 갖추어졌고, 黃帝가 온갖 물건의 명칭을 바로잡아 이름이 드러났는데 文王이 卦辭를 붙여 義가 드러났으니, 보탰다고 이를 만하다. 지금 '文王이 64괘를 만들었다.'고 이른 것은 司馬遷에 근거하여 말한 것이다."

② 詩書禮春秋……可知也 : 或因者, 引而伸之. 或作者, 又如春秋. ○ 祕曰 "因舊文, 作序例, 刪定筆削, 皆成於仲尼." ○ 光曰 "宋吳本, 或作下更有因字. 今從李本."

或因은 인용하여 부연하는 것이고, 或作은 또 ≪春秋≫와 같은 것이다.

○ 吳祕가 말하였다. "〈≪詩經≫, ≪書經≫, ≪周易≫, ≪儀禮≫, ≪春秋≫는〉 옛글을 인용하여 부연하고 序例를 창작하며 刪定하고 筆削하는 것이 모두 仲尼에게서 이루어졌다."

○ 司馬光이 말하였다. "宋咸本·吳祕本에는 '或作' 아래에 다시 '因'자가 있는데, 지금 李軌本을 따랐다."

③ 故夫道非天然……損益可知也 : 咸曰 "天然者, 聖人也. 言仲尼之後, 或道非聖人, 而有應時造書以救世而明治道者, 其益亦可知也. 如孔伋·孟軻之流." ○ 祕曰 "故道非若易象之天然, 雖損益, 不可增減於乾坤六子[22]也. 應時而造, 若三代之禮樂(著)

---

19) 經 : 漢나라 때의 經은 오로지 ≪詩經≫, ≪書經≫, ≪周易≫, ≪禮≫, ≪春秋≫의 五經을 가리킨다. 그중 ≪禮≫는 漢나라 때에는 ≪儀禮≫를 가리키고, 후세에는 ≪禮記≫를 가리킨다.

20) 黃帝正名百物 : ≪禮記≫ 〈祭法〉에 보인다.

21) 今云文王六十四 據司馬遷而言也 : 司馬遷의 ≪史記≫ 〈周本紀〉에 "서백이 재위한 것은 50년이다. 羑里에 갇혀 있을 때에 ≪주역≫의 8괘를 증익하여 64괘를 만들었다.〔西伯蓋卽位五十年 其囚羑里 蓋益易之八卦爲六十四卦〕"라고 하였다.

22) 乾坤六子 : 六子는 八卦 가운데 乾卦와 坤卦를 제외한 兌卦, 離卦, 巽卦, 震卦, 艮卦, 坎

〔者〕[23), 損益可知也." ○ 光曰 "天然, 謂道德仁義, 應時而造, 謂禮樂刑政也."

宋咸이 말하였다. "天然的인 것을 실천하는 것은 聖人이다. 仲尼 이후에 혹 실천한 것은 聖人(천연적인 것)이 아니지만, 시대에 부응하여 책을 지어서 세상을 구제하고 治道를 밝힌 것이 있으니, 증익한 것을 또한 알 수 있다. 孔伋(子思)과 孟軻와 같은 부류이다."

○ 吳祕가 말하였다. "그러므로 道는 易象 같이 天然的인 것이 아니니, 비록 損益하더라도 乾坤과 六子를 가감할 수는 없다. 시대에 부응하여 만든 것은 三代의 禮樂과 같은 것이니, 損益한 것을 알 수 있다."

○ 司馬光이 말하였다. "천연적인 것은 道德과 仁義를 이르고, 시대에 부응하여 만든 것은 禮樂과 刑政을 이른다."

혹자가 말하였다.

"경전도 줄이거나 보탤 수 있습니까?"

揚子가 말하였다.

"≪주역≫은 처음에 8괘였는데 문왕이 64괘로 만들었으니 보탠 것을 알 수 있고, ≪시경≫과 ≪서경≫과 ≪예≫와 ≪춘추≫는 혹은 〈옛것을〉 인용하여 부연하기도 하고 혹은 새로 창작하기도 하여 孔子에게서 완성되었으니 보탠 것을 알 수 있다. 그러므로 도는 천연적인 것이 아니라 시대에 부응하여 만들어진 것이니, 〈경전을〉 덜어내거나 보탤 수 있음을 알 수 있다."

07. 或曰 易損其一이면 雖惷이라도 知闕焉①이로되 至書之不備 過半矣어늘 而習者不知②하니 惜乎라 書序之不如易也③여 曰 彼數也니 可數焉故也④라 如書序는 雖孔子라도 亦末如之何矣⑤라

① 易損其一 雖惷知闕焉 : 咸曰 "易損其一者, 謂大衍之數[24)虛其一, 此雖惷愚之人, 皆

卦를 말한다. 乾은 아비요, 坤은 어미요, 진・감・간은 세 아들이요, 손・이・태는 세 딸이다.

23) (著)〔者〕: 저본에는 '著'로 되어 있으나, 四庫全書本에 근거하여 '者'로 바로잡았다.

24) 大衍之數 : 천지간의 만물을 상징하는 50의 숫자를 말한다. 1, 3, 5, 7, 9의 홀수를 합한 天數 25와, 2, 4, 6, 8, 10의 짝수를 합한 地數 30이 한데 모여 55를 이루는데, 여기에서 大數 50을 거론하여 만물을 연출해내는 수로 삼았으므로, 이를 大衍數라고 한

知闕之也." ○ 光曰 "惷, 書容·丑江·刅用三切."

宋咸이 말하였다. "'易損其一'은 大衍의 數에서 하나를 비워두는 것을 이르니, 이것은 비록 어리석은 사람이라도 모두 빼놓았다는 것을 안다."

○ 司馬光이 말하였다. "惷은 書와 容의 反切, 丑과 江의 反切, 刅과 用의 反切 세 가지 음이다."

② 至書之不備……而習者不知 : 本百篇, 今有(四)〔五〕[25]十九, 故曰過半. ○ 祕曰 "言易之六十四, 若損其一, 雖愚人, 可以知其闕者. 至書百篇, 漢存者二十九篇, 得古文又多十六篇, 其亡過半, 而習者莫知其義." ○ 光曰 "漢世儒者, 不知書本有百篇. 故孔臧與從弟安國書曰 '今學者, 唯聞尙書二十八篇, 取象二十八宿, 謂(至)〔信〕[26]然也.'"

≪서경≫은 본래 100편이었는데 지금 59편만 있다. 그러므로 過半이라고 한 것이다.

○ 吳祕가 말하였다. "≪역경≫의 64괘 중에 만약 하나가 빠지면 비록 어리석은 사람이라도 빠졌다는 것을 알 수 있다. 그러나 ≪서경≫ 100편에 이르러서는 漢나라 때에 보존된 것이 29편이고, ≪古文尙書≫를 얻은 것이 또 이보다 16편이 많았으나 망실된 것이 반수를 넘어서 익히는 자 중에 그 뜻을 아는 자가 없다."

○ 司馬光이 말하였다. "漢나라 때 儒者들은 ≪서경≫이 본래 100편이 있었다는 것을 알지 못하였다. 그러므로 孔臧이 從弟인 孔安國에게 보낸 편지에 '지금 배우는 자들은 오직 ≪尙書≫ 28편이 28수에서 象을 취하였다는 말을 듣고 진실로 그렇다고 생각한다.'라고 하였다."

③ 惜乎 書序之不如易也 : 歎恨書序雖存, 獨不如易之可推尋. ○ 咸曰 "易之虛一者, 非損失之, 蓋蓍法然也. 書失過半者, 經秦火, 遺墜之也. 或人不知其義, 以爲'易損一而尙可推, 書失多而不能知'. 故揚子答之以下文." ○ 祕曰 "孔子序書, 存百篇之義[27], 而其篇亡, 不可復知序. 易存六十四之次, 設或亡一, 卽可推而知之. 是序書不如序易." ○ 光曰 "序, 謂篇之次序."

≪書經≫의 次序가 비록 남아 있으나, 〈64괘의 차서에 의해〉 유추하여 찾을 수

다. (≪周易 繫辭傳 上≫)

25) (四)〔五〕: 저본에는 '四'로 되어 있으나, 四部叢刊本에 근거하여 '五'로 바로잡았다.

26) (至)〔信〕: 저본에는 '至'로 되어 있으나, ≪尙書注疏≫에 근거하여 '信'으로 바로잡았다.

27) 孔子序書 存百篇之義 : 漢나라 때 孔子의 舊宅 벽에서 나온 〈書序〉는 ≪書經≫ 100편에 대해 각 편이 쓰여지게 된 이유를 간략하게 설명해 놓은 것이다. ≪漢書≫ 〈藝文志〉 등에 孔子가 ≪書經≫ 100편을 엮었다고 하였기 때문에 이 〈書序〉도 孔子가 지은 것으로 알려졌으나 지금은 〈湯征〉과 〈太甲〉의 서문에 모두 孟子의 설을 따른 내용이 있는 것으로 보아 戰國時代 중기 이후에 지어졌다고 보는 견해가 지배적이다.

있는 ≪易經≫만 못함을 한탄한 것이다.

○ 宋咸이 말하였다. "≪역경≫이 〈大衍의 數에서〉 하나를 비워두는 것은 빼거나 잃어버린 것이 아니라 蓍法이 그러한 것이고, ≪서경≫이 逸失된 것이 반을 넘는 것은 秦나라의 분서갱유를 겪어 유실된 것이다. 혹자는 그 뜻을 알지 못하고, '≪주역≫은 한 괘만 빠져도 오히려 유추할 수 있지만 ≪서경≫은 일실된 것이 많은데도 알지 못한다.'고 하였다. 그러므로 揚子가 下文으로써 답한 것이다."

○ 吳祕가 말하였다. "孔子가 ≪서경≫의 편마다 小序를 지어 100편의 뜻을 남겼지만 그 편이 없어져서 다시는 차서를 알 수 없다. 그러나 ≪역경≫은 64괘의 차서가 남아 있어 설혹 한 괘가 없어지더라도 곧 유추하여 알 수 있으니, 이것이 ≪서경≫을 차서한 것이 ≪역경≫을 차서한 것만 못하다."

○ 司馬光이 말하였다. "序는 篇의 차서를 이른다."

④ 彼數也 可數焉故也：咸曰"言彼損一者, 蓋蓍數之法, 可揲數而用故也." ○ 光曰"八卦重之, 成六十四, 自然之數."

宋咸이 말하였다. "저 ≪역경≫에서 하나를 빼는 것은 시초를 세는 법에 시초를 네 개씩 떼어서 사용하기 때문이다."

○ 司馬光이 말하였다. "8卦를 중첩하여 64괘를 만드니 自然의 數이다."

⑤ 如書序……亦末如之何矣：數存則雖愚有所不失, 數亡則雖聖有所不得. ○ 咸曰"如書者, 實失墜之, 與易不同. 雖孔子, 無如之何, 言不敢虛詐而補之." ○ 祕曰"彼易卦, 皆有數, 亦可以策數而知焉故也. 如書序之存而篇亡, 皆當時訓誥[28)]之事, 不可以虛補, 故孔子亦末如之何也."

수가 남아 있으면 비록 어리석은 자라도 잃지 않는 바가 있고, 수가 없으면 비록 성인이라도 얻지 못하는 바가 있다.

○ 宋咸이 말하였다. "≪서경≫ 같은 경우는 실제로 일실되고 손상되었으니, ≪역경≫과는 다르다. 그러므로 비록 孔子라도 어찌할 수가 없으니, 감히 거짓으로 속여서 보탤 수가 없음을 말한 것이다."

○ 吳祕가 말하였다. "저 ≪역경≫의 卦는 모두 수가 있으니, 또한 策으로 세어 알 수 있기 때문이다. ≪서경≫의 차서가 남아 있지만 篇이 없어졌으니, 모두 당시 訓誥의 일이므로 허위로 보탤 수가 없다. 그러므로 孔子도 어찌할 도리가 없는 것이다."

혹자가 말하였다.

---

28) 訓誥：≪書經≫의 六體 가운데 訓과 誥의 竝稱이다. 訓은 敎導하는 말이고, 誥는 會同할 때 쓰는 告誡하는 말로, 옛날 성현의 말씀을 뜻한다.

"≪易經≫은 64괘 중에 한 괘라도 빠지면 비록 어리석은 사람이라도 〈≪역경≫의 차서에 근거하여〉 빠졌다는 것을 알 수 있습니다. 그러나 ≪書經≫에 이르러서는 갖추어지지 않은 것이 반이 넘는데도 배우는 자들이 알지 못합니다. 애석합니다. ≪서경≫의 차서가 ≪역경≫의 차서만 못합니다."

揚子가 말하였다.

"저 ≪역경≫은 〈卦名을 차서로 삼아서〉 셀 수 있으니, 셀 수가 있기 때문에 그렇다. 그러나 ≪서경≫의 차서 같은 경우에는 비록 孔子라 하더라도 어찌할 수가 없을 것이다."

08. 昔之說書者 序以百①할새 而酒誥之篇俄空焉이어늘 今亡(무)夫②로다

① 昔之說書者 序以百：敍以百篇.
≪書經≫ 100편을 차례한 것이다.

② 酒誥之篇俄空焉 今亡夫：秦焚書, 漢興采集之. 酒誥又亡一簡, 中者先師, 猶俄而空之, 今漸亡. ○ 祕曰 "秦皇燔書. 漢興, 劉向以中古文, 校歐陽·大小夏侯三家經文, 酒誥脫簡一, 空而亡之也. 據酒誥, 今無亡脫, 蓋古文獨存." ○ 光曰 "空, 苦貢切, 音義曰 '空, 缺也'"

秦나라 때 경전을 불태웠는데 漢나라가 일어나자 이것을 采集하였다. 〈酒誥〉에서는 또 없어진 竹簡 한 쪽을 중간의 先師들은 오히려 일단 공백으로 두었는데 지금은 이것마저 점점 없어졌다.

○ 吳祕가 말하였다. "秦始皇이 경전을 불태웠다. 漢나라가 일어나자 劉向이 中古文(宮中에 보관한 古文으로 된 ≪尙書≫)을 가지고 歐陽生(歐陽高)과 大夏侯(夏侯勝)·小夏侯(夏侯建) 三家의 經文을 교정하였는데, 〈酒誥〉는 脫簡된 것이 하나였고, 〈이 곳이〉 공백으로 되어 있었으나 〈지금은 공백으로 둔 곳이〉 없어졌다. 〈현재 통행하는 ≪書經≫의〉 〈酒誥〉에 근거하건대 지금 없어지거나 빠진 곳이 없으니, 〈공백으로 둔 것은〉 ≪古文尙書≫에만 있었던 듯하다."

○ 司馬光이 말하였다. "空은 苦와 貢의 反切이다. ≪音義≫에 '空은 빠진 것이다.'라고 하였다."

옛날에 ≪서경≫을 해설하는 자가 100편을 차례할 적에 〈酒誥〉편의 죽간이 빠진 것을 일단 공백으로 두었는데 지금은 이것마저 없어졌다.

09. 虞夏之書渾渾爾①하고 商書灝灝爾②하고 周書噩噩爾③라 下周者는 其書誰乎④아

① 虞夏之書渾渾爾：深大. ○ 咸曰 "渾渾, 猶淳淳也. 言虞夏尙有唐風, 去道未遠, 淳淳然." ○ 祕曰 "渾渾, 猶言混混也, 謂其淳雅也."

〈渾渾은〉 깊고 큰 것이다.

○ 宋咸이 말하였다. "渾渾은 淳淳과 같다. 虞夏의 시대에는 그래도 唐堯의 遺風이 있어 道와의 거리가 멀지 않으므로 淳淳然하였음을 말한 것이다."

○ 吳祕가 말하였다. "渾渾은 混混이라고 말하는 것과 같으니 淳雅함을 이른다."

② 商書灝灝爾：夷曠. ○ 咸曰 "灝灝, 猶漫漫也. 言忠質之化制, 尙疎闊漫漫然." ○ 祕曰 "灝灝, 猶言浩浩也, 謂其遠大也."

〈灝灝는〉 和平하고 曠達한 것이다.

○ 宋咸이 말하였다. "灝灝는 漫漫과 같다. 〈夏나라는 忠을 숭상하고 殷나라는 質을 숭상하여〉 忠質의 교화와 제도가 오히려 疎闊하고 漫漫然함을 말한 것이다."

○ 吳祕가 말하였다. "灝灝는 浩浩라고 말하는 것과 같으니, 遠大함을 이른다."

③ 周書噩噩爾：不阿附也. ○ 咸曰 "噩噩, 猶察察也. 言尙文而相檢以禮樂察察然." ○ 祕曰 "噩噩, 猶言諤諤也, 謂其明正也."

〈噩噩은〉 아부하지 않는 것이다.

○ 宋咸이 말하였다. "噩噩은 察察과 같다. 周나라는 文을 숭상하여 서로 禮樂으로써 검속하기를 察察하게 함을 말한 것이다."

○ 吳祕가 말하였다. "噩噩은 諤諤이라고 말하는 것과 같으니, 분명하고 바름을 이른다."

④ 下周者 其書誰乎：下周者秦, 言酷烈也. ○ 祕曰 "秦書誰乎, 不合典訓[29)]." ○ 光曰 "李本, 誰作譙, 今從宋吳本. 渾, 胡本切. 灝, 胡老切. 噩, 五各切. 渾渾, 朴略難知之貌. 灝灝, 富大之貌. 噩噩, 明直之貌. 其書誰乎, 言不足以爲書也."

周나라 이후는 秦나라이니, 가혹하고 심함을 말한다.

○ 吳祕가 말하였다. "秦나라의 書는 가혹하고 심하니, 典과 訓에 부합하지 않는다."

○ 司馬光이 말하였다. "李軌本에는 '誰'가 '譙'로 되어 있으나, 지금 宋咸本・吳祕本을 따랐다. 渾은 胡와 本의 反切이고, 灝는 胡와 老의 反切이고, 噩은 五와 各의 反切이다. 渾渾은 질박하고 간략하여 알기 어려운 모양이고, 灝灝는 富大한 모양이고, 噩噩은 분명하고 정직한 모양이다. 其書誰乎는 書라고 하기에 부족함을 말한다."

---

29) 典訓 : ≪書經≫ 중에 〈堯典〉과 〈伊訓〉 등의 편을 병칭한 것인데, 經典이나 혹은 ≪書經≫을 가리킨다.

≪書經≫의 〈虞書〉와 〈夏書〉는 내용이 혼후하고 심원하며, 〈商書〉는 호탕하고 막힘없이 탁 트이며, 〈周書〉는 분명하고 정직하다. 그러나 周나라 이후(秦나라)의 書는 가혹하고 심하다.

10. 或問 聖人之經은 **不可使易知歟**①아 **曰 不可**하니 **天俄而可度**(탁)이면 **則其覆**(부)**物也淺矣**②요 **地俄而可測**이면 **則其載物也薄矣**③리라 **大哉**라 **天地之爲萬物郭**이요 **五經之爲衆說郛**④여

① 聖人之經 不可使易知歟：嫌五經之難解也. ○ 祕曰"五經大而奧."
　五經이 난해함을 혐의한 것이다.
　○ 吳祕가 말하였다. "五經은 위대하고 심오하다."
② 不可……則其覆物也淺矣：光曰"覆, 敷又切."
　司馬光이 말하였다. "覆는 敷와 又의 反切이다."
③ 地俄而可測 則其載物也薄矣：祕曰"俄, 猶俄頃."
　吳祕가 말하였다. "俄는 俄頃(잠깐 사이)과 같다."
④ 天地之爲萬物郭 五經之爲衆說郛：莫有不在其內而能出乎其外者. ○ 祕曰"不能出其域."
　그 안에 있지 않고 밖으로 벗어날 수 있는 것은 있지 않다.
　○ 吳祕가 말하였다. "그 영역을 벗어날 수 없는 것이다."

혹자가 물었다.
"聖人의 經典은 사람들로 하여금 알기 쉽게 할 수 없습니까?"
揚子가 말하였다.
"그렇게 할 수 없다. 하늘을 만약 잠깐 사이에 잴 수 있다면 만물을 덮어주는 것이 얕을 것이고, 땅을 만약 잠깐 사이에 측량할 수 있다면 만물을 실어주는 것이 적을 것이다. 위대하다. 天地는 만물을 둘러싸는 성곽이며, 五經은 여러 학설을 포용하는 성곽이다."

11. 或問 聖人之作事는 **不能昭若日月乎**아 **何後世之**㠁㠁[30]**也**①오 **曰 瞽曠**[31]**能**

30) 㠁㠁：宋咸本과 吳祕本에는 '闇闇'으로 되어 있다.

默이나 **瞽曠不能齊不齊之耳**하고 **狄牙**[32]**能喊**이나 **狄牙不能齊不齊之口**②하니라

① 聖人之作事……何後世之訔訔也：咸曰"誾誾當作狺，傳之誤也．誾誾，中正也．狺狺，犬聲也．言聖人由爲後世非其道者之所吠也．若謂誾誾中正之義，則理不通焉．"○ 祕曰"聖人之作事，豈不能使明白如日月乎．何使後世之學者，徒誾誾貌悅之，而不能達其心也．誾誾，和也，和悅之貌．"○ 光曰"宋吳本，訔作誾，今從李本．訔，語巾切．訔訔，爭辨之貌，謂學者爭論是非．"

宋咸이 말하였다. "誾誾은 마땅히 狺이 되어야 하니, 잘못 傳寫된 것이다. 誾誾은 中正함이고, 狺狺은 개 짖는 소리이다. 後世에 聖人의 道를 비난하는 자들로부터 聖人이 헐뜯음을 당함을 말한 것이기 때문에 만약 誾誾을 中正의 뜻이라고 이르면 문리가 통하지 않는다."

○ 吳祕가 말하였다. "聖人이 일을 함에 어찌 해와 달처럼 명백하게 할 수가 없는가. 어찌하여 後世의 배우는 자들로 하여금 다만 誾誾하게 겉으로만 좋아하게 하고 마음을 전달할 수는 없는가. 誾誾은 和함이니 和悅한 모양이다."

○ 司馬光이 말하였다. "宋咸本·吳祕本에는 '訔'이 '誾'으로 되어 있으나, 지금 李軌本을 따랐다. 訔은 語와 巾의 反切이다. 訔訔은 논변하는 모양이니, 배우는 자들이 시비를 논쟁함을 이른다."

② 瞽曠能默……狄牙不能齊不齊之口：咸曰"曠，師曠．默，默審於樂．喊，咂物聲也．"○ 祕曰"喊，聲也．瞽曠之和雅，能使默而識之者，必有瞽曠之耳，不能齊聽者不齊之耳．狄牙之甘美，能使喊而稱之者，必待狄牙之口，不能齊食者不齊之口．猶聖人立言，能使服而行者，必須賢哲之人，不能齊學者不齊之心也．瞽曠，師曠也，知樂者也．晉杜蒯云'曠也，大師也'．狄牙，易牙也，知味者也．大戴禮曰'失管仲，任豎刁狄牙[33]'．

---

31) 瞽曠：瞽는 눈이 먼 소경을 이르고, 曠은 師曠이니 춘추시대 晉 平公의 樂師이다. 당시에는 樂工이 모두 소경이었기 때문에 瞽曠이라고 칭한 것이다.

32) 狄牙：춘추시대 齊 桓公의 요리사인 易牙로, 요리 솜씨가 천하에 으뜸이었다. ≪孟子≫〈告子 上〉에 "입이 맛에 있어서는 그 嗜好가 같음이 있으니, 역아는 우리 입의 기호를 먼저 안 사람이다. 가령 입이 맛에 있어서 그 성품이 남과 다른 것이 마치 개나 말이 우리와 同類가 아닌 것처럼 다르다면 천하 사람들이 어찌 맛의 기호를 모두 역아가 조리한 맛에 따르겠는가. 맛에 이르러서는 천하 사람들이 역아에게 기대하니, 이는 천하의 입이 같기 때문이다." 하였다.

33) 大戴禮曰 失管仲 任豎刁狄牙：≪大戴禮記≫〈保傅〉에 "제 환공이 관중을 얻고 나서는 제후들을 아홉 번 규합하고 천하를 한 번 바로잡았으며 두 번 의로운 군주가 되었지만, 관중을 잃고 나서는 수조와 역아에게 정사를 맡겨 몸이 죽어도 장사 지내지지 못하여 천하의 비웃음거리가 되었다.〔齊桓公得管仲 九合諸侯 一匡天下 再爲義王 失管仲 任豎刁狄牙 身死不葬 而

韓非子曰 '易牙爲君主味[34]'" ○ 光曰 "喊, 呼覽・呼𪾋・下漸三切. 狄, 儀狄, 造酒者. 牙, 易牙. 瞽曠能審正聲, 而人之耳, 淸濁高下, 各有所好, 瞽曠不能齊也. 狄牙能嘗和味, 而人之口, 酸辛鹹苦, 各有所好, 狄牙不能齊也. 聖人能行正道, 而愚闇邪僻之人, 相與非之, 聖人不能止也."

宋咸이 말하였다. "曠은 師曠이다. 默은 묵묵히 음악을 살피는 것이다. 喊은 음식을 맛보는 소리이다."

○ 吳祕가 말하였다. "喊은 소리이다. 瞽曠이 조화시킨 우아한 음악을 묵묵히 터득하게 하는 것은 반드시 瞽曠의 귀(청각)가 있어야 하니 듣는 자들의 똑같지 않은 귀(청각)를 모두 똑같게 만들 수는 없다. 狄牙가 요리한 맛있는 음식을 먹고서 칭찬하게 하는 것은 반드시 狄牙의 입(미각)이 있어야 하니, 먹는 자들의 똑같지 않은 입(미각)을 똑같게 만들 수는 없다. 이와 마찬가지로 聖人이 立言한 말씀을 능히 실천하여 행하게 하는 것은 반드시 賢哲한 사람을 기다려야 하니, 배우는 자의 똑같지 않은 마음을 똑같게 만들 수는 없다. 瞽曠은 師曠이니, 음악을 잘 안 자이다. 晉나라 杜蒯가 '曠은 太師이다.'라고 하였다. 狄牙는 易牙이니 맛을 잘 안 자이다. ≪大戴禮記≫에 '管仲을 잃자 豎刁와 狄牙를 등용하였다.'라고 하였고, ≪韓非子≫에 '易牙가 군주를 위하여 요리를 맡았다.'라고 하였다."

○ 司馬光이 말하였다. "喊은 呼와 覽의 反切, 呼와 𪾋의 反切, 下와 漸의 反切 세 가지 음이다. 狄은 儀狄이니 술을 만든 자이다. 牙는 易牙이다. 瞽曠은 바른 音을 잘 알았지만 사람의 귀는 淸濁과 高下에 대해 각각 좋아하는 바가 있어 瞽曠도 통일시킬 수가 없다. 狄牙는 음식의 맛을 잘 조화시켰지만 사람의 입은 신맛〔酸〕・매운맛〔辛〕・짠맛〔鹹〕・쓴맛〔苦〕에 대해 각각 좋아하는 바가 있어 狄牙도 통일시킬 수가 없다. 聖人은 正道를 행하지만 어리석고 邪僻한 사람이 서로 도와가며 비난하여 聖人도 그치게 할 수가 없다."

혹자가 물었다.

爲天下笑〕"라고 하였다.

34) 韓非子曰 易牙爲君主味 : ≪韓非子≫ 〈難〉에 管仲이 병이 위독하자, 桓公이 그에게 그 다음 재상감을 물으니, 관중이 "군주께서는 수조를 버리고 역아를 제거하고 衛나라 公子 開方을 멀리하십시오. 역아가 군주를 위하여 요리를 맡았는데 군주께서 오직 인육만은 맛보지 않았다 하여 역아가 자기 아들의 머리를 삶아 바쳤습니다. 인정으로는 자식을 사랑하지 않을 수 없는데 지금 자식을 사랑하지 않으면서 어찌 군주를 사랑할 수 있겠습니까.〔願君去豎刁 除易牙 遠衛公子開方 易牙爲君主味 君惟人肉未嘗 易牙烝其子首而進之 夫人情莫不愛其子 今弗愛其子 安能愛君〕"라고 하였다.

"성인이 일을 하는 것은 해와 달처럼 분명하게 할 수 없습니까? 어찌하여 후세 사람들이 시끄럽게 논쟁하게 합니까?"

揚子가 말하였다.

"師曠은 묵묵히 음을 알았지만 그런 사광도 사람들의 각기 다른 귀를 똑같게 만들 수는 없으며, 易牙는 음식의 맛을 잘 알았지만 그런 역아도 사람들의 각기 다른 입맛을 똑같게 만들 수는 없다."

12. 君子之言은 幽必有驗乎明①하고 遠必有驗乎近②하며 大必有驗乎小③하고 微必有驗乎著④라 無驗而言之謂妄하니 君子妄乎아 不妄⑤이니라

① 君子之言 幽必有驗乎明 : 咸曰 "猶易極之精義而見于行事." ○ 祕曰 "猶言百神受職[35], 驗在禮樂."

宋咸이 말하였다. "≪周易≫의 지극히 정밀한 義가 行事에 드러남과 같은 것이다." ○ 吳祕가 말하였다. "온갖 신들이 직책을 받는다고 말한 것과 같으니, 禮樂에서 증명된다."

② 遠必有驗乎近 : 咸曰 "(有)〔猶〕[36]大雅之德及黎庶而本之於己." ○ 祕曰 "猶言百世可知[37], 驗在損益."

宋咸이 말하였다. "〈大雅〉의 德이 백성들에게 미치되 자기 몸에 근본하는 것과 같다."

○ 吳祕가 말하였다. "'百世 뒤의 일을 알 수 있다.'고 말한 것과 같으니, 損益하는 데에서 증명이 된다."

③ 大必有驗乎小 : 咸曰 "猶二南獲瑞而由之室家[38]." ○ 祕曰 "猶言天地之動, 驗在璿璣[39]."

---

35) 百神受職 : ≪禮記≫ 〈禮運〉에 "禮가 郊祭에 행해지면 온갖 신들이 직책을 받는다.〔禮行於郊 而百神受職焉〕"라고 하였다. 백신은 온갖 신을 말한 것으로, 온갖 신이 직책을 받아 바람과 비가 절도에 맞고 추위와 더위가 철에 맞아서 나쁜 징조가 없음을 말한다.

36) (有)〔猶〕: 저본에는 '有'로 되어 있으나, 四庫全書本에 근거하여 '猶'로 바로잡았다.

37) 百世可知 : ≪語論≫ 〈爲政〉에 子張이 "10세 뒤의 일을 알 수 있습니까?"라고 묻자, 공자가 대답하기를 "은나라는 하나라의 예를 따랐으니 損益한 것을 알 수 있고, 주나라는 은나라의 예를 따랐으니 손익한 것을 알 수 있다. 뒤에 혹시 주나라를 계승할 자가 나온다면 비록 百世 뒤의 일이라도 알 수 있다.〔殷因於夏禮 所損益可知也 周因於殷禮 所損益可知也 其或繼周者 雖百世可知也〕" 하였다.

38) 二南獲瑞而由之室家 : 二南은 ≪詩經≫의 〈周南〉과 〈召南〉이다. 〈주남〉과 〈소남〉의 시는

宋咸이 말하였다. "≪詩經≫의 〈周南〉과 〈召南〉이 祥瑞를 얻되 室家에게서 연유된 것과 같은 것이다."

○ 吳祕가 말하였다. "天地의 운행이 璿璣에서 증명된다고 말한 것과 같다."

④ 微必有驗乎著 : 咸曰 "(有)〔猶〕[40]春秋之推至隱而顯成法." ○ 祕曰 "猶言履霜堅氷至而驗在弑父[41]."

宋咸이 말하였다. "≪春秋≫가 지극히 은미한 것을 미루어 成法을 드러냄이 있는 것과 같다."

○ 吳祕가 말하였다. "'서리를 밟으면 단단한 얼음이 이른다.'고 말한 것과 같으니, 자식이 아비를 시해하는 데에서 증명이 된다."

⑤ 無驗而言之謂妄……不妄 : 言必有中. ○ 光曰 "言雖幽深遠大, 而不可考驗於今者, 所謂無稽之言也."

군자가 말을 하면 반드시 적중됨이 있다.

○ 司馬光이 말하였다. "말이 비록 심오하고 遠大하더라도 지금에 증명되지 않는 것은 이른바 황당무계한 말이다."

군자의 말은 아무리 심오하더라도 반드시 분명하여 알기 쉬운 데에서 증명이 되고, 아무리 원대하더라도 반드시 비근한 데에서 증명이 되며, 아무리 크더라도 반드시 작은 데에서 증명이 되고, 아무리 은미하더라도 반드시 뚜렷하게 드러나는

먼저 후비 부인의 덕을 읊은 〈關雎〉와 〈鵲巢〉를 첫머리에 두고 끝에는 각기 〈麟趾〉와 〈騶虞〉로써 마쳤으니, 말하자면 후비가 이러한 덕이 있어서 그 남편을 내조하여 모두 功業을 이루어 아름다운 祥瑞를 얻었음을 말한 것이다.

39) 天地之動 驗在璿璣 : 璿璣는 璿璣玉衡의 약칭으로 渾天儀라고도 한다. 해・달・별의 天象을 그려서 천체의 운행과 위치를 관측하던 기계이다. ≪書經≫ 〈舜典〉에 "선기와 옥형으로 살펴서 七政을 고르게 했다.〔在璿璣玉衡 以齊七政〕" 하였는데, 七政은 日月과 水・火・金・木・土 五星이다. 옛날에는 일월성신의 운행으로 세상의 治亂을 점쳤기 때문에 이렇게 말한 것이다.

40) (有)〔猶〕 : 저본에는 '有'로 되어 있으나, 四庫全書本에 근거하여 '猶'로 바로잡았다.

41) 履霜堅氷至而驗在弑父 : 서리를 밟으면 단단한 얼음이 얼 때가 곧 닥치듯 어떤 일의 징후가 보이면 머지않아 큰일이 일어나게 됨을 말한 것이다. ≪周易≫ 坤卦 初六爻辭에 "서리를 밟으면 단단한 얼음이 이른다.〔履霜堅氷至〕" 하였는데, 곤괘의 초육효가 맨 아래에 있어 아직은 미미하지만 점점 형세가 커짐을 말하는 것으로, 초육효를 小人에 비유하여 이들의 세력이 점차 커지면 서리가 얼음이 되듯 막을 수 없으니 미리미리 경계하여 제거하여야 한다는 뜻이다. 그리하여 곤괘의 〈文言傳〉에 "신하가 임금을 죽이며 아들이 아비를 죽이는 것은 하루아침 하루저녁에 이루어지는 것이 아니라 유래가 점차 그렇게 된 것이다." 하였다.

데에서 증명이 된다. 증명되지 않았는데 말하는 것을 妄言이라고 하니, 군자는 妄言을 하는가? 妄言을 하지 않는다.

13. **言不能達其心**하고 **書不能達其言**하니 **難矣哉**①라 **惟聖人**이라야 **得言之解**하고 **得書之體**②하니 **白日以照之**하고 **江河以滌之**하여 **浩浩乎其莫之禦也**③니라

① 難矣哉：祕曰"難乎爲君子也." ○ 光曰"難以明道."
吳祕가 말하였다. "君子 되기가 어렵다는 말이다."
○ 司馬光이 말하였다. "도를 밝히기 어렵다는 말이다."

② 惟聖人……得書之體：祕曰"發言成敎, 肆筆成典." ○ 光曰"解, 胡買切."
吳祕가 말하였다. "聖人은 말을 하면 가르침이 되고, 붓을 놀리면 경전이 된다."
○ 司馬光이 말하였다. "解는 胡와 買의 反切이다."

③ 白日以照之……浩浩乎其莫之禦也：咸曰"有所發明, 如白日所照, 有所蕩除, 如江河所滌. 浩浩洪盛, 無能當之者." ○ 祕曰"照之如白日, 滌之如江河. 浩浩洪流, 誰能禦之."
宋咸이 말하였다. "發明하는 바가 있는 것은 밝은 해로 비추는 것과 같고, 말끔히 제거하는 바가 있는 것은 江河로 씻어내는 것과 같으니, 그 성대함을 아무것도 당해낼 수 있는 것이 없다."
○ 吳祕가 말하였다. "비추는 것은 밝은 해와 같고 씻어내는 것은 江河와 같으니, 성대한 큰 물을 누가 막을 수 있겠는가."

말은 마음을 전달할 수 없고 글은 말을 전달할 수 없으니, 어렵다. 오직 성인만이 말의 의미를 이해할 수 있고 글의 요체를 이해할 수 있으니, 〈성인의 말과 글은〉 밝은 해로 비추는 것과 같고 江河로 씻어내는 것과 같아서 그 성대함을 아무것도 막을 수가 없다.

面相之하고 **辭相適**①하여 **捈中心之所欲**②하고 **通諸人之嚍嚍者**는 **莫如言**③이요 **彌綸天下之事**하고 **記久明遠**하며 **著古昔之**㖧㖧하고 **傳千里之忞忞者**는 **莫如書**④라 **故**로 **言**은 **心聲也**요 **書**는 **心畫也**⑤라 **聲畫形**이면 **君子小人見**(현)**矣**⑥니 **聲畫者**는 **君子小人之所以動情乎**⑦인저

① 面相之 辭相適：咸曰"面相, 猶面對. 適, 往也. 言面對之時, 以辭相反也." ○ 光曰

"之, 亦適也."

宋咸이 말하였다. "面相은 面對와 같다. 適은 가는 것이다. 面對할 때에 말로써 상대함을 말한다."

○ 司馬光이 말하였다. "之도 가는 것이다."

② 捈中心之所欲 : 咸曰 "捈, 引也." ○ 光曰 "捈, 同盧・佗胡二切."

宋咸이 말하였다. "捈는 당기는 것이다."

○ 司馬光이 말하였다. "捈는 同과 盧의 反切, 佗와 胡의 反切 두 가지 음이다."

③ 通諸人之嚍嚍者 莫如言 : 嚍嚍, 猶憤憤也. ○ 祕曰 "嚍嚍, 猶聲聞也. 通衆人善惡之聲." ○ 光曰 "宋吳本, 嚍作嚍, 呼陌切, 叫呼也. 今從李本. 嚍音晉."

嚍嚍은 憤憤과 같다.

○ 吳祕가 말하였다. "嚍嚍은 聲聞(소리, 소문)과 같으니, 사람들의 좋고 나쁜 소리를 통하게 하는 것이다.

○ 司馬光이 말하였다. "宋咸本・吳祕本에는 嚍이 嚍으로 되어 있다. 嚍은 呼와 陌의 反切이니, 부르짖는 것이다. 지금 李軌本을 따랐다. 嚍은 음이 晉이다."

④ 彌綸天下之事……莫如書 : 㫚㫚, 目所不見. 忞忞, 心所不了. ○ 咸曰 "書謂書畫之書, 㫚㫚猶喋喋, 忞忞猶勉勉. 言書畫者, 所以著古人喋喋之言, 傳千里勉勉之懷也." ○ 祕曰 "㫚㫚, 不可知也. 忞忞, 自彊勉也. 古昔難知之迹, 書以著焉, 所以記久也. 千里自勉之行, 書以傳焉, 所以明道也. 自勉者, 君子勉爲君子, 小人勉爲小人也." ○ 光曰 "㫚, 呼昆切. 忞, 武巾切."

㫚㫚은 눈으로 보지 못한 것이고, 忞忞은 마음에 분명하지 않은 것이다.

○ 宋咸이 말하였다. "書는 書畫의 書를 이른다. 㫚㫚은 喋喋과 같고 忞忞은 勉勉과 같다. 書畫는 옛사람의 첩첩한 말을 드러내어 천 리 밖의 곡진한 회포를 전하는 것이라는 말이다."

○ 吳祕가 말하였다. "㫚㫚은 알지 못하는 것이고, 忞忞은 스스로 힘쓰는 것이다. 옛날의 알기 어려운 자취는 글로써 드러내니 글은 오래된 것을 기록하는 것이고, 천 리 밖에서 스스로 힘쓰는 행실은 글로써 전하니 글은 도를 밝히는 것이다. 스스로 힘쓴다는 것은 君子는 군자가 되기를 힘쓰고, 小人은 소인이 되기를 힘쓰는 것이다."

○ 司馬光이 말하였다. "㫚은 呼와 昆의 反切이고, 忞은 武와 巾의 反切이다."

⑤ 故言心聲也 書心畫也 : 聲發成言, 畫紙成書. 書有文質, 言有史野[42], 二者之來, 皆

---

42) 書有文質 言有史野 : 文은 아름다운 외관이고 質은 본바탕이며, 史는 겉만 번지르르한 것이고 野는 비루하고 촌스러운 것이다.

由於心. ○ 祕曰 "心有之言焉書焉, 是以似之." ○ 光曰 "畫, 猶圖畫."

소리가 나오면 말이 되고, 종이에 획을 그으면 글이 된다. 글에는 文과 質이 있고 말에는 史(세련됨)와 野(질박함)가 있으니, 두 가지의 유래는 모두 마음에서 연유되는 것이다.

○ 吳祕가 말하였다. "마음속에 말이 있고 글이 있으니, 이 때문에 비슷하다."

○ 司馬光이 말하였다. "畫는 圖畫와 같다."

⑥ 聲畫形 君子小人見(현)矣 : 察言觀書, 斷可識也. ○ 光曰 "見, 賢遍切."

말을 살피고 글을 관찰하면 단연코 알 수 있다.

○ 司馬光이 말하였다. "見은 賢과 遍의 反切이다."

⑦ 聲畫者 君子小人之所以動情乎 : 咸曰 "君子所動情者道, 小人所動情者利, 各見其言書矣." ○ 祕曰 "情動於中, 而形于聲畫."

宋咸이 말하였다. "君子의 情을 동하게 하는 것은 道이고, 小人의 情을 동하게 하는 것은 이익이니, 각각 말과 글에 나타난다."

○ 吳祕가 말하였다. "情이 안에서 동하여 말과 글에 나타나는 것이다."

얼굴을 맞대고 말로 서로 상대하고서 마음속에 말하고자 하는 바를 표현하거나 여러 사람의 憒憒한 마음을 전달하는 데는 말보다 더 좋은 것이 없고, 천하의 일을 망라하고 오래된 것을 기록하고 먼 곳의 일을 밝히며, 태곳적의 눈으로 보지 못한 일을 드러내고 천리 밖의 분명치 않은 일을 전하는 데에는 글보다 더 좋은 것이 없다. 그러므로 말은 마음의 소리이고 글은 마음의 그림이다. 마음이 소리(말)와 그림(글)을 통해 드러나면 군자인지 소인인지 나타나니, 말과 글은 군자와 소인의 情을 동하게 하는 것이다.

14. 聖人之辭는 渾渾若川①이라 順則便하고 逆則否者는 其惟川乎②인저

① 聖人之辭 渾渾若川 : 渾渾, 洪流也. ○ 祕曰 "渾渾, 若大川之流."

渾渾은 큰 물이 흘러가는 것이다.

○ 吳祕가 말하였다. "渾渾은 큰 내가 흘러가는 것과 같은 것이다."

② 順則便……其惟川乎 : 祕曰 "聖人之教, 順則安, 逆則危." ○ 光曰 "順之則便易, 逆之則不行."

吳祕가 말하였다. "聖人의 가르침을 순히 따르면 편안하고 거스르면 위태롭다."

○ 司馬光이 말하였다. "순히 따르면 편안하고, 거스르면 가지 못한다."

聖人의 말은 도도히 흘러가는 大河와 같다. 순히 따르면 편안하고 거스르면 위태로운 것은 오직 大河일 것이다.

15. **或曰 仲尼聖者歟**아 **何不能居世也**오 **曾范蔡**[43]**之不若**①이로다 **曰 聖人者 范蔡乎**②아 **若范蔡**를 **其如聖何**③리오

① 曾范蔡之不若 : 咸曰 "言不能曲傳以圖用, 如范叔[44]蔡澤之爲." ○ 祕曰 "范雎, 魏人也, 說秦昭王而爲相. 蔡澤, 燕人也, 說范雎而代雎爲相. 言孔子不如." ○ 光曰 "不如范雎蔡澤能偶合世俗以求富貴."

宋咸이 말하였다. "〈자신의 마음을〉 곡진히 전달하여 도모하고 실천한 것이 范叔과 蔡澤이 한 것만 못하다는 말이다."

○ 吳祕가 말하였다. "范雎는 魏나라 사람으로 秦 昭王에게 유세하여 재상이 되었고, 蔡澤은 燕나라 사람으로 范雎에게 유세하여 범수 대신 재상이 되었으니, 孔子가 이들만 못함을 말한 것이다."

○ 司馬光이 말하였다. "范雎와 蔡澤이 세속과 우연히 합하여 부귀를 구한 것만 못하다."

② 聖人者 范蔡乎 : 咸曰 "言聖人肯爲范蔡之術乎."

宋咸이 말하였다. "聖人이 어찌 范雎와 蔡澤의 술수를 행하려고 하겠느냐는 말이다."

③ 若范蔡 其如聖何 : 咸曰 "范叔, 魏人. 干王稽, 得事秦爲相, 號應侯. 蔡澤, 燕人. 說應侯, 卒代其位, 爲(綱)〔剛〕[45]成君. 二子, 皆以詭術居位, 其如聖人之道何." ○ 光曰

---

43) 范蔡 : 范雎와 蔡澤의 합칭이다. 범수는 전국시대 魏나라 사람이다. 어려서부터 지혜가 있고 구변이 좋았다. 須賈를 따라 齊나라에 갔는데 제나라 왕이 범수를 극진히 대접하니, 범수가 위나라의 비밀을 고하여 그러는 줄로 오해하고 위나라의 정승 魏齊에게 고하였다. 이에 범수는 모진 매를 맞고 죽은 것처럼 가장하여 秦나라로 탈출하여 張祿으로 성명을 바꾸고 정승까지 되어 應侯에 봉해졌으나 뒤에 蔡澤에게 자리를 돌려주고 사퇴하였다. 蔡澤은 전국시대 燕나라의 辯士이다. 韓·魏·趙나라를 다니며 유세하였으나 모두 중용되지 못하다가, 秦나라에 들어갔을 때 당시 재상인 范雎가 그를 알아보고 자신의 후임으로 昭王에게 추천하여 客卿이 되고 얼마 후에 정승이 되었다. 莊襄王이 卽位하자 呂不韋를 총애하고 신임하는 것을 알고 병을 핑계대어 사직하고 물러나왔다.

44) 范叔 : 叔은 范雎의 字이다.

45) (綱)〔剛〕: 저본에는 '綱'으로 되어 있으나, ≪戰國策≫에 근거하여 '剛'으로 바로잡았다.

"仲尼者, 爲范蔡之行, 則亦爲小人, 安得爲聖."

宋咸이 말하였다. "范叔은 魏나라 사람이다. 王稽에게 등용되기를 구하여 秦나라를 섬겨 재상이 되어 應侯라고 호하였다. 蔡澤은 燕나라 사람이다. 應侯에게 유세하여 마침내 그의 지위를 대신하여 剛成君이 되었다. 두 사람은 모두 거짓 술수로 지위를 차지하였으니 聖人의 道를 어찌하겠는가."

○ 司馬光이 말하였다. "仲尼가 범수와 채택의 행위를 한다면 또한 소인이니 어찌 성인이 될 수 있겠는가."

혹자가 말하였다.

"仲尼는 聖人이 맞습니까? 어찌하여 處世를 잘하지 못하였습니까? 范雎와 蔡澤만도 못합니다."

揚子가 말하였다.

"聖人이 어찌 범수와 채택의 행위를 하겠는가. 범수와 채택 같은 자를 어찌 聖人이라 할 수 있겠는가."

16. 或曰 淮南太史公[46]**者**는 **其多知歟**인저 **曷其雜也**①[47]아 **曰 雜乎雜**②이라 **人病以多知爲雜**이로되 **惟聖人**은 **爲不雜**③이니라

① 淮南太史公者……曷其雜也 : 祕曰 "淮南王安, 著書二十餘萬言. 太史公司馬談, 遷之父也, 著書五十餘萬言. 其多知哉, 何其不純而雜也. 雜, 謂安作內書外書, 又作中篇, 言神仙黃白之術[48], 遷序九流百家[49]雜語."

---

46) 太史公 : ≪史記≫의 저자 司馬遷을 가리킨다. 아버지 司馬談의 뒤를 이어 漢나라의 太史令을 지냈기 때문에 태사공이라고 칭하였다.

47) 淮南太史公者……曷其雜也 : ≪淮南子≫는 前漢 淮南王 劉安이 편찬한 일종의 백과사전이다. 유안이 천하의 文學之士와 方術家를 근 천여 명이나 모아서 편찬한 것으로, ≪漢書≫ 〈淮南王傳〉에는 〈內書〉 21편, 〈外書〉 다수, 〈中篇〉 8권이라고 했는데 현재는 이 중 〈내서〉 21권만이 전하고 있다. ≪회남자≫는 저술한 의도가 도가의 설을 천명하는 데에 있고, 제자백가의 학설을 집성한 것이기 때문에 ≪漢書≫ 〈藝文志〉에 ≪회남자≫는 ≪여씨춘추≫와 함께 雜家의 부문에 들어 있다. 司馬遷의 ≪史記≫는 紀傳體 史書의 원조이다. 儒學을 종주로 삼았지만 法家, 道家, 兵家 등의 先秦諸子의 사상도 겸하였기 때문에 揚雄이 잡다하다고 한 것이다.

48) 黃白之術 : 道士가 丹砂를 고아서 黃金이나 白銀을 제조하는 방술을 말한다.

吳祕가 말하였다. "淮南王 劉安은 著書가 20여만 자이고, 太史公 司馬談은 司馬遷의 아버지인데 著書가 50여만 자이니, 아는 것이 많다. 그런데 어찌 그리도 순수하지 못하고 잡다한가. 잡다하다는 것은 劉安이 〈內書〉와 〈外書〉를 짓고 또 〈中篇〉을 지어 神仙術과 黃白術에 대해서 말한 것과 司馬遷이 九流百家의 잡다한 학설에 대해 서술한 것을 이른다.

② 雜乎雜 : 祕曰 "唯其不純, 所以爲雜." ○ 光曰 "言二書誠雜也."

吳祕가 말하였다. "순수하지 못하기 때문에 잡다한 것이다.

○ 司馬光이 말하였다. "劉安의 ≪淮南子≫와 司馬遷의 ≪史記≫가 참으로 잡다하다는 말이다."

③ 人病以多知爲雜 惟聖人爲不雜 : 祕曰 "聖人, 雖多知, 皆歸于正."

吳祕가 말하였다. "聖人은 비록 아는 것이 많더라도 모두 바른 데로 귀결된다."

혹자가 말하였다.

"淮南王(劉安)과 太史公(司馬遷)은 참으로 아는 것이 많습니다. 그런데 〈그들이 지은 책의 내용은〉 어쩌면 그리도 잡다합니까?"

揚子가 말하였다.

"잡다하디 잡다하다. 보통 사람은 아는 것이 많으면 잡다해질까 근심하지만, 오직 성인만은 〈아는 것이 많아도〉 잡다하지 않다."

17. 書不經이면 非書也요 言不經이면 非言也니 言書不經이면 多多贅矣①니라

① 書不經……多多贅矣 : 動而愈僞. ○ 咸曰 "贅疾, 乃身之蠹者也. 夫書畫與言, 不由乎經典, 爲道之蠹, 亦多多矣." ○ 光曰 "言書不合於經, 知之愈多則愈爲害而無用, 若身之有贅然. 贅, 附肉也."

동하면(말과 글을 내면) 더욱 거짓이 된다.

○ 宋咸이 말하였다. "贅疾은 몸의 해이다. 書畫와 말이 經典을 따르지 않으면 道에 해가 됨이 또한 많고 많다."

○ 司馬光이 말하였다. "말과 글이 경전의 취지에 부합하지 않으면 아는 것이 많을수록 더욱 해만 되고 쓸모없는 것이 몸에 혹이 있는 것과 같음을 말한 것이다. 贅는 혹덩어리이다."

---

49) 九流百家 : 구류는 아홉 가지 학파로 儒家・道家・陰陽家・法家・名家・墨家・縱橫家・雜家・農家를 말하고, 백가는 유가 이외에 一家의 설을 세운 수많은 학파와 학자를 가리킨다.

글이 경전의 취지에 부합하지 않으면 글이 아니고, 말이 경전의 취지에 부합하지 않으면 말이 아니다. 말과 글이 경전의 취지에 부합하지 않는다면, 많으면 많을수록 군더더기가 될 뿐이다.

18. 或曰 述而不作[50)]이어늘 玄何以作①고 曰 其事則述이요 其書則作②이니라

① 述而不作 玄何以作：咸曰"揚子著太玄經, 所謂玄者一也. 天地陰陽參比, 一生三, 取其三數, 故有三方. 三生九, 故有九州. 九生二十七, 故有二十七部. 二十七生八十一, 故有八十一家. 遂爲八十一首, 故有二百四十三表, 七百二十九贊. 每二贊, 一日七百二十九贊, 而當周天之度. 一歲之紀節候・鍾律・星斗・五行咸著焉. 今或人以爲孔子述而不作, 疑太玄不當作, 故問之." ○ 祕曰"孔子述而不作, 太玄何以作."

宋咸이 말하였다. "揚子가 ≪太玄經≫을 지었으니 이른바 玄은 1이다. 天地와 陰陽이 參比하여 1이 3을 낳으니 3의 數를 취하였기 때문에 3方이 있고, 3이 9를 낳기 때문에 9州가 있고, 9가 27을 낳기 때문에 27部가 있고, 27이 81을 낳기 때문에 81家가 있다. 마침내 81首를 지었기 때문에 243表와 729贊이 있다. 매번 2贊인데, 하루가 729贊이어서 周天의 度數(365)에 해당한다. 그리하여 1년의 節候와 鍾律(黃鍾律)과 北斗星과 五行이 모두 드러난다. 지금 혹자는 孔子도 옛것을 전술하기만 하였을 뿐 창작하지 않았는데, 양웅이 ≪太玄經≫을 창작해서는 안 된다고 의심하였기 때문에 물은 것이다."

○ 吳祕가 말하였다. "孔子도 옛것을 전술하기만 하였을 뿐 창작하지는 않았는데, 어째서 ≪태현경≫을 창작하였느냐는 말이다."

② 述而不作……其書則作：言昔老彭, 好述古事, 孔子比之, 但述而不作. 今太玄, 非古事, 乃自成一家之書, 故作之也. 或曰"孔子述事者有矣, 然何嘗作書乎." ○ 咸曰"當孔子之世, 周室下衰, 詩書淆亂, 禮樂崩壞, 先王之制, 無一而正者. 故孔子區區於道, 以述古事. 刪詩書定禮樂, 約史記而修春秋, 復與諸侯門人, 更議典制, 然後各得其所. 故明道立教, 盡在是矣. 何須更作書哉. 故所以述而不作者, 蓋此也, 非不當作之也. 當子雲之時則不然, 六經皆更聖人之所定, 漢興已久, 稍爲諸儒討正, 故無古事可述. 而屈身莽朝, 自非作書著成一家, 則何以明其道哉." ○ 祕曰"以爲經莫大於易, 故作太玄. 自子辰申子, 冠之以甲分二十七章爲一會, 八十一章爲一統, 從子至辰, 自辰至申, 自申至子, 凡四千六百一十七歲爲一元, 與泰初歷[51)]相應. 亦有顓頊歷[52)]焉, 此其事

50) 述而不作：≪論語≫ 〈述而〉에 보인다. 述은 옛것을 傳述하는 것이고, 作은 처음으로 創作하는 것이다.

則述也, 作二百四十三表·七百二十九贊十一篇, 此其書則作也." ○ 光曰 "仁義先王之事也, 方州部家, 揚子所作也. 言揚子所作太玄之書, 其所述者, 亦先聖人之道耳."

옛날에 老彭이 옛일을 傳述하기를 좋아하였는데, 孔子는 자신을 그에게 견주면서 다만 傳述하기만 할 뿐 創作하지 않았다. 그러나 지금 ≪태현경≫은 옛일을 전술한 것이 아니라 스스로 一家의 책을 이루었으므로 창작한 것이라는 말이다. 혹자는 "孔子가 일을 전술한 경우는 있지만 어찌 창작한 적이 있는가."라고 하였다.

○ 宋咸이 말하였다. "孔子의 세대를 당하여 周나라 王室이 낮아지고 쇠퇴하여 詩書가 뒤섞여 어지럽고 禮樂이 무너져서 先王의 제도가 하나도 바른 것이 없었다. 그러므로 孔子가 道에 연연하여 옛일을 전술하였다. 그리하여 詩書를 刪削하고 禮樂을 정하며, 노나라 역사책을 요약하여 ≪春秋≫를 편수하고, 다시 諸侯와 門人과 더불어 다시 典章과 制度를 의논한 연후에야 각각 제자리를 얻었다. 그러므로 도를 밝히고 가르침을 세우는 것이 모두 여기에 있으니, 어찌 다시 창작할 필요가 있겠는가. 그러므로 〈孔子가〉 옛것을 전술하기만 하고 창작하지 않은 것은 이 때문이니, 마땅히 창작해서는 안 된다는 것이 아니다. 揚子雲의 시대를 당해서는 이와 같지 않아서 六經이 모두 聖人의 산정을 거쳤으나, 漢나라가 일어난 지 이미 오래되어 점점 諸儒들에 의해 토의하고 정정되었기 때문에 옛일 중에 전술할 만한 것이 없었고, 자신이 몸을 굽혀 王莽의 조정을 섬겼으니, 스스로 책을 저술하여 일가를 이루지 않으면 무엇으로 자기의 도를 밝힐 수 있었겠는가."

○ 吳祕가 말하였다. "경은 ≪주역≫보다 더 훌륭한 것이 없다. 그러므로 ≪太玄經≫을 지은 것이다. 子에서 辰에 이르고, 辰에서 申에 이르고, 申에서 子에 이르는데, 앞에 甲을 놓아서 27章을 나누어 1會라 하고 81章을 1統이라 하였다. 子에서

---

51) 泰初歷 : 漢 武帝가 太初 1년(B.C. 104)부터 실시한 曆法으로 鄧平이 처음 만들었으며, 태초력의 1朔望月은 29와 81분의 43일, 1回歸年은 365와 1539분의 385일이다. ≪史記≫ 〈曆書〉와 ≪漢書≫ 〈律曆志〉에 의하면 한나라 초기 이래로 답습해 오던 秦나라의 顓頊曆을 司馬遷과 落下閎 등이 주도하여 태초력으로 改曆하였다고 한다. 개력의 주요 내용은 10월을 歲首로 하던 것을 正月로 바꾼 것, 冬至를 11월로 고정시킨 것, 中氣가 있는 달을 閏月로 채택한 것 등을 들 수 있다. 태초력은 한나라 말에 劉歆이 이를 다시 보수하여 三統曆이라고 하였으며, 85년 후한의 개력 때까지 188년 동안 쓰였다.

52) 顓頊歷 : 중국 古六曆의 하나로 秦나라 때에 만들어졌는데 구체적인 제작 연대는 알려져 있지 않으나 秦나라 통일 후에 사용되었다. 漢나라는 秦나라의 제도를 계승하여 기원전 104년 漢 武帝 때 태초력을 사용하기 전까지 이 전욱력을 사용하였다. 1回歸年은 365와 4분의 1이고, 1朔望月은 29와 940분의 449일이며, 19년에 7개의 윤월을 두고, 建亥月(夏曆의 10월)을 세수로 삼았으며, 立春을 1년 節氣의 기점으로 계산하였다.

辰에 이르고, 辰에서 申에 이르고, 申에서 子에 이르기까지 무릇 4617歲를 1元이라 하여 泰初曆과 서로 응하였고, 또한 顓頊曆이 있으니 이것이 '其事則述'이요, 243表 729贊 11편을 지었으니 이것이 '其書則作'이다."

○ 司馬光이 말하였다. "仁義는 先王의 일이고, 三方・九州・二十七部・八十一家는 揚子가 창작한 것이다. 揚子가 창작한 것은 ≪太玄經≫이고, 전술한 것은 또한 옛 聖人의 道일 뿐이라는 말이다."

혹자가 말하였다.

"공자도 옛것을 傳述하기만 할 뿐 창작하지 않았는데, 선생은 어찌하여 ≪태현경≫을 창작하였습니까?"

揚子가 말하였다.

"〈≪태현경≫은〉 그 일(내용)은 〈≪역경≫을〉 전술한 것이고, 그 글(體例)은 창작한 것이다."

19. 育而不苗[53)]者는 吾家之童烏乎[①54)]인저 九齡而與我玄文[②]이로다

① 育而不苗者 吾家之童烏乎 : 童烏, 子雲之子也[55)]. 仲尼悼顏淵苗而不秀, 子雲傷童烏育而不苗.

童烏는 子雲의 아들이다. 仲尼는 顏淵이 〈일찍 죽은 것을〉 슬퍼하여 싹이 텄으나

53) 育而不苗 : 不苗는 싹이 텄으나 미처 꽃을 피우거나 열매를 맺지도 못하고 죽은 것을 말하는데, 사람이 夭折한 것을 비유한 것이다.

54) 育而不苗者 吾家之童烏乎 : ≪論語≫ 〈子罕〉에 孔子가 말씀하기를 "싹이 났으나 꽃이 피지 못하는 것도 있고, 꽃이 피었으나 열매를 맺지 못하는 것도 있다.〔苗而不秀者 有矣夫 秀而不實者 有矣夫〕"라고 하였다. 여기서는 揚雄이 자기의 아들 烏가 장성하지 못하고 어린 나이에 일찍 죽은 것을 서글퍼하여 공자 말씀에 빗대어 말한 것이다.

55) 童烏 子雲之子也 : 童烏의 童은 8세 이상에서 19세 이하의 남자를 가리키는 호칭이다. 烏는 揚雄의 둘째 아들인 揚信의 小名이다. ≪劉向別傳≫에 다음과 같은 내용이 실려 있다. "揚信은 字가 子烏로 양웅의 둘째 아들이다. 어려서 총명하고 지혜로웠다. 양웅이 ≪태현경≫을 지으려고 계획하였으나 분명하게 깨닫고 있지 못하였는데, 子烏가 九數를 지어 터득하게 하였다. 양웅이 또 ≪周易≫의 '羝羊觸藩(숫양이 울타리를 들이받다.)'을 모방하여 글을 지으려고 하였으나 종일토록 완성하지 못하자, 子烏가 '대인께서는 어찌하여 荷戟入榛(창을 메고 우거진 숲으로 들어가다.)이라고 하지 않으십니까.'라고 하였다."(≪太平御覽 卷385 人事部 26 幼智 下≫)

꽃을 피우지 못했다고 하고, 子雲은 童烏가 〈아홉 살에 죽은 것을〉 상심하여 길렀으나 싹을 틔우지 못했다고 한 것이다.

② 九齡而與我玄文：顔淵弱冠而與仲尼言易, 童烏九齡而與揚子論玄. ○ 光曰 "與, 余茹切, 與知之."

顔淵은 弱冠의 나이에 仲尼와 ≪역경≫에 대해 말하였고, 童烏는 아홉 살의 나이에 揚子와 ≪태현경≫을 논하였다.

○ 司馬光이 말하였다. "與는 余와 茹의 反切이니, 참여하여 아는 것이다."

길렀으나 싹을 틔우지 못한 것은 우리집 아이 烏일 것이다. 아홉 살의 나이에 내가 ≪태현경≫을 撰하는 데에 참여하였다.

20. 或曰 玄何爲①오 曰 爲仁義②니라 曰 孰不爲仁이며 孰不爲義③리오 曰 勿雜也而已矣④니라

① 玄何爲：祕曰 "旨何歸." ○ 光曰 "爲, 于僞切, 言爲何事而作."

吳祕가 말하였다. "취지가 어디로 귀결되느냐는 말이다."

○ 司馬光이 말하였다. "爲는 于와 僞의 反切이다. 어떤 일을 위하여 ≪태현경≫을 지었느냐는 말이다."

② 爲仁義：咸曰 "玄言者, 爲仁義而作."

宋咸이 말하였다. "≪태현경≫은 仁義를 위하여 저술한 것이다."

③ 孰不爲仁 孰不爲義：祕曰 "賢者而言, 誰不爲仁義. 何必玄."

吳祕가 말하였다. "賢者로 말하면 누군들 仁義를 위하지 않겠는가. 그런데 하필 ≪태현경≫뿐이겠는가."

④ 勿雜也而已矣：純則巧僞息, 雜則姦邪生. ○ 咸曰 "言如三鄒・田(戶)〔尸〕[56]・吁劇・申韓之徒, 雜以巫祝・禨祥・刑名・浮虛而亂俗. 今太玄, 獨專於仁義也. 或曰 '太玄之專仁義也, 安在.' (或)〔咸〕[57]曰 '夫玄之道, 雖以陰陽・節候・星斗・五行之用, 然其旨應休咎之占, 星陽而時數辭從則爲休也, 星陰而時數辭違則爲咎也. 使人知吉凶之來善惡之修, 豈非仁乎. 夫義者, 宜也, 復使窮渾天之法, 知人事之紀, 通變化之本, 豈非義乎.'" ○ 祕曰 "引之以天數, 播之以人事, 終歸仁義不雜而已矣. 易曰 '立人

---

56) (戶)〔尸〕: 저본에는 '戶'로 되어 있으나, ≪史記≫ 〈孟子荀卿列傳〉에 근거하여 '尸'로 바로잡았다.

57) (或)〔咸〕: 저본에는 '或'으로 되어 있으나, 四庫全書本에 근거하여 '咸'으로 바로잡았다.

之道, 曰仁與義.' 今玄準之, 故曰'爲仁義.' 夫人道則然. 且天一至地十, 易道也. 三摹九(劇)〔據〕[58], 玄道也. 玄之準易, 不亦非乎. 曰'玄之準易', 非準易之道, 準易爲書也. 易準天地, 自天一, 至地十, 天地之道備矣. 玄何爲哉. 易之書, 準天地, 玄之書, 準歷數, 所以爲準易也. 歷數者, 天之道也. 自一至九, 陽數之極也. 若類之於易則非矣." ○ 光曰 "則象天地以爲人紀, 異術無從而入."

순수하면 속임수가 사라지고, 잡박하면 간사함이 생긴다.

○ 宋咸이 말하였다. "三鄒(鄒忌·鄒衍·鄒陽), 田尸(田駢과 尸佼), 吁劇(吁嬰과 劇子), 申韓(申不害와 韓非) 같은 무리들이 잡다하게 巫祝, 禨祥, 刑名, 浮虛로 풍속을 어지럽혔는데, 지금 ≪태현경≫은 오직 仁義에 전일하였다. 혹자가 '≪태현경≫이 仁義에 전일하다는 것이 어디에 있는가?'라고 하기에 내가 다음과 같이 말하였다. '태현의 도는 비록 陰陽, 節候, 星斗, 五行의 用으로써 말하였지만 그 취지는 休咎(吉凶)의 占에 응한다. 별이 陽인데 때와 數와 말이 따르면 休徵(아름다운 징조)이 되고, 별이 陰인데 때와 數와 말이 위배되면 咎徵(나쁜 징조)이 된다. 사람들로 하여금 吉凶이 오는 것이 善惡을 닦는 데에 달려 있음을 알게 하니, 어찌 仁이 아니겠는가. 義라는 것은 마땅함이니, 다시 渾天의 법을 연구하여 人事의 벼리를 알고 變化의 근본을 통하게 하는 것이 어찌 義가 아니겠는가.'"

○ 吳祕가 말하였다. "天數로써 끌어당기고 人事로써 전파하여 마침내 仁義로 돌아가 잡박하지 않게 할 뿐이다. ≪주역≫에 '사람의 도를 세우는 것은 仁과 義이다.'라고 하였는데 지금 ≪태현경≫은 이것을 표준으로 삼았다. 그러므로 '仁義를 위해서 저술하였다.'고 한 것이니, 人道는 이와 같다. 또 天一부터 地十까지는 易道이고, 三摹九據는 玄의 道이니 ≪태현경≫이 ≪周易≫을 표준으로 삼았다는 것은 잘못된 것이 아니겠는가. ≪태현경≫이 ≪周易≫을 표준으로 삼았다는 것은 ≪周易≫의 道를 표준으로 삼은 것이 아니라 ≪周易≫을 표준으로 삼아 책을 지은 것이다. ≪周易≫은 天地를 표준으로 삼아 天一부터 地十까지 天地의 道가 갖추어졌다. ≪태현경≫은 어찌하여 지었는가. ≪周易≫ 책은 天地를 표준으로 삼고 ≪태현경≫은 曆數를 표준으로 삼았으니 ≪周易≫을 표준으로 삼은 것이다. 曆數는 天의 道이다. 一부터 九까지는 陽數의 極이다. 만약 이것을 ≪周易≫에 유추한다면 잘못된 것이다."

○ 司馬光이 말하였다. "天地를 본받아 人紀로 삼으니, 異端의 邪說이 들어올 곳이 없다."

---

58) (劇)〔據〕: 저본에는 '劇'으로 되어 있으나, ≪漢書≫ 〈揚雄傳〉에 근거하여 '據'로 바로잡았다.

혹자가 말하였다.

"≪태현경≫은 무엇을 위해서 지었습니까?"

揚子가 말하였다.

"仁義를 위해서 지었다."

혹자가 말하였다.

"〈현자라면〉 누군들 仁을 위하지 않겠으며, 누군들 義를 위하지 않겠습니까?"

揚子가 말하였다.

"〈≪태현경≫은 仁義로 돌아가〉 잡박하지 않게 하려고 했을 뿐이다."

21. **或問經之艱易**①한대 **曰 存亡**이니라 **或人不諭**한대 **曰 其(人)〔文〕**[59] **存則易**②하고 **亡則艱**③이라 **延陵季子**[60] **之於樂也**에 **其庶矣乎**④인저 **如樂弛**면 **雖札**이라도 **末如之何矣**⑤라 **如周之禮樂庶事之備也**하여 **每可以爲不難矣**⑥어니와 **如秦之禮樂庶事之不備也**하여 **每可以爲難矣**⑦니라

① 或問經之艱易：光曰 "易, 移豉切."
　司馬光이 말하였다. "易는 移와 豉의 反切이다."

② 其(人)〔文〕存則易：咸曰 "請益可了, 故易." ○ 祕曰 "若孔子在, 三千之徒, 竝授其義."
　宋咸이 말하였다. "더 배우기를 청하여 마칠 수 있기 때문에 쉽다."
　○ 吳祕가 말하였다. "만약 孔子가 살아 계신다면 3천 명의 문도가 모두 그 義를 전수받았을 것이다."

③ 亡則艱：咸曰 "思益各異故艱." ○ 祕曰 "若七十子喪而大義乖." ○ 光曰 "人當作文, 字之誤也. 秦火之餘, 六經殘缺, 雖聖賢治之, 亦未易悉通."
　宋咸이 말하였다. "생각이 더욱 각각 다르기 때문에 어려운 것이다."
　○ 吳祕가 말하였다. "〈孔門의〉 70제자가 죽은 뒤로 〈諸經의〉 大義가 어긋난 것과 같은 것이다."

---

59) (人)〔文〕: 저본에는 '人'으로 되어 있으나, 兪樾의 ≪諸子平議≫에 "살펴보건대 司馬光이 '人은 마땅히 文이 되어야 하니, 글자가 잘못된 것이다.'라고 하였는데, 지금 下文으로 징험해 보건대 司馬光의 설이 옳다."라고 하였다. 이에 근거하여 '文'으로 바로잡았다.

60) 延陵季子 : 季子는 춘추시대 吳王 壽夢의 少子로 이름은 季札이다. 封邑이 延陵에 있었기 때문에 延陵季子라고 칭하였다.

○ 司馬光이 말하였다. "'人'은 마땅히 '文'이 되어야 하니, 글자가 잘못된 것이다. 秦나라의 분서갱유를 겪은 뒤에 六經이 殘缺되었으니, 비록 聖賢이 연구한다 하더라도 다 통달하기가 쉽지 않다."

④ 延陵季子之於樂也 其庶矣乎 : 祕曰 "春秋襄二十九年, 吳公子札來聘, 請觀周樂." ○ 光曰 "聞其聲詩, 知其國之興衰, 庶幾可謂知樂矣."

吳祕가 말하였다. "≪春秋≫ 襄公 29년에 吳나라 公子 季札이 來聘하여 周나라 樂舞를 보기를 청하였다."

○ 司馬光이 말하였다. "延陵季子가 聲詩(樂歌)를 듣고서 그 나라의 흥함과 쇠함을 알았으니 거의 음악을 알았다고 이를 만하다."

⑤ 如樂弛……末如之何矣 : 光曰 "末, 無也. 若其聲詩家已廢亡, 雖札, 亦不能知也."

司馬光이 말하였다. "末은 없음이다. 만약 聲詩家가 이미 폐하여 없어졌다면 비록 季札이라도 알 수가 없다."

⑥ 如周之禮樂……每可以爲不難矣 : 祕曰 "魯得用天子禮樂, 盡在魯." ○ 光曰 "監於二代, 曲爲之制, 事爲之防, 學者習之, 固無難矣."

吳祕가 말하였다. "魯나라가 天子의 禮樂을 쓸 수 있었기 때문에 〈周나라의 禮樂이〉 모두 魯나라에 있었다."

○ 司馬光이 말하였다. "〈周나라는〉 夏・殷 二代를 거울로 삼아 세밀하게 제도를 만들고 일을 방비하였기 때문에 배우는 자들이 〈周나라의 예악을〉 익히는 데 진실로 어려움이 없었을 것이다."

⑦ 如秦之禮樂……每可以爲難矣 : 祕曰 "秦燔滅文章, 以愚黔首, 禮樂弛廢, 雖季子, 何由知之." ○ 光曰 "秦訕笑三代之禮樂, 屛而去之, 自爲苟簡之制. 後之學者, 求先王之禮樂於散亡之餘, 誠亦難矣."

吳祕가 말하였다. "秦나라가 文章을 불태워 없앰으로써 백성들을 어리석게 만들고 禮樂이 파괴되었으니, 비록 季子라 한들 어떻게 알 수 있겠는가."

○ 司馬光이 말하였다. "秦나라가 三代의 禮樂을 헐뜯고 비웃어 이를 물리쳐 없애 버리고는 스스로 구차하고 간략한 제도를 만들었다. 그리하여 후대의 배우는 자들이 예악이 흩어지고 없어진 나머지에서 先王의 禮樂을 구하였으니, 참으로 또한 어려웠다."

혹자가 經典 공부의 어려움과 쉬움에 대해서 물으니, 揚子가 말하였다.

"〈經典 공부의 어려움과 쉬움은〉 經文이 남아 있느냐 없느냐에 달려 있을 뿐이다."

혹자가 무슨 뜻인지 알아듣지 못하자, 揚子가 말하였다.

“經文이 남아 있으면 쉽고, 經文이 없으면 어렵다. 예컨대 延陵季子는 음악에 대한 조예가 거의 道에 가까웠다. 그러나 만약 당시의 음악이 파괴되어 전해진 것이 없다면 아무리 季札이라도 어찌할 수가 없을 것이다. 예컨대 周나라는 禮樂과 관계된 모든 일이 완비되어 있어서 매양 〈예악을 거행하는 것을〉 어렵지 않게 여겼지만, 秦나라는 禮樂과 관계된 모든 일이 완비되어 있지 않아서 매양 〈예악을 거행하는 것을〉 어렵게 여겼다.”

22. 衣而不裳이 未知其可也①요 裳而不衣 未知其可也②라 衣裳은 其順矣乎③인저

① 衣而不裳 未知其可也 : 有上無下, 猶有君而無臣. ○ 祕曰 “君在位而無輔.” ○ 光曰 “秦收諸侯之禮籍, 獨取其尊君抑臣者存之, 是衣而不裳也.”

상의만 있고 하의가 없는 것은 군주만 있고 신하는 없는 것과 같다.

○ 吳祕가 말하였다. “군주가 지위에 있는데 보필하는 신하가 없는 것이다.”

○ 司馬光이 말하였다. “秦나라 때는 諸侯國의 禮書를 거두어 그 중에 군주를 높이고 신하를 억제하는 것만 취하여 보존하였으니, 이는 상의만 입고 하의를 입지 않은 것이다.”

② 裳而不衣 未知其可也 : 祕曰 “權在臣下, 不知有君.”

吳祕가 말하였다. “권력이 신하에게 있어 군주가 있는 줄 알지 못하는 것이다.”

③ 衣裳 其順矣乎 : 三桓專魯, 陳恒滅齊, 王莽簒漢, 三姦之興, 皆是物也. ○ 祕曰 “上衣下裳, 大順之道.” ○ 光曰 “先王之禮, 其於君臣之際, 雖不失尊嚴, 而和樂存焉.”

三桓은 魯나라 권력을 전횡하였고, 陳恒은 齊나라를 멸망시켰으며, 王莽은 漢나라를 찬탈하였으니, 세 간신이 일어난 것이 모두 이러한 일이다.

○ 吳祕가 말하였다. “상의를 입고 하의를 입는 것이 크게 순한 도이다.”

○ 司馬光이 말하였다. “先王의 禮는 임금과 신하 사이에 비록 임금의 존엄함을 잃지 않게 하지만, 임금과 신하를 서로 和樂하게 함이 거기에 있다.”

上衣만 입고 下衣를 입지 않는 것이 옳은지 알지 못하겠고, 下衣만 입고 上衣를 입지 않는 것이 옳은지 알지 못하겠다. 上衣를 입고 下衣를 입는 것이 이치에 순할 것이다.

23. 或問文한대 曰 訓①이니라 問武한대 曰 克②이니라 未達③한대 曰 事得其序之謂

訓④이요 **勝己之私之謂克**⑤이니라

① 訓 : 訓, 順也. ○ 咸曰 "言如五經, 可垂訓者."

訓은 순함이다.

○ 宋咸이 말하였다. "五經처럼 후세에 가르침을 남길 만한 것을 말한다."

② 克 : 克, 能. ○ 咸曰 "言克定禍亂者." ○ 光曰 "克, 勝也."

克은 능함이다.

○ 宋咸이 말하였다. "禍亂을 능히 평정함을 말한다."

○ 司馬光이 말하였다. "克은 이김이다."

③ 未達 : 不諭.

깨닫지 못한 것이다.

④ 事得其序之謂訓 : 順其理也. ○ 祕曰 "五常得其倫, 萬物得其序, 文之訓也." ○ 光曰 "經緯天地, 綱紀四方."

이치에 순한 것이다.

○ 吳祕가 말하였다. "五常이 차례를 얻고 만물이 순서를 얻는 것은 文의 순함이다."

○ 司馬光이 말하였다. "天地의 經緯가 되고 四方의 綱紀가 되는 것이다."

⑤ 勝己之私之謂克 : 惟公亮也. ○ 祕曰 "弔民伐罪, 與天下公共, 武之克也." ○ 光曰 "勝人易, 勝己難. 勝己之私, 以從於道, 則人無不勝矣."

공정하고 성실한 것이다.

○ 吳祕가 말하였다. "백성을 위로하고 죄 있는 군주를 정벌하는 일을 天下와 함께 公共하게 하는 것이 武의 이김이다."

○ 司馬光이 말하였다. "남을 이기는 것은 쉽고 자신을 이기는 것은 어렵다. 자신의 사욕을 이겨 道를 따르면 남을 이기지 못함이 없을 것이다."

혹자가 文에 대해서 물으니 揚子가 말하였다.

"순함이다."

혹자가 武에 대해서 물으니 揚子가 말하였다.

"이김이다."

혹자가 무슨 뜻인지 깨닫지 못하자, 揚子가 말하였다.

"일이 순서에 맞는 것을 순함이라고 하고, 자신의 사욕을 이기는 것을 이김이라고 한다."

24. 爲之而行하고 動之而光者는 其德乎①인저 或曰 知德者鮮이어늘 何其光②고 曰 我知爲之하고 不我知亦爲之면 厥光大矣③요 必我知而爲之면 光亦小矣④리라

① 爲之而行……其德乎 : 咸曰 "所爲無敢禦者, 故曰行, 所動無敢辱者, 故曰光."
宋咸이 말하였다. "행하는 것을 감히 막는 자가 없기 때문에 행해진다고 한 것이고, 動하는 것을 감히 욕되게 하는 자가 없기 때문에 빛난다고 한 것이다."

② 知德者鮮 何其光 : 祕曰 "知德者蓋寡, 安得有光." ○ 光曰 "鮮, 悉淺切."
吳祕가 말하였다. "德을 아는 자가 적은데 어찌 빛날 수 있는가."
○ 司馬光이 말하였다. "鮮은 悉과 淺의 反切이다."

③ 我知爲之……厥光大矣 : 所謂大人用之, 不爲善惡改常, 日月用之, 不爲賢愚易光. ○ 咸曰 "所以顔淵不改其樂[61]也." ○ 祕曰 "爲而不息, 其光愈大."
이른바 大人이 德을 쓰면 善人과 惡人을 위해 常道를 고치지 않고, 日月이 德을 쓰면 賢人과 愚人을 위해 빛을 바꾸지 않는다는 것이다.
○ 宋咸이 말하였다. "顔淵이 그 즐거움을 고치지 않은 이유이다."
○ 吳祕가 말하였다. "행하고 그치지 않으면 그 빛남이 더욱 커진다."

④ 必我知而爲之 光亦小矣 : 咸曰 "君子之不欺闇室而愼其獨, 何必知之."
宋咸이 말하였다. "君子는 어두운 방에서도 자신을 속이지 않고 홀로 있을 때 삼가는 것을 어찌 반드시 알겠는가."

행하면 반드시 행해지고 동하면 반드시 빛나는 것은 덕일 것이다.
혹자가 말하였다.
"덕을 아는 자가 적은데 어떻게 빛날 수 있습니까?"
揚子가 말하였다.
"나를 알아주어도 행하고 나를 알아주지 않아도 행하면 빛남이 클 것이고, 반드시 나를 알아주어야 행하면 빛남이 또한 작을 것이다."

25. 或曰 君子病沒世而無名[62]이라하니 盍勢諸名卿可幾也①오 曰 君子는 德名爲

---

61) 顔淵不改其樂 : 孔子가 顔淵을 칭찬하기를 "어질다, 顔回여. 한 그릇의 밥과 한 표주박의 물을 먹으며 궁벽한 시골에서 사는 것을 다른 사람들은 그 근심을 견디지 못하는데, 안회는 그 즐거움을 고치지 않으니, 어질다, 안회여.〔賢哉回也 一簞食一瓢飮在陋巷 人不堪其憂 回也不改其樂 賢哉回也〕"라고 하였다.(≪論語 雍也≫)

幾②라 **梁齊趙楚之君**이 **非不富且貴也**나 **惡乎成名③**이리오 **谷口鄭子眞**[63]은 **不屈其志**하고 **而耕乎巖石之下**나 **名震于京師**하니 **豈其卿**이리오 **豈其卿④**이리오

① 君子病沒世而無名……卿可幾也 : 盍, 何不也. 勢, 親也. 名卿, 親執政者也. 言何不與之合勢以近名也. 此義, 猶王孫賈勸仲尼媚於竈[64]也. ○ 祕曰 "幾, 近也. 言何不附勢於有名之卿, 可以近名也." ○ 光曰 "幾, 音機, 下同. 幾, 冀也."

盍은 何不이다. 勢는 친함이다. 名卿은 직접 政務를 맡아보는 자이다. 어찌 그와 合勢하여 명예를 추구하지 않느냐는 말이다. 이 뜻은 王孫賈가 仲尼에게 부엌귀신(실제 권력이 있는 자)에게 잘 보이기를 권한 것과 같다.

○ 吳祕가 말하였다. "幾는 가까이함이다. 어찌 이름난 卿의 세력에 의지하여 명예를 추구하지 않느냐는 말이다."

○ 司馬光이 말하였다. "幾는 음이 機이니, 아래도 같다. 幾는 바라는 것이다."

② 君子德名爲幾 : 〔積德然後近名〕[65] 祕曰 "以德近名." ○ 光曰 "君子所冀者, 德成而名顯耳."

덕을 쌓은 뒤에 명예를 추구한다.

吳祕가 말하였다. "德으로 명예를 추구하는 것이다."

○ 司馬光이 말하였다. "君子가 바라는 것은 德이 이루어져 명예가 드러나는 것이다."

③ 梁齊趙楚之君……惡乎成名 : 祕曰 "梁孝王武・齊懷王閎・趙敬肅王彭祖・楚孝王囂, 非不富且貴也, 咸不修德, 而何有成名." ○ 光曰 "惡, 音烏. 言四王者, 非無勢也, 死之日, 民無德而稱焉."

吳祕가 말하였다. "梁孝王 武와 齊懷王 閎과 趙敬肅王 彭祖와 楚孝王 囂는 부유하고 귀하지 않은 것은 아니었지만 모두 덕을 닦지 않았으니, 어찌 명예를 이룰 수

---

62) 君子病沒世而無名 : 病은 근심하는 것이다. ≪論語≫ 〈衛靈公〉에 "군자는 종신토록 이름이 일컬어지지 않는 것을 싫어한다.〔君子疾沒世而名不稱焉〕"라고 하였다.

63) 谷口鄭子眞 : 谷口는 雲陽縣 서쪽 40리에 있고, 정자진은 이곳에서 은거한 漢나라의 高士 鄭樸을 가리킨다. 成帝 때 대장군 王鳳이 예를 갖추어 초빙하였으나 거절하고 끝내 곡구를 나가지 않았다. ≪高士傳≫에 傳이 있다.

64) 王孫賈勸仲尼媚於竈 : ≪論語≫ 〈八佾〉에 보인다. 衛나라의 실권자인 王孫賈가 "아랫목 귀신과 같은 왕에게 잘 보이려 하기보다는, 차라리 부엌 귀신처럼 실력이 있는 자신에게 잘 보이라.〔與其媚於奧 寧媚於竈〕"는 뜻으로 공자에게 말하자, 공자가 "하늘에 죄를 지으면 빌 곳이 없다.〔獲罪於天 無所禱也〕"라고 대답하였다.

65) 〔積德然後近名〕 : 저본에는 없으나, 四部叢刊本에 근거하여 보충하였다.

있겠는가."

○ 司馬光이 말하였다. "惡는 음이 烏이다. 네 명의 왕은 권세가 없는 것은 아니었으나 죽은 날에 백성들 중에 덕을 칭송하는 자가 없었다."

④ 谷口鄭子眞……豈其卿 : 審乎自得而已矣. 慨夫逐物以喪眞, 而不能求己以絶僞. ○ 祕曰 "子眞隱居, 以德有名, 豈其附勢於名卿哉. 河平二年, 王鳳聘子眞·嚴君平, 皆不屈. 雲陽宮記漢鄭樸字子眞." ○ 光曰 "李宋吳本, 震作振. 今從漢書."

自得하였는가를 살필 뿐이다. 외물을 좇아 참됨을 잃고, 그 이유를 자신에게서 찾아서 거짓을 끊지 못함을 개탄한 것이다.

○ 吳祕가 말하였다. "鄭子眞은 은거하였으나 德으로 이름이 났으니 어찌 名卿의 권세에 의지하겠는가. 河平 2년(B.C. 27)에 王鳳이 鄭子眞과 嚴君平을 초빙하였으나 모두 뜻을 굽히지 않았다. ≪雲陽宮記≫에 '漢나라 鄭樸은 字가 子眞이다.'라고 하였다."

○ 司馬光이 말하였다. "李軌本·宋咸本·吳祕本에는 '震'이 '振'으로 되어 있다. 지금 ≪漢書≫를 따랐다."

혹자가 말하였다.

"군자는 죽은 뒤에 세상에 이름이 나지 않는 것을 근심한다고 하였는데, 어찌하여 이름난 卿의 권세에 의지하여 명예를 구하지 않습니까?"

揚子가 말하였다.

"군자는 덕으로 이름이 나기를 바란다. 梁나라, 齊나라, 趙나라, 楚나라의 군주가 모두 부유하고 귀하지 않은 것은 아니었지만 어찌 명성을 이루었다고 할 수 있겠는가. 谷口 땅의 鄭子眞은 자신의 지조를 굽히지 않고 巖石 아래에서 밭을 갈며 살았지만 그 명성이 서울에 진동하였다. 어찌 이름난 卿의 권세에 의지하여 명예를 구하겠는가. 어찌 이름난 卿의 권세에 의지하여 명예를 구하겠는가."

26. **或問人**한대 **曰 難知也**①니라 **曰 焉難**②고 **曰 太山之與蟷垤**과 **江河之與行潦**는 **非難也**③나 **大聖之與大佞**은 **難也**④라 **嗚呼**라 **能參以似者**면 **爲無難**⑤이니라

① 難知也 : 人之難知, 久矣. 堯舜之聖而難任人. 莊周亦曰 "厚貌深情[66]." ○ 光曰 "李

66) 厚貌深情 : ≪莊子≫ 〈列禦寇〉에 "공자가 '무릇 사람의 마음이란 山川보다도 위험하고 하늘을 알기보다 어렵다. 하늘은 그래도 춘하추동과 아침저녁이라는 週期가 있거니와 사람은

本, 難作艱, 今從宋吳本."

사람을 알기 어려워진 지가 오래되었다. 堯・舜 같은 聖人도 사람을 임용하는 것을 어렵게 여겼다. 莊周도 "사람은 표정을 후하게 꾸미고 진정을 깊이 감추고 있다."라고 하였다.

○ 司馬光이 말하였다. "李軌本에는 '難'이 '艱'으로 되어 있다. 지금 宋咸本・吳祕本을 따랐다."

② 焉難 : 未諭其難, 所以又問.

어렵다는 뜻을 깨닫지 못하였다. 그러므로 다시 물은 것이다.

③ 太山之與蟻垤……非難也 : 形彰於外, 視之易見. ○ 光曰 "螘, 魚綺切. 垤, 徒結切. 垤, 蟻壤也. 言才德之大小著明者, 易知."

밖에 드러나므로 보면 알기가 쉽다.

○ 司馬光이 말하였다. "螘는 魚와 綺의 反切이고, 垤은 徒와 結의 反切이다. 垤은 개밋둑이다. 才德의 大小가 분명하게 드러나는 것은 알기가 쉽다는 말이다."

④ 大聖之與大佞 難也 : 物形外顯, 人神內藏, 外顯易察, 內藏難明. ○ 咸曰 "夫大聖之道, 廣若天地, 世莫詳辨. 故周公未免於流言[67], 仲尼猶號於東家[68]者也. 夫大佞之巧變若形響, 人罕察識. 故胡亥也, 終昧趙高之姦[69], 德宗也, 不悟盧杞之邪[70]. 人主

표정을 후하게 꾸미고 진정을 깊이 감추고 있다.〔凡人心 險於山川 難於知天 天猶有春秋冬夏旦暮之期 人者 厚貌深情〕'라고 했다." 하였다.

67) 周公未免於流言 : 周 武王은 殷나라를 멸망시키고 紂王의 아들인 武庚을 은나라에 봉하여 湯王의 제사를 받들게 한 다음, 세 아우인 管叔・蔡叔・霍叔으로 하여금 무경을 감시하게 하였다. 그러나 무왕이 죽고 나이 어린 成王이 즉위하여 周公이 섭정을 하자, 무경과 관숙 등은 주공이 장차 어린 성왕을 해칠 것이라는 유언비어를 퍼뜨리고 무경과 함께 반란을 도모하다가 주공의 토벌을 받았는데, 곧 이 일을 말한 것이다.

68) 仲尼猶號於東家 : 孔子의 서쪽 이웃에 살던 한 어리석은 자가 공자가 성인인 줄을 모르고 "우리 동쪽 집에 사는 丘라는 사람〔我東家丘〕"이라고 칭했다는 고사에서 나온 말이다.(≪顔氏家訓 慕賢≫)

69) 胡亥也 終昧趙高之姦 : 胡亥는 秦나라의 2대 황제이다. 始皇帝가 죽자 趙高 등이 長子인 扶蘇를 죽이고 호해를 황제로 삼았다. 호해는 법의 가혹함은 물론 아방궁을 건축함으로 인해 전국적으로 반란이 일어났는데도 전혀 이 상황을 알아차리지 못하였으며, 심지어는 반란 상황을 보고하는 사신을 하옥시키고 아방궁 건축의 중단을 간언한 승상들을 형벌에 처하였다.(≪史記 卷6 秦始皇本紀≫)

70) 德宗也 不悟盧杞之邪 : 唐 德宗이 "盧杞는 깨끗하고 충성스럽고 강직하고 절개가 곧다. 사람들은 그가 간사하다고 말하지만 짐은 전혀 그런 줄 모르겠다."라고 하자, 李泌이 "만일 폐하께서 깨달으셨다면 어찌 建中의 난이 있었겠습니까."라고 하였고, 李勉은 "천하가 다

宜愼之." ○ 祕曰 "若周公忠勤而被流言, 王莽折節以鼓虛譽[71)]."

사물의 형체는 겉으로 드러나지만 사람의 정신은 안에 숨어 있으니, 겉으로 드러난 것은 살피기가 쉽지만 안에 숨어 있는 것은 밝게 알기가 어렵다.

○ 宋咸이 말하였다. "大聖의 道는 天地처럼 넓어서 자세히 분별할 수 있는 자가 세상에 없다. 그러므로 周公도 유언비어에 비방을 당함을 면치 못하였고, 仲尼도 오히려 동쪽집에 사는 丘라고 불려진 것이다. 매우 간사한 자가 교묘하게 태도를 바꾸는 것은 그림자와 메아리 같아서 사람 중에 식별할 수 있는 자가 드물다. 그러므로 胡亥는 끝내 趙高의 간사함을 몰랐고, 德宗은 盧杞의 간사함을 깨닫지 못하였으니, 人主는 마땅히 신중해야 한다."

○ 吳祕가 말하였다. "周公은 충성스럽고 근면하였으나 유언비어에 비방을 당하였고, 王莽은 몸을 굽혀 겸손한 체하였으나 헛된 명예가 진동한 것과 같다."

⑤ 嗚呼……爲無難 : 咸曰 "夫似者, 道小機淺. 故易知." ○ 祕曰 "嗚呼, 人之難知也, 若能參之以其似者, 則無難矣. 若周公伊尹之聖也, 豈爲不利哉, 王莽寒浞之僞也, 豈能歸政哉. 故曰無難. 孟子曰 '伊尹聖人之任者也.'[72)]" ○ 光曰 "李本, 作能別似. 今從宋吳本. 見玉參以珉, 見珉參以玉, 則眞僞易知矣."

宋咸이 말하였다. "비슷한 것은 道가 작고 天機가 얕다. 그러므로 알기가 쉬운 것이다."

○ 吳祕가 말하였다. "아, 사람을 알기가 어렵지만 만약 비슷한 것을 가지고 비교하면 어려울 것이 없다. 周公과 伊尹 같은 聖人이 어찌 이치에 맞지 않는 일을 하겠으며, 王莽과 寒浞 같은 가짜가 어찌 바른 데로 돌아가겠는가. 그러므로 어려울 것이 없다고 한 것이다. 孟子가 '伊尹은 聖人 중에 自任한 자이다.'라고 하였다."

○ 司馬光이 말하였다. "李軌本에는 〈'爲無難'이〉 '能別似'로 되어 있으나, 지금 宋咸本·吳祕本을 따랐다. 玉을 볼 적에는 珉(玉과 비슷한 돌)을 가지고 비교하고, 珉을 볼 적에는 玉을 가지고 비교하면 眞僞를 알기가 쉽다."

혹자가 사람을 알아보는 것에 대해 물으니, 揚子가 말하였다.

아는 것을 폐하 혼자만 알지 못했으니, 그것이 바로 간사하다고 하는 까닭입니다."라고 하였다.(≪二十史略 卷5 唐德宗≫)

71) 王莽折節以鼓虛譽 : 漢 元帝의 외척인 王莽은 漢室을 찬탈하여 新이라는 나라를 세웠다. 그러나 처음에는 恭儉하고 부지런하며 널리 배워 밖으로는 英俊과 사귀고 안으로는 숙부들을 섬겼으며, 작위가 높아졌는데도 절조가 더욱 겸손하니 虛譽가 융성하였다.(≪通鑑節要 卷14 漢紀≫)

72) 孟子曰 伊尹聖人之任者也 : ≪孟子≫ 〈萬章 下〉에 보인다.

"알기가 어렵다."

혹자가 말하였다.

"어찌하여 어렵습니까?"

揚子가 말하였다.

"太山과 개밋둑, 江河와 길바닥에 고인 빗물은 분별하기가 어렵지 않으나, 큰 聖人과 크게 간사한 자는 분별하기가 어렵다. 아, 비슷한 것을 가지고 비교하면 분별하기가 어렵지 않을 것이다."

27. 或問 鄒莊有取乎아 曰 德則取나 愆則否니라 何謂德愆고 曰 言天地人經은 德也요 否는 愆也①니 愆②語를 君子不出諸口③하나니라

① 言天地人經德也 否愆也：論天地人經, 是德也, 不爲過愆, 可采取也. ○ 祕曰 "衍引天地剖判以來, 五德轉移, 止乎仁義・節儉・君臣・上下・六親之施, 是德也. 莊則否, 是愆也." ○ 光曰 "鄒衍抑淫侈以歸節儉, 莊周矯浮(燥)〔躁〕[73]以返眞靜, 其言合於天地人之常道者, 所謂德也, 否則皆過言也."

天經(하늘의 常道), 地經(땅의 常道), 人經(사람의 규범)이 바로 德이니, 잘못되지 않은 것은 취할 만하다.

○ 吳祕가 말하였다. "鄒衍은 天地가 개벽한 뒤를 인도하여 五德(五行)이 변화하여 仁義・節儉・君臣・上下・六親 사이에 시행함에 이르렀으니 이것은 德이요, 莊周는 그렇지 않았으니 이것은 잘못된 것이다."

○ 司馬光이 말하였다. "鄒衍은 淫侈를 억제하여 節儉으로 돌아갔고, 莊周는 浮躁를 바로잡아 眞靜으로 돌아갔으니, 그 말이 天・地・人의 常道에 합하는 것은 이른바 德이고 합하지 않으면 모두 잘못된 말이다."

② 愆：欲(聞)〔問〕[74]其義. ○ 祕曰 "問莊何以愆."

그 뜻을 묻고자 한 것이다.

○ 吳祕가 말하였다. "莊周는 어째서 잘못되었는지 물은 것이다."

③ 愆語 君子不出諸口：咸曰 "恥言之也." ○ 祕曰 "未嘗言君子之道." ○ 光曰 "鄒莊淫誕之語, 君子所不道也."

宋咸이 말하였다. "〈德이 아닌 것을〉 말하는 것을 부끄러워하는 것이다."

---

73) (燥)〔躁〕: 저본에는 '燥'로 되어 있으나, 四庫全書本에 근거하여 '躁'로 바로잡았다.

74) (聞)〔問〕: 저본에는 '聞'으로 되어 있으나, 四部叢刊本에 근거하여 '問'으로 바로잡았다.

○ 吳祕가 말하였다. "일찍이 君子의 道를 말한 적이 없다."

○ 司馬光이 말하였다. "鄒衍과 莊周의 음란하고 허탄한 말은 군자가 말하지 않는다."

혹자가 물었다.

"鄒衍과 莊周의 학설 중에 취할 만한 것이 있습니까?"

揚子가 말하였다.

"덕에 맞는 것은 취할 만하지만 잘못된 것은 취할 만하지 않다."

혹자가 말하였다.

"무엇을 덕에 맞는 것이라 이르고, 무엇을 잘못된 것이라고 이릅니까?"

揚子가 말하였다.

"〈鄒衍과 莊周의 말 중에〉 天·地·人의 常道에 맞는 것은 덕이고, 맞지 않는 것은 잘못된 것이다. 잘못된 말을 군자는 입에서 내지 않는다."

問明* 第六

* 窮神知化, 是謂明矣, 故次之問神.

神明의 이치를 궁구하여 천지의 조화를 아는 것을 明이라고 이른다. 그러므로 이 편을 〈問神〉 다음에 놓은 것이다.

明哲煌煌하여 旁燭無疆①하고 遜于不虞②하여 以保天命③이라 謂問明④이로라

① 明哲煌煌 旁燭無疆 : 咸曰 "明哲之人, 逆見微隱, 故施照無窮."

宋咸이 말하였다. "明哲한 사람은 은미한 것을 미리 보기 때문에 앞일을 살펴보는 것이 무궁하다."

② 遜于不虞 : 祕曰 "遜, 遜順, 虞, 度(탁)也. 遜順乎不虞之非理."

吳祕가 말하였다. "遜은 恭順함이고 虞는 헤아림이다. 뜻하지 않은 일이 도리에 어그러졌을 때에 恭順한 것이다."

③ 遜于不虞 以保天命 : 咸曰 "不虞, 猶不度(탁)也. 遜, 順也. 大雅云 '旣明且哲, 以保其身[1].' 故不度之辰, 遜可捨乎. 揚子之屈身莽庭, 亦有謂矣. 故曰 '邦無道, 危行言遜.'[2]" ○ 光曰 "李奇曰 '常行遜順, 以備不虞.' 光謂雖有明智, 旁照無極, 不能思不虞之患, 而預防之, 使墜失上天福祿之命, 猶未足以爲明也."

宋咸이 말하였다. "不虞는 不度과 같다. 遜은 順함이다. ≪詩經≫ 〈大雅〉에 '이미 밝고 또 지혜로워서 그 몸을 보존한다.'라고 하였다. 그러므로 생각지 못한 일이 발생했을 때에 겸손함을 버릴 수 있겠는가. 揚子가 王莽의 조정에서 몸을 굽힌 것도 이유가 있었을 것이다. 그러므로 '나라에 道가 없을 때에는 행실은 높게 하되 말은 겸손하게 하여야 한다.'고 하였다."

○ 司馬光이 말하였다. "李奇가 '평상시의 행동을 겸손하게 하여 뜻하지 않은 일에 대비한다.'라고 하였다. 내가 생각건대 비록 명철하고 지혜롭더라도 끝없이 두루

---

1) 大雅云……以保其身 : ≪詩經≫ 〈大雅 蒸民〉에 보인다.

2) 邦無道 危行言遜 : ≪論語≫ 〈憲問〉에 "나라에 도가 있을 때에는 말과 행동 모두 높게 해야 하고, 나라에 도가 없을 때에는 행동은 높게 하되 말은 낮춰서 겸손하게 해야 한다.〔邦有道 危言危行 邦無道 危行言遜〕"라고 하였으니, 화를 피하기 위해 겸손하게 말하는 것이다.

살펴서 생각지 못한 우환을 생각하여 미리 방비하지 못하고 上天이 내려준 福祿의 命을 실추한다면 오히려 명철한 사람이 될 수 없다."

④ 譔問明 : 祕曰 "君子見幾而作, 不俟終日[3), 而遠憂患之虞." ○ 光曰 "論聖賢之明哲."

吳祕가 말하였다. "君子는 기미를 보고 떠나서 하루가 다하기를 기다리지 아니하여 憂患에 대한 근심을 멀리한다."

○ 司馬光이 말하였다. "聖賢의 明哲함을 논한 것이다."

명철한 사람은 기미에 밝아 끝없이 두루 살피고, 생각지 못한 일이 발생했을 때에 겸손함을 실천하여 천명을 보전한다. 〈그러므로 사람들로 하여금 천명을 보전하는 도리를 알게 하기 위하여〉 〈問明〉을 지었다.

01. **或問明**한대 **曰 微**①니라 **或曰 微何如其明也**②오 **曰 微而見之**하면 **明其誖乎**③아

① 微 : 咸曰 "夫微, 硏幾極深, 規於未兆者也." ○ 祕曰 "見之於著, 何足爲明."

宋咸이 말하였다. "微는 幾微를 연구하고 심원한 이치를 다하여 조짐이 드러나기 전에 살피는 것이다."

○ 吳祕가 말하였다. "드러난 뒤에 보는 것이 어찌 밝음이 될 수 있겠는가."

② 微何如其明也 : 咸曰 "未諭微義, 疑不爲明." ○ 光曰 "嫌其明小."

宋咸이 말하였다. "微의 뜻을 깨닫지 못하여 밝음이 아니라고 의심한 것이다."

○ 司馬光이 말하였다. "밝음이 작음을 혐의한 것이다."

③ 微而見之 明其誖乎 : 祕曰 "微已察之, 明豈亂哉. 誖, 亂也." ○ 光曰 "誖, 布內反."

吳祕가 말하였다. "은미한 것을 이미 살폈다면 분명한 것을 어찌 혼동하겠는가. 誖는 어지러움이다."

○ 司馬光이 말하였다. "誖는 布와 內의 反切이다."

혹자가 밝음에 대해 물으니, 揚子가 말하였다.

"은미한 것을 살피는 것이다."

혹자가 말하였다.

"은미한 것을 살피는 것이 어찌 밝은 것입니까?"

---

3) 君子見幾而作 不俟終日 : ≪周易≫ 〈繫辭傳 下〉에 보이는 말로, 소인이 득세하여 위태로운 시국에서는 망설이지 않고 즉시 벼슬을 버리고 떠났다는 뜻이다.

揚子가 말하였다.
"은미한 것을 살핀다면 분명한 것을 어찌 혼동하겠는가."

02. **聰明**은 **其至矣乎**①인저 **不聽**은 **實無耳也**요 **不明**은 **實無目也**②니라 **敢問大聰明**③한대 **曰 眩眩乎**라 **惟天爲聰**하고 **惟天爲明**하니 **夫能高其目而下其耳者 匪天也夫**④아

① 聰明 其至矣乎：在於至妙之人. ○ 咸曰 "言窮微, 乃聰明, 至極之美也." ○ 祕曰 "堯曰聰明文思[4), 舜曰聞之聰明[5)." ○ 光曰 "聽者, 聞言察其是非, 明者, 見事知其可否. 人君得之, 爲堯爲舜, 匹夫得之, 窮神知命, 才之至美, 莫尙於此."
〈총명함은〉 지극히 신묘한 사람에게 있다.
○ 宋咸이 말하였다. "은미한 이치를 궁구하여야 비로소 聰明한 것이니, 지극히 아름답다는 말이다."
○ 吳祕가 말하였다. "堯임금에 대해서는 '총명하고 문채나고 사려가 깊다.'라고 하였고, 舜임금에 대해서는 '그가 총명하다는 말을 들었다.'라고 하였다."
○ 司馬光이 말하였다. "聽은 사람의 말을 듣고서 그 是非를 살피는 것이고, 明은 일을 보고서 그 可否를 아는 것이다. 人君이 이를 터득하면 堯가 되고 舜이 되며, 匹夫가 이를 터득하면 神明의 이치를 궁구하여 천명을 아니, 재주가 지극히 아름다운 것이 이보다 더할 수 없다."

② 不聽實無耳也 不明實無目也：咸曰 "言不聽不明, 雖有耳目, 與無同也." ○ 光曰 "愚者, 顚倒是非, 反易忠邪, 雖有耳目, 何異聾瞽."
宋咸이 말하였다. "밝게 듣지 못하고 밝게 보지 못하면 비록 귀와 눈이 있더라도 없는 것과 같음을 말한 것이다."
○ 司馬光이 말하였다. "어리석은 자는 是非를 전도시키고 忠邪를 반대로 바꾸니, 비록 귀와 눈이 있더라도 귀머거리나 소경과 무엇이 다르겠는가."

---

4) 聰明文思：≪書經≫ 〈堯典〉의 小序에 "옛날 帝堯가 총명하고 문채나고 사려가 깊어 덕이 천하에 충만하였는데 장차 지위에서 물러나 虞舜에게 讓位하였다. 〈史官이 그 일을 서술하여〉 〈堯典〉을 지었다.〔昔在帝堯 聰明文思 光宅天下 將遜于位 讓于虞舜 作堯典〕"라고 하였다.

5) 聞之聰明：≪書經≫ 〈舜典〉의 小序에 "虞舜이 미천하였는데 帝堯는 그가 총명하다는 말을 듣고 장차 지위를 잇게 하기 위해 여러 가지 어려운 일을 차례로 시험하였다. 〈史官이 그 일을 서술하여〉 〈舜典〉을 지었다.〔虞舜側微 堯聞之聰明 將使嗣位 歷試諸難 作舜典〕"라고 하였다.

③ 敢問大聰明：咸曰 "旣知微義, 復問大者."

宋咸이 말하였다. "微의 뜻을 알고난 뒤에 큰 총명에 대해서 다시 물은 것이다."

④ 眩眩乎……匪天也夫：目高則無所不照, 耳下則無所不聞. 言人高其目, 則覩德義之經聖人之道, 下其耳, 則聽芻蕘之言負薪之說. ○ 咸曰 "眩眩, 猶杳而冥也. 書曰 '天聰明, 自我民聰明[6].' 夫天聽之卑而及于民, 則耳可謂下矣. 故明王之所以不棄市井商賈之言者, 蓋此也. 闇主則不然." ○ 光曰 "音義曰 '眩, 胡涓切. 眩眩, 幽遠貌.' 光謂物之視聽, 局於形聲, 天則聽於無聲, 視於無形, 發於心者, 天必知之, 故無若天之聰明也. 目高, 所以見遠, 耳下, 所以聽卑."

눈을 크게 뜨면 보지 못하는 것이 없고, 귀를 가만히 기울이면 듣지 못하는 것이 없다. 사람이 눈을 크게 뜨면 德義의 법과 聖人의 道를 보고, 귀를 가만히 기울이면 꼴베는 사람과 땔나무 하는 사람의 말을 들음을 말한 것이다.

○ 宋咸이 말하였다. "眩眩은 희미하고 어두침침한 것과 같다. ≪書經≫에 '하늘의 듣고 봄은 우리 백성의 듣고 봄을 통해 한다.'라고 하였으니, 하늘이 낮은 데 소리를 들어 백성에게 미치면 귀를 가만히 기울인다고 이를 만하다. 그러므로 현명한 군주가 市井 상인의 말도 버리지 않는 것은 대개 이 때문이다. 어두운 군주는 그렇지 않다."

○ 司馬光이 말하였다. "≪音義≫에 '眩은 胡와 涓의 反切이다. 眩眩은 深遠한 모양이다.'라고 하였다. 내가 생각건대 사물을 보고 듣는 것은 형체와 소리에 국한되지만 하늘은 소리가 없는 데에서 듣고 형체가 없는 데에서 보니, 마음에서 나오는 것을 하늘이 반드시 안다. 그러므로 하늘처럼 총명한 것이 없다. 눈을 크게 뜨는 것은 먼 곳을 보기 위해서이고, 귀를 가만히 기울이는 것은 낮은 데 소리를 듣기 위해서이다."

총명은 지극한 경지일 것이다. 밝게 듣지 못하는 것은 실로 귀가 없는 것과 같고, 밝게 보지 못하는 것은 실로 눈이 없는 것과 같다.

혹자가 말하였다.

"감히 큰 총명에 대해서 묻습니다."

---

6) 書曰……自我民聰明：≪書經≫ 〈皐陶謨〉에 "하늘이 듣고 봄은 우리 백성을 통해 듣고 보며, 하늘이 위엄을 밝히는 것도 우리 백성을 통해 위엄을 밝혔다. 그리하여 상하에 통용하는 것이니, 공경할지어다, 땅을 가진 군주들이여!〔天聰明 自我民聰明 天明畏 自我民明威 達于上下 敬哉 有土〕"라고 하였다. 이는 하늘과 백성의 마음이 통하여 민심이 곧 천리가 되니, 임금이 공경해야 함을 밝힌 것이다.

揚子가 말하였다.

"심원하다. 오직 하늘만이 밝게 듣고 오직 하늘만이 밝게 보니, 눈을 크게 뜨고서 천하를 살피고 귀를 가만히 기울이고서 만백성의 호소를 듣는 것이 바로 하늘이 아니겠는가."

03. 或(曰)〔問〕[7] 小每知之를 可謂師乎아 曰 是何師歟아 是何師歟아 天下小事爲不少矣①어늘 每知之를 是謂師乎②아 師之貴也는 知大知也③니 小知之師는 亦賤矣④니라

① 天下小事 爲不少矣 : 巧歷[8]所不能算.

아무리 曆法을 잘 계산하는 사람이라 해도 계산할 수 없다.

② 每知之 是謂師乎 : 祕曰 "小事甚多, 每人知之, 豈皆師乎."

吳祕가 말하였다. "작은 일이 매우 많으니, 그런 일을 알고 있는 사람마다 어찌 모두 스승이라고 할 수 있겠는가."

③ 師之貴也 知大知也 : 祕曰 "賢者, 志其大者, 大知, 聖人之敎." ○ 光曰 "知天地人之大道."

吳祕가 말하였다. "賢者는 큰 것에 뜻을 둔다. 大知는 聖人의 가르침이다."

○ 司馬光이 말하였다. "天·地·人의 大道를 아는 것이다."

④ 小知之師 亦賤矣 : 致遠恐泥, 是以君子不爲,[9] 故不貴也. ○ 光曰 "相鷄狗[10]·奕棊·蹋鞠[11], 雖妙, 何足師乎."

---

7) (曰)〔問〕: 저본에는 '曰'로 되어 있으나, 四部叢刊本에 근거하여 '問'으로 바로잡았다.

8) 巧歷 : 歷은 曆의 통용자이다. 巧曆은 '역법을 잘 계산하는 사람', 곧 天文曆算에 정통한 사람을 지칭한다. ≪莊子≫ 〈齊物論〉에 "역법을 잘 계산하는 사람〔修有善巧曆算之人〕"이라고 하였다.

9) 致遠恐泥 是以君子不爲 : ≪論語≫ 〈子張〉에 子夏가 "비록 작은 道(技藝)라도 반드시 볼 만한 점이 있으나 遠大한 목표를 성취하는 데에는 장애가 될 수도 있기 때문에 군자는 그런 일을 하지 않는 것이다."라고 하였다.

10) 鷄狗 : 鷄鳴狗盜의 준말로, 닭 울음을 흉내 내고 개구멍으로 들어가 도둑질하는 하찮은 재주를 이른다. 戰國時代 齊나라 孟嘗君이 秦나라에 들어가니 진나라 昭王이 가두어 죽이려 했다. 이때 맹상군의 食客 가운데 개를 가장하여 남의 물건을 잘 훔치는 사람과 닭의 울음소리를 잘 흉내 내는 사람의 도움으로 위기에서 빠져나왔다는 고사에서 유래하였다.(≪史記 卷75 孟嘗君傳≫)

〈小知는〉 원대한 목표를 성취하는 데에 장애가 된다. 이 때문에 군자는 그런 일을 하지 않으니, 그러므로 귀하게 여기지 않는 것이다.

○ 司馬光이 말하였다. "鷄狗와 奕棊(장기와 바둑)와 蹋鞠을 살펴보건대 아무리 재주가 뛰어나다 하더라도 어찌 스승이라 할 수 있겠는가."

혹자가 말하였다.

"〈작은 일들이 매우 많은데〉 이런 일을 알고 있는 사람을 모두 스승이라고 이를 수 있습니까?"

揚子가 말하였다.

"이런 사람을 어찌 스승이라 하겠는가. 이런 사람을 어찌 스승이라 하겠는가. 천하에 작은 일들이 적지 않은데, 이런 일을 알고 있는 사람들을 어찌 모두 스승이라고 이를 수 있겠는가. 스승을 귀하게 여기는 것은 大道를 알고 있기 때문이니, 작은 일을 아는 스승은 또한 천하다."

04. 孟子疾過我門而不入我室①[12]하시니라 或曰 亦有疾乎②아 曰 摭我華而不食我實③이니라

① 孟子疾過我門而不入我室：光曰 "過古禾切."
司馬光이 말하였다. "過는 古와 禾의 反切이다."

② 亦有疾乎：光曰 "問揚子亦有所惡乎."
司馬光이 말하였다. "揚子도 싫어하는 것이 있는지 물은 것이다."

③ 摭我華而不食我實：華者, 美麗之賦, 實者, 法言太玄. ○ 咸曰 "門與華, 謂法言. 室與實, 謂太玄. 言孟子七篇與法言, 爲教一也, 但無太玄爾. 註'以華爲賦, 實亦爲法言', 恐非其意." ○ 祕曰 "孟子與子雲, 俱遊於聖人之門, 而不與同入室. 孟子不言易, 而子雲準易. 是以謂之. 夫易者, 禮法之所宗, 仁義之所本. 孟子言其教, 故曰'摭我

---

11) 蹋鞠：蹴鞠과 같은 말이다. 꿩깃을 꽂은 공을 땅에 떨어뜨리지 않고 발로 차는 놀이를 이른다.

12) 孟子疾過我門而不入我室：'過我門而不入我室'은 ≪孟子≫〈盡心 下〉에 보이는데, 이 말은 萬章이 孔子의 말을 인용하여 孟子에게 물은 것이다. 孔子의 말씀에 "내집 문 앞을 지나면서 내 집에 들어오지 않더라도 내가 유감으로 여기지 않는 자는 오직 鄕原일 것이다. 향원은 덕의 적이다.〔過我門而不入我室 我不憾焉者 其惟鄕原乎 鄕原德之賊也〕"라고 하였다.

華', 不言其易, 故曰'不食我實'. 孟之時, 力言仁義, 時君猶謂迂闊, 何暇言易乎. 今揚譏之, 示人之宗本耳." ○ 光曰 "摭音隻, 拾也. 皆謂小知浮淺之人, 不能窮微探本."

꽃은 아름답고 화려한 賦이고, 열매는 ≪法言≫과 ≪太玄經≫이다.

○ 宋咸이 말하였다. "門과 꽃은 ≪法言≫을 이르고, 室과 열매는 ≪太玄經≫을 이른다. ≪孟子≫ 7편과 ≪法言≫이 가르침됨은 똑같지만 다만 ≪太玄經≫은 가르침이 없다는 말이다. 李軌의 註에 꽃을 賦라고 하고 열매를 또한 ≪法言≫이라고 한 것은 그 뜻이 아닌 듯하다."

○ 吳祕가 말하였다. "孟子와 子雲은 모두 聖人의 문하에서 배웠으나 모두 방에 들어가지는 못하였으니, 孟子는 ≪易≫에 대해 말하지 않았는데 子雲은 ≪易≫을 표준으로 삼았기 때문에 이렇게 말한 것이다. ≪易≫은 禮法의 종주이고 仁義의 근본이다. 孟子는 그 가르침에 대해 말하였기 때문에 '摭我華'라고 하였고, ≪易≫에 대해 말하지 않았기 때문에 '不食我實'이라고 한 것이다. 孟子 당시에 孟子가 仁義에 대해 힘써 말하였는데 당시의 군주들이 오히려 맹자더러 오활하다고 하였으니, 어느 겨를에 ≪易≫에 대해 말하겠는가. 지금 揚子가 이를 비난하여 사람들에게 ≪易≫이 禮法의 종주이고 仁義의 근본임을 보여준 것이다."

○ 司馬光이 말하였다. "摭은 음이 隻이니, 줍는 것이다. 모두 지혜가 작고 경박한 사람은 은미한 이치를 궁구하고 근본을 탐구할 수 없음을 이른 것이다."

〈孔子께서 鄕原을 싫어하여 "내집 문 앞을 지나면서 자기 집에 들어오지 않더라도 유감으로 여기지 않는다."고 말씀하였는데,〉 孟子도 孔子가 말씀하신 것 같은 사람을 싫어하였다. 혹자가 말하였다.

"선생도 〈맹자처럼〉 싫어하는 자가 있습니까?"

揚子가 말하였다.

"나의 꽃은 따면서 나의 열매는 먹지 않는 자이다."

05. **或謂 仲尼事彌其年**하니 **蓋天勞諸**아 **病矣夫**①아 **曰 天非獨勞仲尼**요 **亦自勞也**라 **天病乎哉**②리오 **天樂天**③하고 **聖樂聖**④이시니라

① 仲尼事彌其年……病矣夫 : 祕曰 "仲尼彌年行敎, 蓋天勞之, 其病夫." ○ 光曰 "彌, 終也. 言仲尼終身栖栖汲汲, 未嘗無事, 蓋天勞苦之, 亦困病矣. 莊列之論, 如此."

吳祕가 말하였다. "仲尼는 나이가 많도록 가르침을 행하였으니, 이는 하늘이 孔子를 수고롭게 한 것인데, 공자가 이것을 괴로워하였는가."

○ 司馬光이 말하였다. "彌는 마침이다. 仲尼는 종신토록 쉴 틈도 없이 노심초사

하여 일찍이 일이 없던 적이 없었으니, 이는 하늘이 수고롭게 한 것이고 또한 괴롭게 한 것이다. 莊子와 列子의 의논이 이와 같다."

② 天非獨勞仲尼……天病乎哉：咸曰"易云'天行健, 君子以自彊不息.' 法夫天者也. 如是則天亦勞, 何病之有." ○ 光曰"天日行一周, 踰一度, 未嘗休息, 何病乎."

宋咸이 말하였다. "≪易≫에 '하늘의 운행이 굳세니 君子가 이것을 보고 스스로 힘쓰고 쉬지 않는다.'라고 하였으니, 하늘을 본받은 것이다. 이와 같다면 하늘도 수고로운 것인데, 하늘이 어찌 괴로워함이 있겠는가."

○ 司馬光이 말하였다. "하늘은 하루에 한 바퀴를 돌고 1度를 넘지만 일찍이 휴식한 적이 없으니, 어찌 괴로워하였겠는가."

③ 天樂天：咸曰"所以運行無窮"

宋咸이 말하였다. "運行이 無窮하기 때문이다."

④ 聖樂聖：咸曰"所以歷聘不暇" ○ 祕曰"天聖非所病, 則自然樂其道矣." ○ 光曰"言天聖各得其道, 行之自樂."

宋咸이 말하였다. "이 나라 저 나라를 돌아다니느라 겨를이 없기 때문이다."

○ 吳祕가 말하였다. "하늘과 성인이 괴로워한 것이 아니라면 자연 그 도를 즐거워하였을 것이다."

○ 司馬光이 말하였다. "하늘과 성인이 각각 자기 도를 얻어 행함에 스스로 즐거워하였음을 말한 것이다."

혹자가 말하였다.

"중니는 종신토록 분주하였으니, 하늘이 수고롭게 한 것입니까? 중니는 이를 괴로워하였습니까?"

揚子가 말하였다.

"하늘이 중니를 수고롭게 하였을 뿐만 아니라 하늘도 스스로 수고로웠다. 하늘이 어찌 괴로워하였겠는가. 하늘은 하늘의 일을 즐거워하고, 성인은 성인의 일을 즐거워하였다."

06. **或問 鳥有鳳**하고 **獸有麟**하니 **鳥獸皆可鳳麟乎**①아 **曰 群鳥之於鳳也**와 **群獸之於麟也**는 **形性**②이니 **豈群人之於聖乎**③아

① 鳥有鳳……鳥獸皆可鳳麟乎：言凡鳥獸之不可得(而)〔及〕[13]鳳麟, 亦猶凡夫不可强通聖人之道. ○ 祕曰"疑夫睎驥之馬, 亦驥之乘也.[14]" ○ 光曰"言鳥獸不可爲鳳麟, 猶

庸人不可爲聖."

무릇 새와 짐승이 봉황과 기린에 미칠 수 없는 것은 또한 凡夫가 억지로 聖人의 道에 통달할 수 없는 것과 같음을 말한 것이다.

○ 吳祕가 말하였다. "'천리마처럼 되기를 바라는 말은 또한 천리마의 무리이다.' 라는 말을 의심한 것이다."

○ 司馬光이 말하였다. "새와 짐승이 봉황과 기린이 될 수 없는 것은 庸人이 聖人이 될 수 없는 것과 같음을 말한 것이다."

② 群鳥之於鳳也……形性 : 祕曰 "形殊性別."

吳祕가 말하였다. "형상이 다르고 천성이 다르다."

③ 豈群人之於聖乎 : 鳥獸, 大小形性各異. 人之於聖, 腑藏竝同. ○ 祕曰 "肖天地之貌[15], 懷五常之性, 豈有異乎. 所不同者, 惟道耳." ○ 光曰 "聖人與人, 皆人也. 形性無殊, 何爲不可跂及."

새와 짐승은 크기와 형체와 천성이 각각 다르지만, 사람은 성인에 대해서 오장육부가 모두 같다.

○ 吳祕가 말하였다. "天地의 모습을 닮고 五常의 性을 품고 있는 것은 〈성인과 중인이〉 어찌 다르겠는가. 같지 않은 것은 道일 뿐이다."

○ 司馬光이 말하였다. "聖人과 衆人은 모두 사람인지라 형체와 천성이 다를 것이 없으니 〈衆人이〉 어찌 발돋움하여 〈聖人에〉 미칠 수 없겠는가."

혹자가 물었다.

"여러 새들 중에 봉황이 있고 여러 짐승들 중에 기린이 있으니, 새는 모두 봉황이 될 수 있고, 짐승은 모두 기린이 될 수 있습니까?"

揚子가 말하였다.

"새들 중에 봉황이 있고, 짐승들 중에 기린이 있는 것은 형체가 다르고 천성이 다르니, 어찌 衆人들 중에 聖人이 있는 것과 같겠는가."

---

13) (而)〔及〕: 저본에는 '而'로 되어 있으나, 四部叢刊本에 근거하여 '及'으로 바로잡았다.

14) 睎驥之馬 亦驥之乘也 : 본서 권1 〈學行〉에 "천리마처럼 되기를 바라는 말은 또한 천리마의 무리요, 顏回처럼 되기를 바라는 사람은 또한 안회의 무리이다.〔睎驥之馬 亦驥之乘也 睎顏之人 亦顏之徒也〕"라고 하였다.

15) 肖天地之貌 : ≪漢書≫ 〈刑法志〉에 "사람은 천지의 모양을 닮았다.〔人肖天地之貌〕"라고 하였는데, 그 註에 "머리가 둥근 것은 하늘을 형상한 것이고, 발이 모난 것은 땅을 형상한 것이다."라고 하였다.

07. 或曰 甚矣라 聖道無益於庸也여 聖讀而庸行하니 盍去諸①아 曰 甚矣라 子之不達也여 聖讀而庸行이나 猶有聞焉이라 去之면 阬也②니 阬秦者 非斯乎아 投諸火③하니라

① 聖道無益於庸也……盍去諸 : 祕曰 "聖道不益於庸愚之人. 讀其書而庸其行, 何不去之." ○ 光曰 "去, 邱莒切. 言俗儒雖讀聖人之書, 而所行無以異於庸人, 盍去此俗儒乎."

吳祕가 말하였다. "聖人의 도는 용렬하고 어리석은 사람에게 보탬이 되지 않는다. 聖人의 책을 읽고도 보통 사람의 행동을 하니, 어찌 이것을 버리지 않는가."

○ 司馬光이 말하였다. "去는 邱와 莒의 反切이다. 속된 선비는 비록 聖人의 책을 읽어도 행동하는 바가 보통 사람과 다를 것이 없으니, 어찌 이 속된 선비를 버리지 않느냐는 말이다."

② 甚矣……去之阬也 : 咸曰 "言讀之, 尙有聞聖人之道者. 去之則雖無所行, 復無所聞矣. 阬, 猶陷也. 言聖人之道, 陷矣." ○ 光曰 "李本, 阬作抏[16], 五官切. 今從宋吳本. 言俗儒, 雖不能行聖人之道, 猶得聞其道而傳諸人, 愈於亡也. 若惡其無實, 而遂去之, 則與秦之阬儒, 何異哉."

宋咸이 말하였다. "〈성인의 책을〉 읽으면 오히려 聖人의 道를 들은 자라도 있거니와, 〈성인의 책을〉 버리면 비록 행하지는 않더라도 다시는 聖人의 道를 들은 자도 없게 될 것이라는 말이다. 阬은 陷과 같으니, 聖人의 道가 매몰됨을 말한 것이다."

○ 司馬光이 말하였다. "李軌本에는 '阬'이 '抏'으로 되어 있으니, 五와 官의 反切이다. 지금 宋咸本・吳祕本을 따랐다. 속된 선비가 비록 聖人의 道를 행할 수는 없으나 그래도 그 도를 듣고 사람에게 전할 수는 있으니 〈이들이〉 없는 것보다는 낫다. 만약 실상이 없음을 싫어하여 마침내 속된 선비를 버린다면 秦나라가 유생들을 구덩이에 묻어 죽인 일과 무엇이 다르겠느냐는 말이다."

③ 阬秦者……投諸火 : 斯, 李斯[17]. ○ 咸曰 "陷聖人之道於秦者, 李斯也. 非惟陷之, 復投於火以滅之也. 此猶仲尼不去其羊以存告朔之禮[18]." ○ 祕曰 "阬秦, 使不有王道者,

16) 阬作抏 : 抏은 頑의 가차자로서 우둔하다, 우롱하다의 뜻이다.

17) 李斯 : 荀卿의 제자이다. 秦始皇의 승상으로 천하를 통일하는 데 크게 기여하였으나 焚書坑儒를 단행하여 사상의 통일을 꾀하였으며, 진시황이 죽자 이 사실을 공표하지 않고 환관인 趙高와 거짓 詔書를 만들어 長子인 扶蘇를 죽이고 胡亥를 황제로 세워 천하를 어지럽히다가 조고에게 죽임을 당하였다.

18) 仲尼不去其羊以存告朔之禮 : 魯 文公 때부터 종묘에 매달 초하룻날 告朔하는 禮를 폐지하고 희생으로 사용하는 羊만은 그대로 바치게 하였다. 子貢이 이 양마저 없애 버리려고 하자, 공자가 말씀하기를 "賜야, 너는 양을 아까워하느냐? 나는 그 예를 아까워한다.〔賜也 爾

非李斯乎. 以書籍投諸火." ○ 光曰 "斯, 此也. 言諸儒之所以見阬於秦者, 亦以聖讀庸行, 好橫議以非世. 故秦人深疾之, 幷其書焚之. 若使秦之法, 遂行於世, 則聖人之道絶矣."

斯는 李斯이다.

○ 宋咸이 말하였다. "秦나라 때에 聖人의 道를 매몰시킨 것은 李斯이다. 매몰시켰을 뿐만 아니라 다시 〈聖人의 책을〉 불 속에 던져넣어 없앴다. 양웅의 이 말은 仲尼가 羊을 없애지 않아서 告朔禮를 보존한 것과 같다."

○ 吳祕가 말하였다. "진나라에서 유생을 구덩이에 묻어 죽여 王道가 있지 않게 한 것은 李斯가 아닌가. 〈이사는〉 책까지 불 속에 던져넣었다."

○ 司馬光이 말하였다. "斯는 이것이다. 여러 유생들이 秦나라 때에 매장당하여 죽은 것은 또한 성인의 책을 읽었으면서 보통 사람의 행동을 하고 제멋대로 의논하여 세상을 비난하기를 좋아했기 때문이다. 그러므로 秦나라 사람이 유생을 깊이 미워하여 그 책까지 아울러 불태웠으니, 만약 秦나라의 法이 마침내 세상에 행해졌다면 聖人의 道가 끊어졌을 것이라는 말이다."

혹자가 말하였다.

"심합니다. 聖人의 道가 보통 사람에게 무익함이여. 聖人의 책을 읽고도 보통 사람의 행동을 하니, 어찌 聖人의 책을 버리지 않습니까?"

揚子가 말하였다.

"심하다. 그대가 사리에 밝지 못함이여. 聖人의 책을 읽고 보통 사람의 행동을 하더라도 聖人의 가르침을 듣기는 들은 것이다. 그러나 聖人의 책을 버리면 이는 聖人의 道를 매몰시키는 것이다. 秦나라 때에 聖人의 道를 매몰시킨 것은 李斯가 아니겠는가. 李斯는 聖人의 책을 모두 불 속에 던져넣었다."

08. 或問 人何尙고 **曰 尙智**①니라 **曰 多以智殺身者**하니 **何其尙**이리오 **曰 昔皐陶**[19] **以其智爲帝謨**하니 **殺身者遠矣**②요 **箕子**[20] **以其智爲武王陳洪範**하니 **殺身者遠**

愛其羊 我愛其禮]"라고 하였다. 이는 禮가 폐지되더라도 羊이 남아 있으면 사람들이 오히려 기억할 수 있어서 이 禮가 회복될 수 있지만, 만약 羊마저 없애버리면 이 禮가 마침내 없어지게 되므로 孔子가 아까워한 것이다.(≪論語 八佾≫)

19) 皐陶 : 舜임금과 禹임금 때의 賢臣으로 刑法을 관장하였다.

20) 箕子 : 殷나라 紂王의 숙부로, 이름은 胥餘이다. 箕나라에 봉해지고 작위가 子이기 때문에

矣③니라

① 尙智 : 祕曰 "仁義禮信, 非智不行. 易曰 '智崇禮卑.[21]'"

吳祕가 말하였다. "仁義禮信은 智가 아니면 행해지지 않는다. ≪易≫에 '智는 높고 禮는 낮다.'라고 하였다."

② 昔皐陶以其智爲帝謨 殺身者遠矣 : 咸曰 "謨, 謀也. 皐陶爲士, 與帝舜, 謀其治道, 何殺身之有." ○ 光曰 "陶, 音遙"

宋咸이 말하였다. "謨는 도모함이다. 皐陶가 법관이 되어 帝舜을 위하여 治道를 도모하였으니, 어찌 자기 몸을 죽이는 일이 있겠는가."

○ 司馬光이 말하였다. "陶는 음이 요이다."

③ 箕子以其智爲武王陳洪範 殺身者遠矣 : 咸曰 "洪, 大也. 範, 法也. 周武王, 旣殺紂, 以箕子歸, 作洪範, 言天地之大法. 後封於朝鮮, 何殺身之有." ○ 光曰 "飾智爲邪, 貪利徇名, 則殺身. 用智明道, 時然後言, 何害之有."

宋咸이 말하였다. "洪은 큼이다. 範은 法이다. 周 武王이 紂를 죽인 뒤에 箕子를 데리고 돌아오니, 箕子가 〈洪範〉을 지어 天地의 大法을 말하였다. 箕子는 뒤에 朝鮮에 봉해졌으니, 어찌 자기 몸을 죽이는 일이 있었겠는가."

○ 司馬光이 말하였다. "지혜로운 척 꾸미고 간사한 짓을 하며, 이익을 탐하고 명예를 좇으면 자기 몸을 죽인다. 지혜를 써서 도를 밝히고 때에 맞은 뒤에 말을 하면 무슨 해가 있겠는가."

혹자가 물었다.

"사람은 무엇을 숭상해야 합니까?"

揚子가 말하였다.

"지혜를 숭상해야 한다."

혹자가 말하였다.

"지혜를 쓰다가 자기 몸을 죽인 자가 많은데 어째서 지혜를 숭상해야 합니까?"

揚子가 말하였다.

"옛날에 皐陶는 그의 지혜를 가지고 帝舜을 위하여 도모하였으니, 〈지혜를 쓰다가〉 자기 몸을 죽인 것과는 거리가 멀고, 箕子는 그의 지혜를 가지고 武王을 위하

箕子라고 칭하였다.

21) 智崇禮卑 : ≪周易≫ 〈繫辭傳 上〉에 "智는 높고 禮는 낮으니, 높은 것은 하늘을 본받고 낮은 것은 땅을 본받는다.〔智崇禮卑 崇效天 卑法地〕"라고 하였다.

여 〈洪範〉을 아뢰었으니, 〈지혜를 쓰다가〉 자기 몸을 죽인 것과는 거리가 멀다."

09. **仲尼**는 **聖人也**로되 **或〔者〕**[22]**劣諸子貢**①이어늘 **子貢辭而精之然後**에 **廓如也**②라 **於戲**(오호)③라 **觀書者 違子貢**이면 **雖多**나 **亦何以爲愼哉**④[23]리오

① 或劣諸子貢：祕曰 "叔孫武叔・陳子禽, 皆有是言[24]."

吳祕가 말하였다. "叔孫武叔과 陳子禽이 모두 이러한 말을 하였다."

② 子貢辭而精之然後 廓如也：精, 明. ○ 咸曰 "論語云 '叔孫武叔, 語大夫於朝曰「子貢賢於仲尼」. 子服景伯, 以告子貢, 子貢曰「譬之宮牆, 賜之牆也及肩, 窺見室家之好. 夫子之牆數仞, 不得其門而入, 〔不見宗廟之美百官之富〕[25]」', '陳子禽, 謂子貢曰「子爲恭也. 仲尼豈賢於子乎.」子貢曰「君子一言以爲知, 一言以爲不知, 言不可不愼也. 夫子之不可及, 猶天之不可階而升也.」' 此所以廓如."

精은 밝음이다.

○ 宋咸이 말하였다. "≪論語≫에 '叔孫武叔이 조정에서 大夫에게「子貢이 仲尼보다 낫다.」라고 하였다. 子服景伯이 이 말을 子貢에게 고하니, 子貢이「집의 담에 비유하자면 나의 담은 어깨 높이여서 집안의 좋은 것들을 들여다 볼 수 있지만, 夫子의 담은 몇 길이어서 문으로 들어가지 않으면 종묘의 아름다움과 백관의 풍부함을 볼 수가 없다.」라고 했다.' 하였고, '陳子禽이 子貢에게「그대가 스승을 공경하기 때문에 그렇게 말하는 것이지 仲尼가 어찌 그대보다 낫겠는가.」라고 하니, 子貢이「君子는 한마디 말에 지혜롭다 하며 한마디 말에 지혜롭지 않다 하니, 말을 조심하지 않을 수 없다. 夫子를 따를 수 없음은 마치 하늘을 사다리로 오를 수 없는 것과 같다.」라고 했다.' 하였다. 이것이 환하게 밝혀진 것이다."

③ 於戲：光曰 "宋吳本作烏呼, 今從李本. 於, 音烏, 戲, 火吳・許宜二切."

---

22)〔者〕: 저본에는 없으나, 四部叢刊本에 근거하여 보충하였다.

23) 雖多 亦何以爲愼哉：司馬光의 註에 "李軌本에는 '愼'이 '盛'으로 되어 있고 下章과 이어져 있는데 지금 宋咸本・吳祕本을 따랐다."라고 하였다. 그러나 '雖多 亦何以爲'는 ≪論語≫ 〈子路〉"誦詩三百 授之以政 不達 使於四方 不能專對 雖多 亦奚以爲(≪詩經≫ 三百篇을 〈줄줄〉 외되, 정치를 맡겨주면 소통하지 못하고, 사방에 使臣으로 가서 獨自的으로 應對하지도 못한다면 비록 많이 왼다 한들 무엇에 쓰겠는가)"의 '雖多 亦奚以爲'와 유사하다. 그러므로 '愼哉'는 떼어 下章과 잇는 것이 옳을 듯하나 우선 저본을 따랐다.

24) 叔孫武叔陳子禽 皆有是言：숙손무숙과 진자금의 말은 모두 ≪論語≫ 〈子張〉에 보인다.

25)〔不見宗廟之美百官之富〕: 저본에는 없으나, ≪論語≫에 근거하여 보충하였다.

司馬光이 말하였다. "宋咸本・吳祕本에는 '烏呼'로 되어 있으나, 지금 李軌本을 따랐다. 於는 음이 烏이다. 戲는 火와 吳의 反切, 許와 宜의 反切 두 가지 음이다."

④ 觀書者……亦何以爲慎哉 : 咸曰 "言無慎於子貢之明師道也." ○ 光曰 "李本, 慎作盛, 屬下章. 今從宋吳本. 違子貢, 謂若老莊之徒, 不知聖人之道, 難知而不可及, 遂從而非之. 此觀書者, 所宜慎也."

宋咸이 말하였다. "師道를 밝힌 子貢보다 신중하지 못함을 말한다."

○ 司馬光이 말하였다. "李軌本에는 '慎'이 '盛'으로 되어 있고 下章과 이어져 있는데 지금 宋咸本・吳祕本을 따랐다. '子貢을 어긴다.'는 것은 老莊의 무리들이 聖人의 道를 알지 못하면서 난해하여 미칠 수 없다고 하면 마침내 따라서 비난하는 것을 이른다. 이는 책을 보는 자가 마땅히 삼가야 할 바이다."

仲尼는 聖人인데 어떤 사람이 〈중니가 제자인〉 子貢보다 못하다고 하자, 자공이 말로써 정밀하게 밝힌 뒤에야 환하게 밝혀졌다. 아, 책을 읽은 자가 자공처럼 하지 않는다면 아무리 책을 많이 읽었다 하더라도 어찌 신중하다고 할 수 있겠는가.

10. 成湯은 丕承也요 文王은 淵懿也시니라 或問丕承한대 曰 由小致大하니 不亦丕乎①아 革夏以天하니 不亦承乎②아 淵懿③한대 曰 重易六爻하니 不亦淵乎④아 浸以光大하니 不亦懿乎⑤아

① 由小致大 不亦丕乎 : 咸曰 "由七十里, 王天下." ○ 祕曰 "由小國而成王業. 孟子曰 '湯以七十里' 丕, 大也."

宋咸이 말하였다. "湯王은 70리의 작은 나라를 가지고 王天下하였다."

○ 吳祕가 말하였다. "湯王은 小國을 가지고 王業을 이룩하였다. ≪孟子≫ 〈公孫丑 上〉에 '湯은 70리를 가지고 王天下하였다.'라고 하였다. 丕는 큼이다."

② 革夏以天 不亦承乎 : 咸曰 "順天應人." ○ 祕曰 "革夏命以順乎天. 書曰 '天命殛之' 承, 奉也."

宋咸이 말하였다. "湯王은 天意와 人心에 순응하였다."

○ 吳祕가 말하였다. "湯王은 夏나라의 天命을 개혁하여 天意를 따랐다. ≪書經≫ 〈湯誓〉에 '〈有夏가 죄가 많으므로〉 하늘이 명하여 정벌하게 하였다.'라고 하였다. 承은 받드는 것이다."

③ 淵懿 : 祕曰 "問文王."

吳祕가 말하였다. "文王에 대해 물은 것이다."

④ 重易六爻 不亦淵乎 : 咸曰 "淵, 深也. 夫易極深研幾[26]."

宋咸이 말하였다. "淵은 깊음이다. ≪易≫은 〈聖人이〉 사물의 심오하고 은미한 부분을 깊이 연구하여 그 기미를 밝힌 것이다."

⑤ 浸以光大 不亦懿乎 : 咸曰 "浸, 漸也. 懿, 美也. 言三分天下, 有其二, 漸也. 決虞芮訟[27], 至武王, 卒成大勳光大也."

宋咸이 말하였다. "浸은 점점 함이다. 懿는 아름다움이다. 〈文王은〉 천하를 삼분하여 그 둘을 소유하였는데, 〈단번에 소유한 것이 아니라〉 점점 하였다는 말이다. 〈文王 때에는 文王의 덕에 감화되어〉 虞와 芮의 爭訟이 해결되었고, 武王 때에 이르러서는 마침내 큰 공훈을 이루어 周나라를 빛나고 크게 하였다."

成湯은 크게 계승하였고, 文王은 깊고 아름다운 덕을 지니셨다. 혹자가 〈成湯이〉 크게 계승한 것에 대하여 물으니, 揚子가 말하였다.

"〈70리의〉 작은 나라를 가지고 王天下를 이룩하였으니 크지 않은가. 夏나라의 天命을 개혁하여 하늘의 뜻을 따랐으니 계승한 것이 아닌가."

혹자가 〈文王이〉 깊고 아름다운 덕을 지닌 것에 대하여 물으니, 揚子가 말하였다.

"≪周易≫의 6효(8괘)를 중첩하여 〈64괘를 만들었으니〉 깊지 않은가. 〈100리의 작은〉 주나라를 점점 크고 빛나게 하였으니 아름답지 않은가."

11. 或問命①한대 曰 命者는 天之命也요 非人爲也②니 人爲不爲命③이니라 請問人爲④한대 曰 可以存亡하고 可以死生은 非命也⑤니 命不可避也⑥니라 或曰 顔氏之

---

26) 易極深研幾 : ≪周易≫ 〈繫辭傳 上〉에 보인다.

27) 決虞芮訟 : 周나라 때 虞나라와 芮나라의 군주가 서로 토지를 다투어 오랫동안 화평하지 못하였다. 이에 서로 '西伯은 어진 사람이니, 어찌 그를 찾아가서 바로잡지 않겠는가.' 하고, 서로 함께 周나라로 조회를 갔다. 그리하여 그 국경에 들어가니, 밭 가는 자들은 밭의 경계를 양보하고, 길가는 자들은 길을 양보하였으며, 그 도읍에 들어가니, 남녀가 길을 달리하고, 머리가 반백이 된 자가 짐을 들고 다니지 않았으며, 그 조정에 들어가니, 士는 大夫가 되기를 사양하고, 大夫는 卿이 되기를 사양하였다. 이에 우와 예의 두 군주가 감동하여 '우리들은 小人이다. 君子의 조정을 밟을 자격도 없는 자들이다.' 하고, 서로 양보하여 다투던 땅을 閑田으로 삼고 물러가니, 천하에서 이 말을 듣고 文王에게 귀의한 나라가 40여 국이었다.(≪孔子家語 好生≫)

子와 **冉氏之孫**⑦한대 **曰 以其無避也**⑧라 **若立巖牆之下**와 **動而徵病**과 **行而招死**는 **命乎**아 **命乎**⑨아

① 或問命 : 祕曰 "世稱修短之命."
吳祕가 말하였다. "세상에서 칭하는 壽命의 長短이다."

② 命者天之命也 非人爲也 : 祕曰 "天命壽夭, 非人所爲."
吳祕가 말하였다. "하늘이 명한 壽命의 長短은 사람이 할 수 있는 것이 아니다."

③ 人爲不爲命 : 咸曰 "夫可爲者, 非謂之命."
宋咸이 말하였다. "사람이 할 수 있는 것은 命이라고 이르지 않는다."

④ 請問人爲 : 咸曰 "問何以謂之人爲."
宋咸이 말하였다. "어떤 것을 人爲라고 하는지 물은 것이다."

⑤ 可以存亡……非命也 : 是人爲也. ○ 咸曰 "因善而生存, 因惡而死亡. 暴虎憑河之類, 非命也, 人爲之." ○ 祕曰 "育之則存, 棄之則亡, 殘之則死, 釋之則生, 豈命也哉."
이러한 것은 人爲이다.
○ 宋咸이 말하였다. "善하기 때문에 생존하고, 惡하기 때문에 사망한다. 맨손으로 범을 잡고 맨몸으로 江河를 건너는 따위는 命이 아니라 사람이 그렇게 하는 것이다."
○ 吳祕가 말하였다. "기르면 보존되고 버리면 망하며, 해치면 죽고 풀어주면 사는 것이 어찌 命이겠는가. 〈이런 것은 命이 아니다.〉"

⑥ 命不可避也 : 祕曰 "天之降年, 有永有不永, 不可避也. 世以祈禳[28]之術·修煉之要, 徼望延永, 蓋溺於貪生者爲之也." ○ 光曰 "人事, 可以生存, 而自取死亡, 非天命也."
吳祕가 말하였다. "하늘이 내려준 수명은 길기도 하고 짧기도 하여 피할 수가 없다. 그런데 세상 사람들은 祈禳의 술수와 養生의 要訣로써 수명을 연장하기를 바라니, 이는 생에 탐닉하는 자가 하는 것이다."
○ 司馬光이 말하였다. "사람이 하는 일은 생존할 수도 있고 스스로 사망을 초래하기도 하니 이것은 天命이 아니다."

⑦ 顔氏之子 冉氏之孫 : 祕曰 "顔回·冉耕, 皆早亡, 何也? 語曰 '冉伯牛有疾.'[29]" ○ 光曰 "言顔淵·冉伯牛, 非不知修人事, 而顔淵早夭, 伯牛惡疾, 何也."
吳祕가 말하였다. "顔回와 冉耕이 모두 일찍 죽은 것은 어째서인가? ≪論語≫에 '冉伯牛는 병이 있었다.'라고 하였다."
○ 司馬光이 말하였다. "顔淵과 冉伯牛가 人事를 닦을 줄 모른 것이 아니었는데

---

28) 祈禳 : 복은 오고 재앙은 물러가기를 비는 것을 이른다.
29) 冉伯牛有疾 : ≪論語≫ 〈雍也〉에 보인다. ≪淮南子≫ 〈精神訓〉에 "염백우는 厲病(문둥병)을 앓았다.〔冉伯牛爲厲〕"라고 하였다.

顔淵은 일찍 죽고 伯牛는 惡疾에 걸린 것은 어째서이냐는 말이다."

⑧ 以其無避也 : 咸曰 "言顔淵・冉牛, 皆早亡者, 非其爲之, 蓋降年不永. 所謂天命不可以避也."

宋咸이 말하였다. "顔淵과 冉伯牛가 모두 일찍 죽은 것은 인력으로 그렇게 만든 것이 아니라 하늘이 준 수명이 길지 않아서이니, 이른바 천명은 피할 수가 없다는 것이다."

⑨ 若立巖牆之下……命乎命乎 : 自詒伊慼 ○ 咸曰 "言若立夫巖牆之下, 以徵病招死, 此自爲之, 豈所謂命乎. 故禮不登高不臨深[30]者也." ○ 祕曰 "處乎危嶮, 動爲病之徵, 行爲死之招, 豈曰命乎. 孟子曰 '知命者, 不立乎巖牆之下[31]'" ○ 光曰 "巖牆, 欹危欲崩之牆也."

스스로 이러한 근심을 끼친 것이다.

○ 宋咸이 말하였다. "위험한 담 아래에 서 있는 것과 〈자신의 몸을 잘 조섭하지 않아〉 병을 초래하는 것과 〈자신의 행동거지가 바르지 못하여〉 죽음을 초래하는 것 같은 것은 스스로 그렇게 만든 것이니, 어찌 이른바 命이겠느냐는 말이다. 그러므로 禮에 높은 데 올라가지 않고 깊은 데 가까이 가지 않는다는 것이다."

○ 吳祕가 말하였다. "위험한 데 처하였거나 자신의 행동이 병의 징조가 되었거나 자신의 행위가 죽음을 부른 것이라면 어찌 命이라고 하겠는가. 孟子가 '正命을 아는 자는 위험한 담 아래에 서지 않는다.'라고 하였다."

○ 司馬光이 말하였다. "巖牆은 기울어지고 위태로워 무너지려고 하는 담이다."

혹자가 命에 대하여 물으니, 揚子가 말하였다.

"命은 하늘이 명한 것이고, 사람의 힘으로 이루어진 것이 아니다. 사람의 힘으로 이루어진 것은 명이라고 하지 않는다."

혹자가 사람의 힘으로 이루어진 것에 대해 물으니, 揚子가 말하였다.

"〈사람의 힘으로〉 보존할 수도 있고 멸망할 수도 있으며, 죽을 수도 있고 살 수도 있는 것은 명이 아니니, 명은 피할 수가 없는 것이다."

혹자가 말하였다.

"顔淵이 요절한 것과 冉伯牛가 惡疾에 걸린 것은 어째서입니까?"

---

30) 不登高不臨深 : ≪禮記≫ 〈曲禮〉에 "무릇 자식 된 자는……높은 데 올라가지 않으며, 깊은 곳에 가까이 가지 않는다."라고 하였다. 이는 자식 된 자는 마땅히 자신을 낮추어 그 부모를 높이며, 또 마땅히 자신을 소중히 여겨 그 몸을 아껴야 함을 말한 것이다.

31) 知命者 不立乎巖牆之下 : ≪孟子≫ 〈盡心 上〉에 보인다.

揚子가 말하였다.

“피할 수 없는 운명이다. 위험한 담 아래에 서서 위험을 피하지 않는 것과 행동이 도리에 맞지 않아 병을 초래하는 것과 행위가 도리에 맞지 않아 죽음을 초래하는 것과 같은 것은 명이라고 하겠는가. 명이라고 하겠는가.”

12. 吉人은 凶其吉①하고 凶人은 吉其凶②이니라

① 吉人 凶其吉 : 祕曰 “吉人以吉爲凶, 故能常吉, 誡愼之至也.” ○ 光曰 “楚莊王以無災爲懼, 曰 ‘天豈棄忘寡人乎.’[32] 是得吉猶以爲凶也.”

吳祕가 말하였다. “길한 사람은 〈길조를 얻고도〉 길조를 흉조라고 여긴다. 그러므로 항상 길할 수 있으니, 경계하고 삼감이 지극하기 때문이다.”

○ 司馬光이 말하였다. “楚 莊王은 재해가 없는 것을 두려워하여 ‘하늘이 어찌 과인을 잊어버리셨단 말인가.’라고 하였으니, 이는 길조를 얻고도 오히려 흉조라고 여긴 것이다.”

② 凶人 吉其凶 : 祕曰 “凶人以凶爲吉, 故至大凶, 不懲不勸之至也.” ○ 光曰 “紂淫虐, 將亡, 災異竝臻, 而曰‘我生不有命在天.’ 是廢人事而任天命, 得凶而以爲吉也.”

吳祕가 말하였다. “흉한 사람은 〈흉조를 얻고도〉 흉조를 길조로 여긴다. 그러므로 크게 흉한 일이 이르니, 징계하지 않고 권면하지 않음이 지극하다.”

○ 司馬光이 말하였다. “紂가 음란하고 포학하여 〈商나라가〉 장차 망하려 할 적에 天災와 地異가 아울러 이르렀는데도 ‘내가 사는 것은 命이 하늘에 달려 있지 않은가.’라고 하였으니, 이는 人事를 폐하고 天命에 맡겨 흉조를 얻었으면서 길조라고 여긴 것이다.”

길한 사람은 길조를 흉조라고 여겨 〈미리 경계하며〉, 흉한 사람은 흉조를 길조라고 여겨 〈미리 경계하지 않는다.〉

13. 辰乎辰①이여 曷來之遲, 去之速也②오 君子競諸③니라

① 辰乎辰 : 歎時逝也. ○ 咸曰 “日月所會, 謂之辰[33].”

---

32) 楚莊王……天豈棄忘寡人乎 : 초 장왕은 하늘에 더 이상 妖孼이 나타나지 않고 땅에서도 더 이상 妖孼이 생기지 않자, 산천에 기도하기를 “하늘이 나를 잊으셨는가? 어찌하여 오랫동안 災異를 내리지 않는가.”라고 하였다.(≪說苑 君道≫)

때가 지나가버림을 탄식한 것이다.

○ 宋咸이 말하였다. "해와 달이 만나는 때를 辰이라 한다."

② 曷來之遲 去之速也 : 祕曰 "言時之難會也. 郭璞云 '辰, 亦時也.'"

吳祕가 말하였다. "때를 만나기 어려움을 말한 것이다. 郭璞이 '辰도 때이다.'라고 하였다."

③ 君子競諸 : 進德修業, 欲及時也. ○ 祕曰 "君子無所競, 必也爲道, 亟於時也."

德을 진보시키고 학업을 닦아 제때에 미치고자 하는 것이다.

○ 吳祕가 말하였다. "君子는 경쟁하는 것이 없으나 반드시 道를 행하는 것은 경쟁하니 제때에 빨리 실천한다."

때여, 때여. 어찌하여 오는 것은 늦고 가는 것은 빠른가. 君子는 때를 다툰다. (놓치지 않는다)

14. 譸言은 敗俗①하고 譸好는 敗則②하고 姑息은 敗德③이라 君子는 謹於言④하고 愼於好⑤하고 亟(극)於時⑥니라

① 譸言 敗俗 : 光曰 "李宋吳本, 譸皆作譸, 女耕切. 字書 '詈譸, 小聲也.'" ○ 咸曰 "譸, 邪也. 音義曰 '天復本, 作譸, 音于, 妄言也', 今從之. 光謂 '妄言者, 不知而作, 惑亂後生, 故敗俗也.'"

司馬光이 말하였다. "李軌本·宋咸本·吳祕本에는 '譸'가 모두 '譸'으로 되어 있으니, 女와 耕의 反切이다. 字書에 '〈詈은〉 詈譸이니 小聲(하찮은 말)이다.'라고 하였다."

○ 宋咸이 말하였다. "譸은 간사함이다. ≪音義≫에 '天復本에 譸로 되어 있으니, 音은 于이고 망령되다는 말이다.'라고 하였는데, 지금 이것을 따랐다. 司馬光이 '망령되이 말하는 자는 알지 못하면서 함부로 행동하여 後生을 미혹시키고 어지럽히기 때문에 풍속을 해친다.'라고 하였다."

② 譸好 敗則 : 光曰 "妄好非聖之書, 敗先王之法."

司馬光이 말하였다. "성인의 글이 아닌 것을 망령되이 좋아하는 것은 先王의 法을 해치는 것이다."

③ 姑息 敗德 : 祕曰 "譸言, 小言也. 小言之敗風俗, 小好之敗法則, 苟安之敗德本. 傳曰 '雖小辯, 終破大道', 管子曰 '凡民之從上也, 不從口之所言, 從情之所好者'. 檀弓曰 '細

---

33) 日月所會 謂之辰 : 1년에 해와 달이 열두 번 만나는데, 만나는 때를 '辰'이라 한다.

人之愛人也, 以姑息', 姑息, 苟容取安也." ○ 光曰"姑, 且, 息, 休也. 宴安鴆毒[34], 故敗德."

吳祕가 말하였다. "譠言은 小言(도리에 맞지 않는 말)이다. 小言은 풍속을 해치고, 小好(도리에 맞지 않는 기호)는 법칙을 해치고, 苟安(姑息的인 편안함)은 덕의 근본을 해친다. ≪漢書≫ 〈揚雄傳〉에 '비록 小辯(하찮은 辨說)이라도 마침내 大道를 파괴한다.'라고 하였고, ≪管子≫ 〈法法〉에 '무릇 백성이 윗사람을 따름에 윗사람의 입에서 나오는 말을 따르지 않고 윗사람이 마음속으로 좋아하는 것을 따른다.'라고 하였다. ≪禮記≫ 〈檀弓〉에 '小人은 사람을 사랑하기를 姑息的으로 한다.'라고 하였으니, 姑息은 구차하게 남의 비위를 맞춰 편안함을 취하는 것이다."

○ 司馬光이 말하였다. "姑는 우선이고, 息은 쉬는 것이다. 安逸은 鴆毒과 같기 때문에 德을 해친다."

④ 君子 謹於言 : 祕曰 "非法不言."

吳祕가 말하였다. "君子는 법도에 맞지 않으면 말하지 않는다."

⑤ 愼於好 : 祕曰 "上好之, 則民爲之."

吳祕가 말하였다. "윗사람이 좋아하면 백성들은 그것을 행한다."

⑥ 亟於時 : 祕曰 "亟, 急也, 不可苟安. 易曰 '君子進德修業, 欲及時也.'" ○ 光曰 "亟, 紀力切."

吳祕가 말하였다. "亟은 급한 것이니, 〈때에 맞게 하는 것을 급하게 여기고〉 구차하게 편안함을 취하지 않는 것이다. ≪周易≫ 乾卦 〈文言傳〉에 '君子가 덕을 진보시키고 학업을 닦는 것은 제때에 미쳐 道를 펴고자 해서이다.'라고 하였다."

○ 司馬光이 말하였다. "亟은 紀와 力의 反切이다."

망령된 말은 풍속을 해치고, 망령된 嗜好는 법칙을 해치고, 고식적인 편안함은 德을 해친다. 군자는 말을 삼가고, 기호를 삼가고, 때에 맞게 하는 것을 급하게 여긴다.

15. 吾不見震風之能動聾聵也①로라

① 吾不見震風之能動聾聵也 : 雷風非不烈, 不能動聾聵, 聖教非不服, 不能化頑嚚. ○ 祕

34) 宴安鴆毒 : 鴆毒은 짐새의 깃을 담근 毒酒인데 이것을 마시면 사람이 죽는다. ≪春秋左氏傳≫ 閔公 元年條에 "안일은 짐독과 같으니 연연해서는 안 된다.〔宴安酖毒 不可懷也〕"라고 한 데서 온 말이다.

曰 "帝堯在上, 不能化四凶[35)]." ○ 光曰 "聵, 五怪反. 言妄怠之人, 天所不能福."

우레와 바람이 격렬하지 않은 것은 아니지만 귀머거리를 동하게 하지는 못하고, 성인의 가르침이 가슴속에 새길 만하지 않은 것은 아니지만 완악한 자를 교화시키지는 못한다.

○ 吳祕가 말하였다. "帝堯가 윗자리에 있었으나 四凶을 교화시키지 못하였다."

○ 司馬光이 말하였다. "聵는 五와 怪의 反切이다. 망령되고 태만한 사람은 하늘이 복을 주지 않는다."

나는 우레와 바람이 귀머거리를 동하게 하는 것을 보지 못하였다.

16. **或問君子在治**한대 **曰 若鳳**이니라 **在亂**한대 **曰 若鳳**이니라 **或人不諭**한대 **曰 未之思矣**라 **曰治則見**하고 **亂則隱**①이라 **鴻飛冥冥**이면 **弋人何簒焉**②이리오 **鷦明遴集**하고 **食其潔者矣**③라 **鳳鳥蹌蹌**이 **匪堯之庭**④[36)]가

① 治則見 亂則隱 : 隨時之義, 美之大者, 治見亂隱, 鳳之德也. ○ 光曰 "見, 賢遍切. 舊本 '未之思矣曰治則見', 光謂曰衍字."

때에 따라 알맞게 대처하는 의리가 미덕 중에 큰 것이니, 치세에 나타나고 난세에 숨는 것이 봉황의 덕이다.

○ 司馬光이 말하였다. "見은 賢과 遍의 反切이다. 舊本에 '未之思矣 曰治則見'으로 되어 있으나, 내 생각에 '曰'은 衍字이다."

② 鴻飛冥冥 弋人何簒焉 : 君子潛神重玄之域[37)], 世網不能制禦之. ○ 祕曰 "樂聖高邁, 小人安能制之." ○ 光曰 "故書簒作慕. 音義曰 '後漢書逸民傳序, 引揚子, 作弋者何簒. 宋衷註云「簒, 取也. 鴻高飛冥冥, 雖弋人執矰繳, 何所施巧而取焉. 今簒, 或爲慕, 誤也.」' 光謂逆取曰簒."

君子가 현묘한 道의 경지에 專心하면 세상의 그물(세상의 번거로운 일)로 구속할

35) 不能化四凶 : 四凶은 요순시대의 네 惡人으로 共工, 驩兜, 三苗, 鯀을 가리킨다. 이 네 사람은 堯임금 말년에 나라의 중임을 맡았으나 직임을 잘 수행하지 못하였으므로, 舜임금이 정사를 보살피면서 공공을 幽州에 유배하고, 환두를 崇山에 留置하고, 삼묘를 三危에 竄逐하고, 곤을 羽山에서 죽였다.(≪書經 舜典≫)

36) 匪堯之庭 : '匪'는 '飛'와 통용된다. 劉師培의 ≪法言補釋≫에 "匪는 곧 飛의 古字이다."라고 하였다.

37) 重玄之域 : ≪老子≫에 "현하고 또 현한 것〔玄之又玄〕"이란 말이 있으니, 이것을 重玄이라 한다. 玄妙한 도의 경지를 말한다.

수 없다.

○ 吳祕가 말하였다. "성인의 高邁한 경지를 즐거워하면 小人이 어찌 구속할 수 있겠는가."

○ 司馬光이 말하였다. "옛책에는 '簒'이 '慕'로 되어 있다. ≪音義≫에 '≪後漢書≫〈逸民傳〉序에 ≪揚子法言≫을 인용하였는데 「弋者何簒」으로 되어 있다. 宋衷의 註에 「簒은 취함이다. 기러기가 높이 날아서 하늘에 이르면 비록 주살을 쏘는 사람이 주살을 잡는다 한들 어찌 재주를 부려 기러기를 잡을 수 있겠는가. 지금 簒은 혹 慕로 되어 있으니, 誤字이다.」라고 했다.' 하였다. 내가 생각건대 도리에 맞지 않게 취하는 것을 簒이라고 한다."

③ 鷦明遴集 食其潔者矣 : 遴集者, 類聚群遊, 得其所也. 鷦明, 非竹實之潔, 不食. 君子, 非道德之祿, 不居. ○ 咸曰 "遴, 行難也, 猶憚也. 明, 當爲鵬, 鷦鵬, 南方神鳥, 似鳳也. 言鷦明沖天而去, 憚集於世, 蓋其食潔而然也. 此因上文稱鳳之在亂則隱, 故擧鴻冥鷦潔以爲之擬爾. 夫鳳非竹實不食, 非梧桐不棲, 註以鷦明非竹實不食, 又以遴集爲類聚群遊, 皆非矣. 夫鷦明爲神禽, 當沖天遠去, 故下篇亦云 '鷦明沖天, 不在六翮乎.' 此之謂也. 類聚群遊而集者, 常鳥爾, 安可謂食其潔哉." ○ 祕曰 "鷦明似鳳, 南方神雀, 難於翔集, 蓋非潔不食者也. 君子非其道, 不食其祿, 遴, 行難也." ○ 光曰 "鷦, 音焦, 遴, 良刃切. 音義曰 '說文曰 「東方發明, 南方鷦明, 西方鷫鷞, 北方幽昌, 中央鳳凰」, 又司馬相如傳云 「鷦鵬已翔乎寥廓之宇」, 又樂緯曰 「鷦鵬, 狀如鳳凰」'. 光謂說文朋及鵬, 皆古文鳳字也. 鳳鳥象形, 鳳飛群鳥從以萬數, 故以爲朋黨字."

遴集은 무리 지어 모이고 떼 지어 노는 것이 제자리를 얻은 것이다. 鷦明은 깨끗한 竹實이 아니면 먹지 않고, 君子는 道德으로 얻은 祿이 아니면 차지하지 않는다.

○ 宋咸이 말하였다. "遴은 행하기를 어렵게 여기는 것이니 憚과 같다. 明은 마땅히 鵬이 되어야 하니, 鷦鵬은 南方의 神鳥로 鳳과 비슷하다. 鷦明은 하늘 높이 솟구쳐 올라가 세상에 내려 앉기를 꺼리니, 이는 깨끗한 것을 먹어서 그러한 것이라는 말이다. 이는 上文에 '봉황은 난세에는 숨는다.'고 칭하였기 때문에 아득히 높이 나는 기러기와 깨끗한 것만 먹는 초명을 들어 봉황에 견준 것이니, 봉황은 竹實이 아니면 먹지 않고 오동나무가 아니면 깃들지 않는다. 李軌의 註에 鷦明은 竹實이 아니면 먹지 않는다고 하고, 또 遴集을 무리 지어 모이고 떼 지어 노는 것이라고 설명한 것은 모두 잘못이다. 鷦明은 神鳥이므로 마땅히 하늘 높이 솟구쳐 멀리 간다. 그러므로 下篇(〈寡見篇〉)에 또 '鷦明이 하늘 높이 솟구쳐 오르는 것은 튼튼한 날개에 달려있지 않겠는가.'라고 하였으니, 이것을 이른다. 무리 지어 모이고 떼 지어 노닐다가 내려 앉는 것은 보통의 새이니, 어찌 깨끗한 것만 먹는다고 이를 수 있겠는가."

○ 吳祕가 말하였다. "鷦明은 봉황과 비슷한 南方의 神雀인데, 날고 내려 앉는 것을 어렵게 여긴다. 깨끗한 것이 아니면 먹지 않는 것은 君子가 올바른 도가 아니면

녹을 먹지 않는 격이다. 遴은 행하기를 어렵게 여기는 것이다."

○ 司馬光이 말하였다. "鷦는 음이 초이고, 遴은 良과 刃의 反切이다. ≪音義≫에 '≪說文解字≫에 「東方은 發明, 南方은 鷦明, 西方은 鸛鵜, 北方은 幽昌, 中央은 鳳凰이다.」라고 하였고, 또 ≪漢書≫ 〈司馬相如傳〉에 「鷦鵬이 이미 드넓은 하늘을 난다.」라고 하였고, 또 ≪樂緯≫에 「鷦鵬은 생긴 모양이 鳳凰과 같다.」라고 했다.' 하였다. 내가 생각건대 ≪說文解字≫의 朋과 鵬은 모두 古文의 鳳字이다. 鳳鳥는 象形字이니, 봉황이 날면 뭇새가 만으로 헤아릴 정도로 따르기 때문에 무리짓는다는 글자가 된 것이다."

④ 鳳鳥蹌蹌 匪堯之庭：蹌蹌者, 步趾之威儀也. 言其降步于堯之庭, 非堯之庭, 則不降步也. ○ 祕曰 "治則見, 非堯之庭乎." ○ 光曰 "蹌, 七羊切."

蹌蹌은 걸음걸이의 威儀이니, 봉황은 堯임금의 뜰이라야 내려와 걷고 堯임금의 뜰이 아니면 내려와 걷지 않음을 말한 것이다.

○ 吳祕가 말하였다. "〈봉황은〉 治世가 되면 나타나니, 〈봉황이 나타날 만한 곳은〉 堯임금의 뜰이 아니겠는가."

○ 司馬光이 말하였다. "蹌은 七과 羊의 反切이다."

혹자가 治世에 군자가 처세할 바를 묻자, 揚子가 말하였다.

"봉황과 같아야 한다."

혹자가 또 亂世에 군자가 처세할 바를 묻자, 揚子가 말하였다.

"봉황과 같아야 한다."

혹자가 말뜻을 깨닫지 못하자, 揚子가 말하였다.

"생각을 하지 않아서 깨닫지 못하는 것이다. 〈봉황과 같아야 한다는 것은〉 治世에는 나타나고 亂世에는 숨는다는 뜻이다. 큰기러기가 날아서 높이 하늘에 있으면 주살을 쏘는 자가 어떻게 잡을 수 있겠는가. 鷦明이라는 새는 내려앉는 곳도 가리고 먹는 것도 깨끗한 것만 먹는다. 그러므로 봉황이 너울너울 춤을 추며 요임금의 뜰에 날아 왔다."

17. 亨龍潛升하니 其貞利乎①인저 或曰 龍何〔如〕[38]可以貞利而亨이닛고 曰 時未可而潛하니 不亦貞乎②아 〔時〕[39]可而升하니 不亦利乎③아 潛升在己하여 用之以

38) 〔如〕: 저본에는 없으나, 四部叢刊本에 근거하여 보충하였다.

時하니 不亦亨乎④아

① 亨龍潛升 其貞利乎：貞, 正也. 利者, 義之和. 美龍潛升, 得正之和. ○ 光曰 "言龍之所以能亨者, 豈非以其有正利之德乎."

貞은 바름이다. 利는 義에 和合함이다. 아름다운 龍이 못속에 잠겨 있거나 하늘로 올라가는 것은 正道의 화함을 얻은 것이다.

○ 司馬光이 말하였다. "龍이 형통할 수 있는 것이 어찌 正하고 이로운 덕이 있기 때문이 아니겠는가."

② 時未可而潛 不亦貞乎：得潛之正.

못 속에 잠겨 있을 때의 바른 道를 얻은 것이다.

③ 可而升 不亦利乎：得義之和[40].

義에 화합함을 얻은 것이다.

④ 潛升在己……不亦亨乎：行止不失其所, 得嘉之會[41]. ○ 祕曰 "隱以正, 升以義, 用以時, 龍德之通也."

행하고 그치는 것이 제자리를 잃지 아니하여 아름다움의 모임을 얻은 것이다.

○ 吳祕가 말하였다. "못 속에 숨어 있기를 바른 도로써 하고 하늘로 올라가기를 의로써 하여 때에 따라 쓰니, 龍의 德이 형통한 것이다."

형통한 용이 못속에 잠겨 있기도 하고 하늘로 올라가기도 하는 것은 貞하고 이로운 덕이 있기 때문일 것이다. 혹자가 말하였다.

"용이 어떻게 貞하고 이로워 형통할 수 있습니까?"

揚子가 말하였다.

"때가 아직 이르지 않았을 때에는 못 속에 잠겨 있으니 또한 貞하지 않은가. 때가 되면 하늘로 올라가니 또한 이롭지 않은가. 못 속에 잠겨 있거나 하늘로 올라가는 것이 모두 자신에게 달려 있어서 때에 따라 알맞게 쓰니, 또한 형통하지 않은가."

---

39) 〔時〕: 저본에는 없으나, 四部叢刊本에 근거하여 보충하였다.

40) 得義之和：≪周易≫ 乾卦 〈文言傳〉에 "利는 義에 화합이다.〔利者 義之和也〕"라고 하였다.

41) 嘉之會：≪周易≫ 乾卦 〈文言傳〉에 元亨利貞을 설명하면서 "元은 善의 으뜸이요, 亨은 아름다움이 모인 것이요, 利는 義에 화합이요, 貞은 일의 근간이다.〔元者 衆善之首也 亨者 嘉美之會也 利者 和合於義也 貞者 幹事之用也〕"라고 하였다.

18. **或問活身**①한대 **曰 明哲**②이니라 **或曰 童蒙則活**이어늘 **何乃明哲乎**③아 **曰 君子所貴**는 **亦越用明保愼其身也**④라 **如庸行翳路**로되 **衝衝而活**[42]은 **君子不貴也**⑤니라

① 或問活身 : 咸曰 "問何以安生其身."

宋咸이 말하였다. "어떻게 해야 몸을 편안히 살게 할 수 있는지 물은 것이다."

② 明哲 : 祕曰 "明哲以保其身."

吳祕가 말하였다. "明哲함으로써 몸을 보전하는 것이다."

③ 童蒙則活 何乃明哲乎 : 咸曰 "言童蒙無知者, 亦能活, 何必明而哲." ○ 光曰 "言愚者, 乃所以全生, 若莊周論櫟社支離疏[43]."

宋咸이 말하였다. "무지한 어린아이도 편안히 살게 할 수 있는데, 어찌 명철할 필요가 있느냐는 말이다."

○ 司馬光이 말하였다. "어리석은 자가 삶을 보전하는 방법은 莊周가 櫟社와 支離疏에 대해서 논한 것과 같다는 말이다."

④ 君子所貴 亦越用明保愼其身也 : 〔越, 於.〕[44] 祕曰 "君子所以貴而異於童蒙者, 亦曰用明哲, 保愼其身也. 越, 曰也."

越은 於(이에)이다.

---

42) 衝衝而活 : 汪榮寶의 ≪法言義疏≫에 "衝衝而活은 길을 감에 趨向이 없어 그저 남들을 따라 왔다 갔다 하는 것을 이르니, 정직하지 않으면서 사는 것은 죽음을 요행히 면한 것일 뿐이다.〔衝衝而活 謂行無趨向 隨衆往來 罔之生也 幸而免也〕"라고 하였다.

43) 莊周論櫟社支離疏 : 櫟社는 地神의 신주로 삼아 제사 지내는 상수리나무이고, 支離疏는 꼽추인데, 세상에서 소외되어 해를 받지 않고 몸을 온전히 보전하는 자를 말한다. ≪莊子≫ 〈人間世〉에 다음과 같은 내용이 보인다. "匠石이란 목수가 제자들을 데리고 齊나라로 가다가 曲轅이란 곳에서 櫟社를 보고 '이 나무는 아무 쓸모가 없기 때문에 이렇게 수명이 긴 것이다.' 하니, 그날 밤 꿈에 그 상수리나무가 나타나 장석에게 '나는 쓸모가 없기를 바란 지가 오래이다. 그래서 몇 번이나 죽을 고비를 넘긴 끝에 목적을 이룰 수 있었다.' 하였다. 이는 세상에 쓰이는 재목이 되지 못하는 것이 오히려 잘 사는 방도가 된다는 뜻이다. 지리소라는 사람은, 턱은 배꼽 아래에 있고 어깨는 머리보다 높으며 머리꼬리가 하늘로 치솟아 있고 五臟은 위쪽에 붙어 있으며 두 다리가 옆구리에 붙어 있었으나 바느질을 하여 끼니를 잇고 키질을 하여 곡식을 바꾸어 열 식구를 먹여 살릴 수 있었다. 나라에서 군인을 징집하더라도 팔을 뽐내며 양양하게 그 사이에서 노닐었으며 나라에서 徭役이 있어도 지리소는 병이 있어 불려 가지 않았다. 나라에서 병든 자에게 곡식을 나누어주면 삼종의 곡식과 열 묶음의 땔나무를 받았다. 그러므로 제 몸을 못나게 할 수 있는 자는 오히려 몸을 보전할 수 있고 天命을 누릴 수 있었다."

44) 〔越 於〕 : 저본에는 없으나, 四部叢刊本에 근거하여 보충하였다.

吳祕가 말하였다. "君子가 아무것도 모르는 어린아이보다 귀하게 여기고 우대하는 것은 또한 명철함으로써 자기 몸을 보전하고 삼가는 것이다. 越은 曰이다."

⑤ 如庸行翳路……君子不貴也：咸曰"庸, 愚也. 翳, 塞也. 衝衝, 多也. 言庸愚塞路多多而活者, 此所謂罔之生也, 幸而免[45], 君子不貴之." ○ 祕曰"翳路, 言多也."

宋咸이 말하였다. "庸은 어리석음이다. 翳는 막음이다. 衝衝은 많음이다. 어리석은 자가 길을 막을 정도로 많은데 〈죽지 않고〉 사는 것은 이른바 '정직하지 않으면서 사는 것은 죽음을 요행히 면한 것이다.'라는 것이니, 군자는 귀하게 여기지 않는다."

○ 吳祕가 말하였다. "翳路는 많음을 말한다."

혹자가 자기 몸을 보전하는 것에 대해 물으니, 揚子가 말하였다.

"명철해야 한다."

혹자가 말하였다.

"아무것도 모르는 어린아이도 자기 몸을 보전할 수 있는데, 어찌 명철해야 한다고 합니까?"

揚子가 말하였다.

"君子가 귀하게 여기는 것은 또한 명철함으로써 자기 몸을 보전하고 삼가는 것이다. 어리석은 자가 많은데, 가야 할 길에 어두워 그저 남들을 따라서 죽지 않고 요행히 사는 것은 군자가 귀하게 여기지 않는다."

19. **楚兩龔之絜**[46]은 **其清矣乎**①인저 **蜀莊沈冥**②이라 **蜀莊之才之珍也**나 **不作苟見**하고 **不治苟得**③하며 **久幽而不改其操**하니 **雖隋和**나 **何以加諸**④리오 **擧茲以旃**이면 **不亦寶乎**⑤아 **吾珍莊也**는 **居難爲也**⑥일새라 **不慕由**면 **卽夷矣**리니 **何毚欲之有**⑦리오

① 楚兩龔之絜 其清矣乎：楚人龔君賓・龔長倩也. ○ 祕曰"龔勝・龔舍[47], 皆楚人也.

---

45) 罔之生也 幸而免：≪論語≫ 〈雍也〉에 孔子가 말씀하기를 "사람이 사는 이치는 正直하니, 정직하지 않으면서 사는 것은 〈죽음을〉 요행히 면한 것이다.〔人之生也直 罔之生也 幸而免〕"라고 하였다.

46) 絜：潔의 통용자이다.

47) 龔舍：漢나라 武原 사람으로, 자는 君倩이며 五經에 정통하여 龔勝과 함께 楚 땅의 兩龔으로 불렸다. 처음에 부름을 받아 諫大夫에 제수되었으나 병으로 사퇴하였으며, 다시 부름

竝著名節, 世謂之楚兩龔. 漢哀帝時, 俱爲諫議大夫, 老焉, 不復仕. 莽以太子師友祭酒迎勝, 不食而卒[48], 言其絜中淸矣."

楚 땅의 사람 龔君賓과 龔長倩이다.

○ 吳祕가 말하였다. "龔勝과 龔舍는 모두 楚 땅 사람이다. 모두 명예와 절개로 이름이 나니, 세상에서 이들을 일러 楚兩龔(楚 땅의 두 龔氏)이라 하였다. 漢 哀帝 때 모두 諫議大夫가 되었으나 늙었다고 하여 다시는 벼슬하지 않았다. 王莽이 太子師友와 祭酒로 龔勝을 불렀으나 음식을 먹지 않고 죽었으니, 그 고결함이 깨끗함에 맞음을 말한 것이다."

② 蜀莊沈冥 : 祕曰 "莊遵[49], 字君平, 蜀人也. 晦迹不仕, 故曰沈冥." ○ 光曰 "三輔決錄[50]曰 '君平, 名遵.' 光謂沈冥, 言道德深厚, 人不能測."

吳祕가 말하였다. "莊遵은 字가 君平이니 蜀 땅의 사람이다. 자취를 감추고 벼슬하지 않았기 때문에 沈冥(자신의 자취가 세상에 드러나지 않고 묻히게 함)이라고 한 것이다."

○ 司馬光이 말하였다. "趙岐의 ≪三輔決錄≫에 '君平은 이름이 遵이다.'라고 하

을 받아 博士가 되었으나 또다시 병으로 사퇴하였다. 哀帝 때 太山郡守를 지내다가 몇 달 뒤에 고향으로 돌아가겠다고 고하고 물러난 뒤로는 다시 벼슬길에 나가지 않은 채 집에서 졸하였다. 일찍이 未央宮에서 숙직하다가 거미줄에 날벌레가 걸려서 날아가지 못하는 것을 보고는 탄식하기를, "나의 삶도 저와 마찬가지다. 벼슬이란 것은 사람에게 있어서 거미줄과 같은 것이다. 어찌 머물러 있을 필요가 있겠는가." 하고는 즉시 冠을 나무에 걸어둔 다음 물러났다 한다.(≪漢書 兩龔傳≫)

48) 以太子師友祭酒迎勝 不食而卒 : 龔勝은 漢나라 彭城 사람으로 자는 君實이다. 어려서부터 학문을 좋아하고 經에 밝아 哀帝 때 諫大夫와 光祿大夫를 역임했는데, 王莽이 집정하자 물러났다. 그 후 王莽이 講學祭酒・太子師友 등의 벼슬로 불렀으나 병을 이유로 응하지 않았는데, 왕망은 해를 거듭할수록 더욱더 융숭한 禮로 부르고 그대로 놓아두지 않았다. 이에 자신의 뜻이 관철되지 못할 것을 안 공승은 자기의 두 아들과 문인 高暉 등을 불러 "내 어찌 한 몸으로 두 임금을 섬겨 죽은 뒤에 옛 임금을 보겠는가." 하고, 간략하게 治喪 준비를 하도록 명하고는 그 길로 斷食하여 14일 만에 79세의 나이로 죽었다.(≪漢書 兩龔傳≫)

49) 莊遵 : 君平이라는 字로 더 잘 알려진 漢나라의 隱士 嚴遵을 가리킨다. 明帝의 이름인 莊을 피휘하여 嚴遵이라고 고쳤으니, 莊과 嚴은 訓이 같기 때문이다. 그는 蜀 땅에 은거하여 成都의 저잣거리에서 卜筮를 업으로 삼아 생계를 유지하였는데, 늘 忠孝와 信義를 사람들에게 가르치고 하루에 100錢만 벌면 가게 문을 닫고 발을 내린 채 방 안에 들어앉아 ≪老子≫를 생도들에게 가르치고 십여만 자의 ≪老子指歸≫를 저술하기도 하였다.(≪漢書 兩龔傳≫)

50) 三輔決錄 : 漢代의 趙岐가 長安의 古蹟과 인물에 대해 기록한 책이다.

였다. 내가 생각건대 沈冥은 道德이 深厚하여 사람들이 측량할 수 없음을 말한다."

③ 不作苟見 不治苟得 : 所謂沈冥也. ○ 光曰 "見, 賢遍切. 養諸內而晦諸外, 不苟徇名而求利."

이른바 沈冥이다.

○ 司馬光이 말하였다. "見은 賢과 遍의 反切이다. 내면을 기르고 외면에 드러내지 않았으며, 구차하게 명예를 좇거나 이익을 구하지 않았다."

④ 久幽而不改其操 雖隋和何以加諸 : 〔久幽, 謂賣卜於成都.〕[51] 祕曰 "隱肆成都, 久幽也. 雖隋侯之珠・和氏之璧, 豈加於才珍哉."

오랫동안 은둔했다는 것은 성도에서 점을 쳐주고 돈을 받은 것을 이른다.

吳祕가 말하였다. "成都의 저잣거리에서 재주를 숨기고 가게를 열어 오랫동안 은거한 것이다. 비록 隋侯의 구슬과 和氏의 璧玉이라도 어찌 그의 재주의 훌륭함보다 더할 수 있겠는가."

⑤ 擧茲以旃 不亦寶乎 : 咸曰 "旃, 之也. 言擧此諸德以議之, 莊亦寶也, 何隋・和之有."

宋咸이 말하였다. "旃은 之이다. 이런 여러 가지 덕을 들어 의논하건대 莊遵 역시 보배이니, 어찌 隋侯의 구슬과 和氏의 벽옥만이 있겠느냐는 말이다."

⑥ 吾珍莊也 居難爲也 : 人所不能, 非難如何. ○ 咸曰 "言居莊之道爲難也." ○ 祕曰 "莊通歷數, 以才自居, 他人之所難." ○ 光曰 "吾所以重莊, 以其居身之道, 人難能也."

남들은 할 수 없는 것이 어려운 일이 아니고 무엇이겠는가.

○ 宋咸이 말하였다. "莊遵의 道에 처하는 것이 어려운 일임을 말한 것이다."

○ 吳祕가 말하였다. "莊遵은 曆數에 통달하고 재주로 자처하였으면서 〈스스로 은거하였으니〉 다른 사람들은 하기 어려운 바이다."

○ 司馬光이 말하였다. "내가 莊遵을 귀중하게 여기는 것은 그가 처신한 道를 보통 사람은 능히 하기 어렵기 때문이다."

⑦ 不慕由卽夷矣 何毚欲之有 : 許由伯夷, 無欲之至, 旣不可害, 亦不可利. ○ 咸曰 "言莊君平, 非慕許由, 卽慕伯夷爾, 何利欲之能動." ○ 光曰 "宋吳本, 毚作利, 今從李本. 毚, 士銜切, 貪也."

許由와 伯夷는 지극히 욕심이 없으니, 이미 해칠 수도 없고 또 이롭게 할 수도 없다.

○ 宋咸이 말하였다. "莊君平은 許由를 흠모하지 않으면 곧 伯夷를 흠모하였을 것이니, 어찌 利欲으로 동하게 할 수 있겠느냐는 말이다."

○ 司馬光이 말하였다. "宋咸本・吳祕本에는 '毚'이 '利'로 되어 있으나, 지금 李軌

---

51) 〔久幽 謂賣卜於成都〕 : 저본에는 없으나, 四部叢刊本에 근거하여 보충하였다.

本을 따랐다. 饕은 士와 銜의 反切이니, 탐하는 것이다."

楚 땅의 兩龔(龔勝과 龔舍)의 고결함은 깨끗함에 맞을 것이다. 蜀 땅의 莊遵은 자취를 감추고 벼슬하지 않았다. 촉 땅의 장준은 재주가 훌륭하면서도 구차하게 자신을 드러내 보이지 않고 구차하게 부귀를 얻으려고 하지 않았으며, 오랫동안 은거하면서도 자신의 지조를 바꾸지 않았으니, 비록 隋侯의 구슬과 卞和의 옥이라 해도 어찌 그(장준의 훌륭한 재주와 지조)보다 더 나을 수 있겠는가. 이런 사람을 등용하여 表彰하였더라면 또한 나라의 보배가 되지 않았겠는가. 내가 장준을 귀중하게 여기는 것은 그가 처신한 道를 보통사람은 하기 어렵기 때문이다. 장준은 許由를 흠모하지 않으면 伯夷를 흠모하였을 것이니, 어찌 탐욕하는 마음이 있겠는가.

20. **或問 堯將讓天下於許由**어늘 **由恥**라하니 **有諸**①잇가 **曰 好大者爲之也**②니 **顧由無求於世而已矣**③라 **允哲堯儃**(선)**舜之重**하니 **則不輕於由矣**④리라 **好大累克**하니 **巢父灑**(세)**耳 不亦宜乎**⑤아 **靈場之威**는 **宜夜矣乎**⑥인저

① 堯將讓天下於許由……有諸 : 祕曰 "莊周列禦寇之徒, 皆有是言[52], 未知信否."
吳祕가 말하였다. "莊周와 列禦寇의 무리가 모두 이러한 말을 하였으나 사실인지 여부는 알 수 없다."

② 好大者爲之也 : 祕曰 "好大言者, 爲此, 無其實."
吳祕가 말하였다. "큰소리 치기 좋아하는 자가 이런 말을 하였으나 실상이 없다."

③ 顧由無求於世而已矣 : 祕曰 "由, 隱者也, 無所求於世, 其行止此耳."
吳祕가 말하였다. "許由는 隱者이니, 세상에 바라는 것이 없기 때문에 그 행동이 이에 그칠 뿐이다."

④ 允哲堯儃舜之重 則不輕於由矣 : 咸曰 "孟子曰 '天子不能以天下與人, 然則舜有天下者, 天與也. 堯崩, 三年之喪畢, 舜避堯之子於南河之南, 天下諸侯朝覲者, 不之堯之子而之舜, 訟獄者, 不之堯之子而之舜, 謳歌者, 不謳歌堯之子而謳歌舜.'[53] 由此言之, 堯豈先讓由而後舜哉. 故揚子謂 '堯以允哲之道禪舜. 豈輕之於許由也.'" ○ 祕曰 "詢事考言, 三載, 乃命陟位, 是堯禪舜之重也." ○ 光曰 "儃, 與禪同, 蟬戰切. 光謂信

---

52) 莊周列禦寇之徒 皆有是言 : 요임금이 천하를 허유에게 물려주려 하였다는 말이 ≪莊子≫ 〈讓王〉과 ≪列子≫ 〈楊朱〉에 보인다.

53) 孟子曰……不謳歌堯之子而謳歌舜 : ≪孟子≫ 〈萬章 上〉에 보인다.

以堯禪舜之重爲智, 則必不輕授天下於由矣."

宋咸이 말하였다. "孟子가 '天子가 천하를 남에게 줄 수 없으니, 그렇다면 舜이 천하를 소유한 것은 하늘이 준 것이다. 堯가 붕어하시자 3년상을 마치고 舜이 堯의 아들을 피해 南河의 남쪽으로 갔는데, 천하의 諸侯로서 조회하는 자들이 堯의 아들에게 가지 않고 舜에게 갔으며, 獄事를 송사하는 자들이 堯의 아들에게 가지 않고 舜에게 갔으며, 德을 謳歌하는 자들이 堯의 아들을 謳歌하지 않고 舜을 謳歌하였다.'라고 하였다. 이로 말미암아 말하건대, 堯가 어찌 許由에게 먼저 禪讓하고 舜에게 나중에 선양하였겠는가. 그러므로 揚子가 '堯가 聰明睿智한 道로써 舜에게 선양하였을 것이다. 어찌 경솔하게 허유에게 천하를 물려주었겠는가.'라고 한 것이다."

○ 吳祕가 말하였다. "〈堯임금이, 舜이〉 행한 일을 살펴보고 〈舜이 건의한〉 말을 시험하기를 3년 동안 하고 나서야 비로소 제위에 오르라고 명하였으니, 이는 요가 舜에게 선양하는 일을 신중히 한 것이다."

○ 司馬光이 말하였다. "儃은 禪과 같으니, 蟬과 戰의 反切이다. 내가 생각건대 진실로 요임금이 순에게 선양하기를 신중히 한 것으로 볼 때 지혜로웠으니, 반드시 천하를 허유에게 경솔하게 주지 않았을 것이다."

⑤ 好大累克……不亦宜乎 : 累, 積也. 克, 勝也. 積大言以相勝. ○ 祕曰 "累刻, 猶累日也. 好大言而累日滋久, 以至相傳稱巢父洗耳. 莫辨其僞, 不亦宜乎. 逸士傳曰 '堯讓天下於許由, 由逃之, 巢父聞而洗耳於河濱.'" ○ 光曰 "宋吳本, 克作刻, 灑作洗, 今從李本. 灑, 音洗."

累는 쌓임이다. 克은 이김이다. 갈수록 큰소리치면서 서로 이기려고 하는 것이다.

○ 吳祕가 말하였다. "累刻은 累日과 같다. 큰소리치기를 좋아하여 여러 날이 지나 점점 오래되자 巢父가 귀를 씻었다는 말을 서로 전하기까지 하였으니, 그 眞僞를 구별할 수 없는 것이 당연하지 않은가. ≪逸士傳≫에 '堯가 天下를 許由에게 선양하려 하자 허유는 도망하였고, 巢父는 그 말을 듣고서 黃河 가에서 귀를 씻었다.'라고 하였다."

○ 司馬光이 말하였다. "宋咸本·吳祕本에는 '克'이 '刻'으로 되어 있고 '灑'가 '洗'로 되어 있으나, 지금 李軌本을 따랐다. 灑는 음이 洗이다."

⑥ 靈場之威 宜夜矣乎 : 靈場, 鬼神之壇. 靈壇所以爲威, 可(宜)〔莫〕[54]夜, 不可經白日[55]. ○ 祕曰 "靈壇鬼神之威, 施於莫(모)夜則見悚, 虛誕累久之說, 施於庸常則見信.

54) (宜)〔莫〕 : 저본에는 '宜'로 되어 있으나, 四庫全書薈要本에 근거하여 '莫(모)'로 바로잡았다.

55) 靈壇鬼神之威……不可經白日 : 靈壇의 위엄은 밤에나 어울리듯이, 터무니없는 호사가들의 말은 어리석은 자에게나 어울린다는 말이다.

靈場, 猶靈壇也." ○ 光曰 "妄言可以欺愚, 不可以誣智."

靈場은 鬼神에게 제사하는 壇이다. 靈壇은 귀신의 위엄을 보이기 위한 것이니, 밤에는 〈위엄을 보이는 것이〉 가능하지만 대낮에는 안 된다."

○ 吳祕가 말하였다. "귀신에게 제사하는 靈壇의 위엄을 밤에 베풀면 두려워하고, 오래도록 쌓인 허탄한 말을 어리석은 자에게 베풀면 믿어준다. 靈場은 靈壇과 같다."

○ 司馬光이 말하였다. "망령된 말로 어리석은 자는 속일 수 있지만, 지혜로운 자는 속일 수 없다."

혹자가 물었다.

"堯임금이 장차 천하를 許由에게 禪讓하려고 하였는데, 허유가 이것을 부끄러워하였다고 하니, 이런 일이 있었습니까?"

揚子가 말하였다.

"과장하기 좋아하는 자가 지어낸 것이다. 허유는 다만 세상에 바라는 것이 없었을 뿐이다. 聰明叡智한 堯임금이 舜에게 천하를 선양하기를 신중히 하였으니, 경솔하게 허유에게 천하를 물려주려고 하지 않았을 것이다. 과장하기 좋아하는 자들은 서로 이기려고 더 심하게 과장하기까지 하니, 巢父가 귀를 씻었다는 말을 지어낸 것이 당연하지 않겠는가. 靈壇의 위엄은 〈귀신의 위엄을 보이기 위한 것이니,〉 밤에만 가능할 것이다.(과장하기 좋아하는 자들의 터무니없는 말은 어리석은 사람만 속일 수 있을 것이다.)"

21. 朱鳥[56] 翾翾(현현)하여 歸其肆矣①로다 或曰 奚取於朱鳥哉오 曰 時來則來하고 時往則往②이니 能來能往者는 朱鳥之謂歟③인저

① 朱鳥翾翾 歸其肆矣 : 朱鳥, 燕別名也. 肆, 海肆也.[57] ○ 咸曰 "周禮玄鳥氏司分, 蓋

56) 朱鳥 : 李軌의 주에는 제비〔燕〕라 하고, 吳祕의 주에는 기러기〔雁〕라 하고, 또 鳳을 가리킨다고 하였다. 다만 뒤의 "時來則來 時往則往"으로 볼 때 철새를 가리키는 듯하다.

57) 肆 海肆也 : 劉師培의 ≪揚子法言校補≫에 "李軌의 주에 '朱鳥는 燕의 別名이다. 肆는 海肆(바닷가의 둥지)이다.'라고 하였다. ≪太平御覽≫을 살펴보니, 이 문장을 인용하고 또 侯芭의 주를 인용하였는데, '朱鳥는 燕의 別名이다. 肆는 恣肆(마음 내키는대로 함)이다.'라고 하여 이궤의 주와 다르다." 하였다.

燕也. 玄, 黑也. 周禮, 以黑鳥爲燕, 此註, 以朱鳥爲燕, 非謂矣. 朱鳥, 隨陽之鳥, 謂鴈也. 鴈以時來時往, 何獨燕哉. 肆, 非獨海, 蓋其南北所止之區肆." ○ 祕曰 "朱鳥, 鴈也. 翾翾, 飛貌. 肆, 其所止集之肆, 非歸其肆, 傷時之言也. 南方朱鳥, 羽蟲之長. 大戴禮云 '羽蟲三百六十, 鳳爲之長', 是也." ○ 光曰 "翾, 許緣切. 音義曰 '朱鳥, 往來以時, 不累其身, 放肆自遂.'"

朱鳥는 제비의 別名이다. 肆는 바닷가의 둥지이다.

○ 宋咸이 말하였다. "≪周禮≫에 '玄鳥氏는 司分(春分과 秋分을 맡은 관직)이다.'라고 하였으니, 제비이다. 玄은 흑색이다. ≪周禮≫에 黑鳥를 제비라고 하였는데, 여기의 註에 朱鳥를 제비라고 한 것은 사리에 맞지 않다. 朱鳥는 陽을 따르는 새이니 기러기를 이른다. 기러기도 철따라 왔다가 철따라 가니 어찌 유독 제비뿐이겠는가. 肆는 바다뿐만 아니라 남북으로 오갈 때 머무는 곳의 둥지이다."

○ 吳祕가 말하였다. "朱鳥는 기러기이다. 翾翾은 나는 모양이다. 肆는 내려앉는 곳이다. 자기가 살던 곳으로 돌아가는 것이 아니니, 時運을 서글퍼한 말이다. 南方의 朱鳥는 羽蟲의 우두머리이니, ≪大戴禮記≫에 '羽蟲이 360종류인데 봉황이 그 중에 우두머리이다.'라고 한 것이 이것이다."

○ 司馬光이 말하였다. "翾은 許와 緣의 反切이다. ≪音義≫에 '朱鳥는 철따라 왕래하고 그 몸이 매이지 않아서 자기 마음대로 스스로 떠나간다.'라고 했다." 하였다.

② 時來則來 時往則往 : 取其春來秋往, 隨時宜也. ○ 祕曰 "時之治, 可來則來, 時之亂, 可往則往."

봄에는 오고 가을에는 떠나가서 時宜를 따르는 점을 취한 것이다.

○ 吳祕가 말하였다. "세상이 다스려져 올 만하면 오고, 세상이 어지러워져 떠나갈 만하면 떠나가는 것이다."

③ 能來能往者 朱鳥之謂歟 : 不愆寒暑之宜, 能審去就之分. ○ 咸曰 "夫人知進而不知退, 知存而不知亡, 豈朱鳥之若哉." ○ 祕曰 "君子在治在亂若鳳."

추위와 더위의 마땅함을 어기지 아니하여 去就의 구분을 자세히 아는 것이다.

○ 宋咸이 말하였다. "사람이 나아갈 줄만 알고 물러날 줄 모르며, 보존할 줄만 알고 멸망할 줄 모른다면 어찌 朱鳥만 하겠는가."

○ 吳祕가 말하였다. "君子는 治世에나 亂世에나 봉황과 같다."

朱鳥(제비, 기러기)는 훨훨 날아 자기가 살던 곳으로 돌아간다.

혹자가 말하였다.

"朱鳥의 어떤 점을 취한 것입니까?"

揚子가 말하였다.

"올 때가 되면 오고, 갈 때가 되면 가는 것을 취한 것이니, 때에 맞게 오고 때에 맞게 간다는 것은 朱鳥를 두고 한 말일 것이다."

22. **或問 韓非作說**(세)**難之書**로되 **而卒死乎說難**하니 **敢問何反也**①오 **曰 說難**이 **蓋其所以死乎**②인저 **曰 何也**오 **曰 君子**는 **以禮動**하고 **以義止**하니 **合則進**하고 **否則退**하여 **確乎不憂其不合也**③라 **夫說人而憂其不合**이면 **則亦無所不至矣**④리라 **或曰 說之不合**은 **非憂邪**⑤아 **曰 說不由道 憂也**⑥요 **由道而不合**은 **非憂也**⑦니라

① 韓非作說難之書……敢問何反也 : 韓非作書, 說難是也. 而西入關, 干秦王, 伏劍死雲陽, 故曰何反. ○ 咸曰 "韓非, 時作孤憤·五蠹·說難之書十餘萬言. 人或傳其書於秦, 秦王見之曰 '寡人得見此人, 與之遊, 死不恨矣.' 秦因急攻韓, 韓王始遣非使秦. 秦王方欲任用之, 而爲李斯姚賈毁害之, 秦王以爲然, 下吏治非, 李斯遺非藥, 自殺. 註謂'入關, 干秦王, 伏劍死', 未知其據也." ○ 祕曰 "韓非, 韓之諸公子也. 作說難之篇, 本以知說之難而免於咎耳, 而竟下吏死於秦, 卒如其言何相反耶. 司馬遷曰 '余獨悲韓子爲說難而不能自脫耳.'" ○ 光曰 "說, 音稅."

韓非가 지은 글은 ≪韓非子≫ 〈說難〉이 이것이다. 韓非가 서쪽으로 함곡관에 들어가 秦王에게 등용되기를 구하다가 雲陽에서 자결하였다. 그러므로 '어찌 〈자신의 말과〉 상반되느냐.'고 말한 것이다.

○ 宋咸이 말하였다. "韓非가 당시에 〈孤憤〉, 〈五蠹〉, 〈說難〉 등 10여만 자를 지었다. 사람이 혹 그의 글을 秦나라에 전하였는데 秦王이 그것을 보고 '寡人이 이 사람을 만나 함께 교유할 수 있다면 죽어도 한이 없겠다.'라고 하였다. 秦나라가 이 때문에 韓나라를 급히 공격하니, 韓王이 비로소 한비를 보내 秦나라에 사신가게 하였다. 秦王이 그를 임용하고자 하였는데 李斯와 姚賈가 그를 시기하여 헐뜯으니 秦王이 그 말을 옳게 여겨 獄吏에게 회부하여 한비를 치죄하게 하였다. 李斯가 한비에게 독약을 보내어 자살하게 하였다. 李軌의 註에, '함곡관에 들어가 秦王에게 등용되기를 구하다가 자결하였다.'고 한 것은 무엇을 근거한 것인지 모르겠다."

○ 吳祕가 말하였다. "韓非는 韓나라의 諸公子이다. 韓非가 〈說難〉을 지은 것은 본래 遊說의 어려움을 알아 허물을 면하고자 한 것이었는데, 끝내 옥리에게 회부되어 秦나라에서 죽어서 끝내 자신의 말과 상반됨은 어째서인가. 司馬遷이 '나는 다만 韓子가 〈說難〉을 지었으면서도 유세의 화를 벗어나지 못한 것을 슬퍼할 뿐이다.'라고 하였다."

○ 司馬光이 말하였다. "說는 음이 稅이다."

② 說難蓋其所以死乎 : 咸曰 "言非徒知說難, 而不能行說難, 故所以死也." ○ 光曰 "宋吳本, 無其字, 今從李本. 探人心而求合, 則無所不至, 適足取死."

宋咸이 말하였다. "한비는 한갓 유세의 어려움만 알았지 유세의 어려움을 행하지는 못하였기 때문에 죽었다는 말이다."

○ 司馬光이 말하였다. "宋咸本 · 吳祕本에는 '其'자가 없는데 지금 李軌本을 따랐다. 사람의 마음을 탐지하여 합하기를 구한다면 못하는 짓이 없을 것이니, 다만 족히 죽음을 취할 뿐이다."

③ 君子……確乎不憂其不合也 : 咸曰 "猶孔孟方(衲)〔枘〕[58] 圓鑿(조), 豈所以憂不合哉." ○ 祕曰 "用之行而舍之藏, 何憂之有." ○ 光曰 "確乎, 守正不移貌."

宋咸이 말하였다. "孔子와 孟子는 〈그 당시 군주와〉 둥근 구멍에 모난 자루처럼 서로 맞지 않았으니, 어찌 군주의 뜻에 합하지 않을까 걱정하였겠는가."

○ 吳祕가 말하였다. "등용되면 세상에 도를 행하고, 버림을 받으면 도를 간직하고 은거하니, 어찌 근심할 것이 있겠는가."

○ 司馬光이 말하였다. "確乎는 정도를 지키고 바꾸지 않는 모양이다."

④ 夫說人而憂其不合 則亦無所不至矣 : 祕曰 "夫不以禮義, 而惟以談說, 伺主之顔色, 憂其不合, 則邪佞詭譎, 無所不至, 宜其死也."

吳祕가 말하였다. "禮義로써 하지 않고 오직 말로써 유세하여 군주의 안색을 엿보면서 군주의 뜻에 합하지 않을까 근심한다면 간사하고 속여서 못하는 짓이 없을 것이니, 죽는 것이 당연하다."

⑤ 說之不合 非憂邪 : 咸曰 "言韓非憂說不合, 爲非乎." ○ 祕曰 "或曰 '非謂韓非.'" ○ 光曰 "宋吳本, 作非憂說之不合非邪, 今從李本. 邪, 余遮切."

宋咸이 말하였다. "한비가 군주에게 유세하면서 군주의 뜻에 부합하지 않을까 근심한 것이 잘못이냐는 말이다."

○ 吳祕가 말하였다. "혹자가 '非는 韓非를 이른다.'라고 하였다."

○ 司馬光이 말하였다. "宋咸本 · 吳祕本에는 '非憂說之不合 非邪'로 되어 있으나, 지금 李軌本을 따랐다. 邪는 余와 遮의 反切이다."

⑥ 說不由道 憂也 : 咸曰 "言說人不以聖人之道, 此君子之所憂."

宋咸이 말하였다. "사람을 유세하면서 聖人의 道로써 하지 않는 것이 君子가 근심하는 바라는 말이다."

⑦ 由道而不合 非憂也 : 譏〔其〕[59] 本自挾詭(憒)〔情〕[60] 以說秦. ○ 咸曰 "言說人以道而

---

58) (衲)〔枘〕 : 저본에는 '衲'으로 되어 있으나, 글자 모양이 비슷하여 잘못된 것으로 보아 '枘'로 바로잡았다.

59) 〔其〕 : 저본에는 없으나, 四部叢刊本에 근거하여 보충하였다.

不合, 則猶仲尼去魯, 孟軻舍梁, 何憂之有. 韓非則不然, 故所以卒死於說難也." ○ 祕曰 "說以道而不見用, 繫乎時君, 已則何憂."

본래 스스로 속이려는 마음을 품고서 秦나라에 유세한 것을 비난한 것이다.

○ 宋咸이 말하였다. "道로써 사람에게 유세하되 합하지 않으면 오히려 仲尼는 魯나라를 떠났고 孟軻는 梁나라를 버리고 떠났으니, 어찌 근심할 것이 있겠느냐는 말이다. 韓非는 그렇지 않았기 때문에 끝내 유세의 어려움으로 죽은 것이다."

○ 吳祕가 말하였다. "도로써 유세하되 등용을 받지 못하는 것은 당시의 군주에게 달려 있으니, 자신이 무엇을 근심하겠는가."

혹자가 물었다.

"韓非는 유세의 어려움을 논한 〈說難〉이라는 글을 지었으면서 결국 유세의 어려움 때문에 죽었으니, 감히 묻건대 어째서 자신의 말과 상반됩니까?"

揚子가 말하였다.

"〈韓非 자신이 말한〉 유세의 어려움이 아마도 그가 죽게 된 이유일 것이다."

혹자가 말하였다.

"무슨 뜻입니까?"

揚子가 말하였다.

"군자는 禮에 따라 움직이고 義에 따라 멈추니, 도에 합하면 나아가고 도에 합하지 않으면 물러나서 확고하게 正道를 지키고, 군주의 뜻에 합하지 않을까 근심하지 않는다. 군주에게 유세하면서 군주의 뜻에 합하지 않을까 근심한다면 또한 못하는 짓이 없을 것이다."

혹자가 말하였다.

"군주에게 유세함에 뜻이 합하지 않는 것은 근심할 일이 아니라는 말입니까?"

揚子가 말하였다.

"군주에게 유세하면서 유세하는 내용이 도를 따르지 않는 것이 근심할 일이지, 도를 따랐다면 군주의 뜻에 합하지 않는 것은 근심할 일이 아니다."

23. 或問哲한대 曰 旁明厥思①니라 問行한대 曰 旁通厥德②이니라

---

60) (憒)〔情〕: 저본에는 '憒'로 되어 있으나, 四部叢刊本에 근거하여 '情'으로 바로잡았다.

① 旁明厥思：咸曰 "旁, 廣, 厥, 凡也. 言凡所思慮廣, 能明悟而歸諸正者之謂哲." ○ 祕曰 "所思, 皆明也. 五行傳曰 '明作哲.'" ○ 光曰 "欲知聖人之道, 宜廣厥思."

宋咸이 말하였다. "旁은 넓음이고, 厥은 무릇이다. 무릇 사려하는 바가 넓고 능히 밝게 깨달아 바른 데로 돌아가는 것을 명철함이라고 한다는 말이다."

○ 吳祕가 말하였다. "생각하는 바가 모두 밝은 것이다. 劉向의 ≪洪範五行傳≫에 '보기를 밝게 함이 명철함이 된다.'라고 하였다."

○ 司馬光이 말하였다. "聖人의 도를 알고자 한다면 마땅히 생각을 넓게 해야 한다."

② 旁通厥德：動情, 不能得由一塗, 由一塗, 不可以應萬變. 應萬變而不失其正者, 惟旁通乎. ○ 咸曰 "言凡所立德廣, 能通達而貫諸道者之謂行." ○ 祕曰 "旁通其德而行之曰行. 易曰 '君子以成德爲行, 日可見之行也.'" ○ 光曰 "欲行聖人之道, 宜廣其德."

情을 동하게 하는 것은 한 가지에서만 연유되지 않으니, 한 가지에서 연유되면 만 가지 변화에 응할 수 없다. 만 가지 변화에 응하면서 正道를 잃지 않는 것이 널리 통하는 것이다.

○ 宋咸이 말하였다. "德을 세운 것이 넓어서 능히 통달하고 도에 관통하는 것을 行이라고 한다는 말이다."

○ 吳祕가 말하였다. "덕에 널리 통하여 행하는 것을 行이라고 한다. ≪易≫ 乾卦 〈文言傳〉에 '君子는 德을 이룸을 행실로 삼으니, 날마다 볼 수 있는 것이 행실이다.'라고 하였다."

○ 司馬光이 말하였다. "聖人의 道를 행하고자 하면 의당 그 덕을 넓혀야 한다."

혹자가 명철함에 대해 물으니, 揚子가 말하였다.

"생각을 널리 밝게 하는 것이다."

혹자가 행함에 대해 물으니, 揚子가 말하였다.

"덕을 널리 통하게 하는 것이다."

寡見* 第七

* 寡見：咸曰"聖人之道，嘉善而矜不能，故明哲極矣．宜矜乎未至者，所以寡見之誨，次之問明."

宋咸이 말하였다. "聖人의 道는 잘하는 것은 칭찬하여 아름답게 여기고, 잘못하는 것은 딱하게 여기기 때문에 明哲함이 지극하다. 의당 지극하지 못한 것을 딱하게 여겨야 하니, 이 때문에 견문이 부족한 자를 딱하게 여겨 인도해주는 것에 대한 가르침을 〈問明〉 다음에 놓은 것이다."

假言은 周于天地하고 贊于神明하니 幽弘横度하여 絶于邇言이라 譔寡見이로라

① 假言 周于天地：遐，遠．周，徧．○ 光曰"李宋吳本，假作遐，今從漢書．光謂假當作徧假[1]."

遐는 먼 것이다. 周는 두루 미치는 것이다.

○ 司馬光이 말하였다. "李軌本・宋咸本・吳祕本에는 '假'가 '遐'로 되어 있으나, 지금 ≪漢書≫를 따랐다. 내가 생각건대 '假(크다)'는 마땅히 '徧(두루 미치다)'이나 '假(고원하다)'가 되어야 한다."

② 贊于神明：咸曰"五經之旨."

宋咸이 말하였다. "五經의 뜻이다."

③ 幽弘横度 絶于邇言：咸曰"言幽深弘大之間，縱横量度(탁)之制，皆絶去近言，始得諸正."○ 祕曰"贊于神明，以通其幽，周于天地，以範其弘，縱横制度，絶去邇言."○ 光曰"横者，言其廣．度(도)，猶度(탁)．絶，言其高，絶于近言，言去之遼邈也."

宋咸이 말하였다. "幽深하고 弘大한 사이와 종횡으로 量度하는 제도는 모두 비근한 말을 끊어 없애야 비로소 바른 道를 얻을 수 있다."

○ 吳祕가 말하였다. "神明을 도와 깊은 경지에 통달하고 천지에 두루 미쳐 큰 것을 모범으로 삼아 종횡으로 마름질하고 헤아려서 비근한 말을 끊어 없애야 한다."

○ 司馬光이 말하였다. "横은 넓음을 말한다. 度는 度(탁, 헤아리다)과 같다. 絶은 높음(뛰어남)을 말하니, 비근한 말보다 뛰어나다는 것은 거리가 아주 먼 것을

---

1) 假：遐의 古字이니, 高遠하다는 뜻이다.

말한다."

④ 譔寡見 : 祕曰 "述聖人遐遠之言, 以悟淺近之惑." ○ 光曰 "疾世人蔽於近小, 而遺其遠大."

吳祕가 말하였다. "聖人의 심원한 말을 기술하여 淺近한 말에 미혹됨을 깨닫게 하는 것이다."

○ 司馬光이 말하였다. "세상 사람들이 近小한 데에 가려져서 遠大한 것을 빠뜨림을 미워한 것이다."

聖人의 심오하고 원대한 말은 天地에 두루 미쳐 神明한 경지에 도달하니, 심오하고 원대하여 종횡으로 헤아려서 비근한 말과 거리가 매우 멀다. 〈그러므로 사람들로 하여금 넓고 크며 정밀하고 심오한 말을 이해하게 하기 위하여〉 〈과견〉을 지었다.

01. 吾寡見人之好假者也라 邇文之視하고 邇言之聽이요 假則偭焉①[2]이니라 或曰 曷若玆之甚也오 先王之道滿門②이니라 曰 不得已也니 得已則已矣③리라 得已而不已者寡哉④인저

① 吾寡見人之好假者也……假則偭焉 : 祕曰 "遐, 一本作假, 古字也. 我寡見人之好遠者. 惟邇文則視, 邇言則聽, 至於論遐遠之道則背焉, 所謂舛馳者也. 偭, 背也. 離騷曰 '偭規矩而改錯(조).'" ○ 光曰 "偭, 邇箭·彌兗二切."

吳祕가 말하였다. "'遐'는 一本에 '假'로 되어 있으니, 古字이다. 나는 성인의 심원한 도를 좋아하는 자를 별로 보지 못했다. 오직 비근한 글만 보고 비근한 말만 들을 뿐, 심원한 도를 논함에 이르러서는 등을 돌리니, 이른바 舛馳(서로 어김)라는 것이다. 偭은 어기는 것이다. ≪離騷經≫에 '規矩를 어기고 뒤바꾸어 놓는다.'라고 하였다."

○ 司馬光이 말하였다. "偭은 邇와 箭의 反切, 彌와 兗의 反切 두 가지 음이다."

② 曷若玆之甚也 先王之道滿門 : 言此談過也, 學先王之道者, 亦滿門耳. ○ 光曰 "言學先王之道者, 所在滿於師門, 不爲少."

---

2) 吾寡見人之好假者也……假則偭焉 : 四部叢刊本에는 '假則偭焉' 아래에 "歎人皆好視聽諸子近言近說 至於聖人遠言遠義 則偭然而不視聽(사람들이 모두 諸子의 천근한 말을 보고 듣기 좋아하고, 聖人의 고원한 말에 이르러서는 등을 돌리고 보고 듣지 않음을 한탄한 것이다.)"라고 한 李軌의 주가 있다.

이 말은 지나치니, 先王의 도를 배우는 자가 또한 문에 가득하다는 말이다.

○ 司馬光이 말하였다. "先王의 道를 배우는 자가 師門에 가득하여 적지 않다는 말이다."

③ 不得已也 得已則已矣 : 祕曰 "時有策試選補, 故學者不獲已也, 如得已則各至其所至矣. 所至邇文邇言." ○ 光曰 "宋吳本, 作得已則至矣, 今從李本."

吳祕가 말하였다. "당시에 선비들을 策試하여 선발해서 補任하였기 때문에 배우는 자들이 어쩔 수 없이 배운 것이니, 만약 그만둘 수 있다면 각기 자신이 이를 수 있는 바에 이르렀을 것이다. 이르는 바는 천근한 글과 천근한 말이다."

○ 司馬光이 말하였다. "宋咸本・吳祕本에는 '得已則至矣'로 되어 있으나, 지금 李軌本을 따랐다."

④ 得已而不已者寡哉 : 夫以策試而後, 學者爲官也, 得不策試而好學者, 爲己也. 爲己之學也內, 爲官之學也外. 外之與內, 由南之與北, 相去甚遠. 是以慨其少也. ○ 祕曰 "不爲補試, 而不已於聖人之道者, 寡哉."

策試에 응시한 뒤에야 배우는 자가 관리가 될 수 있으니, 策試에 응시하지 않고 배우기를 좋아하는 자는 자기 완성을 위해서 학문하는 것이다. 자기완성을 위해서 학문하는 것은 內이고 벼슬을 위해서 학문하는 것은 外이다. 外와 內의 관계는 南과 北의 관계와 같아서 거리가 매우 멀다. 이 때문에 적음을 개탄한 것이다.

○ 吳祕가 말하였다. "選補와 策試를 위하여 배우지 않고 聖人의 道를 배우기를 그만두지 않는 자가 적을 것이다."

나는 聖人의 심오하고 원대한 말을 좋아하는 자를 별로 보지 못했다. 사람들은 비근한 글을 보고 비근한 말을 들으려 할 뿐, 심오하고 원대한 말에는 등을 돌린다.

혹자가 말하였다.

"어찌 이리도 심하게 말씀하십니까? 先王의 道를 배우는 자가 師門에 가득합니다."

揚子가 말하였다.

"그들은 〈聖人의 심오한 말과 先王의 道를 참으로 좋아하여 배우는 것이 아니라 벼슬하기 위하여〉 부득이 배우는 것이니, 만약 그만둘 수 있다면 그만둘 것이다. 그만둘 수 있어도 그만두지 않는 자가 적을 것이다."

02. 好盡其心於聖人之道者 君子也라 人亦有好盡其心矣나 未必聖人之道

也①니라

① 好盡其心……未必聖人之道也：咸曰“盡心於異端, 揚子所疾也.” ○ 祕曰“不入于韓莊, 則入于楊墨.”
宋咸이 말하였다. “異端에 마음을 다하는 것은 揚子가 싫어한 바이다.”
○ 吳祕가 말하였다. “韓非와 莊子로 들어가지 않으면 楊朱와 墨翟으로 들어간다.”

聖人의 道에 그 마음을 다하기를 좋아하는 것은 君子이다. 사람들도 〈군자처럼〉 그 마음을 다하기를 좋아하는 것이 있지만 〈사람들이 좋아하는 것이〉 반드시 성인의 도는 아닐 것이다.

03. 多聞見而識乎正道者는 至識也①요 多聞見而識乎邪道者는 迷識也②라

① 多聞見而識乎正道者 至識也：祕曰“一概諸聖.”
吳祕가 말하였다. “聖人과 같다.”
② 多聞見而識乎邪道者 迷識也：君子多聞見而心愈眞也, 小人多聞見而情愈僞也. ○ 祕曰“學非而博.”
君子는 많이 듣고 볼수록 마음이 더욱 진실하고, 小人은 많이 듣고 볼수록 마음이 더욱 거짓되다.
○ 吳祕가 말하였다. “그릇된 것을 배워 해박한 것이다.”

많이 듣고 보아서 正道를 아는 자는 식견이 지극한 것이고, 많이 듣고 보아서 邪道를 아는 자는 식견이 미혹된 것이다.

04. 如賢人謀之는 美也니 詘人而從道①요 如小人謀之는 不美也니 詘道以從人②이니라

① 如賢人謀之……詘人而從道：咸曰“美, 善也. 猶仲尼夾谷之會, 屈齊侯, 去裔夷之樂, 從盟好之會.[3)]” ○ 光曰“詘, 與屈同. 如, 往也. 往就賢人謀之, 則彼將屈人之心以從

3) 仲尼夾谷之會……從盟好之會：≪春秋左氏傳≫ 定公 10年에 보인다. 齊 景公과 魯 定公 사이에 이루어진 회합으로, 처음에는 제나라가 노나라를 얕보고서 망신을 주려고 모임을 주선하였으나, 孔子의 機智로 제나라가 오히려 낭패를 당하고는 점령하고 있던 노나라 땅을 돌려주며 사과하였다.

正道."

宋咸이 말하였다. "美는 선함이다. 仲尼가 夾谷의 회맹에서 齊侯를 굴복시켜 오랑캐의 음악을 버리고 우호를 맹약하는 회합을 따르게 한 것과 같은 것이다."

○ 司馬光이 말하였다. "詘은 屈과 같다. 如는 가는 것이다. 賢人을 찾아가서 도모하면 저 현인이 사람의 마음을 굴복시켜 正道를 따르게 하는 것이다."

② 如小人謀之……詘道以從人 : 咸曰 "猶商鞅屈帝王之道, 從秦孝公以强國之術." ○ 祕曰 "謀, 爲國君謀也."

宋咸이 말하였다. "商鞅이 帝王의 道를 굽혀 나라를 부강하게 하는 방법으로써 秦孝公을 따른 것과 같은 것이다."

○ 吳祕가 말하였다. "謀는 國君을 위하여 도모하는 것이다."

賢人에게 가서 도모하는 것은 좋으니 사람의 〈간사한〉 마음을 굽혀 바른 道를 따르게 하기 때문이요, 小人에게 가서 도모하는 것은 좋지 않으니 바른 道를 굽혀 사람의 〈간사한〉 마음을 따르게 하기 때문이다.

05. 或問 五經有辯乎아 曰 惟五經爲辯이라 說天者 莫辯乎易①이요 說事者 莫辯乎書②요 說體者 莫辯乎禮③요 說志者 莫辯乎詩④요 說理者 莫辯乎春秋⑤니 捨斯면 辯亦小矣⑥니라

① 說天者 莫辯乎易 : 惟變所適, 應四時之宜. ○ 祕曰 "天有五行·六子[4]·十數[5]·三才, 備乎易."

〈때와 형세를 따라서〉 오직 변화에 맞게 하고 四時의 마땅함에 응한다.

○ 吳祕가 말하였다. "하늘에는 五行·六子·十數·三才가 있으니, ≪易≫에 갖추어져 있다."

② 說事者 莫辯乎書 : 尙書, 可論政事. ○ 祕曰 "二帝之德·三王之業·政事隆殺(쇄), 備乎書."

≪尙書≫는 政事를 논할 만하다.

○ 吳祕가 말하였다. "二帝의 德과 三王의 業과 政事의 盛衰가 ≪尙書≫에 갖추어져 있다."

---

4) 六子 : ≪周易≫의 八卦 중에 乾卦와 坤卦를 제외한 兌·離·震·巽·坎·艮의 六卦를 가리킨다.

5) 十數 : 河圖의 數가 1에서부터 10까지 있으므로 河圖를 十數라고 말한 것이다.

③ 說體者 莫辯乎禮 : 咸曰 "事之體也." ○ 祕曰 "經三百・儀三千, 各正其體者, 備乎禮." ○ 光曰 "禮主上下之體."

宋咸이 말하였다. "일의 체모이다."

○ 吳祕가 말하였다. "經禮 300가지와 威儀 3,000가지는 각각 몸을 바르게 하는 것이니, ≪禮≫에 갖추어져 있다."

○ 司馬光이 말하였다. "禮는 上下의 體統을 위주로 한다."

④ 說志者 莫辯乎詩 : 在心爲志, 發言爲詩. ○ 祕曰 "四始六義[6], 發揚其志者, 備乎詩."

마음속에 있는 것을 志라 하고, 말로 드러낸 것을 詩라 한다.

○ 吳祕가 말하였다. "四始와 六義는 마음속의 뜻을 드러낸 것이니, ≪詩≫에 갖추어져 있다."

⑤ 說理者 莫辯乎春秋 : 屬辭比事[7]之義. ○ 祕曰 "傳體有三, 例情有五[8], 不失其理者, 備乎春秋." ○ 光曰 "明事理之是非."

文辭를 엮고 사실을 차례로 배열하는 의리이다.

○ 吳祕가 말하였다. "傳을 기술한 體例에는 세 가지가 있고, 體例의 實情에는 다섯 가지가 있으니, 그 이치를 잃지 않는 것이 ≪春秋≫에 갖추어져 있다."

○ 司馬光이 말하였다. "事理의 是非를 밝힌 것이다."

---

6) 四始六義 : 四始는 ≪詩經≫의 風, 小雅, 大雅, 頌을 가리키고, 六義는 ≪詩經≫의 여섯 가지 大義로 風・雅・頌의 三經과 興・賦・比의 三緯를 이른다. 풍・아・송은 시의 내용과 성질을 말하고, 홍・부・비는 시의 체재와 서술방식을 말한다. 풍은 마치 물건이 바람의 움직임에 따라 소리가 나고 그 소리가 또다시 물건을 움직이는 것과 같다 하여 붙인 이름으로 閭巷의 가요이고, 아는 正樂의 노래인데 大雅와 小雅로 나누어지며, 또 正大雅와 變大雅, 正小雅와 變小雅로 나누어진다. 송은 훌륭한 덕을 찬미한 것으로 神明에게 성공을 알리는 樂章이다. 홍은 물건에 가탁하여 말을 시작하는 것이고, 부는 있는 사실을 그대로 읊는 것이며, 비는 비유하여 읊는 것을 이른다.

7) 屬辭比事 : 諸侯들이 會同할 때의 일을 모아 文辭를 엮는 것을 屬辭라 하고, 褒貶을 가한 일들을 차례로 배열하는 것을 比事라 한다. ≪禮記≫ 〈經解〉에 "文辭를 엮고 사실을 차례로 배열하는 것은 ≪春秋≫의 가르침이다.〔屬辭比事 春秋敎〕"라고 하였다.

8) 傳體有三 例情有五 : 晉나라 杜預의 〈春秋左氏傳序〉에 "經文의 뜻을 밝히기 위해 傳을 기술한 체례에는 세 가지가 있고, 체례의 實情에는 다섯 가지가 있다.〔發傳之體有三 而爲例之情有五〕"라는 말이 나온다. 여기서 傳은 ≪春秋左氏傳≫을 말하고, 세 가지 체례는 正例・變例・非例를 가리키며, 다섯 가지 情은 文辭는 簡略하되 뜻은 드러내고〔微而顯〕, 사실을 서술하되 뜻은 隱微하게 하고〔志而晦〕, 완곡하게 기록하되 章法(法則)을 이루고〔婉而成章〕, 사실을 다 기록하되 歪曲하지 않고〔盡而不汙〕, 惡을 懲戒하고 善을 勸奬한 것〔懲惡而勸善〕을 가리킨다.

⑥ 捨斯 辯亦小矣：咸曰“捨五經，皆小說也.” ○ 光曰“宋吳本，辯皆作辨，今從李本.”
宋咸이 말하였다. “五經 말고는 모두 小說(자질구레한 말)이다.”
○ 司馬光이 말하였다. “宋咸本・吳祕本에는 ‘辯’이 모두 ‘辨’으로 되어 있으나 지금 李軌本을 따랐다.”

혹자가 물었다.

“五經은 웅변입니까?”

揚子가 말하였다.

“오직 五經만이 웅변이라고 할 수 있다. 天道에 대해 辨說한 것은 ≪周易≫만한 것이 없고, 政事에 대해 변설한 것은 ≪書經≫만한 것이 없고, 體統에 대해 변설한 것은 ≪禮記≫만한 것이 없고, 마음속의 생각에 대해 변설한 것은 ≪詩經≫만한 것이 없고, 事理에 대해 변설한 것은 ≪春秋≫만한 것이 없다. 오경을 제외하면 다른 책의 辨說은 또한 자질구레하다.”

06. 春木之芚兮여 **援我手之鶉**[9)]**兮**①로다 **去之五百歲**나 **其人若存兮**②로다 **或曰 譊譊者 天下皆訟也**니 **奚其存**③이닛고 **曰 曼是爲也**는 **天下之亡聖也久矣**④라 **呱呱之子**도 **各識其親**⑤하고 **譊譊之學**도 **各習其師**⑥하니 **精而精之**하면 **是在其中矣**⑦리라

① 春木之芚兮 援我手之鶉兮：春木芚然而生，譬若孔氏啓導人心，有似援手而進. ○ 咸曰“芚，猶盛也. 鶉，猶美也.” ○ 祕曰“天氣之春，使群木，芚然而盛，孔子之道，使群士，翕然而興. 援我手，相與游處之，鶉乎而安之. 鶉，猶言淳也. 莊子曰‘聖人鶉居而鷇(구)食.’ 尸子曰‘堯鶉居.’” ○ 光曰“李本，芚作芒，今從宋吳本. 芚，徒渾切. 援音爰.”
봄 나무에 새싹이 트는 것은 비유하면 孔氏(孔子)가 사람의 마음을 啓導하여 손을 이끌어 나아가게 하는 것과 같다.
○ 宋咸이 말하였다. “芚은 盛과 같다. 鶉은 美와 같다.”
○ 吳祕가 말하였다. “계절이 봄일 때에는 온갖 나무가 새싹을 틔워 무성해지게 하고, 孔子의 道는 선비들을 훌연히 흥기하게 한다. 나의 손을 이끌어 서로 함께 종유하여 순수하고 편안하다. 鶉은 淳이라고 말하는 것과 같다. ≪莊子≫ 〈天地〉에 ‘聖人은 메추라기처럼 일정한 거처도 없고, 새 새끼가 어미가 주는 먹이를 받아먹는

---

9) 之鶉：之는 간다는 뜻이고, 鶉은 醇과 통용되니, ‘之醇’은 순후하고 아름다운 데로 가는 것이다.(≪揚子法言今讀≫)

것처럼 〈자연에 맡겨 작은 것에 만족한다.〉'라고 하였고, ≪尸子≫에 '堯임금은 메추라기처럼 살았다.'라고 하였다."

○ 司馬光이 말하였다. "李軌本에는 '芚'이 '芒'으로 되어 있다. 지금 宋咸本·吳祕本을 따랐다. 芚은 徒과 渾의 反切이다. 援은 음이 爰이다."

② 去之五百歲 其人若存兮 : 咸曰 "言去仲尼雖遠, 而其人如在." ○ 祕曰 "去孔子, 已五百年, 服行其道, 常如存在. 按孔子以魯哀十六年卒, 至漢甘露元年, 子雲始生, 凡四百二十八歲後. 天鳳五年子雲卒, 去孔子, 凡四百九十八歲, 言五百歲者, 擧其成數."

宋咸이 말하였다. "仲尼와의 거리가 비록 멀지만 그 사람이 살아 있는 것 같다는 말이다."

○ 吳祕가 말하였다. "孔子와의 거리가 이미 500년이지만 孔子의 道를 실천하니, 마치 공자가 항상 살아 계신 듯한 것이다. 살펴보건대 孔子는 魯 哀公 16년(B.C. 479)에 졸하였고, 漢나라 甘露 元年(B.C. 53)에 이르러 子雲이 비로소 태어났으니, 무릇 428년 후이다. 天鳳 5년(A.D. 18)에 子雲이 죽었으니, 孔子와의 거리가 모두 498년인데 500년이라고 말한 것은 成數를 든 것이다."

③ 譊譊者……奚其存 : 祕曰 "今之學者, 譊譊然爭訟其道之是非也, 何謂若存. 譊譊, 爭聲也." ○ 光曰 "李本, 訟作說, 今從宋吳本. 譊, 女交切."

吳祕가 말하였다. "지금 〈공자의 도를〉 배우는 자들이 道의 是非에 대해 시끄럽게 다투며 송사를 벌이는 듯하니, 무엇을 일러 공자가 마치 살아 계신 듯하다는 것인가. 譊譊는 다투는 소리이다."

○ 司馬光이 말하였다. "李軌本에는 '訟'이 '說'로 되어 있으나, 지금 宋咸本·吳祕本을 따랐다. 譊는 女와 交의 反切이다."

④ 曼是爲也 天下之亡聖也久矣 : 其義雖存, 言天下無復能尊(준)用聖道者, 久矣. ○ 咸曰 "曼, 猶不也. 亡, 猶去也. 久, 猶遠也. 不是爲, 猶徒是爲也. 言譊譊者, 徒是爲. 天下雖去聖人遠, 然其道尙存, 安能亂哉." ○ 祕曰 "曼, 無也. 今之學者, 無如是爲之也, 以其去聖逾遠, 而不能自悟故也." ○ 光曰 "音義曰 '曼, 莫半切.' 曼是爲者, 言無能求其是者而從之. 天下之無聖人, 已久矣. 故衆說無所折衷, 相與爭訟."

그 義가 비록 남아 있으나 천하에 더 이상 聖人의 道를 遵用하는 자가 없어진 지 오래되었다는 말이다.

○ 宋咸이 말하였다. "曼은 不과 같고, 亡은 去와 같고, 久는 遠과 같다. 不是爲는 徒是爲(부질없이 이런 짓을 함)와 같다. 시끄럽게 떠들어대는 자들이 부질없이 이런 짓을 함을 말한다. 천하에 〈성인이 없은 지가 오래되어〉 비록 聖人과의 거리가 멀지만 그 道가 여전히 남아 있으니, 어찌 어지럽힐 수 있겠는가."

○ 吳祕가 말하였다. "曼은 無이다. 지금 배우는 자 중에 이와 같이 하는 자가 없는 것은 聖人과의 거리가 더욱 멀어서 스스로 깨닫지 못하기 때문이다."

○ 司馬光이 말하였다. "≪音義≫에 '曼은 莫과 半의 反切이다.'라고 하였다. 부질없이 이런 짓을 한다는 것은 옳은 것을 찾아서 따르는 자가 없음을 말한 것이다. 천하에 聖人이 없은 지가 이미 오래되었다. 그러므로 여러 사람의 학설이 折衷되는 바가 없어 서로 爭訟하는 것이다."

⑤ 呱呱之子 各識其親 : 祕曰 "無他知." ○ 光曰 "呱, 音孤."

吳祕가 말하였다. "다른 것은 아는 것이 없다."

○ 司馬光이 말하였다. "呱는 음이 孤이다."

⑥ 譊譊之學 各習其師 : 祕曰 "但然其師而已, 非師則爭. 班固曰 '安其所習, 毁所不見, 終以自蔽, 此學者之大患也.'[10)]"

吳祕가 말하였다. "자기 스승의 학설만 옳게 여길 뿐이고, 스승의 학설이 아니면 논쟁한다. 班固가 '자신이 익힌 것만 편안히 여기고, 자신이 보지 못한 것은 헐뜯어 끝내 스스로 덮어버리니, 이것이 배우는 자의 큰 병통이다.'라고 하였다."

⑦ 精而精之 是在其中矣 : 咸曰 "赤子, 雖識親, 因其愛而不知禮之序. (未)〔末〕[11)]學, 雖習師, 溺其說, 而不明道之正. 然苟能精而益精之, 則聖與雜, 其道當各辨於其中矣. 若秦儀荀孟, 皎然自殊." ○ 祕曰 "精是者, 是精之, 精非者, 非精之, 各在其中矣." ○ 光曰 "宋吳本, 是作各, 今從李本. 聖人之道, 布在方策, 賢者得其大, 不賢者得其小, 各得其一端, 而不能粹美. 若有人, 精心以求其是, 不離其中矣."

宋咸이 말하였다. "赤子가 비록 어버이를 사랑할 줄 알지만 그 사랑 때문에 禮의 차서를 알지 못한다. 末學(後學)은 비록 스승의 학설을 익히지만 그 학설에 빠져서 道의 바름을 알지 못한다. 그러나 만일 정밀하고 더욱 정하게 하면 聖學과 雜學은 그 道가 그 가운데에서 당연히 각각 분별되니, 蘇秦과 張儀, 荀卿과 孟子가 명백하게 본래 다른 것과 같다."

○ 吳祕가 말하였다. "옳은 것을 정밀하게 익힌 자는 옳은 것이 정밀해지고, 그른 것을 정밀하게 익힌 자는 그른 것이 정밀해지는 법이니, 〈성학과 잡학의 분별은〉 각각 그 가운데에 있다."

○ 司馬光이 말하였다. "宋咸本・吳祕本에는 '是'가 '各'으로 되어 있으나, 지금 李軌本을 따랐다. 聖人의 道가 方策에 실려 있으니, 어진 자는 그 중에 큰 것을 얻고 어질지 못한 자는 그 중에 작은 것을 얻어서 각각 그 一端을 얻기는 하지만 순수하고 아름답지는 못하다. 만약 어떤 사람이 마음을 정밀하게 하여 옳은 것을 구한다면 그 가운데에서 벗어나지 않을 것이다."

---

10) 安其所習……此學者之大患也 : ≪漢書≫ 〈藝文志〉에 보인다.

11) (未)〔末〕: 저본에는 '未'로 되어 있으나, 四庫全書本에 근거하여 '末'로 바로잡았다.

봄이 나무에 싹을 틔우게 하는 것처럼 〈孔子의 道가〉 나의 손을 이끌어 순후하고 아름다운 데로 가게 함이여. 〈孔子가〉 떠나신 지 500년이 지났지만 마치 살아계신 듯하다.

혹자가 말하였다.

"〈孔子가 돌아가신 후에 그 道를 배우는 사람들이〉 저마다 시끄럽게 논쟁하는 것이 마치 천하 사람들이 모두 다투며 송사를 벌이는 듯한데, 어찌 孔子가 살아계신 듯하다고 합니까?"

揚子가 말하였다.

"〈시끄럽게 논쟁하는 자들이〉 부질없이 이런 짓을 하는 것은 세상에 성인이 없은 지가 오래되었기 때문이다. 갓난아이도 저마다 제 부모는 알고, 시끄럽게 논쟁하는 학자들도 저마다 자기 스승의 가르침을 익히니, 이것을 정밀하고 또 정밀하게 하면 〈성인의 참된 가르침이〉 그 가운데에 있을 것이다."

07. 或曰 良玉不彫하고 美言不文이라하니 何謂也오 曰 玉不彫면 璵璠不作器①하고 言不文이면 典謨[12]不作經②이리라

① 玉不彫 璵璠不作器 : 祕曰 "璵璠[13], 寶玉也. 器, 圭璧. 書曰 '如五器, 卒乃復[14].' 周禮曰 '(下)〔玉〕[15]作六器, 以禮天地四方[16].'" ○ 光曰 "璵, 以諸切. 璠, 符袁切."

吳祕가 말하였다. "璵璠은 寶玉이다. 器는 圭璧이니, ≪書經≫ 〈舜典〉에 '다섯 가지 기물을 똑같게 하고 이 일이 끝나면 다시 巡狩하였다.'라고 하였고, ≪周禮≫

---

12) 典謨 : ≪書經≫ 중에 〈堯典〉·〈舜典〉과 〈大禹謨〉·〈皐陶謨〉 등의 竝稱이다.

13) 璵璠 : 魯나라에서 생산되는 寶玉의 이름이다.

14) 如五器 卒乃復 : 五器는 五禮의 기물이다. 卒乃復은 제사의 예를 거행하고 제후를 만나보고 正朔을 통일하고 제도를 통일하고 五禮를 닦고 五器를 똑같게 하고, 이 일이 다 끝났으면 다시 다른 곳을 巡狩하는 것이다.

15) (下)〔玉〕 : 저본에는 '下'로 되어 있으나, ≪周禮≫ 〈春官 大宗伯〉에 근거하여 '玉'으로 바로잡았다.

16) (下)〔玉〕作六器 以禮天地四方 : 六器는 蒼璧, 青圭, 黃琮, 赤璋, 白琥, 玄璜인데, 蒼璧으로 하늘에 경례하고, 黃琮으로 땅에 경례하고, 青圭로 동방에 경례하고, 赤璋으로 남방에 경례하고, 白琥로 서방에 경례하고, 玄璜으로 북방에 경례한다.

〈春官 大宗伯〉에 '玉으로 여섯 가지 기물을 만들어 천지와 사방에 禮를 올린다.'라고 하였다."

○ 司馬光이 말하였다. "璵는 以와 諸의 反切이고, 璠은 符와 袁의 反切이다."

② 言不文 典謨不作經 : 祕曰 "言之有文, 如天之有象. 易曰 '觀乎天文以察時變, 觀乎人文以化成天下.' 仲尼祖述堯舜之文, 其典謨所以作經." ○ 光曰 "言文之不可以已, 虎豹之鞹, 猶犬羊之鞹[17)]."

吳祕가 말하였다. "말에 문채가 있는 것은 하늘에 象이 있는 것과 같다. ≪易≫ 賁卦 〈彖辭〉에 '天文을 관찰하여 四時의 변화를 살피고, 人文을 관찰하여 천하를 교화하여 이룬다.'라고 하였다. 仲尼가 堯舜의 文章을 祖述하였으니 典謨가 이 때문에 經이 된 것이다."

○ 司馬光이 말하였다. "말에 문채가 없어서는 안 되니, 범이나 표범의 가죽도 털을 제거하면 개나 염소의 가죽과 같다."

혹자가 말하였다.

"좋은 옥은 조각하지 않고 아름다운 말은 문식하지 않는다고 하니, 무슨 말입니까?"

揚子가 말하였다.

"옥은 조각하지 않으면 〈魯나라〉 璵璠 같은 아름다운 옥이라도 훌륭한 기물이 될 수 없고, 말은 문식하지 않으면 〈二帝三王의 治世를 기록한〉 典謨 같은 아름다운 말이라도 經典이 될 수 없다."

08. **或問 司馬子長有言曰 五經**이 **不如老子之約也**니 **當年不能極其變**하고 **終身不能究其業**①이라하니라 **曰 若是則周公惑, 孔子賊**②이라 **古者之學**은 **耕且養**하여 **三年通一經**③이어늘 **今之學也**는 **非獨爲之華藻也**라 **又從而繡其鞶帨**하니 **惡在老不老也**④리오

① 司馬子長有言曰……終身不能究其業 : 祕曰 "司馬遷以'儒者, 以六藝爲法, 六藝經傳, 以千萬數, 累世不能明其學, 當年不能究其禮. 故曰 「博而寡要, 勞而少功」[18)]'. 言道

17) 虎豹之鞹猶犬羊之鞹 : ≪論語≫ 〈顏淵〉에 子貢이 "문채는 바탕과 〈비중이〉 같고 바탕은 문채와 〈비중이〉 같으니, 범이나 표범의 가죽도 털을 제거하면 개나 염소의 가죽과 같다.〔文猶質也 質猶文也 虎豹之鞹 猶犬羊之鞹〕"라고 하였다. 鞹은 털을 제거한 가죽을 말한다.

家, 以旨約而易操, 事小而功多, 是謂不如老子之約也. 班固曰 '論大道, 則先黃老而後六經. 此其所蔽也.'[19)]"

吳祕가 말하였다. "司馬遷이 '儒者는 六藝(六經)를 法으로 삼는데, 六藝의 經傳이 千萬으로 헤아릴 정도로 많아서 여러 대가 지나도 학문을 밝힐 수가 없고 당년에 그 禮를 끝까지 연구할 수가 없다. 그러므로 〈司馬談이〉「유자는 박학하기는 하지만 요령이 부족하고, 수고롭지만 효과는 적다.」고 한 것이다.'라고 하였으니, 道家는 뜻이 간략하여 잡아 지키기가 쉽고 일은 적게 하면서 공은 많다는 말이다. 이것은 〈儒學이〉 老子의 간략함만 못함을 이른 것이다. 班固는 '大道를 논할 때에 黃老(黃帝와 老子)를 앞에 두고 六經을 뒤에 두었으니, 이는 가리워진 바가 있는 것이다.'라고 하였다."

② 若是則周公惑孔子賊 : 祕曰 "果如是言, 則周孔非惑則賊矣."

吳祕가 말하였다. "과연 이 말대로라면 周公과 孔子는 사람들을 미혹시킨 것이 아니면 해친 것이다."

③ 古者之學……三年通一經 : 無訓解故. ○ 光曰 "李本, 無經字, 今從宋吳本."

訓解가 없기 때문이다.

○ 司馬光이 말하였다. "李軌本에는 '經'자가 없으나 지금 宋咸本・吳祕本을 따랐다."

④ 今之學也……惡在老不老也 : 鞶, 大帶也. 帨, 佩巾也. 衣有華藻文繡, 書有經傳訓解也. 文繡之衣(服)[20)], 分明易察, 訓解之書, 灼然易曉. ○ 祕曰 "鞶, 大帶也. 帨, 佩巾也. 所以備物而爲飾也. 言古之學者, 存其大體, 所以易也. 今之學者, 有經傳章句, 如華藻繡鞶帨, 其文彌繁, 所以難也. 安在老易而不老難哉. 班固曰 '古之學者, 耕且養, 三年而通一藝, 存其大體. 玩經文而已. 是故用日少而畜德多, 三十而五經立也. 後世經傳, 既已乖離, 博學者, 又不思多聞闕疑之義, 而務碎義逃難, 便辭巧說, 破壞

---

18) 博而寡要 勞而少功 : 司馬遷의 부친인 司馬談이 지은 〈論六家要旨〉에 儒家에 대해 논하기를 "儒者는 박학하지만 요령이 적고 수고롭지만 효과가 적으니 그 일을 다 따르기는 어렵다. 그러나 君臣・父子의 禮와 夫婦・長幼의 구별 같은 것은 바꿀 수 없는 진리이다."라고 하였다.(≪史記 卷130 太史公自序≫)

19) 論大道……此其所蔽也 : ≪漢書≫ 〈司馬遷傳〉의 贊에 "또 〈太史 司馬遷은〉 성인에 대한 是非의 판단이 자못 그릇되어 대도를 논할 때에는 黃老를 앞에 두고 六經을 뒤에 두었으며, 유협을 서술할 때에는 處士를 물리치고 奸雄을 내세웠으며, 화식을 서술할 때에는 형세와 이익을 숭상하고 빈천을 부끄럽게 여겼으니, 이는 가리워진 바가 있는 것이다.〔又其是非頗繆於聖人 論大道則先黃老而後六經 序遊俠則退處士而進姦雄 述貨殖則崇勢利而羞賤貧 此其所蔽也〕"라고 하였다.

20) (服) : 저본에는 있으나, 四部叢刊本에 근거하여 衍文으로 처리하였다.

形體, 說五字之文, 至於二三萬言.'[21] 桓譚新論云 '秦近君[22], 能記堯典篇目兩字之說[23], 至十萬言, 但說曰若稽古, 三萬言.'" ○ 光曰 "鞶音盤, 帨音稅, 惡音烏. 鞶帨已是外飾, 又從而繡之, 言章句華多實少."

鞶은 큰 띠이다. 帨는 차는 수건이다. 옷에는 화려한 문식과 아름다운 繡가 있고, 책에는 經傳과 訓解가 있다. 화려하게 수놓은 衣服은 분명하여 살피기가 쉽고, 訓解가 있는 책은 분명하여 깨닫기가 쉽다.

○ 吳祕가 말하였다. "鞶은 큰 띠이고, 帨는 차는 수건이니, 기물을 갖추어 문식하는 것이다. 옛날의 배우는 자들은 大體를 보존하였으니 이 때문에 쉬웠고, 지금의 배우는 자들은 經傳에 章句가 있는 것이, 의복을 화려하게 꾸미고 큰 띠와 차는 수건에 화려하게 수를 놓은 것과 같아서 그 문식이 더욱 번다하니, 이 때문에 어렵다는 말이다. ≪老子≫처럼 하면 쉽고 ≪老子≫처럼 하지 않으면 어렵다는 것이 어디에 있는가. 班固가 '옛날에 배우는 자들은 농사짓고 또 식구들을 부양하면서 3년에 한 가지 경서에 통달하여 大體를 보존하고 經文을 음미하였을 뿐이다. 이 때문에 걸린 날짜는 적고 德을 쌓은 것은 많아서 30세가 되면 五經이 확립되었다. 後世에는 經과 傳이 이미 너무 괴리되어 널리 배운 자는 또 많이 듣고서 그 중에 의심스러운 것을 빼놓는 義理를 생각하지 않고 세세한 의리를 만들어 다른 사람의 힐난을 피하기를 힘쓰며, 견강부회한 말과 교묘한 말로 문자의 형체를 파괴하여 다섯 글자를 해설한 글이 2, 3만 자에 이르렀다.'라고 하였고, ≪桓譚新論≫에 '秦近君이 〈堯典〉의 篇目 두 글자를 기록한 말이 10만 자에 이르렀고, 단지 「曰若稽古」를 설명한 것만도 3만 자였다.'라고 하였다."

○ 司馬光이 말하였다. "鞶은 음이 盤이고, 帨는 음이 稅이고, 惡는 음이 烏이다. 鞶과 帨가 이미 外飾인데 또 이어서 수를 놓기까지 하였으니, 章句가 화려함이 많고 실제가 적음을 말한 것이다."

혹자가 물었다.

---

21) 班固曰……至於二三萬言 : ≪漢書≫ 〈藝文志〉에 보인다.

22) 桓譚新論云 秦近君 : 四庫全書薈要本의 注에 "'秦近君'은 ≪尙書正義≫ 및 각종 서적을 살펴보건대 대부분 '秦延君'으로 되어 있다. 許愼의 ≪說文解字≫ 〈敍〉를 살펴봄에 講學大夫秦近이 있으니, 桓譚의 이른바 秦近君은 의심컨대 곧 이 사람을 가리키는 듯하다."라고 하였다.

23) 能記堯典篇目兩字之說 : '能記'의 '記'는 ≪漢書≫ 〈藝文志〉와 四庫全書本 ≪經義考≫에는 '說'로, ≪文心彫龍≫ 〈論說〉에는 '注'로 되어 있으나, 어느 것이 옳은지 알 수 없어 저본을 그대로 따랐다.

"司馬子長(司馬遷)의 말에 '五經은 ≪老子≫의 간략함만 못하니, 배울 당시에는 그 변화를 다 알 수가 없고, 종신토록 배워도 학업을 마칠 수가 없다.'라고 했습니다."

揚子가 말하였다.

"과연 이 말대로라면 周公과 孔子는 사람들을 미혹시키고 해친 것이다. 옛날에 〈五經을〉 배우는 사람들은 농사지으면서 식구들을 부양하였고 3년 걸려서 한 가지 경서에 통달하여 〈經文을 음미하였을 뿐이다.〉 그런데 오늘날에 〈五經을〉 배우는 사람들은 〈經傳에 訓解를 다는 것이〉 비유하면 의복을 화려하게 꾸밀 뿐만 아니라 허리띠와 수건에까지 수를 놓는 것과 같다. 〈이것은 배우는 방법이 잘못된 것이니,〉 어찌 ≪老子≫가 간략하냐 간략하지 않으냐에 달려 있는 것이겠는가."

或曰 學者之說可約邪⑤아 **曰 可約**하니 **解科**⑥니라

⑤ 學者之說可約邪 : 疾夫說學繁多, 故欲約省之也.

학설이 번다한 것을 싫어하기 때문에 요약하여 줄이고자 한 것이다.

⑥ 可約 解科 : 言自可令約省爾, 但當使得其義旨, 不失其科條. ○ 祕曰 "可以約解科之章句, 令不繁." ○ 光曰 "解科闕."

본래 간략히 줄일 수 있으니, 다만 本旨를 얻어 科條(條理)를 잃지 않게 해야 한다는 말이다.

○ 吳祕가 말하였다. "조리가 분명한 章句를 요약하여 번다하지 않게 할 수 있다."

○ 司馬光이 말하였다. "解科는 〈뜻을 알 수 없어〉 注釋하지 않았다."

혹자가 말하였다.

"학자들의 〈번다한〉 학설을 요약할 수 있습니까?"

揚子가 말하였다.

"요약할 수 있다. 本旨를 얻어 科條(條理)를 잃지 않으면 된다."

09. **或曰 君子聽聲乎**아 **曰 君子惟正之聽**①이니 **荒乎淫**이어나 **佛**[24]**乎正**이어나 **沈**

24) 佛 : 拂과 통용되니, 어기는 것이다.

而樂者는 **君子弗聽也**②니라

① 君子惟正之聽：亦聽爾，但不邪.

군자도 음악을 듣기는 하지만 다만 간사하지 않다.

② 荒乎淫……君子弗聽也：佛，違也. 沈，溺也. 學記曰 "其求之也佛." 子夏曰 "今君之所好者，其溺音乎." ○ 光曰 "樂音洛."

佛은 어김이다. 沈은 빠짐이다. ≪禮記≫ 〈學記〉에 "구하는 바가 어긋난다."라고 하였고, ≪禮記≫ 〈樂記〉에 子夏가 "지금 군주께서 좋아하는 것은 마음을 음탕하게 만드는 음악일 것입니다."라고 하였다.

○ 司馬光이 말하였다. "樂은 음이 洛이다."

혹자가 말하였다.

"군자도 음악을 듣습니까?"

揚子가 말하였다.

"군자는 오직 바른 음악만 듣는다. 음란함에 빠지거나 바른 것에서 어긋나거나 마음을 음탕하게 만드는 것은 군자는 듣지 않는다."

10. **或問 侍君子以博乎**①아 **曰 侍坐則聽言**하고 **有酒則觀禮**니 **焉事博乎**②아 **或曰 不有博弈者乎**③아 **曰 爲之猶賢於已爾**④라 **侍君子者 賢於已乎**⑤아 **君子不可得而侍也**⑥라 **侍君子**면 **晦斯光**하고 **窒斯通**⑦하고 **亡斯有**하고 **辱斯榮**하고 **敗斯成**하니 **如之何賢於已也**⑧리오

① 侍君子以博乎：祕曰 "博，弈."

吳祕가 말하였다. "博은 바둑이다."

② 侍坐則聽言……焉事博乎：咸曰 "言君子坐則有正言，飮則有正禮. 侍之者，得聽而觀焉，何事於博弈." ○ 光曰 "焉，於虔切."

宋咸이 말하였다. "君子는 앉아 있을 때에는 바른 말을 하고 술을 마실 때에는 바른 예를 행하므로, 군자를 모시는 자는 〈군자의 바른 말과 바른 예를〉 듣고 볼 수가 있으니, 어찌 바둑을 일삼겠느냐는 말이다."

○ 司馬光이 말하였다. "焉은 於와 虔의 反切이다."

③ 不有博弈者乎：咸曰 "謂君子言禮之外，豈無博弈之事乎." ○ 祕曰 "據論語有之[25)]."

宋咸이 말하였다. "君子는 말과 禮 이외에 어찌 바둑 두는 일이 없겠느냐고 이른

것이다."

○ 吳祕가 말하였다. "≪論語≫에 근거하건대 이런 말이 있다."

④ 爲之猶賢於已爾 : 今之所論, 自謂侍君子也. ○ 咸曰 "此文, 本連下句, 意未終, 不當於此註之. 兼註語, 大與正文不類, 頗失揚旨, 弗敢削去, 解之於下."

지금 논할 것은 스스로 생각건대 君子를 모시는 것이다.

○ 宋咸이 말하였다. "이 글은 본래 아랫구와 연결되고 뜻이 끝나지 않았으니, 여기에 註를 다는 것은 마땅하지 않다. 겸하여 註의 내용은 正文과 매우 달라서 揚子의 本旨를 크게 잃었으나 감히 삭제하지 못하고 아래에 풀이하였다."

⑤ 侍君子者 賢於已乎 : 咸曰 "賢, 猶勝也. 言爲博弈者, 但勝於無所用心而已爾. 夫侍君子, 亦止勝於無所用心而已乎. 言不然也." ○ 祕曰 "孔子曰 '飽食終日, 無所用心, 難矣哉. 不有博弈者乎. 爲之猶賢乎已.' 蓋爲庸常不學之人, 以小道諭之耳. 今侍君子, 豈賢乎已於博弈者哉." ○ 光曰 "已者, 止而不爲."

宋咸이 말하였다. "賢은 勝(나음)과 같으니, 바둑이라도 두는 것이 다만 마음을 쓰는 데가 없는 것보다 나을 뿐이겠느냐는 말이다. 君子를 모시는 것이 또한 다만 마음 쓰는 데가 없는 것보다 나을 뿐이겠는가. 그렇지 않음을 말한 것이다."

○ 吳祕가 말하였다. "孔子가 '배불리 먹고 종일토록 마음을 쓰는 바가 없다면 곤란하다. 바둑이 있지 않은가? 이것이라도 하는 것이 그만두는 것보다는 낫다.'라고 하였으니, 이는 용렬하고 배우지 못한 사람을 小道로 깨우치기 위한 것일 뿐이다. 지금 군자를 모시는 것이 어찌 바둑을 그만두는 것보다 나을 뿐이겠는가."

○ 司馬光이 말하였다. "已는 그만두고 하지 않는 것이다."

⑥ 君子不可得而侍也 : 人師難逢也.

사람들의 師表가 될 만한 사람을 만나기 어렵다.

⑦ 窒斯通 : 祕曰 "窒, 塞."

吳祕가 말하였다. "窒은 막힘이다."

⑧ 亡斯有……如之何賢於已也 : 咸曰 "言但患君子不可得而侍, 如得侍之, 有此諸益, 豈特勝於無所用心而已哉." ○ 光曰 "宋吳本, 有作存, 今從李本."

宋咸이 말하였다. "다만 군자를 모실 수 있는 기회를 얻지 못할까 근심해야 한다. 만약 군자를 모실 수만 있다면 이러한 여러 가지 유익함이 있으니, 어찌 다만 마음을 쓰는 데가 없는 것보다 나을 뿐이겠느냐는 말이다."

○ 司馬光이 말하였다. "宋咸本・吳祕本에는 '有'가 '存'으로 되어 있으나, 지금 李軌本을 따랐다."

---

25) 據論語有之 : ≪論語≫ 〈陽貨〉에 보인다.

혹자가 물었다.

"군자를 모시고 바둑을 둡니까?"

揚子가 말하였다.

"군자를 모시고 앉아 있을 때에는 군자의 말씀을 듣고, 술을 마실 때에는 군자가 행하는 예를 보아야 하니, 어찌 바둑을 일삼겠는가."

혹자가 말하였다.

"〈孔子께서〉 '바둑이라도 있지 않으냐?'라고 하셨습니다."

揚子가 말하였다.

"공자의 이 말씀은 이것이라도 하는 것이 〈배불리 먹고 종일토록〉 마음을 쓰는 바가 없는 것보다는 낫다는 뜻으로 한 말일 뿐이다. 군자를 모시는 것이 어찌 마음을 쓰는 바가 없는 것보다 나을 뿐이겠는가. 군자를 모실 수 있는 기회는 얻기가 어렵다. 군자를 모시게 되면 어둡던 것도 빛나고, 막힌 것도 통하고, 없던 것도 있게 되고, 치욕스러운 것도 영화롭게 되고, 실패도 성공으로 바뀌게 되니, 어찌 마음을 쓰는 바가 없는 것보다 나을 뿐이겠는가."

11. 鷦明沖天은 不在六翮[26]乎①아 拔而傅尸鳩하면 其累矣夫②인저

① 鷦明沖天 不在六翮乎 : 咸曰 "鷦明, 解見問明篇."[27] ○ 祕曰 "翮, 翼之勁羽." ○ 光曰 "明, 亦當作朋."

宋咸이 말하였다. "鷦明은 해설이 앞의 〈問明篇〉에 보인다."

○ 吳祕가 말하였다. "翮은 날개의 굳센 깃촉이다."

○ 司馬光이 말하였다. "'明'도 마땅히 '朋'이 되어야 한다."

② 拔而傅尸鳩 其累矣夫 : 拔鷦明之翼, 以傅尸鳩, 不能沖天, 適足以累耳, 諭授小人以大位, 而不能成大功也. 又言學小說, 不能成大儒. ○ 祕曰 "尸鳩, 鴶鵴也. 言以聖人之道, 使小人行之, 適足增其累耳." ○ 光曰 "累, 隣墜切. 小人儒, 竊聖人之道以自售, 適足以爲其身之累耳."

---

26) 六翮 : 튼튼한 날개를 이르는 말이다. 翮은 날개의 깃촉인데, 공중에 높이 나는 새는 여섯 개의 튼튼한 근육으로 이루어진 깃촉이 있다고 한다.

27) 鷦明 解見問明篇 : 宋咸은 〈問明〉 '鷦明遴集'의 註에서 "明은 마땅히 鵬이 되어야 하니, 鷦鵬은 南方의 神鳥로 鳳과 비슷하다."라고 하였다.

鷦明의 날개를 뽑아서 뻐꾸기에게 붙이면 하늘 높이 날지 못하고 다만 누가 될 뿐이니, 小人에게 큰 지위를 주어도 큰 공을 이룰 수 없음을 비유한 것이요, 또 하찮고 쓸모없는 言說을 배우면 大儒가 될 수 없음을 말한 것이다.

○ 吳祕가 말하였다. "尸鳩는 뻐꾸기이다. 聖人의 道를 小人에게 행하게 하면 다만 累를 더하기에 족할 뿐임을 말한 것이다."

○ 司馬光이 말하였다. "累는 隣과 墜의 反切이다. 小人儒가 聖人의 道를 훔쳐 스스로 팔려고 하면 다만 자기 몸의 누가 되기에 족할 뿐이다."

鷦明(鷦鵬)이 하늘 높이 나는 것은 여섯 개의 강한 깃촉에 달려있지 않겠는가. 그러나 鷦明의 깃촉을 뽑아서 尸鳩(뻐꾸기)에게 붙이면 〈날지는 못하고 다만〉 누가 될 뿐이다.

12. 雷震乎天하고 風薄乎山하며 雲徂乎方하고 雨流乎淵은 其事矣乎①인저

① 雷震乎天……其事矣乎：言此皆天之事矣. 人不得無事也. 天事雷風雲雨, 人事詩書禮樂也. ○ 祕曰 "此皆天之行事者乎, 自然之理也. 道家流, 以無爲無事爲自然, 不知有爲有事亦自然也. 徂, 往也. 方, 四方也." ○ 光曰 "天猶不能無事, 況在於人, 安得飽食終日無所用心."

이는 모두 하늘의 일을 말한 것이다. 〈하늘도 일삼는 것이 있는데〉 사람이 일삼는 것이 없을 수 없다. 하늘의 일은 우레와 바람, 구름과 비이고, 사람의 일은 詩書와 禮樂이다.

○ 吳祕가 말하였다. "이는 모두 하늘이 행한 일이니, 自然의 이치이다. 道家流는 無爲와 無事를 自然이라 여겨 有爲와 有事도 自然임은 알지 못한다. 徂는 감이다. 方은 四方이다."

○ 司馬光이 말하였다. "하늘도 오히려 일삼는 것이 없을 수 없는데, 더구나 사람에게 있어서 어찌 배불리 먹기만 하고 종일토록 마음을 쓰는 바가 없을 수 있겠는가."

천둥은 하늘에서 울리고, 바람은 산에서 불어오며, 구름은 사방으로 흘러가고, 빗물은 연못으로 흘러드니, 이것은 하늘의 일일 것이다. 〈이처럼 하늘이 근로하여 쉬지 않으니, 사람이 일삼는 바가 없을 수 있겠는가.〉

13. 魏武侯與吳起浮於西河라가 寶河山之固라한대 起曰 在德이요 不在固라하니라

曰 美哉라 言乎여 使起之兵이 每如斯인댄 則太公何以加諸①리오

① 魏武侯與吳起浮於西河……則太公何以加諸：祕曰 "史記 '魏武侯曰「美哉, 山河之固. 此乃魏之寶也.」吳起曰「在德, 不在險. 昔三苗氏, 左洞庭, 右彭蠡, 德義不修, 禹滅之. 夏桀之居, 左河濟, 右太華, 伊闕在其南, 羊腸在其北, 修政不仁, 湯放之. 殷紂之國, 左孟門, 右太行, 常山在其北, 太河經其南, 修政不德, 武王殺之. 由此觀之, 在德, 不在險.」武侯曰「善」. 固, 險固也. 美哉, 是言. 使起兵法, 常以德爲主, 則太公呂望, 何以加之." ○ 光曰 "李本, 作使起之用兵, 今從宋吳本. 惜起之用兵, 多尙狙詐, 不能充其言也."

吳祕가 말하였다. "≪史記≫ 〈吳起列傳〉에 '魏 武侯가「아름답다, 山河의 險固함이여. 이는 魏나라의 보배이다.」라고 하자, 吳起가「〈나라의 보배는〉 德에 달려있고 지형의 험고함에 달려있지 않습니다. 옛날 三苗氏는 왼쪽에 洞庭湖가 있고 오른쪽에 彭蠡湖가 있었으나 德義를 닦지 않으므로 禹王이 멸망시켰고, 夏 桀이 살던 도읍은 왼쪽에는 黃河와 濟水가 있고 오른쪽에는 泰華山이 있으며 伊闕山이 그 남쪽에 있고 羊腸이 그 북쪽에 있었으나 政事를 닦아 仁을 실천하지 않으므로 湯王이 추방하셨고, 殷 紂의 國都는 왼쪽에는 孟門山이 있고 오른쪽에는 太行山이 있으며 常山(恒山)이 그 북쪽에 있고 太河가 그 남쪽을 경유하였으나 政事를 닦아 德을 베풀지 않으므로 武王이 죽이셨습니다. 이로 말미암아 살펴보건대 나라의 보배는 德에 있고 험고한 지형에 있지 않습니다.」라고 하니, 武侯가「훌륭하다.」고 칭찬했다.' 하였다. 固는 險固함이다. 아름답다. 이 말이여. 가령 오기의 병법이 항상 德을 위주로 하였다면 太公 呂望이라 해도 어찌 이보다 더할 수 있겠는가."

○ 司馬光이 말하였다. "李軌本에는 '使起之兵'이 '使起之用兵'으로 되어 있으나 지금 宋咸本·吳祕本을 따랐다. 吳起가 用兵할 때에 대부분 속임수를 숭상하여 자기 말과 부합하지 못한 것을 애석해한 것이다."

魏 武侯가 吳起와 함께 西河에서 배를 띄우고 내려가다가 〈무후가 그 주변의 지형이 험고한 것을 보고〉 山河의 견고함이 魏나라의 보배라고 하자, 오기가 "〈나라의 보배는〉 덕에 달려있고, 산하의 견고함에 달려있지 않습니다."라고 하였다.

揚子가 이에 대해 말하였다.

"훌륭하다. 〈吳起의〉 말이여. 가령 오기의 병법이 매양 이 말과 같았다면 〈병법에 뛰어난〉 太公인들 어찌 이보다 더할 수 있겠는가."

14. 或問 周寶九鼎[28]하니 寶乎①아 曰 器寶也니 器寶는 待人而後寶②니라

① 周寶九鼎 寶乎：祕曰“卽禹貢金九牧，所鑄之鼎，成王定于郟鄏[29]，故爲周寶.”

吳祕가 말하였다. “九鼎은 곧 禹王이 九牧에게 쇠〔金〕를 바치게 하여 鑄造한 鼎인데, 成王이 郟鄏에 도읍을 정하고 〈九鼎을 安置하였다.〉 그러므로 周寶라고 한 것이다.”

② 器寶也 器寶待人而後寶：道存則器不亡，道亡則器不存. ○ 祕曰“人君有德，則鼎器爲寶.” ○ 光曰“人能以休明之德取之，則信可寶矣. 苟以姦回强暴而取之，雖得九鼎，奚足寶哉.”

道가 보존되면 기물이 없어지지 않고, 道가 없어지면 기물이 보존되지 않는다.

○ 吳祕가 말하였다. “人君이 德이 있으면 鼎器가 보배가 된다.”

○ 司馬光이 말하였다. “사람이 아름답고 밝은 德으로써 기물을 취하면 진실로 보배가 될 수 있거니와, 만일 간사함과 강포함으로 기물을 취하면 비록 九鼎을 얻더라도 어찌 족히 보배로 여길 수 있겠는가.”

혹자가 물었다.

“주나라는 九鼎을 보배로 여겼으니, 九鼎은 진실로 보배입니까?”

揚子가 말하였다.

“九鼎은 器物 중의 보배이니, 기물 중의 보배는 〈덕이 있는〉 사람을 기다린 뒤에야 보배로서의 가치가 있게 된다.”

15. 齊桓晉文已下로 至於秦兼히 其無觀已①니라 或曰 秦無觀이어늘 奚其兼②고 曰 所謂觀은 觀德也③라 如觀兵이면 開闢以來로 未有秦也④니라

① 齊桓晉文已下……其無觀已：咸曰“孟子云‘仲尼之徒，無道桓文之事者.’[30] 故此言其與秦，皆無所可觀也.” ○ 祕曰“二霸而後，至于秦兼六國而有天下，無所觀焉. 已，辭也.” ○ 光曰“言皆尙詐力，不以其道而得之，雖强大，無足觀也.”

宋咸이 말하였다. “孟子가 ‘仲尼의 門徒들은 齊 桓公과 晉 文公의 일을 말한 자가

---

28) 九鼎：夏禹氏가 九州의 쇠를 거두어들여 九州를 상징해 鑄造한 아홉 개의 鼎으로 夏·商·周가 國家의 상징으로 여겨 傳國의 寶器로 삼았다.

29) 郟鄏：河南省 洛陽縣의 서쪽에 있는 지역이다.

30) 孟子云……無道桓文之事者：≪孟子≫ 〈梁惠王 上〉에 보인다. 齊 宣王이 齊 桓公과 晉 文公의 일에 대해 묻자, 孟子가 “仲尼의 門徒들은 齊 桓公과 晉 文公의 일을 말한 자가 없습니다. 이 때문에 후세에 전해진 것이 없어 臣이 아직 듣지 못하였습니다.”라고 하였다.

없다.'라고 하였다. 그러므로 여기에서 秦나라와 더불어 모두 볼 만한 것이 없다고 말한 것이다."

○ 吳祕가 말하였다. "齊 桓公과 晉 文公 두 패자 이후로 秦나라가 六國을 겸병하여 천하를 소유하기까지 볼 만한 것이 없다. 已는 어조사이다."

○ 司馬光이 말하였다. "齊 桓公과 晉 文公은 모두 속임수와 무력을 숭상하고 바른 도로써 얻지 않았으니, 비록 강대하였으나 볼 만한 것이 없다는 말이다."

② 秦無觀 奚其兼 : 咸曰 "言秦無以可觀, 則何以能兼有天下."

宋咸이 말하였다. "秦나라가 볼 만한 점이 없다면 어떻게 六國을 겸병하여 천하를 소유할 수 있었느냐는 말이다."

③ 所謂觀 觀德也 : 咸曰 "言所謂可觀者, 觀其德爾, 秦何德之有."

宋咸이 말하였다. "이른바 볼 만하다는 것은 그 덕을 보는 것이니, 秦나라가 무슨 德이 있느냐는 말이다."

④ 如觀兵……未有秦也 : 秦以兵兼而不以德, 莽以詐簒而不以道. 言秦兵之無可觀, 則莽之簒不言可知. ○ 咸曰 "此正文之意, 似止論秦兵之由, 而注兼王莽, 亦猶蛇足矣. 且云 '莽以詐簒不以道.' 夫豈有以道簒人哉. 甚非謂焉." ○ 祕曰 "賈誼曰 '秦有餘力, 而制其弊, 追亡逐北(배), 伏尸百萬, 流血(標)〔漂〕[31]櫓.'[32] 兵之盛也." ○ 光曰 "自古未有能以兵力獨兼天下, 如秦者."

秦나라는 병력으로써 겸병하고 德으로써 하지 않았으며, 王莽은 속임수로써 찬탈하고 道로써 하지 않았다. 秦나라의 병력은 볼 만한 것이 없다고 말했으니, 王莽이 찬탈한 것은 말하지 않아도 알 수 있다.

○ 宋咸이 말하였다. "여기서 正文의 뜻은 단지 秦나라가 병력을 쓴 이유만 논한 것 같은데 李軌의 注에는 王莽의 일까지 겸하였으니 또한 오히려 蛇足이다. 또 '王莽은 속임수로써 찬탈하였고 道로써 하지 않았다.'라고 하였으니, 어찌 도로써 남의 나라를 찬탈할 수 있겠는가. 매우 잘못된 말이다."

○ 吳祕가 말하였다. "賈誼가 '秦나라는 남는 힘을 가지고 六國의 피폐함을 제압하고 패배하여 도망하는 육국의 군대를 추격하여, 엎어진 시체가 백만 명이나 되고 흐르는 피가 방패를 떠내려가게 할 정도였다.'라고 하였으니, 병력이 강성한 것이다."

○ 司馬光이 말하였다. "예로부터 병력으로 홀로 천하를 겸병하기를 秦나라처럼 한 경우는 있지 않다."

---

31) (標)〔漂〕: 저본에는 '標'로 되어 있으나, 四庫全書本에 근거하여 '漂'로 바로잡았다.

32) 賈誼曰……流血漂櫓 : 賈誼의 〈過秦論〉에 보인다.

齊 桓公과 晉 文公 이후로 秦나라가 천하를 兼幷하기까지 볼 만한 것이 없다.

혹자가 말하였다.

"秦나라는 볼 만한 것이 없는데 어떻게 천하를 겸병할 수 있었습니까?"

揚子가 말하였다.

"이른바 볼 만하다는 것은 德을 보는 것이다. 〈진나라가 무슨 덕이 있는가. 그러나〉 만약 병력을 본다면 천지가 開闢한 이래로 秦나라에 견줄 나라가 있지 않다."

16. **或問 魯用儒而削**은 **何也**①오 **曰 魯不用儒也**일새라 **昔在姬公用於周**어늘 **而四海皇皇**하여 **奠枕于京**②하고 **孔子用於魯**어늘 **齊人章章**하여 **歸其侵疆**③하니 **魯不用眞儒故也**④라 **如用眞儒**면 **無敵於天下**리니 **安得削**⑤이리오

① 魯用儒而削 何也：揚子貴儒學而賤兵强，魯國常[33]爲齊楚所侵，故譏問之．○ 祕曰 "削土，國弱也．" ○ 光曰 "儒必言益人之國，何魯多儒而日削弱．"

揚子는 儒學을 귀하게 여기고 兵强을 천하게 여겼는데, 魯나라가 일찍이 齊나라와 楚나라에게 침략을 당하였기 때문에 혹자가 기롱하여 물은 것이다.

○ 吳祕가 말하였다. "영토를 침삭당한 것은 나라가 약해서이다."

○ 司馬光이 말하였다. "儒者는 반드시 남의 나라를 유익하게 한다고 말하였는데, 어찌하여 魯나라는 儒者가 많았는데도 날마다 영토를 침삭당하여 나라가 약해졌는가."

② 四海皇皇 奠枕于京：皇皇歸美，安枕而臥，以聽於京師．○ 祕曰 "皇皇，美也．奠，定也．定枕，猶言安枕也．四海皇皇美盛，安枕無虞，歸仰于京師．" ○ 光曰 "四海旣平，則王者安枕于京師．"

온 천하가 성대하게 찬미하니, 편안히 베개를 베고 누워 京師에서 정사를 듣는 것이다.

○ 吳祕가 말하였다. "皇皇은 아름다움이다. 奠은 定함이니, 定枕은 安枕이라는 말과 같다. 온 천하가 성대하게 찬미하여 아무 근심 없이 편안하므로 京師에 와서 귀의하는 것이다."

○ 司馬光이 말하였다. "온 천하가 이미 화평하니 王者가 京師에서 편안한 것이다."

---

33) 常：嘗의 통용자이다.

③ 孔子用於魯……歸其侵疆：祕曰"章章, 宜爲慞慞, 蓋古通用也. 慞慞, 懼也. 魯定公十年, 與齊景公, 爲夾谷之會, 孔子攝相事, 景公懼, 遂歸所侵魯鄆讙龜陰之田."

吳祕가 말하였다. "章章은 마땅히 慞慞이 되어야 하니, 옛날에 通用되었다. 慞慞은 두려워하는 것이다. 魯 定公 10년에 齊 景公과 夾谷의 회맹을 할 적에 孔子가 재상의 일을 섭행하니, 景公이 두려워하여 마침내 노나라에서 빼앗았던 鄆과 讙과 龜陰의 땅을 돌려주었다."

④ 魯不用眞儒故也：祕曰"齊人歸女樂, 季(栢)〔桓〕[34]子使定公受之, 三日不朝, 孔子行[35]. 言不聽用孔子故也."

吳祕가 말하였다. "齊人이 女樂(미녀 악사)을 보내자, 季桓子가 定公에게 그것을 받게 하고 3일 동안 조회를 보지 않으니, 孔子께서 떠나셨다. 이는 孔子의 말씀을 따르지 않았기 때문임을 말한 것이다."

⑤ 如用眞儒……安得削：萬物將自賓. ○ 祕曰"孔子使魯, 安行王道, 而諸侯强者, 霸業而已, 是無敵於天下."

萬物이 장차 저절로 賓服할 것이다.

○ 吳祕가 말하였다. "孔子가 魯나라에게 王道를 편안히 행하게 하였고, 諸侯 중에 강한 자는 霸業만 할 뿐이었으니, 이 점 때문에 천하에 〈노나라를〉 대적할 자가 없는 것이다."

혹자가 물었다.

"魯나라가 儒者를 등용했으면서 영토를 侵削당한 것은 어째서입니까?"

揚子가 말하였다.

"魯나라가 진짜 유자를 등용하지 않았기 때문이다. 옛날에 姬公(周公)이 周나라에 등용되었을 때에 四海가 찬미하여 武王이 편안히 베개를 베고 누워 京師에서 정사를 들었고, 孔子가 魯나라에 등용되었을 때에 齊人들이 두려워하여 노나라에

---

34) (栢)〔桓〕: 저본에는 '栢'으로 되어 있으나, 四庫全書本에 근거하여 '桓'으로 바로잡았다.

35) 齊人歸女樂……孔子行 : ≪論語≫ 〈微子〉에 보인다. ≪史記≫ 〈孔子世家〉에 "孔子가 魯나라 司寇가 되어 정승의 일을 代行하니, 齊人이 이를 듣고 두려워하여 女樂을 魯나라 군주에게 보내주었다. 季桓子가 魯나라 군주와 함께 가서 이를 구경하고는 정사에 태만하니, 子路가 '夫子께서 떠날 만하십니다.' 하고 말하였다. 孔子가 말씀하기를 '魯나라가 지금 장차 郊祭를 지낼 것이니, 만일 제사고기를 大夫에게 가져다준다면 내 오히려 걸음을 멈출 수 있다.' 하였는데, 季桓子가 마침내 齊나라의 女樂을 받고 郊祭에 또 제사고기를 大夫에게 주지 않자 孔子께서 마침내 떠나셨다." 하였다.

서 빼앗았던 땅을 되돌려주었으니, 魯나라가 〈영토를 침삭당한 것은〉 진짜 유자를 등용하지 않았기 때문이다. 만약 진짜 유자를 등용하였다면 천하에 노나라를 대적할 자가 없었을 것이니, 어찌 영토를 침삭당하였겠는가."

17. 浩浩之海濟는 樓航之力也①어니와 航人無楫이면 如航何②리오

① 浩浩之海濟 樓航之力也 : 濟, 渡也. 言渡大海, 在舟船, 興大治, 在禮樂. ○ 光曰 "濟謂所以得濟."

濟는 건너는 것이다. 큰 바다를 건너는 것은 舟船에 달려 있고 훌륭한 정치를 일으키는 것은 禮樂에 달려 있음을 말한 것이다.

○ 司馬光이 말하였다. "濟는 건널 수 있는 방법(수단)을 이른다."

② 航人無楫如航何 : 祕曰 "濟巨航者, 大海也, 如無楫柁之利以翼之, 其如航何. 猶富大國者, 衆民也, 如無禮樂之具以治之, 其如國何." ○ 光曰 "海以喩艱難, 航以喩國, 航人以喩儒, 楫以喩勢位."

吳祕가 말하였다. "큰 배로 건너는 것은 큰 바다이지만 만약 노와 키의 편리함으로써 돕지 않는다면 어떻게 배를 몰 수 있겠는가. 이와 마찬가지로 大國을 부유하게 하는 것은 백성이지만 禮樂의 도구로써 다스리지 않는다면 나라를 어찌할 수 있겠는가.

○ 司馬光이 말하였다. "바다로써 어려움을 비유하고 배로써 나라를 비유하였으며, 뱃사공으로써 선비를 비유하고 노로써 권세와 지위를 비유하였다."

크고 넓은 바다를 건너는 것은 樓航(망루를 갖춘 큰 배)의 힘이거니와, 뱃사공이 노가 없으면 배를 어떻게 몰 수 있겠는가.

18. 或曰 奔壘之車[36]와 沈流之航을 可乎①아 曰 否②라 或曰 焉用智③리오 曰 用智於未奔沈④이라 大寒而後索衣裘면 不亦晩乎⑤아

① 奔壘之車……可乎 : 言治國及修身者, 如車奔舟覆, 故欲救之. 祕曰 "車之奔敗, 航之沈溺." ○ 光曰 "奔壘, 謂馬驚逸抵敵壘者, 可, 謂可救乎."

나라를 다스리는 것과 몸을 닦는 것이 수레가 전복되고 배가 침몰하는 것과 같으므로 구제하고자 한다는 말이다.

---

36) 奔壘之車 : 奔은 僨과 통용되니 쓰러진다는 뜻이고, 壘는 軍中의 城壘를 가리킨다.

吳祕가 말하였다. "수레가 전복되고 배가 침몰한 것이다."

○ 司馬光이 말하였다. "奔壘는 말이 놀라서 달아나 敵陣으로 달려드는 것을 이른다. 可는 구제할 수 있는가를 말한 것이다."

② 否 : 咸曰 "言用奔沈之車航則不可." ○ 祕曰 "不可也."

宋咸이 말하였다. "전복된 수레와 침몰한 배로는 구제할 수 없다는 말이다."

○ 吳祕가 말하였다. "구제할 수 없다."

③ 焉用智 : 夫智者, 貴能解患救難也. 今有患難, 不能解救, 故曰焉用智.

지혜는 환난을 구제하는 것을 귀하게 여긴다. 그런데 지금 환난이 있는데 구제하지 못하므로 '지혜를 어디다 쓰겠느냐.'고 말한 것이다.

④ 用智於未奔沈 : 言奔沈吾猶人也, 必也使無奔沈. 祕曰 "智者, 用於未然之前." ○ 光曰 "制治於未亂, 保邦於未危[37]."

전복된 수레와 침몰한 배를 구제하는 것은 내가 다른 사람과 같으나, 반드시 수레가 전복되고 배가 침몰함이 없게 하겠다는 말이다.

吳祕가 말하였다. "지혜는 未然에 쓰는 것이다."

○ 司馬光이 말하였다. "어지러워지기 전에 잘 다스리고 위태로워지기 전에 나라를 보전하는 것이다."

⑤ 大寒而後索衣裘 不亦晩乎 : 御災在於未發, 思患在乎預防. ○ 光曰 "言不足以爲智."

재앙은 발생하기 전에 막아야 하고, 환난은 미리 방비할 때에 생각해야 한다.

○ 司馬光이 말하였다. "지혜라고 하기에 부족함을 말한다."

혹자가 말하였다.

"전복된 수레와 침몰한 배를 구제할 수 있습니까?"

揚子가 말하였다.

"구제할 수 없다."

혹자가 말하였다.

"그렇다면 지혜를 어디다 쓰겠습니까?"

揚子가 말하였다.

"지혜는 수레가 전복되거나 배가 침몰하기 전에 써야 한다. 큰 추위가 온 뒤에 갖옷을 찾는다면 너무 늦지 않겠는가."

---

37) 制治於未亂 保邦於未危 : ≪書經≫ 〈周官〉에 보인다.

19. 乘國者 其如乘航乎인저 航安則人斯安矣①리라

① 乘國者其如乘航乎 航安則人斯安矣：航傾則人危，法亂則國亡. ○ 祕曰 "航安則其流安矣，國安則其人安矣."

배가 기울어지면 배에 탄 사람이 위태롭고, 法이 어지러워지면 나라가 망한다. ○ 吳祕가 말하였다. "배가 안정되면 배가 떠내려가는 것이 편안하고, 나라가 편안하면 백성들이 편안하다."

나라를 다스리는 것은 배를 타는 것과 같을 것이다. 배가 안정되면 배에 탄 사람도 안전할 것이다.

20. 惠以厚下하면 民忘其死①하고 忠以衛上하면 君念其賞②이라 自後者는 人先之하고 自下者는 人高之③라하니 誠哉라 是言也④여

① 惠以厚下 民忘其死：咸曰 "言君以恩惠厚養其下，則民忘其死以報之."

宋咸이 말하였다. "임금이 은혜로써 아랫사람을 후하게 길러주면 백성들은 목숨을 바쳐 임금에게 보답한다는 말이다."

② 忠以衛上 君念其賞：咸曰 "言臣以忠勞衛翼其上，則君思行其賞以及之." ○ 祕曰 "言速報之效也."

宋咸이 말하였다. "신하가 충성과 근로로써 윗사람을 호위하고 보익하면 임금은 상을 행하여 아랫사람에게 미치게 할 것을 생각한다는 말이다."

○ 吳祕가 말하였다. "속히 보답하는 효과를 말한 것이다."

③ 自後者……人高之：欲上，必以其言下之，欲先，必以其身後之. 處上而民不重，在前而民不害.

남의 위에 있고자 하면 반드시 그 말을 낮추고, 남의 앞에 있고자 하면 반드시 그 몸을 뒤로해야 한다. 〈지위가 높을수록 마음이 겸손하면〉 위에 있어도 사람들이 〈자기들을〉 무겁게 누른다고 여기지 않고, 앞에 있더라도 사람들이 〈자기들을〉 해친다고 여기지 않는다.

④ 誠哉 是言也：祕曰 "謙之尊也." ○ 光曰 "言志不在於取，而自得之，乃可貴也."

吳祕가 말하였다. "겸양의 존귀함이다."

○ 司馬光이 말하였다. "뜻이 취하는 데에 있지 않은데 저절로 얻어진 것이라야 귀하게 여길 만함을 말한 것이다."

〈임금이〉 은혜로써 아랫사람들을 후하게 길러주면 백성들은 목숨을 바쳐 보답

하고, 〈신하가〉 충성으로써 윗사람을 호위하면 임금은 상을 내릴 것을 생각한다. 자신을 뒷전으로 여기는 자는 남들이 그를 앞세우며, 자신을 낮추는 자는 남들이 그를 높인다고 하였으니, 진실하다. 이 말이여.

21. 或曰 弘羊搉利而國用足이어늘 盍搉諸①오 曰 譬諸父子면 爲人父而搉其子니 縱利나 如子何②오 卜式之云이 不亦匡乎③아

① 弘羊搉利而國用足 盍搉諸 : 祕曰 "漢武以桑弘羊領大農, 盡管天下鹽鐵, 盡籠天下貨物, 而均輸平準之[38], 一歲之中, 帛五百萬匹, 人不益賦, 而天下用饒. 故曰國用足."

吳祕가 말하였다. "漢 武帝가 桑弘羊을 大農丞으로 삼아 천하의 鹽鐵을 다 주관하고 천하의 재화를 국가에서 다 독점하였고, 均輸法과 平準法을 만들어 1년에 거두어들이는 비단이 5백만 필이므로 백성들에게 세금을 더 거두지 않아도 천하의 재용이 풍족하였다. 그러므로 '國用足'이라 한 것이다."

② 譬諸父子……如子何 : 有若譏十二之稅[39], 揚子貶搉利之例. ○ 祕曰 "子足, 父孰與不足."

有若은 〈魯 哀公이〉 10분의 2의 세금을 거두는 것을 비판하였고, 揚子는 〈漢 武帝 때 桑弘羊이〉 전매법을 만들어 국가의 재정을 늘린 것을 폄하하였다.

○ 吳祕가 말하였다. "자식(백성)이 풍족하면 부모(군주)는 누구와 더불어 부족하겠는가."

③ 卜式之云 不亦匡乎 : 祕曰 "匡, 正也. 時大旱, 卜式曰 '獨請烹弘羊, 天乃大雨.'[40] 式

---

38) 均輸平準之 : 均輸法과 平準法은 漢 武帝 때 大農丞이던 桑弘羊이 당시 잦은 外征과 토목공사로 피폐한 국가 재정을 충당하려고 실시한 경제 정책의 하나인데, 지방에 균수관을, 長安에 평준관을 두어 가격이 싼 지방의 물자를 비싼 지방에 옮겨 팔고, 값이 쌀 때 물자를 사두었다가 비쌀 때에 물가를 조절하는 등 국가에서 막대한 이익을 취하였다. 이로써 상인은 업을 잃고 백성은 자유판매의 길이 막혀 원망이 많았다.

39) 有若譏十二之稅 : ≪論語≫ 〈顔淵〉에 다음과 같은 내용이 보인다. 魯 哀公이 有若에게 묻기를 "농사가 흉년이 들어서 재용이 부족하니, 어찌해야 하는가?" 하니, 유약이 "어찌하여 10분의 1의 稅法인 徹法을 쓰지 않습니까." 하였다. 哀公이 "10분의 2도 내가 오히려 부족한데, 어떻게 徹法을 쓰겠는가?" 하니, 유약이 "백성이 풍족하면 군주는 누구와 더불어 부족하며, 백성이 풍족하지 못하면 군주는 누구와 더불어 풍족하겠습니까." 하였다.

40) 烹弘羊 天乃大雨 : 당시에 날이 가물자 무제가 백관에게 비를 내리게 할 방도를 물었는데, 太子太傅인 卜式이 桑弘羊을 미워하여 "지금 상홍양이 관리에게 저자 거리에서 가게를 벌이

之所云, 不亦大正之乎."

吳祕가 말하였다. "匡은 바로잡음이다. 이 당시에 크게 가뭄이 들었는데, 卜式이 '다만 청컨대 桑弘羊을 삶아 죽여야 하늘이 비로소 큰비를 내려줄 것입니다.'라고 하였다. 卜式이 한 말이 또한 크게 바로잡은 것이 아니겠는가."

혹자가 말하였다.

"漢 武帝 때 桑弘羊이 전매법을 만들어서 〈이익을 독점하여〉 국가의 재용이 풍족하였는데, 현재는 어찌하여 〈전매법을 시행하여 이익을〉 독점하지 않습니까?"

揚子가 말하였다.

"이것을 父子間에 비유하면 부모(군주)가 되어서 자식(백성)의 이익을 독점하는 것과 같으니, 비록 〈부모가〉 이익을 얻는다 해도 자식은 어찌한단 말인가. 〈桑弘羊을 삶아 죽여야 하늘이 비로소 비를 내릴 것이라는〉 卜式의 말은 바로잡은 것이 아니겠는가."

22. 或曰 因秦之法이라도 淸而行之면 亦可以致平乎아 曰 譬諸琴瑟이면 鄭衛調를 俾夔因之라도 亦不可以致簫韶矣①리라

① 因秦之法……亦不可以致簫韶矣 : 祕曰 "秦毁滅禮義, 專任刑法, 譬如琴瑟, 作鄭衛之調, 而使夔因以鼓之, 不能致正聲矣. 言慘酷之法, 不可以致和平也. 韶, 舜樂也. 晁錯曰 '秦法令煩慘, 刑罰暴酷.'41) 夔曰 '簫韶九成, 鳳皇來儀.'42)" ○ 光曰 "調, 徒弔切, 言必應更張."

吳祕가 말하였다. "秦나라는 禮義를 훼손하여 멸하고 오로지 刑法에만 맡겼으니 거문고와 비파에 비유하면 음란한 鄭나라와 衛나라의 곡조를 만들어 〈순임금 때의 훌륭한 악관인〉 夔에게 그대로 따라서 연주하게 한다 하더라도 正聲이 될 수 없는 것과 같다. 이는 가혹한 法으로는 和平을 이룰 수 없음을 말한 것이다. 韶는 舜임금의 음악이다. 晁錯가 '秦나라는 法令은 번다하고 가혹하며 刑罰은 포악하고 잔혹하다.'라고 하였고, 夔가 '簫韶를 아홉 번 연주하자 봉황이 와서 춤을 추었다.'라고 하

고 앉아 물건을 팔아 이익을 구하게 하니, 상홍양을 烹刑에 처해야만 하늘에서 비가 내릴 것입니다."라고 하였다.(≪漢書 卷58 卜式傳≫)

41) 晁錯曰……刑罰暴酷 : ≪漢書≫ 〈鼂錯傳〉에 보인다.

42) 夔曰……鳳皇來儀 : ≪書經≫ 〈虞書 益稷〉에 보인다.

였다."

○ 司馬光이 말하였다. "調는 徒와 弔의 反切이다. 〈양자의 말은〉 반드시 更張해야 한다는 말이다."

혹자가 말하였다.

"秦나라의 法을 따르더라도 청렴하게 정치를 행한다면 또한 태평함을 이룰 수 있습니까?"

揚子가 말하였다.

"거문고와 비파를 타는 것에 비유하면 鄭나라와 衛나라의 음란한 곡조를 〈순임금 때의 樂官인〉 夔에게 그대로 따라서 연주하게 한다 하더라도 簫韶(순임금의 음악)를 이룰 수는 없는 것과 같다."

23. 或問 處秦之世하여 抱周之書가 益乎①아 曰 擧世寒에 貂狐不亦燠乎②아 或曰 炎之以火하고 沃之以湯이라도 燠亦燠矣③리라 曰 燠哉燠哉아 時亦有寒者矣④리라

① 處秦之世……益乎 : 咸曰 "李斯上言 '請史官, 非秦記, 皆燒之, 所不去者, 醫藥卜筮種樹之書.' 故時獨得存其周易而已. 此抱周書者, 蓋易也. 言人有居秦之世, 獨抱周之易, 可益乎." ○ 祕曰 "周之書, 若周禮・周樂・周書・周頌・周易・春秋之類. 傳曰 '韓宣子適魯, 見易象與春秋曰 「周禮盡在魯矣.」'[43]"

宋咸이 말하였다. "李斯가 上言하기를 '청컨대 史官이 〈보관하고 있는 책들 중에〉 秦나라의 기록이 아니면 모두 불태우고, 없애지 않아야 할 것은 醫藥・卜筮・種樹(곡식과 나무 심는 방법)에 대한 책입니다.'라고 하였다. 그러므로 당시에 오직 ≪周易≫만이 보존될 수 있었을 뿐이다. 여기에서 周나라의 책을 끌어안고 있다는 것은 ≪周易≫이다. 사람이 秦나라 세상에 살면서 홀로 周나라의 ≪易經≫을 끌어안고 있는 것이 유익하냐는 말이다."

○ 吳祕가 말하였다. "周나라의 책은 ≪周禮≫, ≪周樂≫, ≪周書≫, ≪周頌≫, ≪周易≫, ≪春秋≫ 같은 따위이다. 傳에 '韓宣子가 魯나라로 가서 ≪易象≫과 ≪春秋≫를 보고 「周나라의 禮가 모두 魯나라에 있구나.」라고 했다.' 하였다."

② 擧世寒 貂狐不亦燠乎 : 貂狐之裘, 於體溫燠. ○ 咸曰 "言貂狐一裘, 於體雖燠, 不能救天下之寒, 周易一經, 於時雖存, 不能勝天下之暴." ○ 祕曰 "擧世方寒, 服貂裘狐裘

---

43) 傳曰……周禮盡在魯矣 : ≪春秋左氏傳≫ 昭公 2년조에 보인다.

之衣, 亦可以禦寒而迴燠, 猶秦世之酷, 抱禮義之敎, 亦可以漸迴正治." ○ 光曰 "天下無道, 而獨得先王之術, 可以自治矣."

담비 갖옷과 여우 갖옷은 몸에 따뜻하다.

○ 宋咸이 말하였다. "담비와 여우 갖옷 한 벌이 몸에는 비록 따뜻하지만 천하의 추위를 구제할 수는 없고, ≪周易≫ 한 책이 당시에 비록 남아있더라도 천하의 포악함을 감당할 수는 없음을 말한 것이다."

○ 吳祕가 말하였다. "온 세상 사람이 추위에 떨 때 담비 갖옷과 여우 갖옷을 입으면 또한 추위를 막고 따뜻함을 회복할 수 있으니, 秦나라가 잔혹한 정사를 할 때 禮義의 가르침을 간직하면 또한 점점 바른 정치를 회복할 수 있는 것과 같다."

○ 司馬光이 말하였다. "천하가 無道하더라도 혼자 先王의 도를 얻으면 자신을 다스릴 수 있다."

③ 炎之以火……燠亦燠矣 : 言秦燒詩書坑儒士, 於湯火之中, 但苦太熱耳. 此謂或人戲嘲揚子〔之〕[44]辭. ○ 祕曰 "何必貂狐之爲燠. 若用湯火, 亦燠矣. 猶言何必周書之爲治. 若用刑法, 亦可治矣." ○ 光曰 "言用秦之法, 以治秦之民, 亦孰敢不從."

秦나라가 詩書를 불태우고 儒士를 묻어 죽였으니, 〈불로 태우고 끓는 물을 붓더라도 따뜻하기는 하겠지만〉 끓는 물과 타는 불속에서 다만 너무 뜨거움을 괴로워하는 격일 뿐이라는 말이다. 이는 혹인이 揚子를 희롱하고 조소하는 말을 이른다.

○ 吳祕가 말하였다. "어찌 꼭 담비 갖옷과 여우 갖옷만 따뜻하겠는가. 끓는 물과 타는 불을 쓰더라도 따뜻할 것이다. 이는 '하필 周나라의 책으로 다스려야 하겠는가. 刑法을 쓰더라도 다스릴 수 있다.'고 말하는 것과 같다."

○ 司馬光이 말하였다. "秦나라의 法으로 秦나라의 백성을 다스린다는데, 또한 누가 감히 따르지 않겠느냐는 말이다."

④ 燠哉燠哉 時亦有寒者矣 : 歎其秦之無道也. 時亦有寒者, 謂四皓隱居[45], 尸子避地.[46] 斯皆淸涼其身, 不燠秦之湯火. ○ 祕曰 "歎湯火之燠, 非所謂燠也. 天時自有大寒矣." ○ 光曰 "言雖不得已一時暫從, 而中心不服, 終致乖亂."

秦나라의 無道함을 한탄한 것이다. 당시에 또한 추위에 떠는 자가 있었다는 것은 四皓가 隱居하고 尸子가 세상을 피한 것을 이른다. 이들은 모두 자기 몸을 시원하게 하였고 秦나라의 끓는 물과 불을 따뜻하다고 여기지 않았다.

---

44) 〔之〕 : 저본에는 없으나, 四部叢刊本에 근거하여 보충하였다.

45) 四皓隱居 : 四皓는 東園公, 綺里季, 夏黃公, 甪里先生을 이르는바, 진나라 말엽에 세상이 어지러워진 것을 보고 물러나 商山에 은거하였다.

46) 尸子避地 : 尸子는 전국시대 商鞅의 스승인 尸佼를 가리킨다. 상앙이 주벌을 당한 뒤에 蜀으로 도망하였다.

○ 吳祕가 말하였다. "끓는 물과 타는 불의 따뜻함은 이른바 따뜻한 것이 아님을 탄식한 것이다. 天時(節序)에는 본래 큰 추위가 있다."

○ 司馬光이 말하였다. "비록 어쩔 수 없이 한때 잠시 따르기는 하지만 마음속으로 복종하지 않으므로 끝내 乖亂을 초래하게 한다는 말이다."

혹자가 물었다.

"〈가혹한 법으로 다스린〉 秦나라 세상에 살면서 〈禮樂으로 다스리던〉 周나라 때의 책을 끌어안고 있는 것이 유익합니까?"

揚子가 말하였다.

"온 세상이 추울 때에 담비 갖옷과 여우 갖옷을 입으면 따뜻하지 않겠는가."

혹자가 말하였다.

"〈어찌 꼭 담비 갖옷과 여우 갖옷만 따뜻하겠습니까.〉 불로 태우거나 끓는 물을 붓더라도 따뜻하기는 또한 따뜻할 것입니다.(어찌 꼭 주나라의 예악으로만 다스릴 수 있겠습니까. 진나라의 가혹한 법으로도 다스리기는 다스릴 수 있을 것입니다.)"

揚子가 말하였다.

"그것이 정말 따뜻한 것이겠는가. 그것이 정말 따뜻한 것이겠는가. 시간이 지나면 또 추울 것이다."

24. 非其時而望之어나 非其道而行之면 亦不可以至矣①리라

① 非其時而望之……亦不可以至矣 : 天由其時, 人由其道. 非時之夏, 望之, 不可見, 非道之正, 行之, 不可至. ○ 祕曰 "非其夏時, 而以湯火望其燠, 非其正道, 而以刑法行(之使)〔其政〕47), 至治不可以至矣. 言秦法一時之利, 非素治也." ○ 光曰 "用秦之法以求治, 猶冬而望生, 春而望穫, 之燕而南, 適楚而北, 終不能致."

하늘은 때를 따르고 사람은 道를 따른다. 계절이 여름이 아닌데 바라면 볼 수가 없고, 바른 길이 아닌데 그리로 가면 이를 수 없다.

○ 吳祕가 말하였다. "여름철이 아닌데 끓는 물과 타는 불로 따뜻하게 하기를 바라거나, 바른 道가 아닌데 형벌과 法으로 정사를 행한다면 至治에 이를 수가 없을

47) (之使)〔其政〕 : 저본에는 '之使'로 되어 있으나, 四庫全書本에 근거하여 '其政'으로 바로잡았다.

것이다. 秦나라 法은 일시적으로는 이롭더라도 素治(진정한 다스림)가 아니라는 말이다."

○ 司馬光이 말하였다. "秦나라의 法을 써서 다스리기를 구하는 것은 겨울에 싹이 트기를 바라고 봄에 수확하기를 바라며, 燕나라로 가려고 하면서 남쪽으로 가고 楚나라로 가려고 하면서 북쪽으로 가는 것과 같으니, 끝내 이룰 수가 없다."

적절한 때가 아닌데 바라거나, 바른 길이 아닌데 그리로 간다면 또한 이르지 못할 것이다.

25. 秦之有司는 負秦之法度①하고 秦之法度는 負聖人之法度②라 秦弘違天地之道하고 而天地違秦亦弘矣③니라

① 秦之有司 負秦之法度：秦法酷矣, 吏又毒之. ○ 祕曰 "秦之法度, 本以刑罰決斷爲本, 而秦之有司, 乃以慘酷爲能, 是負其法度矣. 刑法志曰 '秦專任刑罰, 躬操文墨, 晝斷獄, 夜理書, 自程決事, 日縣石之一[48].'" ○ 光曰 "秦法雖酷, 亦志在於求治, 而有司又爲文巧以亂之."

秦나라의 法이 가혹하고 관리도 혹독하였다.

○ 吳祕가 말하였다. "秦나라의 法度는 본래 刑罰로써 決斷하는 것을 근본으로 삼았는데 秦나라의 有司는 가혹한 것을 유능하다고 여겼으니, 이는 그 法度를 저버린 것이다. ≪漢書≫ 〈刑法志〉에 '秦나라는 오로지 刑罰에 의거하였고, 임금이 몸소 붓을 잡고서 낮에는 옥사를 결단하고 밤에는 문서를 처리하되 일정한 분량을 정하여 일을 처결하였는데, 하루에 1石만큼의 문서를 저울로 달아 정해두었다.'라고 하였다."

○ 司馬光이 말하였다. "秦나라 法이 비록 가혹하였으나 또한 다스려지기를 구하는 데에 뜻이 있었는데, 有司가 또다시 文巧(거짓 계교)로 어지럽혔다."

② 秦之法度 負聖人之法度：祕曰 "聖人以禮義爲法度, 是負之矣."

吳祕가 말하였다. "聖人은 禮義를 法度로 삼았으니, 秦나라는 이것을 저버린 것이다."

③ 秦弘違天地之道 而天地違秦亦弘矣：咸曰 "言天地以生育爲本, 秦以殺戮爲本, 是違

---

48) 自程決事 日縣石之一：石은 120근이다. 秦始皇은 모든 업무를 직접 처결하였는데, 문서가 너무 많아서 저울에 무게를 달아 하루에 처리할 분량을 미리 정해두고, 정량을 채우지 못하면 휴식하지 않았다고 한다.(≪史記 卷6 秦始皇本紀≫)

天地亦大矣. 秦欲以萬世君之, 天地止以二世滅之, 是違秦亦大矣." ○ 祕曰 "天地生五行之性, 而仁義禮智信備矣, 秦毁滅之, 專任刑法, 是大違天地也. 秦自以爲關中之固金城千里, 子孫帝王萬世之業也, 止二世而亡, 是天地違秦亦大矣. 刑法志曰 '秦始皇兼吞戰國, 遂毁先王之法, 滅禮誼之官.'"

宋咸이 말하였다. "天地는 生育을 근본으로 삼는데 秦나라가 殺戮을 근본으로 삼았으니 天地의 도를 어김이 또한 큰 것이고, 秦나라는 만세토록 군주 노릇 하고자 하였으나 천지를 단지 2世 만에 멸망시켰으니 秦나라의 뜻을 어김이 또한 큰 것이라는 말이다."

○ 吳祕가 말하였다. "天地가 五行의 性을 낳아 〈인간에게〉 仁義禮智信이 구비되었으나 秦나라가 이를 멸하고 오로지 刑法에 맡겼으니, 天地의 道를 크게 어긴 것이다. 秦나라는 스스로 關中의 견고함은 金城(철옹성) 千里이니, 자손들이 제왕의 지위를 만세토록 누릴 수 있는 基業이라고 여겼으나 다만 2世 만에 망했으니, 이는 天地가 秦나라의 뜻을 어김이 또한 큰 것이다. ≪漢書≫ 〈刑法志〉에 '秦始皇이 戰國時代의 각국을 겸병하고 마침내 先王의 法을 훼손하고 禮義의 관직을 멸하였다.'라고 하였다."

〈秦나라의 법이 비록 가혹하였으나 또한 다스려지기를 구하는 데에 뜻이 있었다. 그러나〉 秦나라의 有司는 〈가혹한 것을 유능하다고 여겼으니〉 秦나라의 法度를 저버린 것이고, 秦나라의 법도는 〈형벌로써 결단하였으니, 禮樂으로 천하를 다스리는〉 聖人의 법도를 저버린 것이다. 秦나라는 天地의 道를 크게 어겼고, 天地도 秦나라의 뜻을 어김이 컸다.

譯註者 略歷

朴勝珠

1963년 서울 출생
弘益大學校 國語敎育科 卒業
民族文化推進會 常任硏究員 修了
久敬書塾 講師
서울시민대학 강사
海東經史硏究所 硏究委員
韓國古典飜譯院 飜譯委員(現)
傳統文化硏究會 硏究委員(現)

譯書

≪承政院日記≫ 仁祖 10・20・26・55・58・69집 등 共譯
≪承政院日記≫ 英祖 22・43・63・67・76집 등 共譯 外 多數

東洋古典譯註叢書 94

譯註 揚子法言 1　　　정가 24,000원

2012년 12월 30일 초판 발행
2017년 06월 30일 초판 2쇄

譯　註　朴勝珠
編　輯　東洋古典飜譯編輯委員會
發行人　李啓晃
發行處　社團法人 傳統文化研究會
서울시 종로구 삼일대로 428 낙원빌딩 411호
전화 : (02)762-8401　전송 : (02)747-0083
전자우편 : juntong@juntong.or.kr
홈페이지 : juntong.or.kr
사이버書堂 : cyberseodang.or.kr
온라인서점 : book.cyberseodang.or.kr
등록 : 1989. 7. 3. 제1-936호

인쇄처 : 한국법령정보주식회사(02-462-3860)
총　판 : 한국출판협동조합(070-7119-1750)

ISBN 979-11-5794-140-7 94150
978-89-85395-71-7(세트)

※ 이 책은 2012년도 교육과학기술부 고전문헌 국역지원사업 지원비에 의해 초판(비매품) 간행.

전통문화연구회 도서목록

基礎漢文教材 - 懸吐完譯 成百曉 譯

四字小學 / 習字教本	7,000원/4,000원
推句·啓蒙篇 / 習字教本	6,000원/4,000원
明心寶鑑	8,000원
童蒙先習·擊蒙要訣	14,000원
註解千字文	11,000원

東洋古典國譯叢書

論語集註 - 개정증보판	成百曉 譯註	25,000원
孟子集註 - 개정증보판	成百曉 譯註	28,000원
大學·中庸集註 - 개정증보판	成百曉 譯註	10,000원
詩經集傳 上·下	成百曉 譯註	28,000원
書經集傳 上·下	成百曉 譯註	28,000원
周易傳義 上·下	成百曉 譯註	38,000원
小學集註	成百曉 譯註	28,000원
古文眞寶 後集	成百曉 譯註	28,000원

東洋古典譯註叢書

春秋左氏傳1~8	鄭太鉉 譯註	18,000원~35,000원
莊子1~4	安炳周·田好根 共譯	25,000원~29,000원
古文眞寶 前集	成百曉 譯註	28,000원
禮記集說大全1	辛承云 譯註	25,000원
心經附註	成百曉 譯註	35,000원
近思錄集解1~3	成百曉 譯註	25,000원/30,000원
通鑑節要1~9	成百曉 譯註	18,000원~30,000원
唐詩三百首1~3	宋載卲 外 譯註	28,000원/30,000원/25,000원
東萊博議1~2	鄭太鉉·金炳愛 譯註	25,000원
說苑1~2	許鎬九 譯註	25,000원
顏氏家訓1~2	鄭在書·盧瞭熙 譯註	22,000원/25,000원
大學衍義1~3	辛承云 外 譯註	22,000원/26,000원/30,000원
貞觀政要集論1~3	李忠九 外 譯註	25,000원~26,000원
荀子集解1~3	宋基采 譯註	30,000원/25,000원
老子道德經注	金是天 譯註	30,000원
唐宋八大家文抄 韓愈1~2	鄭太鉉 譯註	22,000원/28,000원
〃 歐陽脩1~4	李相夏 譯註	25,000원~30,000원
〃 王安石1~2	申用浩·許鎬九 共譯	25,000원
〃 蘇洵	李章佑 外 譯註	25,000원
〃 蘇軾1~5	成百曉 譯註	22,000원
〃 蘇轍1~3	金東柱 譯註	20,000원/22,000원
〃 曾鞏	宋基采 譯註	25,000원
〃 柳宗元1~2	宋基采 譯註	22,000원
十三經注疏		
論語注疏1~3	鄭太鉉·李聖敏 譯註	25,000원/30,000원
尙書正義1~3	金東柱 譯註	25,000원/30,000원
周易正義1~2	成百曉·申相厚 譯註	32,000원/30,000원
毛詩正義1	朴小東 譯註	32,000원
禮記正義 中庸·大學	李光虎·田炳秀 譯註	20,000원
武經七書直解		
孫武子直解·吳子直解	成百曉·李蘭洙 譯註	35,000원
六韜直解·三略直解	成百曉·李鍾德 譯註	26,000원
尉繚子直解·李衛公問對直解	成百曉·李蘭洙 譯註	26,000원
司馬法直解	成百曉·李蘭洙 譯註	26,000원
思政殿訓義 資治通鑑綱目1~7	辛承云 外 譯註	18,000원~30,000원

漢字漢文教育叢書

형성자 중심 한자교육시험백과	金鐘赫 著	35,000원
漢字部首 解說	李忠九 編著	15,000원
漢字漢文教育論叢 上·下	鄭愚相 著	25,000원
◆ 教授用 指導書 四字小學	咸賢贊 著	10,000원
〃 推句·啓蒙篇	咸賢贊 著	10,000원
〃 註解千字文	李忠九 著	15,000원
〃 明心寶鑑	李明洙 著	10,000원
〃 擊蒙要訣	咸賢贊 著	15,000원
◆ 袖珍本 懸吐 기초한문교재		10,000원
〃 論語·大學·中庸		10,000원
〃 孟子		10,000원
〃 詩經·周易		12,000원
〃 小學·孝經		13,000원
〃 古文眞寶 後集		13,000원

東洋古典新譯

당시선	송재소·최경렬·김영죽 편역	22,000원
손자병법	성백효 역주	14,000원

동양문화총서

고금소총古今笑叢	유화수·이월영 편역	16,000원
동양사상 해설과 원전	정규훈 外 저	22,000원
화합의 길 - ≪중용≫ 읽기	금장태 저	20,000원

문화문고

논어·대학·중용/맹자	조수익·박승주 공역	10,000원
100자에 담긴 한자문화 이야기	김경수 저	9,000원
한자한문전통교재	조수익·이성민 공역	10,000원
소학	박승주·조수익 공역	10,000원
목민심서	이계황 엮음	10,000원
고문진보散文選	신용호·조수익 공역	10,000원
士小節 선비 집안의 작은 예절	이동희 편역	10,000원
名說과 字說	신용호 편역	10,000원
儒學이란 무엇인가	이동희 저	10,000원
대한민국 국무총리	이재원 저	10,000원
경전으로 본 세계종교 이슬람	김영경 편역	10,000원
한문문법	이상진 저	10,000원
우리 설화1~2	김동주 편역	10,000원
경전으로 본 세계종교 그리스도교	이정배 편저	10,000원
경전으로 본 세계종교 도교	이강수 편역	10,000원
당시선	송재소·최경렬·김영죽 편역	10,000원
현대인, 동양고전에서 길을 찾다	이동희 저	10,000원
경전으로 본 세계종교 천도교	윤석산·홍성엽 편저	10,000원
무경칠서 손자병법·오자병법	성백효 역	10,000원
무경칠서 육도·삼략	성백효 역	10,000원
무경칠서 사마법·울료자·이위공문대	성백효 역	10,000원
경전으로 본 세계종교 힌두교	길희성 편역	10,000원
경전으로 본 세계종교 유교	이기동 편저	10,000원
경전으로 본 세계종교 불교	김용표 편저	10,000원